Jüdische Kultur

Studien zur Geistesgeschichte, Religion und Literatur

Herausgegeben von
Karl E. Grözinger

Band 31

2016
Harrassowitz Verlag · Wiesbaden

Einführungen in die Materiellen Kulturen des Judentums

Herausgegeben von Nathanael Riemer

2016
Harrassowitz Verlag · Wiesbaden

Der Umschlag zeigt einen Ausschnitt des Briefes von Shmuel ben Moshe aus Niederzissen vom 15.11.1807 aus der Genisa Niederzissen.
Mit freundlicher Genehmigung des Vorstands des Kultur- und Heimatvereins Niederzissen e. V.

Gedruckt mit freundlicher Unterstützung der

Jehoshua und Hanna Bubis-Stiftung, Frankfurt am Main,

dem Zentrum für Jüdische Studien Berlin-Brandenburg

und dem Bundesministerium für Bildung und Forschung.

Bibliografische Information der Deutschen Nationalbibliothek
Die Deutsche Nationalbibliothek verzeichnet diese Publikation in der Deutschen Nationalbibliografie; detaillierte bibliografische Daten sind im Internet über http://dnb.dnb.de abrufbar.

Bibliographic information published by the Deutsche Nationalbibliothek
The Deutsche Nationalbibliothek lists this publication in the Deutsche Nationalbibliografie; detailed bibliographic data are available on the internet at http://dnb.dnb.de.

Informationen zum Verlagsprogramm finden Sie unter
http://www.harrassowitz-verlag.de

Satz: Frank Schlöffel
Gedruckt auf alterungsbeständigem Papier
Druck und Verarbeitung: Memminger MedienCentrum AG
Printed in Germany

ISSN 1431-6757
ISBN 978-3-447-10608-5

Inhalt

Einführung 1

Michaela Schmölz-Häberlein
Mittler zwischen Stadt und Land – Das Warenangebot jüdischer Händler zwischen Grundversorgung und modischen Accessoires 9

Nathanael Riemer
Das jüdische Haus in seiner Materialität 31

Katrin Keßler
Jüdische Ritualbäder und ihre „Dinge“ 73

Felicitas Heimann-Jelinek
Zu Geschichte und Geschichten jüdischer Kultobjekte 95

Linda Wiesner / Annette Weber
Symbol für Bund und Lehre: Torawickelbänder und ihre Bedeutung für den Einzelnen und die Gemeinde 119

Ulrich Knufinke
Die Dinge der Synagoge 151

Andreas Lehnardt
Genisa – Die materielle Kultur des deutschen Judentums im Spiegel neu entdeckter synagogaler Ablageräume 173

Martha Stellmacher
Instrumente, Noten, Tonträger – Dinge der synagogalen Musik 203

Nathanja Hüttenmeister
„Die allerletzten Dinge“ – Jüdische Friedhöfe in Deutschland 219

Autorinnen und Autoren des Bandes 255

English Summaries of the Contributions 259

Einführung

Vor zweihundert Jahren, am 21. November 1816, gründeten jüdische Studenten der noch jungen Berliner Universität einen „Wissenschaftszirkel", der als Vorläufer des „Vereins für Cultur und Wissenschaft der Juden" gilt. Leopold Zunz und Imannuel Wolf waren es, die in ihren programmatischen Schriften das Curriculum einer jungen Wissenschaft entwickelten:

> „Wenn von einer *Wissenschaft des Judentums* die Rede ist, so versteht es sich von selbst, daß hier das Wort *Judenthum* in seiner umfassendsten Bedeutung genommen wird, als Inbegriff der gesammten Verhältnisse, Eigenthümlichkeiten und Leistungen der Juden, in Beziehung auf Religion, Philosophie, Geschichte, Rechtswesen, Litteratur überhaupt, Bürgerleben und alle menschlichen Angelegenheiten [...]."[1]

Bereits fünf Jahre zuvor hatte Leopold Zunz ein ähnliches Panorama der Wissenschaft des Judentums ausgebreitet, das von der „Mythologie" über die „Gewerbskunde" und „Kunst" bis hin zur „Philosophie" fast alle Wissenschaftsdisziplinen umfasste.[2] Dass es in den folgenden Jahrzehnten dennoch zu einer eingeschränkten Erforschung der jüdischen Kulturgeschichte kam, kann als ein Geburtsfehler der Wissenschaft des Judentums betrachtet werden, die nicht nur ein „unverdauliches Hegelianisches Kauderwelsch"[3] zum Ausgangspunkt der Erörterungen machte, sondern die Teildisziplinen einer ideengeschichtlich-apologetisch geprägten Taxonomie unterwarf. Neben den Königsdisziplinen Philosophie und Geschichte setzte man sich allenfalls noch mit der rabbinischen Literatur auseinander. Alle Aspekte, „die unter den Gesichtspunkten eines aufklärerisch gesonnenen, eines geläutert rationalen Judentums des 19. Jahrhunderts nicht recht verwertbar schien[en]"[4], wurden in der Wissenschaft des Judentums an den Rand gedrückt. Der kaum um eine geistreiche Formulierung verlegene Gershom Scholem bemerkt zur einseitigen Untersuchung und Reproduktion der jüdischen Elitenkultur: „Man behandelte grundsätzlich nicht, was im Keller vorging; man betrachtete nur, worum es sich

---

1 Immanuel Wolf: Ueber den Begriff einer Wissenschaft des Judenthums, in: Zeitschrift für die Wissenschaft des Judenthums, 1 (1823), S. 1–24, hier S. 1. Einige Passagen dieser Einführung erscheinen auch in meinem Beitrag „Brauchen die Jüdischen Studien einen weiteren 'turn'? – Ein Plädoyer für die Methoden der Materiellen Kulturen in den Judaistik/Jüdischen Studien" des von Andreas Lehnardt herausgegebenen Bandes „Orchidee oder Mimose? Ein halbes Jahrhundert Forschung und Lehre über das Judentum im deutschsprachigen Raum".

2 Leopold Zunz: Etwas über die rabbinische Literatur (1818), in: Gesammelte Schriften von Dr. Zunz. Band 1, Berlin 1875, S. 1–31, hier S. 7–28.

3 Heinrich Graetz: Geschichte der Juden von den ältesten Zeiten bis auf die Gegenwart. Band 11, Leipzig 1900, S. 413, vgl. hier auch detaillierter S. 410–412.

4 Gershom Scholem: Wissenschaft vom Judentum einst und jetzt, in: Gershom Scholem: Judaica 1, Frankfurt am Main 1963, S. 147–164, hier S. 156.

im Salon, zwischen Bibel und Luther, zwischen Hermann Cohen und Kant, zwischen Steinthal und Wilhelm von Humboldt handelte."[5] Diese ideologisch beeinflusste Wissenschaft bemühte sich wenig darum, ergebnisoffen zu forschen, sondern verdeckte oftmals die historischen Realitäten: Von der Frühen Neuzeit bis weit in das 19. Jahrhundert hinein lebte die Mehrheit (nach Mordechai Breuer bis etwa 90 Prozent) der jüdischen Bevölkerung im deutschen Sprachraum auf dem Land in ärmlichen und prekären Verhältnissen, die oftmals eine regelmäßige geistige Beschäftigung signifikant erschwerten.[6]

Die oben beschriebene rationalistische Grundtendenz hat sich – abgesehen von einigen Korrekturen im Hinblick auf die jüdische Mystik und Sozialgeschichte – auch im Curriculum der Judaistik/Jüdischen Studien erhalten. Mancherorts entsteht der Eindruck, dass die jüdische Geschichte in Deutschland erst mit Moses Mendelssohn begonnen habe und die jüdische Kultur schlechthin eine Erfindung von schriftstellernden Intellektuellen, gelehrten Rabbinern und reichen Hoffaktoren oder Industriellen sei. Die zahlreichen materiellen Überreste der jüdischen Mehrheitsbevölkerung blieben – abgesehen von einigen Ausnahmen – jahrzehntelang unbeachtet und wurden allenfalls durch Theologen, Historiker und Ethnologen bearbeitet. Aus der Retrospektive ist nachvollziehbar, dass nach der Shoah eine junge Wissenschaftlergeneration leichter an die jüdische Elitenkultur anknüpfen konnte und diese auch eher ein intellektuelles Vakuum zu füllen vermochte als die vermeintlich „stummen" materiellen Kulturen der Judenheiten. Vor allem das Interesse an ehemaligen jüdischen Immobilien konnte sich aufgrund ihres materiellen Wertes, der Enteignungsprozesse in der Zeit des Nationalsozialismus und den Schuldgefühlen der deutschen Bevölkerung sehr problematisch gestalten. Auch die Erfahrbarkeit der klassischen „Judaica" blieb stark begrenzt, da man einerseits ihre hohe emotionale Bedeutung für den Einzelnen und die Gemeinde nicht nachempfand und man sich andererseits von einer musealen „Judentumskunde" emanzipieren wollte. Für die Genisot mit ihren Unmengen an Buchfragmenten, Textilien und anderen Alltagsquellen fehlten die Mittel, die Möglichkeiten und das Verständnis für scheinbar „wertlose" Dinge.

Die vorliegende Publikation ist das Ergebnis einer gleichnamigen Ringvorlesung, die im Sommersemester 2014 am Institut für Jüdische Studien und Religionswissenschaft der Universität Potsdam stattfand. Die Konzeption der Ringvorlesung sah vor, die materiellen Kulturen der jüdischen Landbevölkerung Deutschlands in den Mittelpunkt zu stellen und dabei nicht erneut den Fehler zu begehen, unter den Funden lediglich das „Schönste und Bedeutendste"[7] herauszugreifen. Die einzelnen Beiträge konzentrieren

5 Scholem, Wissenschaft vom Judentum, S. 157.

6 Mordechai Breuer: Frühe Neuzeit und Beginn der Moderne, in: Michael A. Meyer (Hrsg.): Deutsch-jüdische Geschichte in der Neuzeit. Bd. I.: Tradition und Aufklärung. 1600–1780, München 1996, S. 85–247, hier S. 183.

7 So die Kritik von Annette Weber, die die einseitige, aber dennoch verdienstvolle Objektdokumentation Theodor Harburgers würdigt. Annette Weber: Ein Dokument jüdischer Heimatkunde aus Bayern. Zur Entstehung und Bedeutung der Fotosammlung Theodor Harburgers, in: Central Archives for the History of Jewish People, Jerusalem / Jüdisches Museum Franken: Theodor Harburger. Die Inventarisation jüdischer Kunst- und Kulturdenkmäler in Bayern. Bd. 1, Fürth 1998, S. 23–41, hier S. 31.

sich auf den Zeitraum vom 17. bis zum 19. Jahrhundert. Sie beschreiben damit eine Umbruchsphase, in der zwar bereits weitreichende Veränderungen eintraten, aber der größte Teil der jüdischen Bevölkerung noch ein traditionsorientiertes Leben führte und in die Gemeinden eingebunden war, die zum Teil verschiedene lokale Bräuche pflegten.

Dieser Band möchte die verschiedenen idealisierenden Vorstellungen von „deutschen Judentümern" aufbrechen und versuchen, neue, umfassendere Zugänge zur jüdischen Kultur und Religion zu erschließen. Er richtet sich in gleicher Weise an Wissenschaftler geisteswissenschaftlicher Disziplinen, Kulturmultiplikatoren und Studierende, die, angeregt durch die universitären und medialen Umbrüche, zunehmend nach Greifbarkeit und Konkretisierung theoretischen Wissens verlangen. Die Beiträge entstanden aus aktuellen wissenschaftlichen Projekten heraus und beanspruchen als „works in progress" keine Vollständigkeit, sondern bieten im Gegenteil zahlreiche Anknüpfungspunkte für Diskussionen über Forschungsdesiderate. Dies gilt beispielsweise für die in dieser Publikation erörterten Sachgruppen der Dinge, welche noch um zahlreiche Aspekte des Untersuchungszeitraumes wie zum Beispiel Nahrungsmittel (Kaschrut), Eruv und Schabbatschranken, Amulette, Dinge der Unterhaltung etc. zu erweitern sind.

Der Ansatz der Materiellen Kulturen bietet sich als idealer Vermittler für die zahlreichen Wissenschaftsdisziplinen an, welche sich mit der jüdischen Kultur im weitesten Sinne auseinandersetzen, aber aufgrund ihrer Spezialisierung zunehmend auseinanderdividieren. Die überwiegend textorientierten Richtungen innerhalb der Judaistik/Jüdischen Studien werden aufgefordert, ihre unabkömmlichen und umfassenden Kenntnisse der innerjüdischen Sprachen und Traditionen einfließen zu lassen. In gleicher Weise sind die geisteswissenschaftlichen Nachbardisziplinen aufgrund ihrer innovativen methodischen Impulse und ihrer Vertrautheit mit den außerjüdischen Quellen unverzichtbar.[8] Die vorliegende Publikation zeigt, dass eine junge Generation von Wissenschaftlern für diese Herausforderungen sowohl einschlägige judaistische Sprach- und Sachkenntnisse als auch das notwendige Hintergrundwissen aus den jeweils anderen Fachdisziplinen mitbringt.

Der theoretische Ansatz der Materiellen Kultur beschreibt eine analytische Sichtweise auf die Dinge der menschlichen Kultur. Im Fokus der Materiellen der Kultur steht nicht ein fest definierter Bestand von Gegenständen, sondern – wie Gudrun König treffend beschreibt – „eine spezifische Art und Weise der Kulturanalyse, die Gegenstände, Objekte, Dinge als Primärquellen ebenso nutzt wie ihre symbolischen Bedeutungsfelder".[9] Dieser Ansatz verwendet die Dinge als unmittelbaren und primären Ausgangspunkt für die Entschlüsselung von Alltagsleben in Vergangenheit und Gegenwart. Anders als in der klassischen Museologie und der Sachkulturforschung geht dieser Zugang über die Identifizierung und Inventarisierung der Objekte hinaus. So fragt die Materielle

8 Vgl. zu diesem Problem Andreas Brämer: Was ist ‚deutsch-jüdische Geschichte von innen'? Einführende Bemerkungen, in: Aschkenas. Zeitschrift für Geschichte und Kultur der Juden, 18/19 (2008/9), Heft 1, S. 1–8.

9 Gudrun M. König: Auf dem Rücken der Dinge. Materielle Kultur und Kulturwissenschaft, in: Kaspar Maase / Bernd Jürgen Warnecken (Hrsg.): Unterwelt der Kultur. Themen und Theorien der volkskundlichen Kulturwissenschaft, Köln u. a. 2003, S. 95–118, hier S. 116.

Kultur nicht nur nach dem Ding und seiner stofflichen Zusammensetzung, sondern auch nach seiner in anderen Quellen bezeugten Form und Funktion sowie seiner tieferen Bedeutung für die Gesellschaft. Karl-Sigismund Kramer versuchte diese „Dreiheit von Stoff, Gestalt und Funktion"[10] durch den Begriff der „Dingbedeutsamkeit" zu fassen. Ein weiterer zentraler Aspekt der Materiellen Kultur besteht in der Beobachtung, dass die Dingbedeutsamkeit starken Veränderungen unterworfen ist. So verfügen die Dinge über einen kürzeren oder längeren „Lebenslauf"[11] und werden – wie beispielsweise Beschneidungswindeln – innerhalb ihrer jeweiligen Objektbiographien in unterschiedlichen Kontexten eingesetzt, so dass sie andere beziehungsweise weitere Funktionen übernehmen. Ferner wird im Gegensatz zur Sachkulturforschung nicht nur nach „Sachen" beziehungsweise nach von Menschenhand hergestellten Artefakten gefragt, sondern nach „Dingen", also sowohl hergestellte als auch der Natur entnommene und bedeutungsaufgeladene „Exofakte".[12] Dementsprechend ist im Kontext der jüdischen Kultur beispielsweise ein kostbar gestalteter Etrogbehälter als „Sache" zu bezeichnen, während als „Ding" sowohl der Behälter als auch der natürlich gewachsene Etrog zu benennen sind. In einem Widderhorn, das zu einem Schofar umgearbeitet und mit einer hebräischen Inschrift versehen wurde, fließen entsprechend beide Aspekte zusammen.

Hans Peter Hahn macht darauf aufmerksam, dass die Materielle Kultur häufig aufgrund der irrtümlichen Prämisse falsch eingeschätzt wird, dass es eine „höhere" und eine „niedrigere" Kultur gebe: „Höher sind demnach die geistigen, immateriellen Ausdrucksformen: Sprache und Text. Niedrige Dinge wären dann die materiellen Formen des Ausdrucks einer Gesellschaft: Handwerk [...], Wirtschaft" und Alltag.[13] Diese Hierarchisierung ist problematisch, da die Entstehung von Texten und Kunst ohne Material und Technik undenkbar ist – zumindest sobald sie den Bereich der Ideen verlassen und fixiert werden. Das gilt auch für die jüdische Kultur: Ohne koschere Schreibfeder, Tinte und Pergamentsorte sind zahlreiche Texte rituell unbrauchbar. Umgekehrt wird kaum ein „Ding" ohne eine geistige Vorstellung produziert und eingesetzt werden. Unter anderen haben sich Daniel Miller und Karl Popper energisch gegen eine isolierte Betrachtung von inhaltlich-textuellen und materiellen Aspekten ausgesprochen und plädieren für eine Gesamtschau des Forschungsgegenstandes.[14]

Um den Ansätzen der Materiellen Kulturen des Judentums gerecht zu werden, wird der vorliegende Band nicht – wie zumeist üblich – mit der Zeremonialkunst und den religiösen Einrichtungen des Judentums eingeleitet. Vielmehr soll der Anfang des Buches von essentiell anthropologischen Aspekten bestimmt sein: Die „Parnosse" (Nahrungserwerb/ Lebensunterhalt) und das „Haus" beziehungsweise das Obdach. Danach folgen

---

10 König, Auf dem Rücken der Dinge, S. 101; Karl-Sigismund Kramer: Zum Verhältnis zwischen Mensch und Ding, in: Schweizerisches Archiv für Volkskunde, 58 (1962), S. 91–101.

11 Zur Wahrnehmung der Objektbiographien siehe Hans Peter Hahn: Materielle Kultur. Eine Einführung, Berlin 2005, S. 41.

12 Vgl. zur Differenzierung und den Begrifflichkeiten Hahn, Materielle Kultur, S. 19 und die hier angegebene Literatur.

13 Hahn, Materielle Kultur, S. 9.

14 Vgl. hierzu genauer Hahn, Materielle Kultur, S. 11.

mit den Mikwen (Ritualbäder) die Anlagen, die sowohl Sexualität als auch das Entstehen jüdischen Familienlebens überhaupt erst erlauben, gleichzeitig aber zumeist eine Einrichtung der jüdischen Gemeinde sind. Diese vielfachen Verschränkungen zwischen Haus und Gemeinde, zwischen Individuum und Kollektiv bestimmen auch die Reihenfolge aller weiteren Beiträge. Einige Beiträge gruppieren sich um die Synagoge als repräsentatives Bauwerk, die im 18. und 19. Jahrhundert an vielen Orten die unscheinbare Betstube ablöste. Auch wenn die Einrichtung eines eigenen Friedhofes für eine jüdische Gemeinde aus religionsgesetzlichen Gründen wichtiger sein mag als ein schöner „Tempel", werden die Erörterungen über die „allerletzten Dinge" des Menschen den Band abschließen.

Michaela Schmölz-Häberlein widmet sich in ihrem Beitrag „Mittler zwischen Stadt und Land – das Warenangebot jüdischer Händler zwischen Grundversorgung und innovativen Produkten" den Dingen, die das Erwerbsleben eines großen Teils der jüdischen Bevölkerung in den ländlichen Regionen bestimmte. Es waren die zahlreichen jüdischen Hausierer und Händler, die die Bevölkerung mit gebrauchten Dingen des Alltags und „Luxusartikeln" versorgten und dadurch Land und Stadt miteinander verbanden. Im Zentrum der Betrachtung steht der Detailhandel mit Gütern, die als Repräsentationsobjekte von Status und Macht die gesellschaftlichen Abgrenzungspraktiken und Hierarchien widerspiegeln. Die Autorin zeigt, dass die jüdischen Händler oft als Vermittler von kulturellen Erfahrungen agierten, da sie durch ihre Mobilität und Netzwerke neue Konsumwaren in Umlauf bringen konnten. Dadurch sicherten sie nicht nur die Versorgung der Bevölkerung, sondern bewirkten auch eine wirtschaftliche Verflechtung von Juden und Nichtjuden, die über soziale Kontakte unter Nachbarn hinausging.

Gegenstand der Studie von Nathanael Riemer mit dem Titel „Das jüdische Haus in seiner Materialität" ist die Frage, was ein Wohnhaus zu einem „jüdischen Haus" macht. Gibt es im deutschsprachigen Raum eine bestimmte Architektur, Beschaffenheit oder sonstige materielle Aspekte des Hauses, die als typisch „jüdisch" gelten können? Im ersten Schritt wird ermittelt, ob halachische Anweisungen oder Bräuche existieren, welche eine bestimmte Bauform, die Anlage von beweglichen oder unbeweglichen Bestandteilen des Hauses oder die Verwendung von bestimmten Materialien gebieten. Im Zentrum der Betrachtung stehen sowohl von außen sichtbare als auch im Inneren verborgene Bestandteile des einzelnen Hauses, zu denen beispielsweise die Mesusot, jüdische Hausinschriften, Erinnerungszeichen an die Zerstörung des Tempels und Sukkotgiebel gehören.

Katrin Kessler widmet sich der vor allem für das jüdische Familienleben bedeutsamen rituellen Reinigung in Mikwen, für deren Durchführung außer einer gewissen Menge Wassers eigentlich keinerlei Dinge benötigt werden. Entsprechend finden sich außer einem meist ummauerten oder aus dem Felsen gehauenen Tauchbecken nur wenige Gegenstände, die regelmäßig angetroffen werden können. Diese lassen sich unterteilen in fest mit dem Bau verbundene Objekte (Handlauf, Pumpen, Heizung, Wasserkessel etc.) und bewegliche Dinge, deren Verbindung zur Mikwe sich nur noch archivalisch belegen lässt (Kerzenhalter, Stühle, Kleiderablage etc.). Gerade die Reste ihrer Ausstattung geben uns – eher als die Architektur selbst – entscheidende Aufschlüsse über die

Entwicklung der Mikwen und die sich im Laufe der Jahrhunderte verändernde und an die jeweiligen behördlichen Bestimmungen oder das allgemeine Verständnis hygienischer Zusammenhänge angepasste Nutzungsweise.

Der Beitrag von Felicitas Heimann-Jelinek gibt einen Überblick über die rituellen Dinge in Haus und Gemeinde. Er zielt darauf ab, diese Objekte nicht nur als religiöse, sondern auch als transkulturelle und transsoziale Bedeutungsträger zu interpretieren. Nach einer Einleitung und einer Definition jüdischer Kultobjekte bietet der Beitrag einen historischen Abriss über ihre Entwicklung und Produzenten. In einem weiteren Schritt wird verdeutlicht, dass etliche jüdische Kultgerätschaften in der Neuzeit in Auseinandersetzung mit oder in Anlehnung an Objekte entwickelt wurden, die in der Mehrheitsgesellschaft Verwendung fanden. Bei der Betrachtung von jüdischen Ritualobjekten nach der Aufklärung wird herausgearbeitet, dass die jeweils verwendete Formen- und Symbolsprache auch als Ausdruck sozialer und politischer Anliegen entschlüsselt werden muss. Im Fazit wird zusammengefasst, dass jüdische Kultobjekte ihre jüdische und ihre regionale Identität gleichermaßen signalisieren und die Schnittstellen zwischen jüdischer Tradition und nicht jüdischer Kultur sichtbar machen.

Gegenstand des Artikels von Linda Wiesner und Annette Weber mit dem Titel „Symbol für Bund und Lehre: Torawickelbänder und ihre Bedeutung für den Einzelnen und die Gemeinde" ist der im 15./16. Jahrhundert entstandene einzigartige Brauch des deutschsprachigen Judentums, aus der Beschneidungswindel des Jungen ein Torawickelband zu fertigen. Dieses Mappa oder Wimpel genannte Wickelband verband den Jungen auf symbolische Weise mit dem Judentum und seiner Gemeinde. Ferner vereinten die Wimpel als außergewöhnliche Zeugnisse jüdischer Volkskunst traditionelle, religiöse Elemente mit zeittypischen Aspekten und zeigten, dass sie Objekte waren, mit denen sich die Frauen in das Gemeindeleben einbrachten. Diskutiert wird dieser Brauch in seiner Entstehung, Entwicklung und Ausformung und in seinen Varianten in historischer, kultureller und religiöser Hinsicht. Am Beispiel der Wimpel wird außerdem gezeigt, welche methodischen Zugänge für die Arbeit mit materiellen Kulturen der Judenheiten, insbesondere den Textilien, geeignet sind.

Ulrich Knufinke untersucht typische, zu Synagogenausstattungen gehörende Dinge aus architekturhistorischer Sicht und fragt nach ihren räumlich-funktionalen und symbolischen Zusammenhängen. Ausgehend von den Torarollen und dem Toraschrein als Ort ihrer Verwahrung sowie der Bima als Ort ihrer Verlesung im Gottesdienst werden verschiedene räumlich-architektonisch relevante Situationen und die ihnen zuzuordnenden Dinge (Vorbeterpult, Sitze und Ständer, Frauenbereiche, Leuchter etc.) vorgestellt. Die „Synagoge" als spezifischer „Raum der Dinge" erweist sich dabei als ein vielschichtiger liturgischer Handlungs-, religiöser Verweis- und soziokultureller Erinnerungsraum, der historischen Wandlungsprozessen unterliegt.

Die Erschließung der Funde aus Genisot (Repositorien) von deutschen Landsynagogen aus dem 18.–19. Jahrhundert stellt einen wichtigen Beitrag zur Kenntnis der materiellen Kultur des Judentums dar. Der Artikel von Andreas Lehnardt geht auf die Forschungsgeschichte in Deutschland nach der Shoa ein und erläutert einige Aspekte der Entwicklung der seit der Antike befolgten Regeln des Ablegens von heiligen Gegenständen und

Büchern in einer Genisa. Dabei lässt sich beobachten, dass die zunächst nur auf Torarollen, Tefillin und Mesusot angewandten Bestimmungen nach und nach auch auf alle in Hebräisch geschriebenen und gedruckten Schriftstücke sowie auf für dauerhafte heilige Zwecke verwendete Gegenstände ausgeweitet wurden, bis sogar von Nichtjuden angefertigte Schriften unter diese Regelungen fielen. Einige Fundstücke werfen die Frage auf, wie sie mit den älteren halachischen Auffassungen übereinstimmen und ob sie eine andere Praxis reflektieren als von offiziellen Vertretern festgehalten. In einem Anhang werden einige Fundbeispiele (Schuhe) vorgestellt und auf ungewöhnliche Details des durch sie möglicherweise bewahrten jüdischen Brauchtums hingewiesen. Anhand von drei inzwischen besser erforschten Genisot aus Rheinland-Pfalz (Alsenz, Weisenau, Niederzissen) wird außerdem ein summarischer Überblick über ihre Besonderheiten und die statistische Verteilung der Fundsachen gegeben. Der Beitrag wird durch die Wiedergabe und Übersetzung eines exemplarischen Fundes aus der Alsenzer Genisa abgeschlossen, der die Dringlichkeit der Genisotforschung unterstreicht.

Der Artikel von Martha Stellmacher „Instrumente, Noten, Tonträger. Dinge der synagogalen Musik“ bietet zunächst eine allgemeine Betrachtung von Musik und Materialität und diskutiert die Besonderheiten der Musik im Vergleich zu anderen Künsten. Im Hinblick auf die Eigenschaften dinglicher Verkörperungen von Musik folgt die Darstellung der Argumentation von Will Straw, der „mobility“ und „agglomeration“ als wesentliche Eigenschaften der „material extensions“ von Musik herausstellt. Die nähere Betrachtung der drei materiellen Formen Musikinstrumente, Noten und Tonträger in Bezug auf jüdische Musiken erfolgt vor dem Hintergrund ihrer Verwendung und Rolle in der Gemeinschaft und erörtert ihre Wechselwirkungen mit der sozialen Praxis.

Friedhöfe, ihre Grabmale und Inschriften bieten eine unschätzbare Quelle zur Erforschung des jahrhundertealten jüdischen Lebens in Deutschland. Nathanja Hüttenmeister veranschaulicht anhand zahlreicher Beispiele, dass ein Friedhof als Ganzes zu lesen und zu deuten ist. Die Gestaltung eines Grabmals, seine Position und Ausrichtung in Relation zu den anderen Grabmalen des Friedhofs sowie Aufbau, Inhalt und Sprache der Inschriften werden vom Status des Verstorbenen ebenso bestimmt wie von den Vorstellungen, Traditionen, Bräuchen und Möglichkeiten der jeweiligen Familie, der jeweiligen Gemeinde und der jeweiligen Zeit. Zudem haben sich keine anderen materiellen Zeugnisse jüdischen Lebens auch nur annähernd in einer solchen Zahl und so hohem Alter erhalten wie Grabsteine, denen damit weit über ihre Funktion als Inschriftenträger hinaus eine Bedeutung zukommt, die es in Zukunft stärker zu würdigen gilt.

An dieser Stelle ist allen jenen zu danken, die zur Entstehung des Bandes beigetragen haben. Mein Dank ergeht zunächst an die Autorinnen und Autoren der Beiträge, die das Wagnis eingegangen sind, sich auf einen neuen theoretischen Zugang einzulassen und ihre Quellen gegen den etablierten Duktus zu lesen, der das Judentum als eine Text- und Buchkultur versteht. Unverzichtbar war die Bereitschaft zahlreicher Fotografen und Einrichtungen, ihre Abbildungen von Dingen der jüdischen Alltagskultur für diesen Band zur Verfügung zu stellen. Besonders bedanken möchte ich mich bei Jessica Rehse und Dr. Sigrid Senkbeil (Universität Potsdam), die das Lektorat unter einem hohen Zeitdruck äußerst umsichtig durchführten, obwohl sie zeitgleich noch in andere wissenschaftliche Projekte eingebunden waren. Frank Schlöffel hat mit seinen bewährten Kompetenzen für ein schönes Layout gesorgt – angesichts der zahlreichen Abbildungen sicherlich keine einfache Aufgabe. Erneut ist Prof. Dr. Karl E. Grözinger und den Mitarbeitern des Harrassowitz-Verlages für eine sorgfältige Bearbeitung und die Aufnahme des Bandes in die Reihe „Jüdische Kultur" zu danken. Mit dem neuen Layout der Buchreihe wird diese in ästhetischer Hinsicht an die Anforderungen der Gegenwart angepasst. Sowohl die Durchführung der Ringvorlesung als auch die Umsetzung der vorliegenden Publikation wurden durch Ressourcen des Institutes für Jüdische Studien und Religionswissenschaft an der Universität Potsdam und des Zentrums für Jüdische Studien Berlin-Brandenburg ermöglicht. Der Jehoshua und Hanna Bubis-Stiftung (Frankfurt am Main) wird herzlich für einen großzügigen Druckkostenzuschuss gedankt.

Nathanael Riemer, Berlin / Potsdam im Adar I. des Jahres 5776

Mittler zwischen Stadt und Land – Das Warenangebot jüdischer Händler zwischen Grundversorgung und modischen Accessoires

Michaela Schmölz-Häberlein

1. Einleitung

Im November 1797 vermeldete das Bamberger Intelligenzblatt, dass bei einem Schutzjuden in dem Ort Buttenheim am 26. Oktober nachts in den Kramladen eingebrochen worden sei und die Diebe 27 Tücher aus Musselin, 84 Tücher aus Seide, 20 Ellen englisches Leder, 21 Ellen Kaschmir, 132 Ellen Manchestertuch,[1] 200 Ellen Spitzen, 36 Ellen rote französische Leinwand, 90 Paar Strümpfe, 36 Ellen Leinentuch, sowie sechs Suppenteller mitgenommen hätten. Wer Hinweise auf die Täter oder den Verbleib der Ware geben könne, solle sich für eine Belohnung melden.[2] Der namentlich unbekannte Kramwarenhändler[3] verkaufte also neben Geschirr vorwiegend Schnittwaren und Strümpfe.

Das fränkische Buttenheim, zwischen den Städten Forchheim und Bamberg gelegen, ist bekannt als Geburtsort von Löb Strauß (1829–1902), besser bekannt als Levi Strauss, dem Erfinder der Blue Jeans. Strauss war um die Mitte des 19. Jahrhunderts mit seiner Familie in die USA ausgewandert und brachte es zu Reichtum. Mit Geschäftssinn und Know-how wurden er, wie auch andere ausgewanderte Juden, Teil des amerikanischen Gründermythos; zugleich unterstützten sie ihre Heimatgemeinden in der Alten Welt finanziell.[4]

---

1 Manchester ist ein geköperter, mit vier Schemeln sehr dicht gearbeiteter Zeug, der überwiegend zur Herstellung von Männerkleidung verwendet wird. Johann Georg Krünitz: Oekonomisch-technologische Encyklopädie, oder allgemeines System der Staats- Stadt- Haus- und Landwirthschaft und der Kunstgeschichte, 242 Bde, hier Bd. 83, Berlin 1773–1856, bes. S. 516 ff.

2 Hochfürstlich-Bambergisches Intelligenzblatt, 3.11.1797, Bekanntmachung.

3 Mit der Bezeichnung Kramwaren werden Waren bezeichnet, die en détail verkauft werden. Diese werden von einem en gros handelnden Kaufmann bezogen und in einem öffentlichen Laden oder in einer Boutique (Messebude auf dem Markt) in kleinen Mengen bzw. Stückzahlen verkauft. Art. Krämer, in: Krünitz, Ökonomische Enzyklopädie, Bd. 48, S. 707–754, hier S. 707 f.

4 Christoph Daxelmüller: Stadt – Land – Dorf. Anmerkungen zur jüdischen Identität in Franken vom 16. bis ins 20. Jahrhundert, in: Michael Brenner / Daniela Eisenstein (Hrsg.): Die Juden in Franken (Studien zur Jüdische Geschichte und Kultur in Bayern Bd. 5), München 2012, S. 51–68, hier S. 64. Cornelia Wilhelm: Die Emigration der fränkischen Juden im 19. Jahrhundert nach Amerika, in: Brenner / Eisenstein, Juden in Franken, S. 169–180, hier S. 174 f. Zu Levi Strauss vgl. Irmalotte Masson / Ursula von Wiese: Die Levi-Strauss-Saga: die märchenhafte Geschichte

Seit der Mitte des 15. Jahrhundert lebten in Buttenheim Juden. Nach dem 30-jährigen Krieg entwickelte sich hier eine der größten jüdischen Gemeinden der Region, da mehrere Herrschaftsträger ihnen die Ansiedlung gestatteten.[5] Um 1800 waren es etwa 44 Familien mit ca. 250 Personen, was einem Fünftel der Einwohnerschaft des Ortes entspricht. Darunter befand sich auch der Vater von Levi Strauss namens Hirsch, der Hausierhandel mit Kurzwaren und Tuchen betrieb.[6] Er hatte wohl ein vergleichbares Angebot an Waren wie der ungenannte jüdische Kaufmann, in dessen Laden eingebrochen worden war.

Ein jüdischer Kramladen war Ende des 18. Jahrhunderts für die Bewohner des ländlichen Franken von erheblicher Bedeutung. Infrastruktur und Ausgestaltung der materiellen Kultur hingen nicht zuletzt von jüdischen Händlern ab, die die städtischen und ländlichen Märkte mit Dingen des Alltags versorgten. Diese hatten sich auf den Handel mit Gebrauchtwaren, darunter Altkleider sowie Textilien, Accessoires und Genussmittel, spezialisiert. Der Gebrauchtwarenhandel ermöglichte der Bevölkerung, nicht mehr benötigte Güter gewinnbringend zu verkaufen und sie einer neuen Verwendung zuzuführen,[7] während über die gleichen Händler, die die ausrangierten Dinge abnahmen, ein Zugang zu neuartigen Artikeln möglich war.[8] Juden agierten in diesem Kontext auch als Vermittler von kulturellen Erfahrungen, denn durch sie kamen häufig neue Konsumwaren und Kulturgüter in Umlauf. Diese sicherten nicht nur die Versorgung der Bevölkerung, sondern bewirkten auch eine wirtschaftliche Verflechtung von Juden und Nichtjuden, die über soziale Kontakte unter Nachbarn hinausging.[9]

des Mannes, der die Jeans erfand, München 1991; Katja Doubek: Blue Jeans: Levi Strauss und die Geschichte einer Legende, München 2004.

5 In Buttenheim erteilten das Hochstift Bamberg, die Herren von Stiebar und Brandenburg-Bayreuth Schutzbriefe. Vgl. hierzu: Vergleich zwischen dem Hochstift Bamberg und den von Stiebarischen allodial Erben die Dorf und Gemeind Herrschaft zu Buttenheim betr., in: Johann Mader (Hrsg.): Reichsritterschaftliches Magazin Bd. 4, Frankfurt/Leipzig 1784, S. 646–655, bes. 648 f.

6 Im Jahre 1791 wurde ein Hirsch Moses in den Schutz genommen. Staatsarchiv Bamberg (StABa), Hochstift Bamberg Geheime Kanzlei, Nr.1805 (1783–1791) Prod. 592, Würzburg, 1.8.1791. Allgemein zu Buttenheim, Klaus Guth: Jüdische Landgemeinden in Oberfranken (1800–1942), ein historisch-topographisches Handbuch (Landjudentum in Oberfranken Geschichte und Volkskultur Bd. 1), Bamberg 1988, S. 132.

7 Zur Bedeutung des Gebrauchtwarenhandels für die vormoderne Wirtschaft grundlegend Georg Stöger: Sekundäre Märkte? Zum Wiener und Salzburger Gebrauchtwarenhandel im 17. und 18. Jahrhundert (Sozial- und wirtschaftshistorische Studien Bd. 35), München 2011.

8 Robert Liberles: An der Schwelle zur Moderne: 1618–1780, in: Marion Kaplan (Hrsg.): Geschichte des jüdischen Alltags in Deutschland. Vom 17. Jahrhundert bis 1945, München 2003, S. 21–124, hier, S. 81.

9 Vgl. hierzu exemplarisch und bis heute grundlegend die Studie von Sabine Ullmann: Nachbarschaft und Konkurrenz. Juden und Christen in Dörfern der Markgrafschaft Burgau 1650 bis 1750 (Veröffentlichungen des Max-Planck-Instituts für Geschichte Bd. 151), Göttingen 1999.

Die Forschung zum jüdischen Wirtschaftsleben beschränkt sich bislang meist auf die großen Hoffaktorenfamilien,[10] und man geht davon aus, dass die große Mehrheit der Juden „gesamtwirtschaftlich marginale Tätigkeiten aus[übte]. Aufgrund der zahlreichen gesetzlichen Restriktionen hatten sie kaum je einen festen Standort für ihr Geschäft und bewegten sich häufig am Rande des Existenzminimums."[11] Die Kombination verschiedener Berufsfelder diente der Risikominimierung und ermöglichte die Existenzsicherung bei Handelseinschränkungen durch die Obrigkeit.[12]

Da so gut wie keine innerjüdischen Quellen zum Handel mit Dingen des Alltags überliefert sind, beschränkt sich die Quellenbasis weitgehend auf die obrigkeitliche Überlieferung, in der Juden vor allem in Konfliktfällen greifbar sind. Die folgenden Überlegungen basieren auf den ab der Mitte des 18. Jahrhunderts regelmäßig erscheinenden Intelligenzblättern, insbesondere für das Fürstbistum Bamberg, ferner auf verschiedenen Serien von Rechnungsbüchern kirchlicher und weltlicher Institutionen, auf gerichtlichen Untersuchungen und Prozessen, die vor den Gerichten des Hochstifts Bamberg sowie dem Reichskammergericht ausgetragen wurden, auf Inventaren von Haushalten sowie auf Informationen, die sich zufällig in der obrigkeitlichen Überlieferung des Hochstifts finden.

Die Dinge, mit denen Juden Handel trieben, sind allerdings selten in einem jüdischen Kontext überliefert, – es sei denn, sie sind Bestandteil von Genizot geworden, die als Lager oder Depots auf Speichern oder in vermauerten Hohlräumen zur Aufbewahrung gebrauchter jüdischer liturgischer Schriften dienten und in denen mitunter Dinge des Alltags wie Kleidungsstücke, aber auch Trivialliteratur oder Lottozettel abgelegt wurden.[13] Solche Alltagsgegenstände machen jedoch einen geringen Prozentsatz der überlieferten Genizafunde aus, da ihre Überlieferung nicht intendiert war.[14]

10 Vgl. zu den Hofjudenfamilien exempl. David Kaufmann: Samson Wertheimer, der Oberhoffactor und Landesrabbiner (1658–1724) und seine Kinder, Wien 1888. Rotraud Ries / J. Friedrich Battenberg (Hrsg.): Hofjuden – Ökonomie und Interkulturalität. Die jüdische Wirtschaftselite im 18. Jahrhundert, Hamburg 2002; J. Friedrich Battenberg: Hofjuden in den Residenzstädten der Frühen Neuzeit, in: Fritz Mayerhöfer / Ferdinand Opll (Hrsg.): Juden in der Stadt (Beiträge zur Geschichte der Städte Mitteleuropas Bd. 15), Linz / Donau 1999, S. 297–326; Friedrich Battenberg: Die jüdische Wirtschaftselite der Hoffaktoren und Residenten im Zeitalter des Merkantilismus – ein europaweites System?, in: Aschkenas. Zeitschrift für Geschichte und Kultur der Juden 9/1 (1999), S. 31–66.

11 Stephen M. Lowenstein: Anfänge der Integration, 1780–1871, in: Kaplan (Hrsg.): Geschichte des jüdischen Alltags, S. 125–346, hier S. 169.

12 Liberles, An der Schwelle zur Moderne, S. 81.

13 Falk Wiesemann (Hrsg.): Genisa – verborgenes Erbe der deutschen Landjuden. Ausstellungskatalog, München 1992; Hans-Peter Baum (Hrsg.): Eine unterfränkische *Genisa*. Was von der jüdischen Gemeinde Memmelsdorf (Ufr.) blieb, Würzburg 1998. Vgl. auch Memmelsdorfer Genisa, in: URL: http://www.jmberlin.de/main/DE/03-Sammlung-und-Forschung/00-LPdetails/memmelsdorf-genisa-content.php.

14 Frowald Gil Hüttenmeister: Die Genisot als Geschichtsquelle, in: Monika Richarz / Reinhard Rürup (Hrsg.): Jüdisches Leben auf dem Lande: Studien zur deutsch-jüdischen Geschichte (Schriftenreihe wissenschaftliche Abhandlungen des Leo Baeck Instituts Bd. 56), Tübingen 1997, S. 207–218, hier S. 217.

Erschwerend hinzu kommt, dass die jüdische Volkskunde, die um 1900 durch den Rabbiner Max Meïr Grunwald (1871–1953) begründet wurde, zwar „jüdische" Gegenstände sammelte, diese jedoch überwiegend die religiöse Praxis und weniger den materiellen Alltag betrafen,[15] obwohl Grunwald deren Bedeutung für die soziale Umwelt der Juden durchaus erkannte. Für ihn erschöpfte sich jüdisches Leben nicht allein in der religiösen Identität, sondern umfasste auch die alltägliche Lebenswelt.[16] Schließlich wurde der Periode vor der Aufklärung der Aschkenasen im späten 18. Jahrhundert wenig Bedeutung beigemessen.[17] Erst im Zusammenhang mit der Auswanderung deutscher Juden nach Nordamerika im 19. und 20. Jahrhundert und insbesondere mit der Emigration nach Palästina während und nach der Zeit des Nationalsozialismus wurden die Dinge des Alltags als Teil der jüdischen Identität neu bewertet.[18] Theodor Harburger, der in den 1920er Jahren ein Inventarisierungsprojekt durchführte, in dem er u.a. in Franken „jüdische Kunstdenkmäler" fotografierte und damit für die Nachwelt sichern wollte, war sich bewusst, dass die erfassten „jüdischen" Objekte teilweise von christlichen Handwerkern geschaffen wurden.[19]

Im Zentrum der Betrachtung steht im Folgenden der Detailhandel mit Gütern wie Stoffen und Juwelen sowie mit innovativen Produkten wie Uhren, Rohrstöcken, Porzellan und Meerschaumpfeifen. Bei diesen Waren handelt es sich in den meisten Fällen um Dinge, die vermitteln, „in welchem Mikrokosmos von Objekten des täglichen Gebrauchs" sich die Juden und ihre christlichen Abnehmer bewegten, sowie aufgrund ihrer Objektqualität „Rückschlüsse auf die ökonomische Situation und die soziale Stellung ihrer Besitzer" zulassen. Sie machen Alltagsgeographien und Dinglandschaften sichtbar, in denen sich das alltägliche Leben der Menschen abspielte.[20] Viele dieser Dinge waren nicht nur Gebrauchsgüter, sondern auch Repräsentationsobjekte von

---

15 Vgl. in diesem Kontext Birgit Johler/Barbara Staudinger: Vorwort: Ist das jüdisch? Die jüdische Volkskunde in historischer Perspektive, Österreichische Zeitschrift für Volkskunde (ÖZV) LXIV/113 (2010), S. 369–374, hier S. 370.

16 Christoph Daxelmüller: Hamburg, Wien, Jerusalem. Max Grunwald und die Entwicklung der jüdischen Volkskunde zur Kulturwissenschaft 1898 bis 1939, in: ÖZV LXIV/113 (2010), S. 375–393, hier S. 388; Klaus Hödl: Die jüdische Volkskunde im Kontext ihrer Zeit, in: ÖZV LXIV/113 (2010), S. 395–413, hier bes. S. 406; Barbara Staudinger: Der kategorisierende Blick der „Jüdischen Volkskunde": Die volkskundliche Wissenschaft und das „Jüdische", in: ÖZV LXIV/113 (2010), S. 526–541, hier S. 532 f.

17 Mit dem jüdischen Alltag dieser Zeit setzten sich rückblickend und idealisierend besonders der Genremaler Moritz Daniel Oppenheim und die Ghettoliteratur auseinander. Hödl, Die jüdische Volkskunde, bes. S. 400 f.

18 Vgl. exempl. Joachim Schlör: Menschen wie wir mit Koffern, in: Gerald Lamprecht u.a. (Hrsg.): „Nach Amerika nämlich!": Jüdische Migrationen in die Amerikas im 19. und 20. Jahrhundert, Göttingen 2011, S. 23–54; Joachim Schlör: Messusot entfernen - Türschilder entfernen: Die Emigration der Gegenstände von Deutschland nach Palästina, in: Wolfgang Schmale u.a. (Hrsg.): Kulturtransfer in der jüdischen Geschichte. Frankfurt am Main 2006, S. 153–172.

19 Vgl. Staudinger, Der kategorisierende Blick, S. 529.

20 Anke Ortlepp: Alltagsdinge, in: Stefanie Samida/Manfred K.H. Eggert/Hans Peter Hahn (Hrsg.): Handbuch materielle Kultur. Bedeutungen, Konzepte, Disziplinen, Stuttgart, Weimar 2014, S. 161–165, hier S. 162.

Status und Macht, die individuelle Distinktionspraktiken und gesellschaftliche Hierarchien widerspiegeln,[21] oder wie Susan M. Pearce schreibt: „Material culture is that segment of man's physical environment which is purposely shaped by him according to a culturally dictated plan."[22]

Die Rolle von Juden bei der Gestaltung einer materiellen Kultur wird im Folgenden für Franken untersucht, das spätestens im 18. Jahrhundert vom Prozess der „Konsumrevolution" erfasst wurde.[23]

2. Franken und seine Nachbarregionen in der Frühen Neuzeit

Typisch für die Region Franken vor 1806 ist eine territoriale Kleinkammerung, in der sich zahlreiche weltliche und geistliche Territorien überschnitten und Herrschaftsrechte sich vielerorts überlappten. Nach der Vertreibung aus den Städten des Spätmittelalters siedelten sich die Juden in kleinen Herrschaften auf dem Land an, was als ‚Territorialisierung' bezeichnet wird. Aus der herrschaftlichen Konkurrenz ergaben sich zahlreiche Ansiedlungschancen und Handlungsspielräume für Menschen jüdischen Glaubens. In dieser Zeit entstanden ‚jüdisch-christliche Doppelgemeinden'[24] oder auch ‚Judendörfer' – ein Begriff, der von Utz Jeggle in den 1960er Jahren am Beispiel Württembergs geprägt wurde[25] – u.a. in Schwaben und Franken. In den meisten Dörfern und Kleinstädten, in denen sich Juden niederlassen konnten, beschränkte sich ihre Zahl auf einige wenige Familien, die inmitten ihrer christlichen Nachbarn lebten. An einigen Orten stellten Juden allerdings einen erheblichen Bevölkerungsanteil. Die bedeutendste jüdische Gemeinde bestand in Fürth, wo um 1700 mehr als 360 Haushalte anzutreffen waren. In Bamberg waren es zu dieser Zeit 40 Haushalte, wobei beide Gemeinden in den folgenden Jahrzehnten wuchsen.[26] In der fürstbischöflichen Residenzstadt Würzburg konnten

21 Ortlepp, Alltagsdinge, S. 163. Vgl. auch den Beitrag von Tobias L. Kienlin / Anne Widura: Dinge als Zeichen, in: Samida / Eggert / Hahn, Handbuch materielle Kultur, S. 31–38, bes. S. 31.

22 Susan M. Pearce: Museum Objects, in: Susan M. Pearce (Hrsg.): Interpreting Objects and Collections, London, New York 1994, S. 9–11, hier S. 9.

23 Vgl. John Brewer: Was können wir der Geschichte der Frühen Neuzeit für die moderne Konsumgeschichte lernen?, in: Hannes Siegrist / Hartmut Kaelble / Jürgen Kocka (Hrsg.): Europäische Konsumgeschichte. Zur Gesellschaftsgeschichte und Kulturgeschichte des Konsums (18. bis 20 Jahrhundert), Frankfurt am Main 1997, S. 51–74; Jonathan Curry-Machado: Global Histories, Imperial Commodities, Local Interactions, Basingstoke u.a. 2013; Christian Hochmuth: Globale Güter – lokale Aneignung. Kaffee, Tee, Schokolade und Tabak im frühneuzeitlichen Dresden (Konflikte und Kultur – Historische Perspektiven Bd. 17), Konstanz 2008.

24 Vgl. besonders Sabine Ullmann / Rolf Kießling: Christlich-jüdische „Doppelgemeinden" in den Dörfern der Markgrafschaft Burgau während des 17./18. Jahrhunderts, in: Christoph Cluse (Hrsg.): Jüdische Gemeinden und ihr christlicher Kontext in kulturräumlich vergleichender Betrachtung: von der Spätantike bis zum 18. Jahrhundert (Forschungen zur Geschichte der Juden, Reihe A, Abhandlungen Bd. 13), Hannover 2003, S. 513–534.

25 Utz Jeggle: Judendörfer in Württemberg (Volksleben: Untersuchungen des Ludwig-Uhland-Instituts der Universität Tübingen, Bd. 23), Tübingen 1969.

26 Barbara Ohm: Geschichte der Juden in Fürth (Fürther Beiträge zur Geschichte und Heimatkunde, Bd. 2), Fürth 2014, S. 34. Michaela Schmölz-Häberlein: Juden in Bamberg (1633–1802/03). Lebensverhältnisse und Handlungsspielräume einer städtischen Minderheit

sich keine Juden niederlassen; sie siedelten in Heidingsfeld und Veitshöchheim vor den Toren der Stadt. Auf dem Land gab es Gemeinden, in denen die jüdische Bevölkerung die Hälfte oder gar die Mehrheit der Einwohner stellte. So wohnten im 18. Jahrhundert im fränkischen Hagenbach 209 Juden zusammen mit 143 Christen, in Hüttenbach 285 Juden mit 299 Christen und in Altenkunstadt 389 Juden mit 391 Christen – ähnliche Größenverhältnisse konnte die Forschung auch für den schwäbischen Raum feststellen.[27]

Kleinere Territorialherren, insbesondere Reichsritter, konnten mit der Ansiedlung jüdischer Personen ihre Unabhängigkeit gegenüber den größeren zeigen und ihren Einfluss auch gegenüber anderen Ortsherren ausbauen.[28] Wie besonders in Untersuchungen zu Ostschwaben – einem Herrschaftsraum, der dem fränkischen nicht unähnlich ist – gezeigt wurde, war die jüdische Bevölkerung zwar nur partiell in die christliche Gesellschaft integriert und blieb rechtlich benachteiligt, doch war sie zumindest in wirtschaftlicher Hinsicht weitgehend akzeptiert.[29] Die Ansiedlung von Juden in diesen Gemeinden hatte vor allem fiskalische und ökonomische Motive. „Jüdische Untertanen brachten nicht nur mehr Steuern in die Staatskassen, sie belebten mit ihrer Handelstätigkeit auch die wirtschaftliche Infrastruktur, und eine kleine Führungselite war zudem als Kreditgeber und Lieferanten für die Höfe tätig."[30] Je kleiner das Herrschaftsgebiet und je strittiger die landeshoheitlichen Befugnisse, desto größer war die Bereitschaft der Obrigkeit

(Judentum – Christentum – Islam. Interreligiöse Studien Bd. 11 zugleich Veröffentlichungen des Stadtarchivs Bamberg Bd. 18), Würzburg 2014, S. 26.

27 Klaus Guth: Landjudentum in Franken. Lebensformen einer Minderheit im 18. Jahrhundert, in: Archiv für Geschichte von Oberfranken 65 (1985), S. 363–378, hier. S 367. In den Orten der Markgrafschaft Burgau machten Juden beispielsweise mit 16,6 Prozent in Pfersee (heute ein Stadtteil von Augsburg) im Jahre 1701, 32,4 Prozent in Binswangen, 40,6 Prozent in Buttenwiesen und etwa 57 Prozent in Kriegshaber (heute ein Stadtteil von Augsburg) um 1750 einen erheblichen Anteil an der Gesamtbevölkerung aus. Ullmann, Nachbarschaft und Konkurrenz, S. 347.

28 Als im Jahre 1731 Scholum Lämmel zu Lonnerstadt um Schutzannahme bat, entspann sich eine längere Diskussion, ob er diesen auch bekommen sollte, da er nicht unvermögend und am Ort geboren sei. Obwohl das Hochstift ihn zuerst wegen der Übersetzung der Stellen ablehnte, genehmigte es schließlich doch seine Aufnahme, da es sich um einen Ort mit überlappenden Herrschaftsrechten handelte und die anderen Territorialherren diesen Juden für sich beanspruchen könnten: „wie ein unterschied zwischen denen Orthen, so pure hochstiftisch und denen so mit fremdem Herrschaften vermischet, wo dan bey denen ersteren die ertheilung des Schutzes denen Juden schwer zu machen und rar; denen letzeren aber, sicut in praesenti, desto leicht= und ehender wilfahret werden könne, gestalten sich die gahn=Erben ansonsten einen solchen Juden in Schutz recipierten." StABa, Hochstift Bamberg – Geheime Kanzlei, Nr. 1313, Prod. 81, 15.11.1731; Prod. 155, Diarii Cameralis, 20.11.1732.

29 André Holenstein / Sabine Ullmann: „Landgemeinde" und Minderheit in der Frühen Neuzeit. Integration und Exklusion als Herausforderung an ländliche kommunale Verbände, in: André Holenstein / Sabine Ullmann (Hrsg.): Nachbarn, Gemeindegenossen und die anderen. Minderheiten und Sondergruppen im Südwesten des Reiches während der Frühen Neuzeit (Oberschwaben, – Geschichte und Kultur Bd. 12), Epfendorf 2004, S. 9–29, hier S. 13; Rolf Kießling: Die Landjuden als religiöse Sondergruppe, in: Holenstein / Ullmann (Hrsg.): Nachbarn, Gemeindegenossen, S. 357–363, hier S. 360.

30 Sabine Ullmann: Regionalgeschichte und jüdische Geschichte der Frühen Neuzeit in interdisziplinärer Perspektive, in: Jahrbuch für Regionalgeschichte 28 (2010), S. 17–35, hier S. 20.

zu einer offensiven Judenschutzpolitik. Je mehr sich frühmoderne Staatlichkeit verdichtete, desto besser wurden die Ansiedlungsbedingungen für jüdische Menschen besonders in einem *territorium non clausum*.

3. Der jüdische Handel

Die unterste Ebene des jüdischen Warenhandels bildete der Hausierhandel. Zahlreiche jüdische Hausierer zogen mit ihren Rückentragen (Kraxen) von Haus zu Haus und boten ihre Ware feil. Hausierhandel wurde im 18. Jahrhundert durchaus kritisch gesehen, weil die direkte Belieferung der Kunden den Gang zum Markt unnötig machte. Obwohl Märkte eine größere Angebotspalette hatten, profitierten die Menschen vom Kauf zu Hause, da dieser zeit- und wegsparend war.[31] Im Jahre 1791 hatte der ursprünglich aus Böhmen stammende Israel, der von Redwitz an der Rodach (Landkreis Lichtenfels) aus mit allerhand Schnittwaren handelte, seine Ware im Wert von 25 Gulden in einem Sack bei einem Wirt in Neukenroth (heute Stockkeim im Landkreis Kronach) zurückgelassen und sich am ersten Weihnachtstag entfernt – wohl weil ihm zahlreiche Gläubiger, u.a. aus Kronach, im Nacken saßen.[32]

Das Angebot, das diese Händler mit sich führten, konnte einen Wert von mehreren hundert Gulden umfassen, wie ein Fahndungsaufruf zeigt, den der Altenkunstadter Jude Simon Abraham 1802 in die Zeitung setzte. Sein aus Nördlingen im Ries stammender Dienstknecht Jakob Samuel war von einer Hausierreise nicht mehr zurückgekommen und hatte einen Warenkorb mit Tüchern im Wert von 500 Gulden mitgenommen.[33]

Nähere Aufschlüsse über die Geschäfte fränkischer Juden mit einer kirchlichen und grundherrlichen Institution geben die zwischen 1690 und 1733 erhaltenen Abtei- und Ökonomierechnungen des Benediktinerklosters St. Michael in Bamberg. Dort finden sich 330 Geschäfte des Klosters mit Juden. Die Auswertung nach den Herkunftsorten der Juden zeigt eine starke Konzentration der Geschäftsbeziehungen auf die Residenzstadt Bamberg sowie die benachbarten Gemeinden Bischberg und Viereth, in denen das Kloster über Herrschaftsrechte verfügte. 59,4 Prozent der dokumentierten Geschäftsvorgänge entfallen auf Bamberg, 21,2 Prozent auf Bischberg und 8,8 Prozent auf Viereth. Zusammen tätigten die Juden aus diesen drei Orten rund 90 Prozent der dokumentierten Geschäfte mit dem Kloster. In den Rechnungen werden zwar Juden aus 19 weiteren Orten genannt, doch keiner dieser Orte wird öfter als neunmal erwähnt; für zehn Orte liegt nur eine einzige Nennung vor.

---

31 Zu dieser Diskussion vgl. Liberles, An der Schwelle, S. 84f. Zum Handel jüdischerer Hausierer mit Uhren, Pfeifen etc. vgl. Gerhard Dohrn-van Rossum, Uhrenluxus – Luxusuhren: Zur Geschichte der ambivalenten Bewertung von Gebrauchsgegenständen, in: Reinhold Reith / Thorsten Meyer (Hrsg.): „Luxus" und Konsum. Eine historische Annäherung, Münster 2003, S. 97–116, hier S. 107.

32 Hochfürstlich-Bambergisches Intelligenzblatt, 25.2.1791, Gerichtliche Vorladung III, Kronach, den 15.2.1791, auch 1.3.1791, 4.3.1791.

33 Theodor Hartleben (Hrsg.): Deutsche Justiz- und Polizey Fama Nr. 37, 14.5.1802, Sp. 472. Sollte Jakob Samuel auf dem Weg ums Leben gekommen sein, musste die Ware irgendwo eingelagert sein; sollte er sich aber abgesetzt haben, musste er wegen Diebstahls gefasst werden.

Die Auswertung der Abtei- und Ökonomierechnungen hinsichtlich der Geschäftsfelder zeigt, dass 120 Geschäfte den Handel mit Rindern (36,4 Prozent), 25 den mit Pferden (7,6 Prozent) und 63 den mit Getreide (19,1 Prozent) betreffen. 119 Einträge beziehen sich auf Kramwaren (36,1 Prozent) und werfen Schlaglichter auf die Bedeutung der Juden für die Versorgung des Klosters mit Stoffen, Kleidung, Geschirr, Gewürzen und Luxuswaren. Wie differenziert das Angebot der jüdischen Händler für das Kloster Michelsberg am Ende des 17. und zu Beginn des 18. Jahrhunderts war, zeigen einige Hinweise in den Rechnungsbüchern. So erwarb der Prälat des Klosters, Christoph Freiherr von Guttenberg, 1692 von dem Bamberger Hoffaktor Moses Isaak Brillin „26 1/2 Ellen Seidenzeug zum Mantel und kurzen Rock". Im folgenden Jahr lieferte der Jude Hesslein drei paar Winterhandschuhe und einen neuen Hut für Pater Michael. 1694 bezog der „gnädige Herr", also der Abt, elf Ellen „Camelhaarzeug" von Wolf Nathan.[34]

Für den Neubau des dreistöckigen Klostergebäudes kaufte man, wohl zur Innenausstattung eines oder mehrerer Zimmer, 1701 von Abraham Friesen sechs Tapeten zum Preis von 600 Gulden und „Zeug" für Sessel und Teppiche für 133 Gulden. Im gleichen Jahr lieferte Josel Hirsch[35] einen silbernen Becher und silbernes Geschirr für 104 Gulden. 1711 kaufte das Kloster von ihm sechs Ellen blauen „plisch zu einem Antipendium auf den Creutzaltar" für fünf Gulden und 1713 neben Kramwaren auch „Englisch zihn Von 6 duzend deller, so 96 pfundt gewogen a 27 xr Rhein[isch]" für 107 Gulden. 1716 lieferte Abraham Friesen zur Einkleidung der Novizen „34 Ellen Tuch a 14 Bazen baumwollener Barchent". Das Kloster kaufte auch so unterschiedliche Dinge wie Wachs, Geschirr, Stoffe, Hüte, Strümpfe, Daunen für die Betten, Gewürze für Küche und Apotheke sowie Spalierholz, ferner Juwelen und andere Objekte für die Ausstattung der Kirche von jüdischen Händlern. Nur selten wurden um 1700 Kramwaren von christlichen Händlern erworben.[36]

Auch andere kirchliche Einrichtungen bezogen Waren des täglichen Gebrauchs und die Ausstattung der Gotteshäuser von jüdischen Händlern. Daneben sind in diesem Kontext jüdische Handwerker belegt. So stickte der vermutlich aus Forchheim stammende Gerson Mayer 1739 eine Bedeckung mit Reichsadler für das von Tilman

---

34 Andreas Schenker / Michaela Schmölz-Häberlein: Das Kloster Michelsberg und seine Beziehungen zur jüdischen Bevölkerung zwischen 1690 und 1747 – Möglichkeiten und Grenzen der Auswertung von Rechnungsbüchern, in: Bericht des Historischen Vereins Bamberg 147 (2011), S. 175–199, hier S. 178–185.

35 Zu Hirsch Josel vgl. ausführlich: Schmölz-Häberlein, Juden in Bamberg, S. 32, 37, 55, 82, 107, 119 f. 136 f., 146 f. Sein Sohn gleichen Namens belieferte in der Mitte der 1750er Jahre den Hof des Fürstbischofs Seinsheim mit Waren im Wert von mehr als 5.700 Gulden. Andreas Flurschütz da Cruz: *damit das geld in dem Landt bliebe.* Hof- und Armeelieferanten unter Adam Friedrich von Seinsheim (1757–1779), in: Mark Häberlein / Michaela Schmölz-Häberlein (Hrsg.): Handel, Händler und Märkte in Bamberg. Akteure, Strukturen und Entwicklungen in einer vormodernen Residenzstadt (Stadt und Region in der Vormoderne Bd. 3 / Veröffentlichungen des Stadtarchivs Bamberg Bd. 21), Würzburg 2015, S. 253–296, hier S. 270.

36 Die Belege sowie eine ausführliche Auswertung der Rechnungen des Klosters Michelsberg und seiner jüdischen Geschäftspartner bei Schenker / Schmölz-Häberlein, Das Kloster Michelsberg, S. 175–199.

Abb. 1: Vorsatz für das Grabmal von Heinrich und Kunigunde im Bamberger Dom. Foto: A. Barthel, Diözesanmuseum Bamberg.

Riemenschneider gestaltete Doppelgrab der Bistumsheiligen St. Heinrich und St. Kunigunde im Bamberger Dom und erhielt dafür 80 Gulden Lohn. Den benötigten Stoff („rubin-farb sammet"), Fransen und Goldborten lieferte der Bamberger Schutzjude Josel Hirsch, der wie erwähnt auch das Kloster Michelsberg belieferte, für die bedeutende Summe von etwas mehr als 886 Gulden.[37] Im Jahre 1777 besorgte der Bamberger Schutzjude Samuel Michael Hesslein für mehr als 900 Gulden Stoffe für neue

37 Sybille Ruß: Wappen von der Bedeckung des Kaisergrabs, in: Norbert Jung / Holger Kempkens (Hrsg.): Gekrönt auf Erden und im Himmel – das heilige Kaiserpaar Heinrich II. und Kunigunde (Veröffentlichungen des Diözesanmuseums Bamberg), Münsterschwarzach 2014, S. 104 f. mit Abbildung. Zur Bedeutung von Gerson Meyer für die jüdische Kunstgeschichte und zum Behang des Grabes vgl. Franz Landsberger: A History of Jewish Art, o. O. 1946, S. 230; Annette Weber: Synagogenausstattungen als Dokumente. Jüdischen Lebens auf dem Lande in Franken und Schwaben im 18. Jahrhundert, in: Richartz / Rürup (Hrsg.): Jüdisches Leben, S. 189–206, hier S. 196. Zum Verhältnis von Juden und Reich vgl. exempl. Rolf Kießling: „Under deß Römischen Adlers Flügel". Die schwäbischen Judengemeinden und das Reich, in: Rainer Müller (Hrsg.): Bilder des Reiches (Irseer Schriften Bd. 4), Sigmaringen 1997, S. 221–253.

Messgewänder für die Kirche St. Johannes der Täufer in Kronach.[38] Jüdische Händler erscheinen hier als Vermittler von Gütern, die in einem christlichen, kirchlichen Kontext adaptiert wurden.

Der fürstbischöfliche Hof in Bamberg bediente sich jüdischer Händler, um alte Livreen und Galakleider zu Geld zu machen. So ersteigerte beispielsweise 1782 Joseph Nathan für 112 Gulden und 30 Kreuzer im Haus des „Hoflivreeverwalters" Grubert eine „blaue mit silbernen Borten galantierte Livree, Galaröcke mit dazu gehörenden silberbordierten roten Westen und roten Hosen," sowie einen „blau und silber bordierten Trompeterrock mit silber besetzter roter Weste und Hose." Zudem kaufte er drei „blaue ordinär tücherne Röcke, Westen und Hosen" der bei Hof beschäftigten Tagelöhner.[39] Wie neue Studien zeigen, hatte der Altkleiderhandel erhebliche Bedeutung für die vormoderne Wirtschaft, in der Neu- und Gebrauchtwarenmärkte koexistierten.[40] Im konkreten Fall brachten jüdische Händler Güter, die aus dem Distinktionsfeld des Hofes ausrangiert worden waren, wieder in den Wirtschaftskreislauf ein.

Der Handel mit Juwelen lässt sich sowohl in den höfischen als auch in den kirchlichen Kontext einordnen. Wohlhabende Kunden wandten sich an jüdische Juwelenhändler, um ihren Bedarf an diesen teuren Gütern zu decken.[41] Jonathan Israel bezeichnet den Diamant- und Juwelenhandel Ende des 17. und zu Beginn des 18. Jahrhunderts „zweifellos [als] eine der wichtigsten Säulen nicht allein des deutsch-jüdischen Handels, sondern des gesamten Systems des Hofjudentums."[42] Krünitz verweist um 1800 darauf, dass der Juwelenhandel sich fast ausschließlich in der Hand der Juden befände.[43] Mit ihrem Know-how sowie ihren familiären und wirtschaftlichen Beziehungen in große Handelszentren wie Frankfurt, das einer der europäischen Umschlagplätze für Gold, Silber und Juwelen war, waren die fränkischen Juden Mittler für diese exquisiten Waren

38 Georg Fehn: Chronik von Kronach 2 Bde., Kronach 1951, hier Bd. 1, S. 156. Zu Samuel Michael Hesslein vgl. Schmölz-Häberlein, Juden in Bamberg, S. 38, 123, 138, 175–177, 182; Michaela Schmölz-Haberlein: Jüdische Stiftungen im Bamberg des 18. und frühen 19. Jahrhunderts, in: Mark Häberlein / Michaela Schmölz-Häberlein (Hrsg.): Stiftungen, Fürsorge und Kreditwesen im frühneuzeitlichen Bamberg (Bamberger Historische Studien Bd. 13), Bamberg 2015, S. 185–202.

39 StABa, B 24 (Hofdiarien), Bd. 26, Versteigerung, 25.9.1782, S. 127, 135.

40 Stöger, Sekundäre Märkte?. Der jüdische Altkleiderhandel wird u. a. thematisiert bei Bernhard Heilig: Die Vorläufer der mährischen Konfektionsindustrie in ihrem Kampf mit den Zünften, in: Jahrbuch der Gesellschaft für Geschichte der Juden in der Čechoslovakischen Republik 3 (1931), S. 307–447, bes. S. 307, 310, 403. In Zusammenhang mit jüdischen Hoffaktoren: Manfred Peter Heimers: Aufenthaltsverbot und eingeschränkte Zulassung (1442–1799), in: Richard Bauer / Michael Brenner (Hrsg.): Jüdisches München vom Mittelalter bis zur Gegenwart, München 2006, S. 39–57, hier S. 50.

41 Liberles, An der Schwelle zur Moderne, S. 81.

42 Jonathan Israel: Handelsmessen und Handelsrouten – die Memoiren der Glikl und das Wirtschaftsleben der deutschen Juden im späten 17. Jahrhundert, in: Monika Richarz (Hrsg.): Die Hamburger Kauffrau Glikl. Jüdische Existenz in der frühen Neuzeit, Hamburg 2001, S. 268–279, hier S. 268.

43 Art. Juwelenhandel, in: Krünitz, Ökonomische Enzyklopädie, Bd. 31, S. 956 f.

zwischen der großen Messestadt und dem fränkischen Hinterland.[44] Neben den Profitchancen, die der Verkauf von Pretiosen an fürstliche und adelige Kunden eröffnete, waren diese für jüdische Händler auch eine Möglichkeit, Kapital in vergleichsweise wertbeständiger und zugleich mobiler Form anzulegen.

Der jüdische Kaufmann Aaron Beer in Frankfurt am Main war u. a. Resident des Bayreuther Hofs und versorgte Markgraf Christian Ernst (1644–1712)[45] mit Juwelen und anderen Luxuswaren, die er bei finanziellen Engpässen des Hofes wieder als Pfänder zurückerhielt.[46] Auch andere jüdische Händler belieferten den Bayreuther Hof. So erhielt Markgraf Friedrich III (1711–1763)[47] 1747 von dem Fürther Juden Moses Isaak Schwabacher einen Brillanten im Wert von 2.400 Gulden und die Markgräfin Friederike Sophie Wilhelmine von Preußen (1709–1758) „Ohren Pandilocken" für 9.000 Gulden.[48] Als der Bayreuther Kammer- und Landfaktor Simon Männlein aufgrund einer Hofintrige unter Friedrich Christian (1708–1769), dem letzten Markgraf von Brandenburg-Bayreuth, in Sanspareil 1767/68 inhaftiert wurde,[49] deponierte man die in seinem Besitz befindlichen Juwelen im Geheimen Archiv des Markgraftums. Es handelte sich um einen großen Brillantring (28 große Steine) und einen weiteren Brillantring (27 kleine Steine) sowie die Pettschaft Männleins. Nicht nur die Herrscherhäuser, sondern auch Domkapitulare bezogen Pretiosen von jüdischen Händlern. 1772 schuldete der Bamberger Domkapitular Johann Karl Freiherr von Guttenberg auf Sternberg dem Hoffaktor Samuel Wolf 1.000 Gulden: Dieser hatte ihm zu seinem Kapitular-Ornat Juwelen geliefert, u. a. einen Brillant „zu einem Kullang"[50], einen großen Amethyst sowie Brillanten, die von einem Würzburger Goldarbeiter namens Guttenhöfer gefasst wurden.[51]

---

44 Alexander Dietz: Frankfurter Handelsgeschichte, 5 Bde., Frankfurt a. M. 1910–1925 (ND Glashütten am Taunus 1970/71), hier Bd. 2, S. 45, 121, 203–230.

45 Zu Christian Ernst vgl. jüngst Reinald Becker / Iris von Dorn (Hrsg.): Politik – Repräsentation – Kultur. Markgraf Christian Ernst von Brandenburg-Bayreuth (1644–1712), Bayreuth 2014.

46 StABa, Markgraftum Brandenburg-Bayreuth, Geheimes Archiv Bayreuth (GAB) Nr. 684. Andrea Schödl: Frauen und dynastische Politik 1703–1723. Die Markgräfinnen Elisabeth Sophie von Brandenburg und Christiane Charlotte von Ansbach (Die ‚Plassenburg'. Schriftenreihe für Heimatforschung und Kulturpflege in Franken, Bd. 56), Kulmbach 2008, S. 162, 285 f. Günther Dippold, Markgraf Christian Ernst und die Juden, in: Becker / Von Dorn (Hrsg.): Politik – Repräsentation, S. 77–89, hier S. 81 ff.

47 Zu Friedrich vgl. Georg Seiderer / Clemens Wachter (Hrsg.): Markgraf Friedrich von Brandenburg-Bayreuth 1711–1763 (Franconia, Bd. 5), Stegaurach 2012.

48 Bayerisches Hauptstaatsarchiv München (BayStA), RKG 7317/I Bd. 2, Quad. 10, Beilage 10, fol. 79v, auch Quad. 30, Lit. F, fol. 365r.

49 StABa, GAB, Nr. 43.2. Selma Stern schreibt, dass Simon Männlein krank und gebrochen war, als er aufgrund seiner nachgewiesenen Unschuld frei kam. Selma Stern: Der Hofjude im Zeitalter des Absolutismus. Ein Beitrag zur europäischen Geschichte im 17. und 18. Jahrhundert, hrsg. von Marina Sassenberg (Schriftenreihe wissenschaftlicher Abhandlungen des Leo Baeck Instituts Bd. 64), Tübingen 2001, S. 298.

50 Coulánt (beweglich, fließend) ist ein Schiebering oder eine Öse, welche die Verbindung zwischen einem Ordens(hals)band und der daran hängenden Auszeichnung herstellt.

51 BayHStA, RKG Nr. 7339, 31.12.1771, Lit H, Decretum, 18.7.1777.

Wie kompliziert der Handel mit Juwelen war, zeigt ein Reichskammergerichtsprozess, den der Frankfurter Isaak Löw Beer gegen das Postunternehmen der Familie Thurn und Taxis im Jahre 1782 angestrengt hatte und in dem die Vertriebswege dieser wertvollen Fracht thematisiert werden. Beer schickte demnach „ansehnliche Parthien Jubelen an fremde Orte zum beschaun und auf Speculationen [...] welche, wenn er sie /: es seye wegen des Preises, oder sonsten: / nicht annehmlich sind, zurückgeschicket werden."[52] Beer hatte eine Warensendung mit 30 Brillanten an den Sohn des verstorbenen Jakob Hirsch Regensburger, Hoffaktor Beer Jakob Regensburger, geschickt: Diese waren jedoch nie bei ihm angekommen. In der Folgezeit wurden weitere Juwelensendungen auf dem Postweg als verloren gemeldet. Der Frankfurter Simon Rafael vermisste 1784 seine Sendung über Liebmann Rindskopf an Josua Jakob in Fürth: Darin war eine große Menge zu Rosetten geschliffener Diamanten von verschiedenem Gewicht enthalten.[53] Verpackt wurden die Steine, damit sie nicht als wertvolle Ware identifiziert werden konnten und so besser vor Dieben geschützt werden konnten, in ein Paket aus Lotterielosen.[54]

Auf überregionalen Märkten wie den sogenannten Bamberger Messen fanden sich zahlreiche jüdische Händler ein. So verkaufte beispielsweise der Fürther Jude Berlin Rindskopf 1774 auf der Bamberger Frühjahrsmesse hochwertige Stoffe wie Crisets und Damaste aus Wolle, Zitze, Seiden- und Leinenbänder sowie Halstücher.[55] 1798 vertrieben Löb Abraham Reiß & Comp. aus Frankfurt alle „Sorten Manchester, [in] allen Farben holländischen Sammet, kamelhaarnen und seitnen Velwel, Taffent, und seidenen Große, nebst allen übrigen seidnen Zeugen."[56] Der ebenfalls aus Frankfurt angereiste Moses Bing[57] verkaufte von „besten Fabrikanten verfertigte englische Waaren". Sein Angebot umfasste Produkte aus England, Frankreich und dem Reich:

> „Biber, Manchester und Cordres, Challon, Nordertücher, Elberlastin, Serge de Berry und Sattin, Multon, Schwanenboy, feine Flanells, auch 12/4 breite Flanells; Rattin, Kersey, Schanets, Ribs und Sattinets, Cottonets, Mouselinets, Eng[lische] Bique, Casemir, Nanquenets und Nanquen."

Um zu belegen, dass er in diesem Geschäft etabliert war, gab er nicht nur seinen Standort in Bamberg, sondern auch seine Geschäftsadresse in Frankfurt an.[58] Während die

52 BayHStA, RKG Nr. 7332, Quad. 9, fol. 40r.

53 BayHStA, RKG Nr. 7340, Quad. 31 § 36

54 BayHStA, RKG Nr. 7332, Quad. 9, fol. 41r. Zur Rolle jüdischer Händler im Lotteriegeschäft vgl. Schmölz-Häberlein, Juden in Bamberg, S. 147–150.

55 Hochfürstlich-Bambergische wochentliche Frag- und Anzeigenachrichten, Avertissement, 20.5.1774.

56 Hochfürstlich-Bambergisches Intelligenzblatt, 16.10. 1798, Bekanntmachung III, S. 368.

57 Frankfurter mit dem Familiennamen Bing handelte mit englischen Waren und Porzellan, vgl. Cilli Kasper–Holtkotte: Im Westen Neues: Migration und ihre Folgen. Deutsche Juden als Pioniere jüdischen Lebens in Belgien, 18./19. Jahrhundert (Studies in European Judaism Bd. 8), Leiden 2003, S. 292.

58 Hochfürstlich-Bambergisches Intelligenzblatt, 8.5.1798, Bekanntmachungen IV, S. 165. „Er stehet hier in der langen Gasse bey Hrn. Professor Gotthardt, und in Frankfurt bey Hrn. Hager, Lederhändler in der Scheurgasse."

beiden Frankfurter Händler überwiegend auf englische Tuche spezialisiert waren, verkaufte der aus Bayreuth angereiste Herz Koppel, der nach eigener Auskunft die Messe 1798 zum ersten Mal besuchte, „fein holländischen, fein- und mittel Sorten böhmischen Tuch in allen Couleurn“, die er sowohl „am Stuck, als auch Ausschnitt“ zu besten Bedingungen feil bot.[59] Das Beispiel der englischen und französischen Manufakturwaren zeigt, dass Juden gegen Ende des 18. Jahrhunderts mit innovativen Konsumgütern handelten, die als Kennzeichen der sogenannten Konsumrevolution gelten. Ihr Engagement erstreckte sich auch auf andere Kategorien von Konsumgütern und Luxuswaren.

1773 annoncierte der Bamberger Schutzjude Hirsch Löw das heute als Meißner Porzellan bekannte „fein Dresdener Porcellain aus dortiger Fabrique von neustem Gusto, als: Chocolatte= Caffee= und Thee=Zeug, auch Tafel und Desert-Services“. Er versicherte, dass, sollte er bestimmte Stücke nicht auf Lager haben, er diese in kürzester Zeit beschaffen könnte.[60] Zwei Jahre später verkaufte Hirsch Löw „neu angelangte Sorten des feinsten Dresdener Porcellains, als Tafel= und Desert=Services, Coffee= und Thee=Zeug, allerhand Figuren und Groupies [sic!]“.[61] Zudem besserte er sein Einkommen durch den traditionellen Handel mit Gebrauchtwaren, darunter verschiedenen Kupfer- und Zinngegenständen, Tafeltüchern, Silber, Pretiosen sowie Seiden- und Leinenwaren auf.[62] Der Handel mit Gewürzen und hochwertigen Nahrungsmitteln war ebenfalls Teil des Geschäfts. 1795 hatte beispielsweise Koppel Seligmann Meinbernheimer neben österreichischem Likör auch Persiko (Likör aus Pfirsichsteinen) im Angebot. Ferner verkaufte er Zitrusfrüchte wie Pomeranzen und Zitronen, Gewürze wie Anis, Kümmel, Wacholder und Nelken sowie verschiedene Magenessenzen und Blähungswasser.[63]

Als im Jahre 1757 der Forchheimer Jude Hirsch Salomon Guttmann wegen einer Wechselschuld aus London im Bamberger Gefängnis saß, wurden Teile seines Eigentums gegen Barzahlung zum Verkauf angeboten. Darunter befanden sich auch Uhren, u. a. eine goldene englische Sackuhr, zehn silberne sowie mit einer Metalllegierung versehene Uhren (Dombackene).[64] 1761 ist in Bamberg der Verkauf von Uhren durch jüdische Händler belegt,[65] und auch auf dem Lande können derartige Geschäfte punktuell nachgewiesen werden, wie der Verkauf einer Taschenuhr durch den Jonas Abraham an die Familie von Redwitz zeigt.[66] 1794 verkaufte Samuel aus Trabelsdorf eine gebrauchte

59 Hochfürstlich-Bambergisches Intelligenzblatt, 8.5.1798, Bekanntmachungen II, S. 164.
60 Hochfürstlich-Bambergische wochentliche Frag- und Anzeigenachrichten, 30.3.1773.
61 Hochfürstlich-Bambergische wochentliche Frag- und Anzeigenachrichten, 10.8. 1775.
62 Hochfürstlich-Bambergisches Intelligenzblatt, 17.7.1787, 20.7.1787, 24.7.1787.
63 Hochfürstlich-Bambergisches Intelligenzblatt, 19.6.1795.
64 Hochfürstlich-Bambergische wochentliche Frag- und Anzeigenachrichten, 29.4.1757.
65 Stadtarchiv Bamberg (StadtABa), B 4 + 58 (Protokoll Heinrichsviertel 1760–1772), 3.1.1761, fol. 17v–18r.
66 Vereinzelte Belege zum jüdischen Uhrenhandel finden sich mitunter in der lokalhistorischen Literatur, allerdings ohne eine wissenschaftliche Einordnung. Günter Dippold, Eine jüdische Gemeinde im ritterschaftlichen Dorf. Beiträge zur Geschichte der Juden in Redwitz, in: Jochen Neumann (Hrsg.): 750 Jahre Redwitz und Unterlangenstadt. Geschichte und Geschichten, Trainau 2000, S. 143–171, 415–421, hier S. 149.

„silberne Sackuhr mit dem Monatstage", und in Bamberg ist im gleichen Jahr der Verkauf einer Genfer Taschenuhr belegt.[67]

Im Jahre 1794 kam es im Fürstbistum Bamberg zur Konfiskation von Taschenuhren bei jüdischen Händlern, die ein landesherrliches Dekret, „das außer der Meßzeit jedem mit Uhren zu handeln verbiethet", missachtet haben sollen. Die Judenschaft wies im Gegenzug auf die Nachfragesituation hin. Angesichts der Tatsache, dass die wenigen in Bamberg ansässigen Uhrmacher nicht einmal zehn Prozent des städtischen Bedarfs decken konnten, gereiche dieses Verbot zum Schaden der Allgemeinheit. Sie argumentierte zudem, dass dieses Verbot allein den im Hochstift ansässigen Juden schade, während „die in der Nähe, als z. B. in Ritterschaftlichen Gebiethen, zu Bischberg, Waldorf, Trabelsdorf pp wohnenden Juden, welche besagtes Verbott nicht verbinden kann", die Gewinne abschöpfen und außer Landes tragen würden. Die auswärtigen Juden würden somit „die Kauflustigen nach und nach an sich ziehen, somit sich bereichern [...], mittlerweilen wir den Verlust des dadurch ansonst zu erzielenden Gewinns fühlen müssen."[68] Das Verbot blieb offenbar ohne Folgen, denn Juden lassen sich weiterhin im Handel mit Uhren nachweisen.[69]

Gegen Ende des 18. Jahrhunderts vertrieben die jüdischen Händler außerdem Spiegel, die vor allem in Fürth hergestellt wurden. Während Spiegelglas zu Beginn des 18. Jahrhundert noch ein Luxusgut war, konnte es gegen Ende bereits in großen Stückzahlen und zu erschwinglichen Preisen angeboten werden, so dass es für einen größeren Abnehmerkreis erschwinglich war.[70] Zeitgenössische Beschreibungen verweisen darauf, dass

> „die Sorten der Spiegel, welche zu Fürth gemacht werden, [...] sehr mannichfaltig [seien], daher wir nur die gangbarsten berühren können. Darunter gehören die papierenen Feld- und Schieberspiegel; rothe Borden und Kalenderspiegel, mit und ohne hölzerne Leisten; Spiegel in Gestalt eines Buches; Schubladenspiegel mit und ohne Karnies oder hölzernen gemalten Leisten; pflaumbaumene Spiegel von allerley Art, viereckig mit Aufsätzen und nach Art geschweifter Toiletten; so genannte Turtische oder gemalte wie auch emaillirte und glasierte Spiegel; Spiegel mit gemalten Glasrahmen gelb und weiß in Leisten. Alle diese Sorten werden dutzendweise verkauft, halten aber aufs höchste nur 9 Zoll Brabanter oder so genanntes Judenmaaß."[71]

67 Schmölz-Häberlein, Juden in Bamberg, S. 139–141.

68 StadtABa, B 1 + 442, Uhrmacher –Juden, Fasz. 7, Bamberg, 1.8.1794.

69 Vgl. Schmölz-Häberlein, Juden in Bamberg, S. 141.

70 Um 1791 zählte man in Fürth bereits 22 Spiegelmacher, die Glas aus Böhmen und dem Bayerischen Wald mit Zinnfolie und Quecksilber „belegten". Dazu fertigten 122 Schreiner die Spiegelrahmen. Ausführlich Michael Müller: Seligman Bendit & Söhne Spiegelglas- und Fensterglas-Fabriken. Aufstieg und Niedergang einer jüdischen Unternehmer-Familie der Fürther Spiegelglas-Industrie, in: Fürther Geschichtsblätter 56 (2006), S. 51–75 und S. 91–112.

71 Art. Spiegel, in: Johann Karl Gottfried Jacobsson/Otto Ludwig Hartwig/Gottfried Erich Rosenthal (Hrsg.): Johann Karl Gottfried Jacobssons technologisches Wörterbuch oder alphabetische Erklärung aller nützlichen mechanischen Künste, Manufacturen, Fabriken und Handwerker, Bd. 7, Berlin 1794. S. 389–393, hier S. 391. Weitgehend identisch die Ausführungen über Fürther Spiegel, im Art. Spiegel, in: Johann Christian Schedel, Neues und vollständiges Waaren-Lexikon: worinnen alle und jede im deutschen und fremden Handel gangbare Artikel, sowohl rohe als

Im Jahre 1783 verkaufte ein namentlich unbekannter Jude in Bamberg „neben der Judenschul“ große und kleine „neumodische“ Spiegel und 1785 bot der Fürther Moses Koppel Schnaittacher dort große Spiegel an. Zwischen 1782 und 1791 kam der „Goldsticker“ Löw Seligmann mehrmals zu den Messen nach Bamberg. Während er zu Beginn Spiegel, Wandleuchter und verschiedene Galanteriewaren „nebst englischen Ohrenprillen“ (also die heutige Form der Brille) handelte, konzentrierte er sein Sortiment 1791 auf „die schönsten Sorten von groß und kleinen gut vergoldeten Spiegeln.“ Der Fürther Judel Simon hatte 1794 Spiegel mit vergoldeten, marmorierten und schwarzgebeizten Rahmen im Angebot.[72]

„Spanische“ Rohre aus Java und Sumatra ersetzten im letzten Drittel des 18. Jahrhunderts sukzessive einheimische Spazier- und Gehstöcke als Statussymbol, die als Accessoire beim Spaziergehen, einer neuen Manifestation der Freizeitkultur, von den privilegierten sozialen Gruppen verwendet wurden, aber auch für breitere Bevölkerungsschichten zunehmend erschwinglich waren.[73] Ferner wurden sie im Zusammenhang mit dem für Edelleute unentbehrlichen Zierdegen getragen.[74] Auch wenn es bereits in den 1760er Jahre Hinweise auf den Gebrauch dieser Rohre gab,[75] finden sich erste Belege für den Vertrieb auf den Bamberger Messen im Jahre 1780. In diesem Jahr bot ein Kaufmann aus Amsterdam namens Oppenheimer auf der Bamberger Herbstmesse feine spanische Rohre sowohl im Dutzend als auch einzeln günstig zum Verkauf an. 1794 und in den Folgejahren findet sich erneut ein Oppenheimer in der Stadt. Er warb damit, dass er zuvor in Amsterdam und Leipzig gewesen sei, und teilte mit, er bleibe nur acht Tage. Im Angebot hatte er „allerhand schöne feine Rohre, auch schöne schwarze Rohre von 3 Schuhe lang für Professionisten, auch schöne Bambusen, und schöne Pallasar Stöcke“.[76] Mit ihrem potentiellen Anteil an adligen und bürgerlichen Beamten war die Residenzstadt Bamberg ein interessanter und lukrativer Absatzmarkt für diese modernen Statussymbole.[77]

Im Jahre 1801 verkaufte der Bayreuther Samson Seligmann Armreuth erstmals auf der Bamberger Frühjahrsmesse Tabakspfeifen, darunter

> „alle Sorten ächten Meerschaumenen Tabacks=Köpfen; desgleichen hölzerne gebeitzte und ungebeitzte, ganz neuer Fason; ächte Ulmer, beschlagene und unbeschlagene, auch

---

verarbeitete Produkten und Kunstsachen: für Kaufleute, Fabrikanten und Geschäftsmänner deutlich und bestimmt beschrieben sind, Bd. 2 (M bis Z), Weißenburg 1791, S. 606–613, hier S. 611.

72 Schmölz-Häberlein, Auswärtige Juden, S. 336 f. mit weiteren Belegen.

73 Ulrich Ufer: Welthandelszentrum Amsterdam. Globale Dynamik und modernes Leben im 17. Jahrhundert (Stuttgarter Historische Forschungen Bd. 8), Köln u. a. 2008, S. 261, 264 f.

74 Beate Spiegel: Adliger Alltag auf dem Land. Eine Hofmarksherrin, ihre Familie und ihre Untertanen in Tutzing um 1740 (Münchner Beiträge zur Volkskunde Bd. 18), Münster u. a. 1997, S. 300.

75 Hochfürstlich-Bambergische wochentliche Frag- und Anzeigenachrichten, Sachen so verlohren worden, 19.4.1763.

76 Schmölz-Häberlein, Auswärtige Juden, S. 336 f.

77 Vgl. hierzu Pierre Bourdieu: Die feinen Unterschiede. Kritik der gesellschaftlichen Urteilskraft, Frankfurt am Main 1982. Pierre Bourdieu: Die Ökonomie der symbolischen Güter, in: Pierre Bordieu (Hrsg.): Praktische Vernunft. Zur Theorie des Handelns, Frankfurt am Main 1998, S. 159–200.

> mit Meerschaum ausgefütterte Köpfe. Ganz f.f. Meißner Porzellaine Köpfe mit und ohne Gemählde, desgleichen ordinaire. Ferner, seidene, von Ebenholz und feine hörnerne Tabacks=Röhre, auch dergleichen ganze Pfeifen. Neue kleine Tabacks=Pfeifen in Rollen von Spanischen Kanaser, feine moderne Tabacks=Beutel."[78]

Die genannten Meerschaumpfeifen wurden seit Mitte des 18. Jahrhunderts aus ganzen Stücken im Reich gefertigt und konnten ab den 1770er Jahren auch aus gemahlenem Meerschaum hergestellt werden, was die Preise sinken ließ. Produziert wurden sie u.a. im thüringischen Ruhla und in der Reichsstadt Nürnberg.[79] Etwa zur gleichen Zeit kamen auch Porzellanpfeifen in Mode.

Einige Händler boten nicht nur eine Warengruppe an, sondern erweiterten ihr Spektrum mit zusätzlichen Produkten. Neben Spiegeln hatte Moses Koppel Schnaittacher „holländischen Blumenthen" (grüner Tee) in Büchsen zu ein Viertel Pfund sowie verschiedene Sorten von Siegellack im Angebot. Den Siegellack produzierte er in allen Qualitäten angeblich selbst. 1779 verkaufte ein „Portugiesischer Jude" namens Löw „feinstes englische Schuhwachs", das im 18. Jahrhundert den Markt dominierte. Im Gasthaus zu den Drei Kronen bezog 1798 Joseph Gumperz Trier aus Frankfurt am Main sein Quartier.[80] Sein Warenangebot, das er zum großen Teil aus England bezog, umfasste

> „alle Sorten neumodischen Glanzknöpfen, plattirte und stählerne Schnallen, Uhrketten, Pettschaften, Uhrschlüsseln, feine Perspectiven, Augengläser, feine Londoner Nähnadeln, Sporen, Schnallenherzer, Zahnbürsten, Pfropfenzieher, Sohlinger= und Nürnberger=waaren, und mehrere Artikel."[81]

In den folgenden Jahren besuchte er regelmäßig die Bamberger Messen, mitunter in eigenem Namen bisweilen unter dem Namen Gebrüder Trier. 1800 führte er „wachstaffente Hütüberzüge", die ein Jahr später durch die Farbbezeichnung „grüne" ergänzt wurden.[82] Im Jahre 1803 mussten die Gebrüder Gumperz Joseph und Nathan Joseph Trier in ihrer Heimatstadt Bankrott anmelden. Das gleiche Angebot wie sie führte der Frankfurter Gumbertz Emden, der nur einmal, 1799, die Bamberger Herbstmesse besuchte. [83] Anscheinend waren die Absatzmöglichkeiten für derartige Waren begrenzt, und man nahm sich die Kundschaft wohl nicht gegenseitig ab.

Wie diese Beispiele zeigen, weiteten ab der Mitte des 18. Jahrhunderts jüdische Händler ihr Angebot deutlich aus und nahmen innovative Dinge in ihr Sortiment auf, die sich mit den typischen Waren der Konsumrevolution decken. Sie verkauften Spiegel,

---

78 Hochfürstlich-Bambergisches Intelligenzblatt, 8.5.1801, Nr. 36

79 Art. Meerschaum, in: Gottfried Christian Bohn / Gerhard Philipp Heinrich Norrmann (Hrsg.): Gottfried Christian Bohns Waarenlager, oder Wörterbuch der Produkten- und Waarenkunde: des wohlerfahrnen Kaufmanns zweyte Abtheilung Bd. 1 A – L, Hamburg 1806, S. 50–53, hier S. 52.

80 Michaela Schmölz-Häberlein: Auswärtige Juden auf den Bamberger Messen, in: Häberlein / Schmölz-Häberlein, Handel, Händler und Märkte, S. 325–344, hier S. 341.

81 Hochfürstlich-Bambergisches Intelligenzblatt, 12.10.1798, Nr. 80.

82 Hochfürstlich-Bambergisches Intelligenzblatt, 16.10.1801, Nr. 81.

83 Schmölz-Häberlein, Auswärtige Juden, S. 339.

Spazierstöcke und Tuche, vereinzelt auch Siegellack und Tee. Tee und Spazierstöcke wurden überwiegend aus Holland importiert.[84] Die Stoffe waren französischer, englischer, niederländischer, sächsischer und böhmischer Herkunft und deckten das ganze Spektrum dessen ab, was als *en vogue* angesehen wurde. Damit befriedigten jüdische Händler die Nachfrage nach neuen Gütern, deren Vertrieb (noch) nicht durch Monopole oder Reglements seitens der Obrigkeit eingeschränkt war.[85]

4. Die Integration von Modeaccessoires als neue Konsumgüter in den jüdischen Alltag

Innovative Produkte wurden nicht nur von einer wachsenden Zahl christlicher Konsumenten erworben, sondern veränderten auch sukzessive das Alltagsleben und die Konsumgewohnheiten jüdischer Abnehmer. Die Zusammenhänge von Distinktionsbedürfnissen, Konsum und Wohlstand diskutierte bereits 1796 der ‚Fränkische Merkur', eine Zeitschrift, die auch in den an Franken angrenzenden Gebieten Hessens und Thüringens gelesen wurde. Thematisiert wurde hier die Verarmung der jüdischen Bevölkerung in den letzten Jahren des 18. Jahrhunderts, die angeblich auf die Zunahme von Luxus und Außendarstellung sowie den Verlust von Traditionen zurückzuführen sei:

> „Die durchgängige Abnahme des Wohlstandes der Juden in Franken, mag wahrscheinlich überall aus eben derselben Ursache herrühren – aus unserem verderbten Zeitalter. Die guten Israeliten sind so wenig, als andere Religionspartheyen, von der Pestseuche des Luxus verschont geblieben. Der Jude, welcher sonst Meilen weit zu Fuß gieng, hält sich jetzt sein Reitpferd, und, wenn sichs halbweg thun läßt, auch zwey, um die Ische bisweilen im Kabriolet fahren zu können. In Städten hat er den Bart sammt der Stutzperücke schon längst hinter die Thüre geworfen, um a la Mode zu figuriren, und vorzüglich honetten Spielgesellschaften beyzuwohnen. In Speise und Trank ist der Küchenzettel der drey Erzväter gleichfalls bey Seite gelegt. Und will man sich von dem Kleideraufwande ihrer Weiber und Töchter einen Begriff machen: so muß man sie, seys zu Ansbach oder Bayreuth, am Sonnabend auf den Promenaden sehen. Freylich mag zuweilen ein kleiner Nebenverdienst mit unterlaufen, wovon der Mann oder Vater nicht gern Notiz nimmt, der denn wenigstens zu einem Paar Schuhe, oder irgendeiner Bijouterie hinreichend ist. Aber im Ganzen genommen, sind das doch nur Ausnahmen von der Regel, und der Regel nach sorgt und zahlt der Hausvater. Mancher Ebräer kann oft in Monaten nicht gewinnen, was seine Frau und Töchter in wenigen Wochen nur für Putz brauchen. Und woher damit? Handwerke dürfen sie weder lernen noch treiben; das Zerschlagen der Güter, wovon sie sich sonst – freylich zum Schaden der Unterthanen genährt haben, wird immer seltner, die Lebensmittel immer theurer, der Christ immer aufgeklärter und klüger, wo es nemlich auf sein Privatinteresse ankommt – und dann die christlichen Juden dazu, unter so mancherley Titel und Namen, die dem Ebräer so gerne den Rang ablaufen – wo soll der Wohlstand herkommen?"[86]

84 Vgl. dazu allgemein: Ufer, Welthandelszentrum Amsterdam, S. 260–268.

85 Liberles, An der Schwelle zur Moderne, S. 81.

86 Fränkischer Merkur, 15. Stück, 12.4.1796, Aus Bayreuth, Sp. 248 f.

Die in der christlichen Zeitschrift formulierte Kritik an der Abkehr von den Traditionen und einem regelrechten Konsum- und Luxusbedürfnis, das die Familien in den Ruin treibe, beschränkte sich selbstverständlich nicht auf die jüdische Bevölkerung dieser Zeit, sondern wurde auch immer wieder gegen Christen gerichtet. Gleichwohl scheint der Wandel der jüdischen Alltagskultur augenfällig gewesen zu sein. Schwierig zu beantworten ist jedoch die Frage, inwiefern es sich hier um vereinzelte Beobachtungen handelt oder um ein weit verbreitetes Phänomen.

Die bis ins späte 18. Jahrhundert übliche Haar- und Barttracht der Männer gab immer wieder Anlass zu innerjüdischen Streitigkeiten. Als sich der in Halle promovierte Bamberger Arzt Salomon Bernhard Wolffsheimer[87] im Jahre 1760 auf die Stelle des Fürther Gemeindearztes bewarb, wurde ihm die Stelle nur unter der Bedingung zugesagt, dass er „sich nicht mehr rasieren dürfe, sondern einen Bart tragen müsse" und dass er auch „keinen Degen und Zopf Baruck (Perücke) tragen darf".[88]

In der jüdischen Gemeinde Bamberg wurde zu Beginn des 19. Jahrhunderts heftig diskutiert, ob man die traditionellen Bräuche beibehalten solle. Zudem kam es zu einem Konflikt um die Kleiderordnung in der Synagoge. Bis dahin trugen die verheirateten Männer aufgeschlagene Hüte, jedoch keine andere Kopfbedeckung, und gingen am Sabbat nur mit Schuhen, jedoch nicht mit Gamaschen, Pantoffeln oder Stiefeln in die Synagoge. Ein Mitglied der Gemeinde lehnte sich gegen das Herkommen auf, rasierte sich an Halbfeiertagen (was gegen den jüdischen Brauch war) und ging modisch gekleidet in die Synagoge. Daraufhin verhängte der Rabbiner eine Geldstrafe gegen ihn und versagte ihm den Segen.[89]

Auch in Fürth trugen die Männer um 1800 noch traditionelle Kleidung und Bart. Die männliche unverheiratete Jugend hingegen passte sich dem Zeitgeist an und unterschied sich bis auf die Kopfbedeckung nicht mehr von ihren christlichen Altersgenossen. Die Frauen waren alle *à la mode* gekleidet, und die verheirateten Frauen unterschieden sich von den ledigen allein durch die Kopfbedeckung. Während 1764 auf der Bamberger Herbstmesse der christliche Galanteriewarenkaufmann Destrolles aus Würzburg „Juden und Bauren=Hauben, auf die allerneuste Facon"[90] verkaufte und im Mai 1774 dort „zwey reiche Jüdische=Oberhauben, und ein reicher berlenfarber Hauben Fleck" als verloren gemeldet wurden,[91] hatten sich die Frauen in Heidingsfeld bei Würzburg

87 StABa, B 67/XV, Nr. 393, Supplik des Meyer Eger, 20.1.1752, Anlage B. 1742 wurde Salomon Bernhard Wolffsberger als Respondent in Halle geführt. Vgl. seinen Eintrag in URL: http://thesaurus.cerl.org/record/cnp00378279, 11.7.2012.

88 Leopold Löwenstein: Zur Geschichte der Juden in Fürth, 3 Teile in einem Band, Nachdruck, Hildesheim, New York 1974, hier Teil 2, S. 67.

89 [Anonym]: Berichtigung der vermeintlichen Aufklärung der Juden in Bamberg betreffend, in: Nationale Zeitung der Deutschen 18.8.1808, S. 701–707.

90 Hochfürstlich-Bambergische wochentliche Frag- und Anzeigenachrichten, 16.10. 1764.

91 Dabei handelt es sich um meist bunte Kopfbedeckungen, u. a. aus Damast und meist mit Spitzen besetzt. Bei einem Haubenfleck handelt es sich um ein Stück Zeug, das für eine Haube bestimmt ist, vgl. Johann August Eberhard / Johann Gebhard Ehrenreich Maaß (Hrsg.): Versuch einer allgemeinen teutschen Synonymik in einem kritisch–philosophischen Wörterbuch, 2 Bde., Halle 1836, Bd. 1, S. 451 f. Zu den Hauben vgl. Schmölz-Häberlein, Juden in Bamberg, S. 162, 209 f.

ein Jahr später schon für eine moderne Kopfbedeckung entschieden und trugen wie ihre christlichen Geschlechtsgenossinnen weiß geheftete Hauben und englische Hüte. Eine Anzeige des Judenvorgängers bei der christlichen Obrigkeit löste den sogenannten Heidingsfelder ‚Haubenkrieg' aus.[92]

Bildliche Darstellungen, die christliche und jüdische Untertanen gemeinsam visualisierten, sind kaum überliefert. Daher ist das im Besitz der Stadt Ichenhausen befindliche Bild, das die Huldigung der Untertanen im Jahre 1784 thematisiert, eine einzigartige Quelle. Nachdem die seit 1657 getrennten Herrschaftslinien der von Stain im Jahre 1784 wieder vereinigt wurden, zeigt das Gemälde die doppelte Zweiteilung der Untertanen, die dem Ortsherren huldigen. Dabei sind die beiden Untertanengruppen unter sich wiederum nach ihrer Religionszugehörigkeit geteilt. Hinten stehen die christlichen Einwohner und vorne die jüdischen Gemeinden, die sich aufgrund der kleineren Darstellung der Personen deutlich von der christlichen Gemeinde abheben. Hiermit wird symbolisch der inferiore Rechtsstatus der Juden angezeigt. Jedoch unterscheiden sich die beiden Gruppen in Kleidung und Erscheinung nur durch die zu diesem Zeitpunkt (noch) divergierende Barttracht der Männer.[93] Männer und Frauen tragen modische Kleidung, die Frauen Hauben, die Männer Perücken bzw. haben ihr Haar zum Zopf gebunden.

Während sich das Warenangebot jüdischer Händler rekonstruieren lässt, ist es weitaus schwieriger festzustellen, was im Alltag von jüdischen Männern und Frauen wirklich getragen wurde. Isaak Seckel aus Maineck besaß im Jahre 1709, als der Inhalt seines Zimmers in Bayreuth konfisziert wurde, u.a. eine „blümerante Tafthaube mit Cresten besetzt", einen gelben Rock aus Taft, einen Hut und drei Pakete Haarpuder. Da er überregional handelte, besaß Seckel Reittaschen und Reitstiefel und hatte zu seiner Sicherheit zwei Paar Pistolen im Schrank.[94] Die wenigen genannten aufgelisteten Dinge zeigen, dass sich Seckel modisch kleidete, sein Haar regelmäßig puderte, als Juwelenhändler über Land zu Pferd unterwegs war und sich vor Überfällen mit Waffen schützte.

Der Inhalt des Kleiderschranks von Ittla, der Tochter des Frankfurter Juden Moses Isaak Schuster, der anlässlich ihrer Verlobung mit dem verwitweten Arzt Moses Beer (Bernhard) Wolfsheimer in Heidingsfeld im Jahr 1770 inventarisiert wurde, ermöglicht einen punktuellen Einblick in die materielle Kultur einer wohlhabenden jüdischen Frau im Franken des 18. Jahrhunderts.[95] In den Heiratsverträgen (Kettubot) erhielten die

92 Vgl. hierzu ausführlich Imke König: Judenverordnungen im Hochstift Würzburg (15. bis 18. Jh.) (Studien zu Policey und Policeywissenschaft), Frankfurt am Main 1999, S. 220 f.

93 Das Bild ist u.a. publiziert in: Haus der Bayerischen Geschichte (Hrsg.): Juden auf dem Lande. Beispiel Ichenhausen. Katalog zur Ausstellung in der ehemaligen Synagoge Ichenhausen – Haus der Begegnung, 9. Juli bis 29 September 1991, München 1991, S. 56 f.; Stiftung Jüdisches Museum Berlin (Hrsg.): Geschichte einer Ausstellung. Zwei Jahrtausende deutsch-jüdischer Geschichte, Berlin 2001, S. 54 f. Holenstein/Ullmann (Hrsg.): Nachbarn, Gemeindegenossen, Einlageblatt zwischen S. 8 und 9. Zur Interpretation des Bildes vgl. Holenstein/Ullmann, ‚Landgemeinde' und ‚Minderheiten', in: Holenstein/Ullmann (Hrsg.): Nachbarn, Gemeindegenossen, S. 9–29, hier S. 9–11.

94 StABa, GAB, Nr. 4831, Inquisitionsakte in Sachen des Jud Seckel, Inventar o. D.

95 BayHStA, RKG Nr. 7337, Quad. 2, Citatio Inhibitio et Compulsoriales.

Abb. 2: Sabbat vor der Synagoge in Fürth, 1800. Hebrew Union College, Skirball Museum, Los Angeles.

Bräute von ihren Eltern in der Regel eine Erstausstattung zugesichert, die sich jedoch in Art und Umfang erheblich unterschied. Ittla wurde von ihrem Vater mit „ehrbaren Kleidern auf den Sabbaths-Wöchentliche und andere festtägliche Kleider" ausgestattet. Dabei handelte es sich laut Beschreibung um „eine solche Menge von kostbaren Kleider[n] […], die gewiss selten eine Braut mitbringt", ferner ein „kostbares Bette, welches allein über 200 fl [Gulden] werth gewesen" sowie Silberbesteck, silberne und vergoldete Becher. Die junge Dame verfügte über die neuesten Kleidungsstücke *à la mode*, darunter ein gelbes Kleid aus Damast mit silbernen Fäden, Spitze, passendem Rock mit Quasten sowie dem dazugehörenden Oberkleid (Adrienne),[96] ferner ein neuer Stoffrock

96 Es handelt sich dabei um „ein langes Oberkleid vornehmer Weiber, so seit nicht langer Zeit Mode geworden ist." Art. Adrienne, in: Johann Heinrich Zedler (Hrsg.): Grosses vollständige Universal-Lexicon Aller Wissenschafften und Künste, 72 Bde., Halle, Leipzig 1733–1754, Supplement 1, Sp. 589. Krünitz bezeichnet Adrienne als ein vorne offenes Kleid. Man kennt sie auch mit und die „itzigen Robbes rondes scheinen aus ihnen erwachsen zu seyn." Art: Andrienne, in: Krünitz, Ökonomische Enzyklopädie. Das in den Inventaren als „Endrienne" oder „Endrieain" beschriebene Kleid, wird in der Modegeschichte überwiegend als Contouche, aber auch als „Andrienne" oder u. a. als „Schlender" bezeichnet. Es handelt sich dabei um die in den bürgerlichen und adeligen Kreisen vorherrschende Kleidform des 18. Jahrhunderts, bei der die von den Schultern herabfallenden großen Watteaufalten als charakteristisch gelten. Allerdings wird in

mit passendem Adrienne samt weißer Spitze, ein Rock mit Adrienne aus karmesinrotem französischen Damast und weißen Spitzen aus Brabant, ein englischweißer „Mohr" (Moiré) Adrienne mit passender Schürze, die ebenfalls mit Moiré abgesetzt war, ein prächtig bestickter gelber Rock, ein grüner, mit rosenfarbenem Taft abgesetzter Rock und ein weißer Mousselinrock mit Adrienne. Im Schrank hatte sie außerdem eine „stafetter" Jacke mit Kapuze und feiner weißer Spitze, ferner schwarz-samtene gefütterte „Botones", die mit Hermelinpelz verziert waren, sowie Strümpfe aus schwarzem Samt. Hinzu kam ein „Prunio" Rock samt Jacke „gestabt" auf Wiener Art mit goldenen Spitzen. Bei den weiteren Kleidungsstücken Ittlas handelte es sich um diverse „Contusch", eine Art von Mantelkleid.[97] Dazu gehörten Röcke aus weißem Barchent und Jacken sowie ein weiteres Ensemble aus Spitze.[98] Ittlas Kleidung, die überwiegend in Gelbtönen gehalten war, brachte nicht nur individuelle Präferenzen zum Ausdruck, sondern war wohl auch Teil der kollektiven Identitätsbildung der jüdischen Oberschicht nicht nur in Heidingsfeld,[99] sondern auch in Würzburg, wo Ittla und ihr Mann, obwohl Juden noch nicht offiziell in der Residenzstadt leben durften, ebenfalls einen Haushalt führten.[100] Der Kleiderschrank Ittlas hätte auch einer reichen Bürgers- oder Beamtenfrau gehören können.[101]

5. Resümee

Wie dieser Beitrag gezeigt hat, verfügten jüdische Händler über reiche Erfahrung im Handel mit traditionellen Gütern – zu denen neben Agrarprodukten und Textilien auch hochwertige Güter wie Juwelen gehörten – wie auch mit innovativen neuen Produkten,

zeitgenössischen Quellen durchaus zwischen den beiden Formen unterschieden. Vgl. hier die Verlustanzeige eines Koffers, der auf dem Weg ins mittelfränkische Ickelheim (heute Bad Windsfeld) verloren gegangen ist. Erlanger Realzeitung 16 25.2.1764, S. 122.

97 „Contouche ist ein weites teils in Falten gelegtes teils glatt gemachtes Ober=Kleid oder Überwurff des Frauen=Zimmers aus allerhand seidenen, halbseidenen und wollenen Zeugen", vgl. Art. Contouche, in: Georg Heinrich Zink (Hrsg.): Allgemeines ökonomisches Lexikon Bd. 1, 4. Aufl. Leipzig: Johann Friedrich Gleditsch, 1764, Sp. 520. Hier wird der Adrienne nicht erwähnt.

98 BayHStA, RKG Nr. 7337, Quad. 12, nur beglaubige Abschrift, Wetzlar, 5.7.1775. Der kaiserliche Bote Kirschbaum brachte nach Würzburg die Unterlagen zum Reichskammergericht und händigte sie dort dem Ehemann aus.

99 Vgl. hierzu ausführlich Hans Medick: Weben und Überleben in Laichingen 1650–1900. Lokalgeschichte als Allgemeine Geschichte (Veröffentlichung des Max-Planck-Instituts für Geschichte Bd. 126), Göttingen 1996, S. 380–397, 405 f. Hans Medick, Eine Kultur des Ansehens: Kleidung und Kleiderfarben in Laichingen 1750–1820, in: Historische Anthropologie 2 (1994), S. 193–212. Allgemein auch Paul Münch: Lebensformen in der frühen Neuzeit: [1500 bis 1800], Frankfurt/Main 1992, S. 352–354. Michael North: Genuss und Glück des Lebens. Kulturkonsum im Zeitalter der Aufklärung, Köln 2003, S. 72–75. Roman Sandgruber: Die Anfänge der Konsumgesellschaft, Konsumgüterverbrauch, Lebensstandard und Alltagskultur in Österreich im 18. und 19. Jahrhundert (Sozial- und Wirtschaftshistorische Studien, Bd. 15), München 1982, S. 285–290.

100 BayHStA, München, RKG Nr. 7337, Quad. 2, Citatio Inhibitio et Compulsoriales.

101 Vgl. die Darstellung unterschiedlicher Kleidungsstücke von bürgerlichen Frauen bei Michaela Schmölz-Häberlein: Kleinstadtgesellschaft(en). Weibliche und männliche Lebenswelten im Emmendingen des 18. Jahrhunderts (VSWG – Beihefte 220), Stuttgart 2012, S.63–97.

die im Zeitalter der „Konsumrevolution" als Status- und Distinktionsmerkmale fungierten (Porzellan, Pfeifen, Spazierstöcke, Manufakturwaren). Speziell im Bereich des Altwarenhandels reichte das Spektrum von Pfändern einfacher Untertanen[102] bis zu den Livreen von Hofbediensteten, die wieder in den Wirtschaftskreislauf eingespeist wurden. Insofern hatten Juden eine wichtige Vermittlerfunktion. Allerdings waren sie keineswegs die einzigen Anbieter derartiger Güter, sondern standen in der Regel mit christlichen Händlern in Konkurrenz, wobei der genaue Anteil der Juden von Region zu Region variierte.

Die Aneignung der von jüdischen Händlern gelieferten Güter erfolgte zudem durch die Käufer, die diese Objekte in spezifische räumliche, soziale und mitunter auch religiöse Kontexte und Zusammenhänge stellten.[103] Der Empfänger ist laut Umberto Eco „der methodische [...] Garant für die Existenz der Signifikation."[104] Beispielsweise erhielt der Vorsatz vor das Grabmal der Heiligen Heinrich und Kunigunde im Bamberger Dom, den Gerson Meyer anfertigte, seine symbolische Bedeutung nicht durch die Tatsache, dass er von einem jüdischen Goldsticker angefertigt und das Material durch einen jüdischen Kaufmann geliefert wurde, sondern durch seine Präsentation im sakralen Raum einer christlichen Kathedralkirche. Genauso wurden die von christlichen Steinmetzen und Silberschmieden gefertigten Grabsteine und Kultgefäße[105] durch Aneignung Bestandteil jüdischer Kultur. Auch die Kleidung der Braut Ittla in Heidingsfeld erhält ihre spezifische kulturelle Bedeutung dadurch, dass sie es der Tochter eines wohlhabenden Juden ermöglichte, sich innerhalb der vormodernen Gesellschaft sozial zu positionieren – und zwar sowohl gegenüber weniger vermögenden Glaubensgenossen als auch gegenüber christlichen Nachbarn. Die Adaption neuer Konsumgewohnheiten und modischer Trends diente somit auch jüdischen Gemeinden der Distinktion. Sie führte allerdings in fränkischen Gemeinden am Ende des 18. Jahrhunderts auch vermehrt zu Konflikten.

102 Sabine Ullmann: ‚Leihen umb fahrend Hab und Gut'. Der christlich-jüdische Pfandhandel in der Reichsstadt Augsburg, in: Rolf Kießling / Sabine Ullmann (Hrsg.): Landjudentum im deutschen Südwesten während der Frühen Neuzeit. (Colloquia Augustana 10), Berlin 1999, S. 304–335.

103 Kienlin / Widura, Dinge als Zeichen, hier S. 34.

104 Umberto Eco: Semiotik. Entwurf einer Theorie der Zeichen, München 1987, S. 39.

105 Annette Weber: Jüdische Sachkultur in burgauischen Landgemeinden bis zur Emanzipation, in: Kießling / Ullmann (Hrsg.): Landjudentum im deutschen Südwesten, S. 235–278, bes. S. 242, 258, 267.

Das jüdische Haus in seiner Materialität

Nathanael Riemer

1. Einleitung

In der vorliegenden Studie[1] soll der Frage nachgegangen werden, was ein Gebäude zu einem „jüdischen Haus" macht. Gibt es im aschkenasischen Raum eine bestimmte Architektur, Beschaffenheit oder sonstige materielle Aspekte des Hauses, die als typisch „jüdisch" gelten können? Damit wird nach den Behausungen der Mehrheit der jüdischen Gesamtbevölkerung im deutschsprachigen Raum gefragt, die zwischen dem 17. und dem 19. Jahrhundert zu 70 bis 90 Prozent[2] in ländlichen Regionen lebte und nicht zur wirtschaftlichen Elite gehörte. Im Zentrum der Untersuchung stehen Immobilien, die in erster Linie als Wohnhäuser errichtet und überwiegend oder vollständig bewohnt wurden.[3] Nicht diskutiert werden Bauwerke, deren Errichtung in der Funktion als Synagogen, Schulen, Mikwen, Tanz- und Hochzeitshäuser oder multifunktionale Gemeindehäuser mit Lehrerwohnung bestand.

Um dem methodischen Ansatzpunkt einer Auseinandersetzung mit den Materiellen Kulturen des Judentums gerecht zu werden, sind die Dinge selbst als „Türöffner für die Dechiffrierung historischen wie gegenwärtigen Alltagslebens" zu nutzen.[4] Bei der

---

1 Ich habe dem Department of Comparative Religion an der Western Michigan University; MI, für ein Fellowship zu danken, das mir die Anfertigung dieser Studie ermöglichte. Danken möchte ich ferner Prof. Andreas Lehnardt (Mainz) und Prof. Claudia Ulbrich (Berlin) für die kritische Lektüre und die Anregungen sowie den angegebenen Einzelpersonen und Institutionen, die mir die Abbildungen für meinen Beitrag zur Verfügung stellten.

2 Mordechai Breuer zufolge betrug „der Anteil des Landjudentums innerhalb des Gesamtjudentums in den deutschen Landen weit über 90 %". Mordechai Breuer: Frühe Neuzeit und Beginn der Moderne, in: Michael A. Meyer (Hrsg.): Deutsch-jüdische Geschichte in der Neuzeit, Bd. I.: Tradition und Aufklärung. 1600–1780, München 1996, S. 85–247, hier S. 183. Barbara Rösch zufolge lebten 1840 noch 96 % der Juden in Mainfranken auf dem Land. Barbara Rösch: Der Judenweg. Ein Beitrag zur Geschichte und Kulturgeschichte des ländlichen unterfränkischen Judentums aus Sicht der Flurnamenforschung, Göttingen 2009, S. 97. Michael Toch gibt die Zahl der jüdischen Bevölkerung in den ländlichen Regionen mit über 70 % an. Michael Toch: Aspects of Stratification of Early Modern German Jewry. Population History and Village Jews, in: Po Chia Hsia / Hartmut Lehmann (Hrsg.): In and Out of the Ghetto. Jewish-Gentile Relations in Late Medieval and Early Modern Germany, Cambridge, New York 1995, S. 77–90, hier S. 82.

3 Diese konnten gelegentlich Beträume, Schulstuben und Mikwen enthalten.

4 Gudrun M. König: Auf dem Rücken der Dinge. Materielle Kultur und Kulturwissenschaft. In: Kaspar Maase / Bernd Jürgen Warnecken (Hrsg.): Unterwelt der Kultur. Themen und Theorien der volkskundlichen Kulturwissenschaft, Köln u. a. 2003, S. 95–118, hier S. 97.

gewählten Forschungsfrage – nämlich nach der Besonderheit des „jüdischen Hauses" – erweist sich nicht nur der Tatbestand zum großen Nachteil, dass Bauwerke oft Besitzerwechseln und permanenten Veränderungen unterworfen sind, sondern aufgrund des Bodenwertes häufig auch zugunsten eines Neubaus beseitigt werden. In den wenigsten Fällen kam es zu einer vollständigen Untersuchung des Gebäudes und seines Untergrundes. Bisher wurde ein „jüdisches Haus" überwiegend als übertragbare, geschichtlose Immobilie verstanden und selten diskutiert, ob und inwiefern sich dasselbe von einem „nicht jüdischen Haus" unterscheiden könne. Die vorliegende Studie möchte sich dieser Frage möglichst offen aus unterschiedlichen Perspektiven nähern, kann jedoch zum gegenwärtigen Zeitpunkt keine abschließende und vollständige Beantwortung liefern. Da aus dem genannten Untersuchungszeitraum nicht genügend materielle Objekte ausreichend dokumentiert sind, können für die verschiedenen Einzelaspekte des Wohnhauses nur wenige Beispiele diskutiert werden. Der Ansatz der *Material Cultures* verlangt, dass nach den wechselnden Formen, Funktionen und tieferen Bedeutungen der Dinge für die Gesellschaft gefragt wird und dabei eine Vielzahl an Quellen herangezogen werden.[5]

In den folgenden Ausführungen ist zunächst zu ermitteln, ob halachische (religionsgesetzliche) Anweisungen oder Bräuche existieren, welche eine bestimmte Bauform, die Anlage von beweglichen oder unbeweglichen Bestandteilen des Hauses oder die Verwendung von Materialien gebieten. Im darauffolgenden Schritt soll gezeigt werden, dass die rechtlichen und wirtschaftlichen Rahmenbedingungen der jüdischen Bevölkerung in den deutschsprachigen Ländern die Beschaffenheit der Wohnanlage mitbestimmten. Im Anschluss werden von außen sichtbare und im Inneren verborgene Bestandteile des einzelnen Hauses in das Zentrum der Betrachtung gerückt, zu denen beispielsweise die Mesusa, jüdische Hausinschriften und permanente Anlagen für Laubhütten gehören. Abschließend stellt sich die Frage, ob feste oder mobile Bestandteile ein Haus als „jüdisches Haus" erkennen lassen, selbst wenn es zu einem späteren Besitzerwechsel kam.

Die bisherige Forschung zu den Themenkomplexen des „jüdischen Hauses" beschränkt sich auf wenige Einzelaspekte: Vergleichsweise gut untersucht ist die politisch und rechtlich stark eingeschränkte Siedlungs- und Wohnsituation der großen jüdischen Stadtgemeinden des deutschsprachigen Raumes, die jedoch lediglich einen kleinen Teil der jüdischen Gesamtbevölkerung stellten.[6] Dies gilt beispielsweise für die Gemeinden in Frankfurt am Main, Worms, Altona und Wien. Ferner liegen verschiedene Einzelstudien über Hoffaktoren, wohlhabende Kaufleute und etablierte Rabbinerfamilien vor, in denen am Rande auf die Beschaffenheit der Häuser und Wohnungen

5 Helmut Hundsbichler schlug vor, dass ein Ding idealerweise in einer „Zusammenschau aus schriftlichen Quellen, bildlichen Darstellungen und Sachzeugen" zu untersuchen ist. Helmut Hundsbichler: Alltagsforschung und Interdisziplinarität, in: Medium Aevum Quotidianum, Nr. 40, Krems 1999, S. 7–34, hier S. 27.

6 Siehe dazu überblickend u. a. Robert Liberles: An der Schwelle zur Moderne 1618–1780, in: Marion Kaplan (Hrsg.): Geschichte des jüdischen Alltags in Deutschland vom 17. Jahrhundert bis 1945, München 2003, S. 23–31; Steven M. Lowenstein: Anfänge der Integration 1780–1871, in: Kaplan, Geschichte des jüdischen Alltags, S. 126–139.

eingegangen wird.[7] In diesen Fällen handelt es sich jedoch um Einzelpersonen, die einer sehr kleinen Elite beziehungsweise Randgruppe angehören und alles andere als die Verhältnisse der jüdischen Mehrheitsbevölkerung repräsentieren. Eine größere Zahl historischer Arbeiten setzt sich mit der politischen und rechtlichen Situation der jüdischen Gemeinden in ländlichen Regionen auseinander. Zumeist werden hier mit Bezug auf einen einzelnen Ort obrigkeitliche Akten (u.a. Steuerlisten, Rechtsfälle) ausgewertet, in denen der Besitzstand und die Zahl der Familienmitglieder verzeichnet sind und daher teilweise Rückschlüsse auf die Wohnsituation zulassen. Da die politisch-rechtliche Situation von den Landesherren zahlreicher Kleinstaaten abhängig war und zum Teil sehr unterschiedlich ausfiel, stellt eine Verallgemeinerung für eine Überblicksdarstellung eigentlich immer eine unzulässige Vereinfachung dar. Vor allem zu den zahlreichen Klein- und Kleinstgemeinden, die oft nur bis in das Ende des 19. Jahrhunderts existierten, liegen noch zu wenige Untersuchungen vor.[8] Viele Arbeiten beschränken sich lediglich auf die Zahl der jüdischen Einwohner und die Bauwerke der jüdischen Gemeinde (Synagoge, Mikwe, Schule) im 19. und 20. Jahrhundert und haben daher für die vorliegenden Fragestellungen nur einen geringen Nutzen. Dagegen sind Bio- und Autobiographien aufschlussreich, in denen die Autoren die Lebensumstände ihrer

7 Siehe beispielsweise u.a. Julia Haarmann: Hüter der Tradition. Erinnerung und Identität im Selbstzeugnis des Pinchas Katzenellenbogen (1691–1767), Göttingen 2013, S.250–259; Rotraud Ries: Sachkultur als Zeugnis des Selbst. Person und kulturelle Orientierung des Kammeragenten Alexander David (1687–1765) in Braunschweig, in: Birgit E. Klein/Rotraud Ries (Hrsg.): Selbstzeugnisse und Ego-Dokumente frühneuzeitlicher Juden in Aschkenas. Beispiele, Methoden und Konzepte, Berlin 2011 S.47–102 und die hier angegebene Literatur; Zeev Gries: The Book in the Jewish World 1700–1900, Oxford 2007, S.57–68; Ruth Kestenberg-Gladstein: HaBeit keYesod Ma'amade feudali shel haḤevra hayehudit shelifne haEmantzipatzia, in: Tarbiz 29 (1960) 2, S.176–190; I[srael] Taglicht: Nachlässe der Wiener Juden im 17. und 18. Jahrhundert. Ein Beitrag zur Finanz-, Wirtschafts- und Familiengeschichte des 17. und 18. Jahrhunderts, Wien/Leipzig 1917.

8 Vgl. zur jüdischen Bevölkerung auf dem Lande u.a. Stefan Ehrenpreis/Andreas Gotzmann/Stephan Wendehorst (Hrsg.): Kaiser und Reich in der jüdischen Lokalgeschichte, München 2013; Bastian Fleermann: Marginalisierung und Emanzipation. Jüdische Alltagskultur im Herzogtum Berg 1779–1847, Neustadt an der Aisch 2007; André Holenstein/Sabine Ullmann (Hrsg.): Nachbarn, Gemeindegenossen und die anderen. Minderheiten und Sondergruppen in Landgemeinden Oberschwabens während der Frühen Neuzeit, Epfendorf 2004; Sabine Hödl/Peter Rauscher/Barbara Staudinger (Hrsg.): Hofjuden und Landjuden. Jüdisches Leben in der Frühen Neuzeit, Berlin Wien 2004; Stefan Litt: Juden in Thüringen in der Frühen Neuzeit (1520–1650), Köln u.a. 2003; Utz Jeggle: Judendörfer in Württemberg, Tübingen 2002; Sabine Ullmann: Nachbarschaft und Konkurrenz. Juden und Christen in den Dörfern der Markgrafschaft Burgau 1650 bis 1750, Göttingen 1999; Claudia Ulbrich: Shulamit und Margarete. Macht, Geschlecht und Religion in einer ländlichen Gesellschaft des 18. Jahrhundert, Wien 1999; Rolf Kießling/Sabine Ullmann (Hrsg.): Landjudentum im deutschen Südwesten während der Frühen Neuzeit, Berlin 1999; Klaus Guth/Eva Groiss-Lau: Jüdisches Leben auf dem Dorf. Annäherung an die verlorene Heimat Franken, Petersberg 1999; Monika Richarz/Reinhard Rürup (Hrsg.): Jüdisches Leben auf dem Lande. Studien zur deutsch-jüdischen Geschichte, Tübingen 1997; Cilli Kasper-Holtkotte: Juden im Aufbruch. Zur Sozialgeschichte einer Minderheit im Saar-Mosel-Raum um 1800, Hannover 1996.

Voreltern darstellen und gelegentlich Haus und Hof detaillierter beschreiben.[9] Ähnlich wie Oral-History-Dokumente werden diese Verhältnisse allerdings zumeist ohne genaue Zeitangaben aus einer Retroperspektive und oft mit einer starken Verklärung des sozialen Aufstieges geschildert, so dass die Informationen kritisch zu lesen sind.

2. Religionsgesetzliche und narrative Idealvorstellungen vom „jüdischen Haus"

Grundsätzlich orientierten sich Juden bei der Suche nach einer Behausung immer an den seitens der Natur gegebenen Möglichkeiten und den Gegebenheiten der Umweltkulturen. In der talmudischen Zeit lebte ein großer Teil der Bevölkerung in festen Häusern,[10] jedoch war die (zumindest temporäre) Bewohnung von Höhlen, Zelten und Hütten durchaus üblich. Als Baumaterialien wurden jene Materialien verwendet, die die Natur bot und leicht zu verwenden waren: Schilfrohr, Lehm, Holz, Steine sowie Ziegel und verschiedene Mörtelarten (Ton, Lehm, Kalk, Pech) und in seltenen Fällen auch Metalle. Als Baugrund für dauerhafte Häuser bevorzugte man in der Nähe von Wasser gelegene natürliche Felsen beziehungsweise unberührte, feste Erdschichten, da weiche Untergründe Fundamente weniger gut tragen. Es war auch durchaus üblich, bereits bestehende Fundamente von Vorgängerbauten wiederzuverwenden und Ruinen wiederaufzubauen. In der talmudischen Periode dominierten viereckige Häuser, die oft mit anderen zu einem gemeinsamen Hof zusammengeschlossen wurden. Ein Hof bestand aus mindestens zwei Häusern[11] und war durch Umfassungsmauern von anderen Höfen abgetrennt. Die Wände der einfachen Wohnhäuser aus Stein wurden zumeist von innen mit Mörtel beworfen und mit einer zweilagigen Balkendecke aus den landesüblichen Hölzern versehen, auf die oftmals ein Estrich aus Schilf und Lehm gestampft wurde. Decken aus Stein waren eher für repräsentative Bauten üblich. Während in der biblischen Zeit das begehbare und mit einer Brüstung[12] abgesicherte Flachdach mit einer Laubhütte oder einem einfachen Bretterverschlag von derselben Familie genutzt wurde, ist für die talmudische Zeit ein gemauertes Obergeschoss üblich, das nicht selten vermietet wurde. Im Falle einer Vermietung gelangte man zumeist von außen über Treppen und Leitern in das Obergeschoss. Aufgrund der häufigen Bewohnung der beiden Stockwerke durch zwei Parteien wurde der Estrich beziehungsweise die Zwischendecke gelegentlich Gegenstand von Rechtsstreitigkeiten. In diesem Zusammenhang wurde beispielsweise die Estrichstärke auf drei Tefaḥim („Handbreiten") beziehungsweise ein

9 Die umfangreichste Auswahl biographischer Texte bietet Monika Richarz: Jüdisches Leben in Deutschland. Erster Band: Selbstzeugnisse zur Sozialgeschichte 1780–1871, Stuttgart 1976.

10 Vgl. hierzu und im Folgenden für die Zeit des Zweiten Tempels Nahman Avigad: Discovering Jerusalem, Nashville 1980 und für die spätrömisch-byzantinische Zeit die schöne Übersicht von Katharina Galor: Domestic Architecture, in: Catherine Hezser (Hrsg.): The Oxford Handbook of Jewish Daily Life in Roman Palestine, Oxford 2010, S. 420–439 und die hier angegebene Forschungsliteratur.

11 Vgl. zum Hof (Ḥazer) pT Eruvin 26b, 68b; bT Eruvin 26b, 68b und zur Übersicht Charlotte Elisheva Fonrobert: The Political Symbolism of the Eruv, in: Jewish Social Studies Vol. 11 (2005), 3, S. 9–35 und Charlotte E. Fonrobert: Neighborhood as Ritual Space. The Case of the Rabbinic Eruv, in: Archiv für Religionsgeschichte Vol. 10 (2008), S. 239–258.

12 Vgl. dazu die Verweise in Kap. 2.1 des vorliegenden Textes.

Tefaḥ festgelegt, wenn man beabsichtigte, im oberen Stockwerk einen Ofen oder einen Herd aufzustellen.

2.1 *Religionsgesetzliche Aspekte*

Von essenzieller Bedeutung für das „jüdische Haus" ist die Mesusa („Türpfosten"), eine schmale, längliche Kapsel beziehungsweise das Schriftstück, das sich in ihr verbirgt.[13] Die aus Holz, Metall, Keramik oder anderen Materialien hergestellte Kapsel wird – von außen gesehen – in Reichweite eines Armes am oberen Drittel des rechten Türpfostens so angebracht, dass ihr oberes Ende in Richtung des Rauminneren zeigt. Das Schriftstück ist ein Pergament, das aus der Haut eines rituell reinen Tieres gewonnen wurde und mit einem Federkiel und einer metallfreien Tinte mit folgenden Versen der Hebräischen Bibel auf der Vorderseite in hebräischer Quadratschrift beschrieben wurde: „Und schreibe sie [diese Worte] auf die Pfosten deines Hauses und an deine Tore." (Dtn. 6,9; 11,20) Auf der Rückseite des zusammengerollten Pergamentes befindet sich der Gottesname *Shaddai* („ShaDaI"), der durch ein in der Kapsel ausgelassenes Fensterchen zu sehen ist.[14] Das Objekt besteht also aus Materie und Text.

Aus den Diskussionen, wo und wann Mesusot anzubringen sind, können die Definitionen von Mindestanforderungen für ein „Haus" erschlossen werden.[15] Ein „Haus", das mit einer Mesusa versehen werden muss, ist der private, beständigere Wohnbereich eines Menschen und umfasst in den geringsten Ausmaßen mindestens 16 Quadrat-Ellen Grundfläche (ca. 2 m x 2 m),[16] ist mindestens zehn Handbreit hoch (ca. 72–80 cm)[17] und hat ein Dach oder eine Decke.[18] Räume, die diese Voraussetzungen nicht erfüllen, werden nicht als für den Menschen geeignete Behausungen beziehungsweise als „Haus" betrachtet und erhalten keine Mesusa.[19] Die jüdischen Bewohner sind verpflichtet, ihre Haus- oder Wohnungstüren und jede Türe eines Wohnraumes mit einer Mesusa zu versehen – auch dann, wenn der Besitzer ein Nichtjude ist[20] – nicht jedoch Toiletten, Badezimmer, Lager- und Abstellräume, Ställe und Keller,[21] da sie nicht für die dauerhafte

13 Zu den halachischen Bestimmungen des Mesusa-Gebotes siehe bT Yoma 11a; bT Menaḥot 32b-34a; Josef Karo / Moses Isserles: Shulḥan ʿArukh / HaMappa, Yoreh Dea, § 285–291. Zur Entwicklung der Mesusa vgl. u. a. Catherine Hezser: Jewish Literacy in Roman Palestine, Tübingen 2001, S. 213–226; Eva-Maria Jansson: The Message of a Mitsvah. The Mesusa in Rabbinic Literature, Lund 1999.

14 Zur weiteren Erörterung der Bedeutung von Mesusot siehe Kapitel 4.2.1 des vorliegenden Beitrages.

15 Vgl. Shlomo Josef Zevin (Hrsg.): Beit, in: Encyclopedia Talmudit, Vol. 3, Jerusalem 1996, S. 145–149.

16 bT Sukka 3b.

17 bT Baba Kama 51a.

18 Diese Mindestanforderungen beschreiben eher einen theoretischen Raum absoluter Privatsphäre (reshut haYaḥid) denn ein richtiges Zimmer oder ein Haus, in dem man „wohnen" kann. Wenn eine Höhle als Wohnstätte genutzt wird und die obigen Anforderungen erfüllt sind, ist diese ebenfalls mit einer Mesusa auszustatten.

19 Josef Karo / Moses Isserles: Shulḥan ʿArukh / HaMappa, Yoreh Dea, § 286, 13–14. Vgl. auch die Aussage von R. Jehuda, dass „ein Haus, das nicht für den Sommer und nicht für den Winter bestimmt [beziehungsweise geeignet] sei, nicht 'Haus' genannt werden kann." bT Yoma 10a.

20 Josef Karo / Moses Isserles: Shulḥan ʿArukh / HaMappa, Yoreh Dea, § 286, 23.

21 bT Yoma 11a-b; Josef Karo / Moses Isserles: Shulḥan ʿArukh / HaMappa, Yoreh Dea, § 286, 4,

und angemessene Bewohnung durch Menschen vorgesehen sind. In der Diaspora muss der Bewohner die Mesusa am Türpfosten anbringen, wenn er das Haus oder die Wohnung für 30 Tage und länger bewohnt[22] – er sich also nicht nur zur kurzen Durchreise, sondern für einen längeren (möglicherweise auch temporären Zeitraum) in einer Bewohnung befindet. Wenn der Mieter auszieht, so darf er die Mesusa nicht mitnehmen, es sei denn, der Vermieter ist ein Nichtjude.[23]

Weitere halachische Gebote, welche bauliche Details an Häusern anordnen, sind von der Intention getragen, Lebensgefahr und Schaden an Leib und Besitz des Nächsten zu vermeiden. Ein bekanntes Gebot biblischen Ursprungs bestimmt den jüdischen Besitzer beziehungsweise Mieter zur Absicherung eines begehbaren Daches mit einer Brüstung oder einem Geländer.[24] „Wenn du ein neues Haus baust, so sollst du ein Geländer um dein Dach machen, damit du nicht eine Blutschuld auf dein Haus bringst, wenn irgendjemand davon herabfiele." (Dtn. 22,8). Da diese Lebensgefahr auch bei einem alten, aber bewohnten Haus besteht, muss der jüdische Besitzer beziehungsweise Mieter[25] das begehbare Dach im Zweifelsfall mit Schutzvorrichtungen nachrüsten. Die Höhe des Geländers beträgt mindestens zehn Handbreit (ca. 72–80 cm).[26] Das Dach eines Gebäudes, das nicht begehbar ist oder nicht den obigen Definitionen von „Haus" entspricht, ist von der Absicherungspflicht durch ein Geländer befreit.[27] Grundsätzlich und im Zweifelsfall sind alle Hindernisse, von denen Gefahren für das Leben von Mensch und Vieh ausgehen können, abzusichern.[28] Dies gilt beispielsweise auch für einen Brunnen auf einem privaten Hof, welcher eine Tiefe von mindestens zehn Handbreiten aufweist.[29] Aus Gründen der Vermeidung von Sachbeschädigung finden sich gelegentlich auch weitere Anweisungen baulicher Natur. So muss beispielsweise das Fallrohr der Dachrinne mindestens drei Handbreiten von der Mauer des Nächsten entfernt angebracht werden, um an dieser einen durch Feuchtigkeit entstehenden Schaden zu vermeiden.

In der jüdischen Kultur existiert der Topos der Trauer um das zerstörte Jerusalem und den Verlust des Zweiten Tempels,[30] der auch an privaten Bauten manifestiert werden soll: So wird innerhalb einer Diskussion des Talmuds der beiläufige Einwand erbracht, dass man in der Zeit nach der Zerstörung des Zweiten Tempels private Bauten weder

22 bT Baba Mezia 101b-102a; Josef Karo / Moses Isserles: Shulḥan 'Arukh / HaMappa, Yoreh Dea § 286, 22.

23 bT Baba Mezia 102a; Josef Karo / Moses Isserles: Shulḥan 'Arukh / HaMappa, Yoreh Dea § 286, 23 und § 291, 2.

24 Siehe dazu Josef Karo / Moses Isserles: Shulḥan 'Arukh / HaMappa, Ḥoshen Mishpat § 427; Sefer haḤinukh, Venedig 1523, Mizwa 546 und detaillierter Abraham Ze'ev Rosner: We-'Asita Ma'aka. Al Hilkhot Ma'aka, Bne Brak 1990.

25 Vgl. zur Verpflichtung des Mieters bT Baba Mezia 101b.

26 bT Baba Batra 61a.

27 bT Sukka 3b; bT Baba Kama 51b.

28 Josef Karo / Moses Isserles: Shulḥan 'Arukh / HaMappa, Ḥoshen Mishpat § 427, 7–8.

29 Vgl. zur Absicherung des Brunnens u. a. Shlomo Josef Zevin (Hrsg.): Bor, in: Encyclopedia Talmudit, Vol. 3, Jerusalem 1996, S. 23.

30 Peter Kuhn: Gottes Trauer und Klage in der rabbinischen Überlieferung (Talmud und Midrasch), Leiden 1978, S. 240–279, 422–428.

kalken beziehungsweise verputzen und weder täfeln noch bemalen darf.[31] Die spätere halachische Literatur verfestigte diese Erinnerungskultur und gebot, dass kein Jude mehr vollständig weiß gekalkte, verputzte oder getäfelte Bauten errichten dürfe, wie dies Herrscher zu tun pflegten, sondern nahe des Eingangs eine Stelle von der Größe einer Quadratelle (ca. 50x50 cm) ungekalkt, unverputzt und ungetäfelt lassen soll. Idealerweise soll sich diese Erinnerungsstelle über der Haustür oder an der Innenwand befinden, die dem Eingang gegenüberliegt und beim Betreten des Hauses sofort ins Auge fällt. Ein Jude, der von einem Nichtjuden ein Haus kauft, welches bereits vollständig gekalkt, getäfelt oder bemalt ist, kann es dabei belassen und muss keine Stelle freilegen.[32] Offensichtlich obliegt die Beachtung dieses Gebotes nur dem Juden, der sich selbst ein Wohnhaus errichtet, und nicht demjenigen, der es für andere zum Verkauf erbaut.

Bereits die Mischna kennt eine Reihe von kleineren Verboten, die für bauliche Veränderungen nach dem Hauskauf relevant sind. In dem Falle, dass jemand ein Haus kauft, das an einen fremden Hof grenzt, an dem er aber keine Nutzungsrechte hat, darf er keine Türe zu diesem Hofe machen. Ferner darf man bei gegenüberliegenden Häusern eines von mehreren Nachbarn gemeinsam genutzten Hofes nicht Türen und Fenster genau gegenüber anlegen, vergrößern oder vermehren, da dies die Privatheit des Nachbarn verletzt. Bei einem öffentlichen Hof stellt dies kein Problem dar, da man sich ohnehin vor den Blicken der Passanten schützen muss.[33]

2.2 *Traditionsbestände*

Eine Reihe von Anordnungen, die beim Bau eines Hauses oder bei baulichen Veränderungen am und im Haus zu beachten sind, entstammen dem mittelalterlichen *Sefer Ḥassidim* sowie dem in vielen Drucken ihm hinzugefügten „Testament" (Zava'ah). Beide Werke werden in der jüdischen Tradition Jehuda ben Samuel heḤassid (1150–1217) zugeschrieben, enthalten aber auch Texte anderer Gelehrter und Kompilatoren. Auch wenn die Bedeutung des enzyklopädisch angelegten Moralwerkes und seiner Autoren in den Judenheiten des Mittelalters noch immer umstritten ist,[34] so kann seine starke Rezeption in der Frühen Neuzeit anhand der zahlreichen Auflagen, Kommentierungen und ihm entstammenden zirkulierenden Erzählungen belegt werden. Die im Folgenden präsentierten Anweisungen und Warnungen[35] entbehren überwiegend einer starken Verankerung in der Halacha und sind von diversen jüdischen und nicht jüdischen Traditionen geprägt, in denen die Existenz von Engeln, Schadengeistern und Dämonen als selbstverständlich angenommen wird. Schadengeister und Dämonen stellen nicht

31 bT Baba Batra 60b.

32 Josef Karo / Moses Isserles: Shulḥan 'Arukh / HaMappa, Oraḥ Ḥaim, § 560, 1.

33 bT Baba Batra 59b-60a.

34 Vgl. dazu überblickend Karl Erich Grözinger: Jüdisches Denken, Bd. 3: Von der Religionskritik der Renaissance zu Orthodoxie und Reform im 19. Jahrhundert, Frankfurt am Main 2009, S. 65–66, 82–88 und die hier angegebene Forschungsliteratur.

35 Zu den Hintergründen und Erklärungen der folgenden Anweisungen vgl. die Kommentare in den modernen Ausgaben des *Sefer Ḥassidim* sowie in Arieh Yizhak Shevet: Zava'at Rabbi Yehuda heḤassid. Hashva'at Mahdurot kedumot uKitve Yad, in: Talele Orot, Vol. 10 (2002), S. 82–152.

nur für das sich absondernde Individuum, sondern auch besonders für Kleinkinder, Wöchnerinnen, Kranke, Brautleute und des nachts lernende Gelehrte eine akute Gefahr von Leib und Leben dar.[36] Die Annahme der Existenz solcher Wesen spielte – auch wenn sie von starken rationalistischen Tendenzen unterdrückt beziehungsweise negiert wurde[37] – noch bis zum Beginn des 20. Jahrhunderts eine zum Teil maßgebliche Rolle innerhalb der Judenheiten des deutschen Sprachraumes und ist vor allem in der ländlichen Frömmigkeitskultur nachweisbar. Dass sie ihre Gültigkeit jedoch auch im heutigen Judentum nicht verloren haben, belegen zahlreiche Publikationen.[38]

„Man erbaue [im Exil] kein Haus aus Steinen, sondern kaufe es, und wenn man es erbaue, so soll man in ihm nicht [viele] Tage wohnen, da man selbst oder seine Söhne sterben werden, sondern verkaufe es. – Aus Holz ist es zweifelhaft.“[39] Unter anderen erklärt Hatam Sofer (1762–1839) in seinen Responsen die Intention dieser Anordnung damit,[40] dass derjenige, der ein festes und dauerhaftes Haus aus Steinen baut, die jüdische Ansiedlung im Exil stärkt, sich nicht auf eine Rückkehr ins Land Israel vorbereitet und damit den Eindruck erweckt, er habe die Hoffnung auf die Erlösung aufgegeben. Demnach bezieht sich die Warnung der Errichtung eines Steinhauses auf das Exil. Dass diese Passage missverständlich ist, deutet nicht nur die unklare Entscheidung in Bezug auf den Bau eines Holzhauses an, der als nicht permanenter Bau im Exil zweifelsfrei zu erlauben wäre, sondern auch der nachfolgende Paragraph des Testamentes:

> „Man erbaue [im Exil] kein Haus auf einem Boden, auf dem zuvor niemals ein Gebäude stand, und wenn man nicht sterben möchte, so wohne man [zunächst] ein ganzes Jahr nicht in ihm. ([Eine andere Version überliefert hier:] Man wohne [im Galut] in keinem Hause, das auf einem Boden errichtet wurde, auf dem zuvor niemals ein Gebäude stand, es sei denn, es wohnen im ersten Jahr [nicht jüdische] Menschen in ihm.)“[41]

Im Vergleich zur vorherigen Anordnung ist man sich offenbar bewusst, dass dennoch im Exil Häuser gebaut werden – zumindest bei Holzgebäuden wird dies vorausgesetzt. Da angenommen wird, unbewohnte Orte seien im Exil die bevorzugten Aufenthaltsorte

---

36 Vgl. Zur Dämonologie im Judentum vgl. u. a. die Beiträge in Gershom Scholem: Shedim, Ruḥot veNeshamot. Meḥkarim beDemenologia me'Et Gershom Scholem. 'Arikhat Esther Liebes, Jerusalem 2004; Jesaja Tishby: Mishnat haZohar, Vol. 1, Jerusalem 1996, S. 285–377 und die Klassiker Joshua Trachtenberg: Jewish Magic and Superstition. A Study in Folk Religion, Jerusalem 2004; Herman Pollack: Jewish Folkways in Germanic Lands (1648–1806). Studies in Aspects of Daily Life, Cambridge London 1971, S. 113–145; Ludwig Blau: Das jüdische Zauberwesen, Darmstadt 1987.

37 Dennoch gilt auch hier das Diktum von Karl Goldmark: „Civilized people lose their religion easily, but rarely their superstitions.“ Zitiert nach Trachtenberg, Jewish Magic and Superstition, S. 153.

38 Neben diversen Internetseiten vgl. u. a. die Publikation von Yosef Yitzchok Lerner: Sefer habayis. Jewish Law and Custom for the House and Home, Jerusalem 2001.

39 Reuven Margoliot (Hrsg.): Sefer Ḥassidim [Bologna], Jerusalem 2004, (Zava'at Rabbenu Yehuda Ḥassid), S. 15–16, § 16.

40 Siehe den Kommentar im Sefer Ḥassidim zu dieser Stelle.

41 Sefer Ḥassidim, (Zava'at Rabbenu Yehuda Ḥassid), S. 15, § 17.

von Geistern oder könnten zumindest unrein sein,[42] darf man im ersten Jahr nicht im Neubau wohnen, sondern sollte stattdessen nicht jüdische Mieter einziehen lassen.

In Hinblick auf die Höhe eines Hauses macht das *Testament des Rabbi Jehuda heḤassid* eine ohnehin schon bestehende Halacha zur persönlichen Aufgabe eines jeden Bauherren von Privathäusern: „Man baue sein Haus nicht höher als eine Synagoge."[43] Diese Anweisung wird im Talmud bis auf Abba Arikha (175–247) zurückgeführt, der sich dabei auf eine Bibelstelle stützt: „Jede Stadt, deren Dächer höher sind als die Synagoge, wird endlich zerstört – so wie gesagt ist: ′das Haus des Ewigen unseres Gottes zu erheben und seine Trümmer wieder aufzurichten‵ (Esra 9,9). Dies gilt nur für gewöhnliche Häuser, aber in Bezug auf Türme und Mauern ist es nicht wichtig."[44] Für die Begründung dieser Halacha wird unter anderem die besondere Würde der Synagoge als „Haus Gottes" angegeben.[45]

Sowohl im *Sefer Ḥassidim* als auch im „Testament" finden sich an den Bauherren gerichtete Warnungen, bei einem Neubau oder einem Umbau eines Hauses nicht die Position der Türen und Fenster zu verändern:

> „Es gibt Dinge, die wie Aberglaube erscheinen. Nichtsdestotrotz ist es [sind diese Dinge] erlaubt. Beispielsweise muss jemand, der ein altes Haus niederreist und am selben Ort ein neues Haus oder einen Raum errichtet, bei den Zimmern des Hauses darauf achten, dass er nicht die Öffnungen und Fenster des neuen [Hauses] anders lege als wie beim alten. Vielmehr soll er diese im neuen [Haus] wie bei dem alten ausrichten und nicht verändern – und wenn nicht, dann werden sie sich aufgrund der jeweiligen Dämonen und Engel in Lebensgefahr befinden…"[46]

Der Grund für die Anweisung, die Position der Türen und Fenster im Grundriss des Neubaus beizubehalten, ist in Aspekten der Dämonologie zu suchen: Die Schadengeister und Dämonen haben außerhalb sowie auch innerhalb der Häuser die ihnen bestimmten Orte, Eingänge und Ausgänge. Wenn man eine Tür- oder Fensteröffnung verändert oder gar vollständig verschließt, versperrt man ihre Wege, so dass man vor einem Angriff sicher sein kann: „Man verschließe das Fenster oder eine Öffnung nicht vollständig, damit einem die Dämonen keinen Schaden zufügen, da sie durch sie hinauszugehen pflegen, sondern man mache eine [kleine] Öffnung hinein."[47] Denn auch hier gilt die alte Regel, dass „die Dämonen nicht passieren können, es sei denn über demselben Wege", den sie hineingekommen sind, und an den Orten hausen, die ihnen

42 Vgl. u.a. bT Brakhot 3a-b, 62a; bT Shabbat 67a. Vgl. auch die Argumentation gegenüber den Dämonen, die um 1681/82 ein Steinhaus in Posnan bewohnten. Zvi Hirsh Kaidanover: Kav haYashar, Frankfurt am Main 1707, Kap. 69.

43 Sefer Ḥassidim, (Zava'at Rabbenu Yehuda Ḥassid), S. 17, § 19.

44 bT Shabbat 11a.

45 Vgl. u.a. die Begründungen der Halacha bei Josef Karo / Moses Isserles: Shulḥan 'Arukh / HaMappa, Oraḥ Ḥaim § 150, Abs. 2 ff.

46 Sefer Ḥassidim, S. 316, § 461.

47 Sefer Ḥassidim, (Zava'at Rabbenu Yehuda Ḥassid), S. 17, § 20.

bestimmt sind.[48] Letzteres begründet auch die folgende Warnung: „Man reiße keinen Heizofen oder einen Backofen ein, um denselben Platz benützen zu können, sondern erbaue ihn hier ein zweites Mal, denn eine große Gefahr droht jedem, der so tut."[49] Eine weitere Anweisung, bei einem Umbau die Bestimmung eines Raumes zu ändern, betrifft das private Studierzimmer, in der die Bewohner zuvor Tora lernten: „Niemand baue in seinem Hause und verändere dabei [den Ort] seines Studierzimmers (*Bet Midrasho*), da dieses dem Herrn heilig ist."[50] Die Begründung folgt hier der Intention des obigen Gebotes, dass der Ort des Gebetes nachhaltig über eine besondere Heiligkeit verfügt, die nicht profaniert werden darf. Bei der Änderung der Räumlichkeiten könnte die Gefahr bestehen, dass in der früheren Lernstube nun geschlafen oder geschwätzt wird.[51]

Etwas anders verhält es sich mit der Gefahr, die jemandem droht, wenn er ein privates Bad in seinem Haus errichtet, das er nur alleine zu nutzen gedenkt: „Man errichte kein Bad in seinem Hause, und wenn man es dennoch macht, wird das Haus zerstört werden, es sei denn, dass man es errichtet, damit sich viele in ihm baden können."[52] Da das Bad (Marḥez) die Entkleidung des menschlichen Körpers verlangt und er aufgrund seiner Sexualität besonders schutzlos ist, wird es gelegentlich als bevorzugter Ort der Geister beschrieben.[53] Der Schutz vor Dämonen und der durch sie hervorgerufenen sexuellen Übertretungen kann durch Sozialkontrolle wiederhergestellt werden – nämlich dann, wenn viele Menschen des gleichen Geschlechtes das Bad benutzen.

2.3 Differenzen zwischen den traditionellen Idealvorstellungen und der Lebenswirklichkeit

Sowohl die Gebote der halachischen Literatur als auch die Anweisungen und Warnungen der mittelalterlichen Traditionen stellen für die Frage nach der Materialität des jüdischen Hauses ein Problem dar. Sie sind Rechts- und Handlungsnormen von Gesellschaften, die das auftretende unerwünschte Verhalten ihrer Mitglieder zu regulieren versuchten und diese Normen in längeren Prozessen aushandelten. Inwieweit diese Rechts- und Handlungsnormen durch jüdische Bauherren in der Frühen Neuzeit und noch im 19. Jahrhundert (wenigstens teilweise) beachtet wurden, kann zum gegenwärtigen Zeitpunkt der Forschung nicht umfassend beantwortet werden. Während die halachischen Gebote – wie zum Beispiel das Mesusa-Gebot – einen sehr viel stärkeren Stellenwert haben und ausnahmslos berücksichtigt worden sein mögen, ist die Beachtung der Anweisungen aus dem Autorenkreis des *Sefer Ḥassidim* von Zufallsfunden und sehr aufmerksamen Forschern abhängig. Die ideologischen „Korrekturen" des 19. Jahrhunderts eliminierten die jüdischen Traditionen weitgehend, so dass Restbestände lediglich in der Literatur überdauerten. In Hinblick auf erhaltene Häuser jüdischer Vorbesitzer müssten die Archäologie und Bauforschung zahlreiche bislang vernachlässigte Fragen

48 Sefer Ḥassidim, S. 570, § 1146. Vgl. Johann Wolfgang von Goethe: Goethes Faust. Der Tragödie erster Teil, München 1991, S. 49, Z. 1410–1412.
49 Sefer Ḥassidim, (Zava'at Rabbenu Yehuda Ḥassid), S. 25, § 49.
50 Sefer Ḥassidim, (Zava'at Rabbenu Yehuda Ḥassid), S. 16, § 21
51 Josef Karo / Moses Isserles: Shulḥan 'Arukh / HaMappa, Yore Dea, § 246, 16–17.
52 Sefer Ḥassidim, (Zava'at Rabbenu Yehuda Ḥassid), S. 16, § 18.
53 bT Kiddushin 39b.

berücksichtigen. In den meisten Fällen werden sich keine zuverlässigen Aussagen treffen lassen, sofern nicht die Bauherren selbst den zweifelsfreien Quellenverweis für ihr Handeln angeben. Dies ist in der Regel nicht der Fall. So erzählt der Elsässer Ascher Levy (1598–1635) in seinen Memoiren zwar, dass er sich im Jahre 1626 in Reichshofen ein ruinöses Haus kaufte und „die Trümmer ergänzte",[54] ohne jedoch Details über das Haus, seine Materialien und die Aufteilung von Zimmern und Öffnungen preiszugeben. Aufschlussreicher sind seine Schilderungen eines weiteren Hausbaus, den er im Jahre 1630/31 beginnt.

> „In dem Hause, das ich baute und erwarb mit der Hülfe Gottes [...] baute ich mir drei Dinge, 1) ein kleines Zimmer, um regelmäßig zu lernen und zu beten und zur Aufstellung der Bücher [...], 2) einen kleinen Backofen, um die ungesäuerten Brote darin zu backen [...]. Außerdem war in diesem Backofen ein kleiner (Ofen), um ihn an jedem Freitag zu wärmen und darin die Sabbathbrote zu Ehren des Sabbats [...] zu backen, und auch um die Speisen für den Sabbat darin warm zu halten. 3) Ein kleines Badezimmer hinter dem Winterofen aus tiefen Gründen, und zwar besonders, weil hier der tierische Brauch herrscht, daß die Nichtjuden mit ihren Frauen in ein Zimmer gehen, und so tun auch die Juden und ihre Frauen, die zu den Nichtjuden und ihren Frauen gehen. Und ich ereiferte dagegen zur Ehre Gottes und baute mir ein [Bade]Zimmer in meinem Hause, um mir gütlich zu tun am Freitag oder, wenn ich des Aderlasses bedurfte, oder eine Frau weiße Kleider anzulegen hätte [...]."[55]

Wiederum fehlen zahlreiche Hinweise auf die innere und äußere materielle Gestaltung des Hauses. Während das Haus selbst aus Stein oder vermutlich eher aus günstigerem Holz gewesen sein mag, sind für den Backofen Stein beziehungsweise Ziegel und Mörtelgemische anzunehmen. Der Verfasser scheint in dieser Zeit zu einem bescheidenen Wohlstand gekommen zu sein, der ihm die Anlage dreier Nutzbereiche zur Erleichterung des (religiösen) Lebens erlaubt. Beachtenswert ist die Errichtung eines privaten Badezimmers, die hier mit einer längeren Begründung dahingehend gerechtfertigt wird, dass das öffentliche Badehaus ein Ort des sittlichen Fehlverhaltens und gerade die Errichtung einer privaten Badestube das Gebot der Frömmigkeit sei. Ob dieser Textstelle die oben zitierten Anweisungen der Ḥassidim zugrunde liegen und Ascher Levy den sittlichen Verfall als Gegenargument einsetzt, ist möglich, kann jedoch nicht zweifelsfrei behauptet werden. Da es sich bei dem Haus um einen Neubau handelt, sind Veränderungen in Bezug auf Räume, Tür- und Fensteröffnungen zunächst nicht von Bedeutung. Infolge der Wirren des Dreißigjährigen Krieges wird das Haus jedoch drei Jahre später durch Vandalismus zerstört: „Die Fenster waren zerbrochen, Ofen und Herd waren niedergerissen, alle hölzernen Geräte weggeworfen dahin und dorthin, und dennoch war das nichts im Verhältnis zu anderen verwüsteten Häusern

54 M. Ginsburger (Hrsg.): Die Memoiren des Ascher Levy aus Reichshofen im Elsaß (1598–1635), Berlin 1913, S. 25. Vgl. zu ihm zuletzt Stefan Litt: Mobilität und Reisen in Selbstzeugnissen aschkenasischer Juden in der Frühen Neuzeit, in: Birgit E. Klein / Rotraud Ries (Hrsg.): Selbstzeugnisse und Ego-Dokumente frühneuzeitlicher Juden in Aschkenas. Beispiele, Methoden und Konzepte, Berlin 2011, S. 103–118.

55 Ginsburger, Die Memoiren des Ascher Levy, S. 48–49.

der Juden."[56] Ascher Levy teilt nichts über entsprechende Änderungen beim Wiederaufbau mit. Angesichts der harten Lebensumstände des Alltags schien es den Bauherren vielleicht weniger bedeutsam zu sein, über selbstverständliche Traditionen auf teuren Schreibmaterialien nachzudenken.

Auch für spätere Phasen der jüdischen Geschichte ist es unwahrscheinlich, dass Bauherren ihre Bauvorhaben mit zweifelsfreien Quellenverweisen aus der jüdischen Traditionsliteratur begründen. Dies dürfte vor allem nach der jüdischen Aufklärung (Haskala) für die säkulareren Judenheiten des westlichen Europas gelten, da hier die mittelalterlichen Traditionen schamvoll negiert wurden, während sie im osteuropäisch geprägten, strengorthodoxen Judentum noch heute selbstverständlich praktiziert werden.[57]

Das Haus der Familie Uhlmann aus Ovenhausen (Kreis Höxter) ist wohl das einzige jüdische Wohnhaus, das nach bauhistorischen und archäologischen Gesichtspunkten vollständig dokumentiert wurde. Das Gebäude befand sich von seiner Erbauung im Jahre 1805 bis zur Deportation seiner Besitzer im Jahre 1941 ununterbrochen in jüdischem Besitz. „In der Küche konnten mehrere aufeinander folgende Herdstellen archäologisch nachgewiesen werden."[58] Bis auf einen veränderten Kellerzugang scheinen sowohl die Positionen der Ofenstellen als auch aller Türen- und Fensteröffnungen beibehalten worden zu sein.[59] Dass dies aufgrund halachischer Orthopraxie geschah, kann damit gewiss nicht bewiesen werden – was natürlich auch umgekehrt gilt.

3. Politisch-rechtliche Situation in Hinblick auf Wohnhaftigkeit

Die politisch-rechtlichen Situationen der Niederlassung und des Immobilienbesitzes sind die Voraussetzungen für die legale Wohnungsnahme und materielle Gestaltung einer Behausung. Im deutschsprachigen Raum des Untersuchungszeitraumes lebte der größte Teil der jüdischen Gesamtbevölkerung überwiegend in Dörfern und agrarisch geprägten Städtchen. Vor allem der Westen bestand aus einem Gewirr aus Hunderten von Klein- und Kleinststaaten mit sich zum Teil überschneidenden Herrschaftsansprüchen, die von Adeligen, Bischöfen und Magistraten regiert wurden und die rechtliche Situation der jüdischen Bevölkerung ganz unterschiedlich regelten.

In Abhängigkeit zur politisch-rechtlichen Konstellation wohnten Juden und Christen in gemischten Ortsteilen. Dies war in den meisten Ländern des deutschsprachigen Raumes der Fall.[60] Vor allem in den ländlichen Regionen, in denen es vergleichsweise

56 Ginsburger, Die Memoiren des Ascher Levy, S. 62.

57 Belege dafür sind u. a. Lerner, Sefer habayis sowie verschiedene Journale, die die obigen Themen diskutieren: Moishe Dovid Lebovits: The Will of Rav Yehuda Hachasid, in: Halachically Speaking, Vol. 3 (2007) 7, S. 2: www.thehalacha.com/wp-content/uploads/Vol3Issue7.pdf

58 Heinrich Stiewe: Das Haus Uhlmann aus Ovenhausen. Besitzer, Baugeschichte und Translozierung, in: Stefan Baumeier / Heinrich Stiewe (Hrsg.): Die vergessenen Nachbarn. Juden auf dem Lande im östlichen Westfalen, Bielefeld 2006, S. 39–67, hier S. 53.

59 Stiewe, Das Haus Uhlmann, S. 55; Elmar Altwasser: Unter dem Boden. Archäologische Untersuchungen im Haus Hauptstraße 31 in Ovenhausen, in: Baumeier / Stiewe (Hrsg.): Juden auf dem Lande, S. 69–77, hier S. 72–74. Der Umbau der Kellertreppe erfolgte um 1850 und die komplette Erneuerung der linken Traufwand des Wohnhauses nach 1885.

60 Lowenstein, Anfänge der Integration 1780–1871, S. 126–131.

wenig Juden gab, lebten diese inmitten der christlichen Bevölkerung verstreut. Dies traf beispielsweise auf die kleineren Dörfer und Städtchen im Norden Deutschlands und die hessischen Landesteile zu, in denen die jüdische Bevölkerung zumeist unmittelbar von christlichen Nachbarn umgeben war und gelegentlich mit ihnen auch in einem Hause wohnte. In anderen Ortschaften konzentrierte sich die jüdische Ansiedlung oft auf einzelne Straßen. Wie sehr die jüdische Siedlungsstruktur von den Besitzungen verschiedener Landesherren abhängig war, lässt sich besonders gut in den territorial stark zersplitterten Ortschaften der südwestlichen Regionen Deutschlands erkennen. Im oberfränkischen Pretzfeld beispielsweise waren die Häuser der jüdischen Bevölkerung, die auf ritterschaftlichen und bambergischen Lehnen standen, von den Anwesen der christlichen Nachbarn umgeben. Dagegen grenzten die von Juden bewohnten Tropfhäuser auf dem markgräflichen Gebiet des Dorfes unmittelbar aneinander und bildeten somit entlang der „Judenstraße" eine Häuserzeile, die als gemeinsamer Hof definiert werden konnte.[61]

Eine besondere Situation ergab sich für die jüdische Bevölkerung in einigen Städten, die, zumeist zu Beginn der Frühen Neuzeit – wie beispielsweise in Frankfurt am Main, Worms und Wien[62] –, zwangsweise in einem ummauerten und von der christlichen Bevölkerung abgetrennten Gebiet leben mussten. Diese Areale wurden ausschließlich von Juden bewohnt und konnten durch Tore geschlossen werden. In zahlreichen Städten war die Ansiedlung der jüdischen Bevölkerung auf bestimmte Stadtteile und Straßenzüge beschränkt, ohne dass diese Räume ein Ghetto im engeren Sinne mit eigenen Mauern bildeten.[63] Viele größere Städte tolerierten jedoch keine längeren Aufenthalte, geschweige denn die Niederlassung von Juden in ihren Zentren.[64]

In den meisten Fällen bemühten sich Landesherren und Magistrate darum, die Niederlassung von Juden durch verschiedene Bestimmungen zu begrenzen. Nur die sogenannten Schutzbriefe, die ausschließlich gegen die Zahlung von ortsabhängig

61 Siehe Klaus Guth: Jüdische Landgemeinden in Oberfranken (1800–1942). Ein historisch-topographisches Handbuch, Bamberg 1988, S. 278.

62 Siehe dazu Fritz Backhaus: Die Einrichtung eines Ghettos für die Frankfurter Juden im Jahre 1462, in: Hessisches Jahrbuch für Landesgeschichte, Bd. 39, Marburg 1989, S. 59–86; Ursula Reuter: Die Wormser Judengasse in der Frühen Neuzeit, in: Fritz Backhaus / Gisela Engel / Gundula Grebner / Robert Liberles (Hrsg.): Frühneuzeitliche Ghettos in Europa im Vergleich, Berlin 2012, S. 205–240; Ulrich Hausmann / Werner Marzi: Für „gute ordnung und policey" und „dem gemeinen nutzen zum besten". Die Ghettoisierung der Mainzer Juden unter Kurfürst Johann Philipp von Schönborn (1649–1673) im Rahmen einer frühkameralistischen Landespolitik, in: Backhaus / Engel / Grebner / Liberles (Hrsg.): Frühneuzeitliche Ghettos, S. 269–299; Barbara Staudinger: Jenseits der Brücke. Die Wiener Judenstadt 1624–1670 und der städtische Raum, in: Backhaus / Engel / Grebner / Liberles (Hrsg.): Frühneuzeitliche Ghettos , S. 241–268.

63 So beispielsweise in Bamberg: Michaela Schmölz-Häberlein: Juden in Bamberg (1633–1802/03). Lebensverhältnisse und Handlungsspielräume einer städtischen Minderheit, Würzburg 2014, S. 27–30.

64 Vgl. Lowenstein, Anfänge der Integration, S. 127–129 und hier die Nachweise. Die Reichsstädte Nürnberg, Regenburg und Schweinfurth bestätigten bis 1800 das Übernachtungsverbot. Siehe dazu Ernst Schubert: Arme Leute, Bettler und Gauner in Franken des 18. Jahrhunderts, Neustadt/Aisch 1983, S. 152–153.

unterschiedlich hohen Schutzgeldern gewährt wurde, gestatteten es Juden, für einen begrenzten Zeitraum ansässig zu werden. Voraussetzung dabei war, dass der Haushaltsvorstand ein bestimmtes Vermögen und einen regelmäßigen Lebenserwerb vorweisen konnte. Diese Schutzprivilegien machten den Zuzug also grundsätzlich möglich, wirkten zugleich aber auch in Hinblick auf die wirtschaftlich weniger erfolgreichen jüdischen Bevölkerungsteile beschränkend. Für diejenigen Juden, die das jeweils geforderte Schutzgeld aufbringen konnten, bedeutete der Schutzbrief die Chance auf eine (alles andere als selbstverständliche) Sesshaftigkeit und minimale Sicherheit. Für die Landesherren stellten der Schutzbrief und andere Sonderabgaben ein bedeutendes Zusatzeinkommen dar, so dass vor allem der süddeutsche Kleinadel die Ansiedlung förderte.[65]

Vor allem in den Städten und den größeren Ortschaften fürchteten die christlichen Bürger die jüdische Bevölkerung als Konkurrenten um den innerhalb der Mauern knapp bemessenen Wohnraum und Nahrungserwerb. Die jeweilige politische Macht kam diesen Einwänden oft dadurch entgegen, in dem sie – neben vielen anderen Maßnahmen – die Ansiedlung auf bestimmte Teile der Stadt und/oder die Maximalzahl der jüdischen Haushalte beziehungsweise der Häuser festlegten, in denen Juden wohnen durften.

Für den vorliegenden Untersuchungsgegenstand sind die sehr komplexen Regelungen des „Abtriebsrechtes"[66] und anderer Arten des Vorkaufrechtes von Bedeutung, die im 17. und 18. Jahrhundert in zahlreichen Orten den Hauserwerb durch Juden einschränkte beziehungsweise zu einem schlecht kalkulierbaren Risikounternehmen machte. Beispielsweise durften die christlichen Bürger in Bamberg „binnen eines Jahres nach der Eigentumsübertragung ein von einem Juden erworbenes Haus durch die Erlegung des Kaufpreises an den Verkäufer übernehmen. Dabei erhielten die Juden die Investitionen, die sie binnen dieses Jahres getätigt hatten, nicht erstattet."[67] In der badischen Kleinstadt Emmendingen wurde bis in die 1780er Jahre hinein der Erwerb von Häusern und anderen Immobilien durch die „Losung" reglementiert.[68] „Innerhalb [eines Jahres] konnten Christen Anspruch auf die von Juden rechtmäßig erkauften Güter erheben und

65 Nach Interessen der politischen Akteure kamen dazu auch zahlreiche andere Sondersteuern, wie zum Beispiel Leibzoll, Beerdigungsgebühren und Ersatzzahlungen an den Pfarrer für die entgangenen Verdienste, da Juden bei Taufen, Hochzeiten und Beerdigungen keine Stolgebühren zahlten. Vgl. Ullmann, Nachbarschaft und Konkurrenz, S. 421; Guth, Jüdische Landgemeinden, S. 20, 52, 149; Mendel Zuckermann: Die Stolgebühren der Juden an die christliche Geistlichkeit im Hannoverland, Hannover 1919.

66 Vgl. u. a. dazu Schmölz-Häberlein, Juden in Bamberg, S. 29–30; Manfred Jehle (Hrsg.): Die Juden und die jüdischen Gemeinden Preußens in amtlichen Enquêten des Vormärz, München 1998, S. 415–416; Hans Ulrich Colmar: Aus dem Leben der Juden in Stadt und Amt Hofheim im 18. Jahrhundert, in: Zwischen Main und Taunus. Jahrbuch des Main-Taunus-Kreises, Bd. 4, Hofheim 1995, S. 17–22.

67 Schmölz-Häberlein, Juden in Bamberg, S. 29, siehe Anm. 63.

68 Mit dem Widerstand der christlichen Bevölkerung bei einem Hauskauf mussten Juden auch noch in der ersten Hälfte des 19. Jahrhunderts rechnen. Vgl. dazu u. a. Jeggle, Judendörfer in Württemberg, S. 79–84 und die autobiographischen Schilderungen von Itzig Behrend in Bezug auf einen Immobilienerwerb im niedersächsischen Rodenberg in Richarz, Jüdisches Leben in Deutschland, Bd. 1, S. 78–79.

diese für denselben Preis erwerben."[69] In Preußen verlangte man 1703, dass ein jüdischer Käufer, der von einem Christen ein Haus erwerben wollte, zuvor seine derzeitige Wohnimmobilie verkaufte, damit die Anzahl der „Juden-Häuser" nicht vermehrt wurde.[70] In den preußischen Städten war Juden der Erwerb von Häusern zeitweise erlaubt, zeitweise verboten, so dass der jüdische Hausbesitz oft zur Realität wurde, zumal einzelne Beamte und christliche Nachbarn gelegentlich auch die jüdische Bevölkerung dabei unterstützen, die Gesetze zu umgehen.[71] Während für viele Regionen Deutschlands schon im 18. Jahrhundert Erleichterungen beim Haus- und Immobilienkauf zu verzeichnen waren, blieben im Herzogtum Berg „jüdische Hausbesitzer auch nach 1815 eine [inzwischen häufiger anzutreffende] Ausnahme."[72]

Zusammenfassend ist festzuhalten, dass der Hauserwerb beziehungsweise Hausbau durch Juden in der Frühen Neuzeit bis in den Anfang des 19. Jahrhunderts stark eingeschränkt war und lokal sehr verschiedene Regelungen bestimmt wurden. Deutlich wurde aber auch, dass eine Hausimmobilie innerhalb kürzester Zeit den Besitzer wechseln und auch gleichzeitig von beiden Gruppen bewohnt werden konnte.

In einigen Regionen und Städten bezeichneten die zuständigen Behörden bestimmte Immobilien als „Judenhäuser".[73] Diese Zuschreibung wird nicht immer eindeutig verwendet. In vielen Fällen handelt es sich hierbei um die in der Anzahl beschränkten Gebäude eines Ortes, die sich in jüdischem Besitz befinden durften und von Generation zu Generation weitergegeben werden konnten. Anderorts verstand man darunter sich nicht in jüdischem Besitz befindende Häuser, die aber (überwiegend und über eine längere Phase hinweg) nur an Juden vermietet wurden.

4. Äußere und innere Attribute des „jüdischen" Hauses

Wodurch wird ein Haus zu einem „jüdischen Haus", wenn der Besitz oder die Wohnhaftigkeit durch Juden zeitlich befristet ist? Es stellt sich hier die Frage, ob äußere oder innere Attribute ein Haus zu einem spezifisch „jüdischen Haus" machen. Diese Attribute lassen sich folgendermaßen systematisieren: 1.) Hausform und Materialität, 2.) am

69 Michaela Schmölz-Häberlein: Zwischen Integration und Ausgrenzung: Juden in der oberrheinischen Kleinstadt Emmendingen 1680–1800, in: Rolf Kießling / Sabine Ullmann (Hrsg.): Landjudentum im deutschen Südwesten während der Frühen Neuzeit, Berlin 1999, S. 363–397, hier S. 373.

70 Siehe Stefi Jersch-Wenzel / Reinhard Rürup (Hrsg.): Quellen zur Geschichte der Juden in den Archiven der neuen Bundesländer. Geheimes Staatsarchiv Preussischer Kulturbesitz. T. 1. Ältere Zentralbehörden bis 1808/10 und Brandenburg-Preussisches Hausarchiv, München 1999, S. 234.

71 Zu den Schwierigkeiten, die in Preußen beim Erwerb eines Wohnhauses auftreten konnten, siehe Noa Sophie Kohler: Der Weg zum Haus. Handlungsspielräume preußischer Juden in der Frühen Neuzeit, in: Zeitschrift für Geschichtswissenschaft, Vol. 56 (2008) 12, S. 1005–1023, hier S. 1011–1023. Vgl. auch die autobiographischen Erlebnisse von Aron Hirsch Heymann aus Straussberg bei Berlin in Heinrich Loewe (Hrsg.): A. H. Heymann Lebenserinnerungen, Berlin 1909, S. 53–54.

72 Fleermann, Marginalisierung und Emanzipation, S. 182.

73 Dies gilt beispielsweise für Altona, Höchst (Hessen), Preußen. Vgl. Liberles, An der Schwelle zur Moderne, S. 30; Hieronymus von Scari: Systematische Darstellung der in Betreff der Juden in Mähren und im k. k. Antheile Schlesiens erlassenen Gesetze und Verordnungen, Brünn 1835, S. 109–110.

Haus angebrachte und von außen sichtbare Zeichen, 3.) Innere Bestandteile des Hauses, 4.) variable Befunde. Mit dem folgenden Versuch, einige dieser Bestandteile exemplarisch zu untersuchen, wird keine Vollständigkeit erhoben. Bereits oben ist deutlich geworden, dass materielle Befunde – wie beispielsweise die Anbringung eines Geländers oder die Beibehaltung von Fenster- und Türöffnungen und Ofenstellen – nur in durch Quellen belegten Ausnahmefällen zweifelsfrei auf die halachischen Anweisungen zurückgeführt werden können. Aus diesem Grund konzentriert sich die Untersuchung ab Punkt 4.2 auf Dinge, die zweifelsfrei religiösen und kulturellen Traditionen des Judentums zuzuordnen sind.

4.1 Hausform und Materialität

Heinrich Stiewe, Elfi Pracht und Klaus Guth verzeichnen als einige der wenigen Historiker der ländlichen Sachkultur nicht nur Friedhöfe, Mikwen, Synagogen und andere Gemeindebauwerke, sondern auch die Wohnhäuser der jüdischen Bevölkerung.[74] Guths Untersuchungen zufolge zeigen die Archivalien des 17. und 18. Jahrhunderts, dass die jüdischen Einwohner oberfränkischer Ortschaften im Regelfall „nur kleine Sölden oder Tropfhäuser bewohnten."[75] Tropfhäuser wurden im Zuge der Peuplierungspolitik von Adeligen aus billigen Materialien erbaut, um kleinere Orte durch die Ansiedlung von Menschen zur Erhöhung des Steueraufkommens aufzuwerten.[76] Die etwa 30–35 qm Wohnfläche umfassenden Häuschen boten zumeist zwei wohnungssuchenden Familien die Chance, sich ohne Besitz sesshaft machen zu können. Da das Grundstück dort aufhörte, wo das Regenwasser vom Dach tropfte, entfiel die Möglichkeit der Landwirtschaft und Viehhaltung vollständig, so dass sich die Bewohner als Hausierer, Tagelöhner und durch Bettelei ihren Lebensunterhalt beschaffen mussten und somit sukzessive verarmten.[77] Auch in anderen deutschsprachigen Landen wohnte der allergrößte Teil der jüdischen Bevölkerung in sehr beengten und armseligen Verhältnissen.[78]

74 In Bezug auf die Materialität der städtischen Wohnhäuser ist die erstmalig 1904 erschienene Publikation von Kracauer immer noch eine beispielhafte Fundgrube: Isidor Kracauer: Die Geschichte der Judengasse in Frankfurt am Main, Frankfurt am Main 1906.

75 Guth, Jüdische Landgemeinden, S. 248 in Bezug auf Mitwitz. Vgl. zu Tropfhäusern als jüdische Wohnhäuser in Buttenheim auch hier S. 129, in Ermreuth S. 158, in Hagenbach S. 181, in Küps S. 226, in Mühlhausen S. 258–260, in Pretzfeld S. 278, in Zeckendorf S. 349.

76 Vgl. Michael Puchta: Mediatisierung „mit Haut und Haar, Leib und Leben". Die Unterwerfung der Reichsritter durch Ansbach-Bayreuth (1792–1798), Göttingen 2012, S. 136; Hartmut Heller: Die Peuplierungspolitik der Reichsritterschaft als sozialgeographischer Faktor im Steigerwald, Erlangen 1971, S. 172, 177–180, 187–188, 198–200.

77 Annette Schäfer: Tropfhaus, Schloss, Kapelle. Das peuplierte Dorf Sassanfahrt, in: Björn-Uwe Abels (Hrsg.): Streifzüge durch Franken, Colloquium Historicum Wirsbergense, Bd. 1, Lichtenfels 2010, S. 93–98.

78 Exemplarisch sei auf die Schilderungen in Jeggle, Judendörfer in Württemberg, S. 46–47 für den ländlichen Raum und in Kracauer, Die Geschichte der Judengasse, S. 409–419 für den städtischen Raum verwiesen.

Stiewe,[79] Pracht[80] und Guth[81] erklären mit Bezug auf die jeweils von ihnen untersuchten Regionen, dass sich keine spezifisch jüdische Hausform herausbildete – ein Befund, der noch kritisch überprüft werden muss.[82] Immerhin konnte Guth in mehreren fränkischen Ortschaften einige Besonderheiten feststellen: Um 1667 bewohnte die jüdische Bevölkerung in Friesen vier beziehungsweise fünf zu einem Rittergut gehörende Tropfhäuser.[83] Bei einer genaueren Beobachtung der bis heute erhaltenen Bausubstanz stellte sich heraus, „daß die jüdischen Häuser – im Gegensatz zu den christlichen – mehrstöckig sind."[84] Erklärt wird dies mit der starken Wohnungs- und Raumnot der jüdischen Bevölkerung, die in Friesen dazu führte, dass man die Dachgeschosse erweiterte. Eine im Jahre 1764 seitens der jüdischen Gemeinde finanzierte amtliche Besichtigung ergab, „daß die Wohnungsnot, die von den Christen immer wieder beklagt worden war, bei den Juden wesentlich drückender war. Als Wohnraum blieben meist nur die ´Stuben` (im Obergeschoß), weil die Kammern [des Erdgeschosses] als ´Kramläden` benützt wurden. In einem Zimmer waren teilweise zwei ganze Familien untergebracht."[85]

Weitere Besonderheiten, die in den Ortschaften Hirschaid und Petzfeld konstatiert wurden, betreffen weniger die Form des einzelnen Hauses, sondern die Lage mehrerer Wohngebäude. In Hirschaid bildeten im Jahre 1849 zumeist vier, an einem Straßenzug nebeneinander liegende Häuser einen „´Judenhof` mit einer gemeinsamen Hofeinfahrt".[86] Eine ähnliche Situation ergibt sich auch für die auf markgräflichem Lehnsgrund stehenden Häuser in Pretzfeld.[87]

Eine dritte Besonderheit stellen die sogenannten „Judenburgen" und „Judenhöfe" in mittelalterlichen Verteidigungsanlagen dar, von denen im süddeutschen Raum mindestens ein Dutzend existierten. Nach dem Bedeutungsverlust der mittelalterlichen Befestigungen und der Erbauung repräsentativer Schlösser bedeutete der Erhalt der veralteten Immobilien für ihre Besitzer oftmals eine finanzielle Belastung. Während sich seit dem 17. Jahrhundert für Adelige die Ansiedlung von abgabepflichtigen Schutzjuden als eine attraktive Einkommensquelle herausbildete, versuchten sie verstärkt diese „Schrottimmobilien" an jüdische Bewohner zu verpachten und dadurch die alten Stammsitze

79 Vgl. Stiewe, Das Haus Uhlmann, S. 62–65. „Schon dieser knappe Überblick zeigt, dass die erhaltenen oder überlieferten älteren Häuser jüdischer Besitzer im Paderborner Land überwiegend traditionelle Fachwerkbauten waren, die dem üblichen Spektrum an Bautypen des 18. und 19. Jahrhunderts in dieser Region entsprachen." Hier, S. 64, Kol. 2.

80 Vgl. Elfi Pracht: Jüdisches Kulturerbe in Nordrhein-Westfalen. Teil III: Regierungsbezirk Detmold, Köln 1998, S. 16; Elfi Pracht-Jörns: Jüdisches Kulturerbe in Nordrhein-Westfalen. Teil IV: Regierungsbezirk Münster, Köln 2002, S. 14–15.

81 Guth stellt fest, dass es keinen spezifischen jüdischen Haustyp gab: Guth, Jüdische Landgemeinden, S. 134 in Bezug auf Buttenheim, S. 158 in Bezug auf Ermreuth, S. 226 in Bezug auf Küps, S. 349 in Bezug auf Zeckendorf. In Hinblick auf Mitwitz stellt Guth fest, dass der Immobilienwechsel zwischen Juden und Christen recht häufig war, S. 248.

82 Vgl. dazu Punkt 4.3 dieses Beitrages.

83 Guth, Jüdische Landgemeinden, S. 165.

84 Guth, Jüdische Landgemeinden, S. 170.

85 Guth, Jüdische Landgemeinden, S. 166.

86 Guth, Jüdische Landgemeinden, S. 202–203.

87 Guth, Jüdische Landgemeinden, S. 278–279.

finanziell zu nutzen. Die Quellenbestände zu den Standorten zeigen, dass der Adel so ziemlich alles verpachtete, was sich verpachten ließ und umgekehrt aufgrund der großen Wohnungsnot auch alles gepachtet und gemietet wurde.[88] In diesen Fällen war die Materialität natürlich von der ehemaligen und nun verfallenden Anlagenfunktion vorgegeben und wurde bei Bedarf an die halachischen Bedürfnisse angepasst.

Die beengte Wohnsituation – und das gilt auch für andere Teile des deutschsprachigen Raumes – verschärfte sich mit dem zunehmenden Wachstum der jüdischen Bevölkerung[89] bis in die Mitte des 19. Jahrhunderts. Über das oberfränkische Hagenbach haben sich genauere Informationen erhalten, die sich mit dem bisher Konstatierten decken:

> „Um 1811 wohnten die Juden nur in 'ein- und zweigädigen Tropfhäusern', die sowohl entlang der Dorfstraße wie auch in rückwärtigen Grundstücken standen. Die Häuser waren oft von zwei und drei Familien bewohnt und meist nach Stockwerken aufgeteilt ('Zweitheil- und Dreitheil-Häuser'). Ärmere Leute und Witwen lebten auf engem Raum auch in '1/4 eines eingädigen Wohnhauses', so beispielsweise im Haus mit der alten Nummer 35, in dem die Wohnung aus einem 'Stübchen und Kammer unter dem Dach bestand.[90] [...] Da die Tropfhäuser meist aus Fachwerk bestanden und eng aneinander gebaut lagen, machte die Brandversicherung ab 1850 besondere Auflagen."[91]

Zeitgenössische Beschreibungen von Häusern, die von Juden gemietet wurden oder sich in jüdischem Besitz befanden, stammen nahezu ausnahmslos aus dem 19. Jahrhundert. In Posen wohnte die jüdische Bevölkerung, ebenso wie ihre christlichen Nachbarn, überwiegend in leichtentflammbaren mit Stroh gedeckten Holzhäusern, so dass bei häufig vorkommenden Feuersbrünsten die Einwohner ihr Obdach verloren. Erst nach einem Brand um 1795 begannen hier einige wohlhabende Bürger „schöne massive und mit Ziegel gedeckte Häuser" zu bauen.[92] Der 1819 im oberschlesischen Rosenberg geborene Hermann Elias Weigert hinterließ in seinen Lebenserinnerungen eine sehr detaillierte Beschreibung seines Geburtshauses:

> „Das Haus kann als Typus der Häuser damaliger Zeit gelten; es war aus Holz und Lehm gebaut, das Gerippe und die Dachkonstruktion bestanden aus Holz. Sämtliche Zwischenräume waren mit einer aus Lehm und Stroh bestehenden Masse ausgefüllt und mit einer Kalkfarbe gestrichen. Zur Dachbedeckung verwandte man Brettchen aus Holz, sogenannte Schindeln oder auch lange Strohbündel. Das Haus hatte ein Parterregeschoß

88 Vgl. u.a. Georg Knörlein: Die jüdische Gemeinde Mittelweilersbach (Gemeinde Weilersbach, Lkr. Forchheim), in: Rainer Hoffmann (Hrsg.): Jüdische Landgemeinden in Franken. Beiträge zu Kultur und Geschichte einer Minderheit, Tüchersfeld 1987, S. 61–67 und Theobald Nebel: Die Geschichte der jüdischen Gemeinde in Talheim. Ein Beispiel für das Schicksal des Judentums in Württemberg, Heilbronn 1963, S. 16–21.

89 Jeggle, Judendörfer in Württemberg, S. 79–84.

90 Guth verweist hier auf StAB, K214–190, Häuser- und Rustikalsteuerkataster von 1812.

91 Guth, Jüdische Landgemeinden, S. 181.

92 Jacob Adam: Zeit zur Abreise. Lebensbericht eines jüdischen Händlers aus der Emanzipationszeit. Bearbeitet und herausgegeben von Jörg H. Fehrs und Margret Heitmann, Hildesheim 1993, S. 17–18.

und ein Giebelzimmer. Die Höhe des Hauses war derartig, daß von einem mittelgroßen Manne die Dachkante der Front mit der Hand erreicht werden konnte."[93]

Als sich im Zuge der napoleonischen Zeit eine Reihe der kleineren Herrschaften zu größeren Staaten zusammenschlossen und dann ab 1840 die gesetzlichen Bestimmungen freizügiger ausfielen, verbesserte sich die wirtschaftliche Situation auch für einige Teile der jüdischen Bevölkerung allmählich. Die ärmlichen Lebensbedingungen blieben in vielen ländlichen Regionen zwar überwiegend noch einige Jahrzehnte bestehen, jedoch war es nun weitaus mehr Familien möglich, eigene Häuser zu bauen oder größere Räume zu beziehen. Denn ein Teil der jüdischen Bevölkerung begann in größere Städte zu ziehen oder wanderte in die USA aus. Diese Veränderungen lassen sich gelegentlich auch an der Materialität des Hausbestandes ablesen: „Nach und nach lockerte sich das Ortsbild auf. Die Anwesen wuchsen. Teilweise erwarben Geschäftsleute die Häuser auswandernder Familien, bauten Läden ein und vergrößerten so ihren Besitz, andererseits entstanden aber auch neue Judenhäuser noch in der 2. Hälfte des 19. Jahrhunderts."[94] Eine vergleichbare Situation lässt sich auch in Mitwitz beobachten: „Erst im 19. Jahrhundert, als eine größere Zahl jüdischer Händler es zu einem bescheidenen Wohlstand brachte, entstand eine Reihe von Häusern von großzügigerem und in gewisser Weise städtisch orientierten Schnitt."[95]

Eine ähnliche Entwicklung trifft mit regionalen Unterschieden für alle Länder des deutschsprachigen Raumes zu. Hier ändern sich ebenfalls Größe und Baumaterial des Hauses mit der Verbesserung der wirtschaftlichen Situation ihrer jüdischen Bewohner.[96] Vor allem in der jüdischen Memoirenliteratur des späten 19. und frühen 20. Jahrhunderts, die die eigene Biographie oder Familiengeschichte in verklärender Form als einen gelungenen gesellschaftlichen Aufstieg erzählt, sind eine Reihe von Beschreibungen der sich verbessernden Beschaffenheit der Wohnhäuser und der Entstehung von Geschäftsräumen enthalten.

Ein vergleichsweise ansehnliches Anwesen im pfälzischen Bissersheim konnte sich den Darstellungen Hermance Metzgers zufolge ihr Urgroßvater mütterlicherseits durch einen Wein- und Branntweinhandel mit dem französischen Militär aufbauen. In der ersten Hälfte des 19. Jahrhunderts erweiterte ihr Großvater Isaak Kuhn das Weingut und verkaufte es 1854 bei dem Umzug der Familie nach Worms an einen Christen zu einem guten Preis:

„Es muß also ein [für damalige Verhältnisse] riesiger Besitz an Land gewesen sein, das der Großvater bebaute und bebauen ließ. Im Vorderhaus sind noch die kleinen Stuben

93 Richarz, Jüdisches Leben in Deutschland, Bd. 1, S. 317.
94 Guth, Jüdische Landgemeinden, S. 181.
95 Guth, Jüdische Landgemeinden, S. 248. Vgl. auch Lowenstein, Anfänge der Integration, S. 132–139.
96 Steven M. Lowenstein: Changing Housing Conditions in the Nineteenth Century German Rural Ghetto, in: Marion Kaplan / Beate Meyer (Hrsg.): Jüdische Welten. Juden in Deutschland vom 18. Jahrhundert bis in die Gegenwart,. Festschrift für Monika Richarz. Göttingen 2005, S. 31–41. Vgl. beispielsweise die detaillierten Beschreibungen des Hauses von Hänlein Salomon Kohn in Wassertrüdingen in Richarz, Jüdisches Leben in Deutschland, Bd. 1, S. 141–142.

> wie ehedem, im Hofgebäude die ehemalige Küche; ein Riesenhof mit Scheuer, in die ein großer Wagen einfahren kann, Keller und Kelterhaus und dahinter ein wunderschöner Garten, in dem Blumen aller Art und treffliches Obst gedeihen. [...] Gegenüber dem großväterlichem steht ein zweites staatliches Haus, das sich der älteste Sohn, mein Onkel Bernhard, bei seiner Heirat erbaute."[97]

Das Vorderhaus enthielt mit den kleinen Stuben offensichtlich noch die alte Bausubstanz, und die Küche war noch im Hofgebäude untergebracht. Während diese Räume nicht weiter beschrieben werden, richtet sich der Fokus auf die stolze Erinnerung, dass die Familie schon in der ersten Hälfte des 19. Jahrhunderts große Wirtschaftsgebäude besaß, die auf reiche Ernten von den Ländereien schließen lassen.[98]

Zusammengefasst lässt sich beobachten, dass das von Juden bewohnte, gekaufte und gebaute Wohnhaus sich im Regelfall am regionalen Stil des Hausbaus orientierte und die wirtschaftliche Situation das Material und die Größe des Bauwerkes bestimmte. Die Quellen lassen in Hinblick auf die Bauform keinen Unterschied zwischen „jüdischen" und „nicht jüdischen" Häusern erkennen – ein Befund, der später noch diskutiert werden muss.[99]

4.2 Am Haus angebrachte und von außen sichtbare Zeichen

Da sich das von Juden bewohnte Haus in seiner äußeren architektonischen Gestaltung nicht von anderen Gebäuden als „jüdisches Haus" abhebt, ist nun danach zu fragen, ob die von außen angebrachten und sichtbaren Zeichen das Haus definieren.

4.2.1 Mesusa als Zeichen

Der sichtbarste von außen erkennbare Hinweis auf ein „jüdisches Haus" ist die Mesusa, die unabhängig von ihrer Materialität am Türpfosten zu befestigen ist. In zahlreichen Fällen haben sich im deutschen Raum Reste der Mesusot an noch bestehenden Gebäuden erhalten. Meistens handelt es sich hierbei um in Stein eingekerbte Vertiefungen, da die Mesusakapseln später oftmals entfernt wurden. (Abb. 1)

Rabbiner Dr. Feuchtwang erwähnt eine solche Befundsituation in seiner Beschreibung des Hauseinganges des Güterhändlers Hänlein Salomon Kohn, der in der ersten Hälfte des 19. Jahrhunderts im mittelfränkischen Wassertrüdingen ein Haus erwarb:

---

97 Richarz, Jüdisches Leben in Deutschland, Bd. 1, S. 138.

98 Vgl. die Schilderungen von Dr. Meier Spanier, der 1864 in Wunstorf bei Hannover als fünfter Sohn eines jüdischen Klempners in einem Haus geboren wurde, in dem seine Familie schon seit längerer Zeit lebte. Richarz, Jüdisches Leben in Deutschland, Bd. 1, S. 203–205. Der Kantor Prof. Emanuel Kirschner beschreibt in seinen Lebenserinnerungen, wie er mit seinen Eltern im Jahr 1868 ein neues Haus im oberschlesischen Beuthen bezog. Richarz, Jüdisches Leben in Deutschland, Bd. 1, S. 199. Weitere Beschreibungen von jüdischen Häusern mit landwirtschaftlicher Nutzung beziehen sich auf Immobilien, die kurz nach der Gründung des Deutschen Reiches erworben wurden. Vgl. beispielsweise Eric Lucas: Jüdisches Leben auf dem Lande. Eine Familienchronik, Frankfurt am Main 1991, S. 17, 36 und den Hof der Familie Kaufmann in Viernheim bei Mannhein in Richarz, Jüdisches Leben in Deutschland, Bd. 1, S. 158–159.

99 Vgl. dazu Punkt 4.3 des vorliegenden Beitrages.

Abb. 1: Verfüllte Mesusavertiefung an einem Fürther Hauseingang. Foto: Joachim Hahn.

> „Reb Hihnle hatte sein Haus zwar nicht in der vornehmsten, aber doch in einer schönen Straße am unteren Stadttore. Ein einstöckiges, wohlgebautes, biederes Haus, dem man es anmerkte, daß es auf festem Grund stehe. [...] Über eine stark ausgetretene Steinschwelle trat man durch die massive Haustür, in deren Sturzpfosten eine Mesusa von ungewöhnlicher Dimension eingelassen war."[100]

Rudolf Hallo, der zahlreiche wichtige Einzelheiten über die jüdische „Volkskunst" überlieferte, stellte fest, dass es die Mesusa ist, die ein Haus als „jüdisch" markiert: „Meist kennzeichnet das Haus des Juden nur die Mesusa, die Merkkapsel am rechten Türpfosten, die wo noch nicht das billige Blech das Holz verdrängt hat, wohl selbstbeschnitzt ist, mit Mogen David, mit Zickzackmustern und mit dem Lieblingsmotiv unserer Bauernromantik, der Tulpenblüte."[101]

100 Richarz, Jüdisches Leben in Deutschland, Bd. 1, S. 141.

101 Rudolf Hallo: Jüdische Volkskunst in Hessen. Festschrift der Sinai-Loge zu Kassel (1928) [Reprint], in: Rudolf Hallo/Gunter Schweikhart (Hrsg.): Schriften zur Kunstgeschichte in Kassel. Sammlungen, Denkmäler, Judaica, Kassel 1983, S. 319–393, hier S. 333. Vgl. die Abbildungen zweier hölzerner Mesusot hessischer Provenienz bei Rudolf Hallo: Jüdische Kunst aus Hessen und Nassau (Berlin 1933) [Reprint], in: Hallo/Schweikhart (Hrsg.): Schriften zur Kunstgeschichte , S. 395–503, hier S. 417, Nr. 58.

Die Befestigung der Mesusa ist ein religionsgesetzliches Gebot, das von den Rabbinen auf die Hebräische Bibel zurückgeführt wird.[102] Dieser Beitrag ist nicht der Ort zu entscheiden, ob die Kapsel und das in ihr enthaltene Schriftstück zuerst als religiöses Symbol für die Vergegenwärtigung Gottes etabliert wurde oder ursprünglich ein paganes Schutzamulett war, das erst später eine religiöse Bedeutung innerhalb des Judentums erhielt.[103] Wichtig ist die Tatsache, dass sowohl die vollständige Existenz der Mesusa am Türpfosten als auch ihr Fehlen innerhalb der jüdischen Kulturgeschichte mit zahlreichen Bedeutungen aufgeladen wurde. Erste Spuren für die Schutzfunktion der Mesusa vor Ungemach und Dämonen finden sich bereits in narrativen Passagen der talmudischen Literatur.[104] Während demjenigen, der das Mesusa-Gebot beachtet, „eine schöne Wohnung“[105] und Abwehr der Sünde[106] verheißen werden, drohen bei Ignorierung die Gefahr des Kindersterbens[107] und der Bann.[108] Im Laufe des Mittelalters wurde der Amulett-Charakter der Mesusa immer stärker betont. Vermutlich seit dem 8. oder 9. Jahrhundert fügte man auf der Rückseite des zusammengerollten Pergamentes neben Engelsnamen und Symbolen auch den Gottesnamen ShaDaI hinzu und deutete ihn als „Shomer Dlatot Israel“ (Hüter der Türen Israels).[109] Für die Erwähnung des aus 14 Buchstaben bestehenden Code und Gottesnamen „KOSO BMOKHZS KOSO“, der sich ebenfalls auf der Rückseite der Pergamentrolle befindet, existieren im 11. Jahrhundert erstmalige Belege.[110] Vor allem in den mystischen und kabbalistischen Strömungen des Judentums beginnt man die Mesusa als eine der elementarsten Schutzvorkehrungen für Haus und Familie vor Dämonen, Geistern, Krankheit, Tod und Unglück im weitesten Sinn zu verstehen.[111]

Dem Gebot wird mit der Anbringung einer tauglichen Mesusa Genüge getan. Doch was bedeutet sie – abgesehen von der Schutzfunktion vor Geistern – für das Haus, den Eintretenden und die Bewohner? Wie folgende Perspektivenwechsel veranschaulichen, ist die Mesusa als ein Zeichen zu betrachten, mit dem der jüdische Charakter des Hauses und seiner Bewohner nach außen hin markiert und abgegrenzt wird.

102 Siehe dazu auch die obigen Ausführungen unter Punkt 2 des vorliegenden Beitrages.

103 Vgl. dazu die zusammenfassende Darstellung der Diskussion bei Daniela Schmid: Jüdische Amulette aus Osteuropa. Phänomene, Rituale, Formensprache, Diss. Wien 2012, S. 40–42, 142–143. Interessant und zum Teil gewagt sind die Ausführungen von Georg Langer: Zur Funktion der jüdischen Türpfostenrolle, in: Sigmund Freud (Hrsg.): Imago. Zeitschrift für Anwendung der Psychoanalyse auf die Natur- und Geisteswissenschaften, Vol. 24 (1928), S. 457–468.

104 Vgl. pT Peah 1,1; bT Avoda Sara 11a; bT Menaḥot 32b und 33b mit den Verweisen RaSHIs auf Dämonen.

105 bT Shabbat 23b.

106 bT Menaḥot 43b.

107 bT Shabbat 32b.

108 bT Pessaḥim 113b.

109 Eva-Maria Jansson: The Magic of the Mezuzah in Rabbinic Literature, in: Nordisk Judaistik. Scandinavian Jewish Studies, Vol. 15 (1994) 12, S. 51–64, hier S. 58–59.

110 Jansson, The Magic of the Mesusa, S. 60. Vgl. dazu auch Trachtenberg, Jewish Magic and Superstition, S. 148–152.

111 Vgl. dazu überblickend Jansson, The Message of a Mitsvah, S. 77–155; Schmid, Jüdische Amulette aus Osteuropa, S. 144–150 und hier die angegebene kabbalistische Literatur.

Sofern ein Nichtjude dieses Zeichen zu lesen vermochte, wurde ihm signalisiert, dass er den Bereich des „Volkes Israels", einer sich von seiner eigenen Gruppe unterscheidenden Gemeinschaft, betrat und hier andere kulturelle Regeln galten als in dem Bereich vor der Mesusa.

Dem jüdischen Reisenden[112] – egal, ob Hausierer, Bettler oder reisender Talmudstudent – signalisierte die Mesusa, dass er hier mit „Gastfreundschaft" (Hakhnasat 'Orḥim) rechnen konnte.[113] Das mit einer Mesusa gezeichnete Haus ist zwar nicht mit juristisch einklagbaren Ansprüchen verbunden, verweist jedoch auf eine gemeinsame ethno-religiöse Zugehörigkeit, der „Gemeinschaft Israel" (Klal Israel). Grundsätzlich konnte der Reisende damit rechnen, dass sich seine Bewohner in der einen oder anderen Weise – aber vollkommen abhängig von den politischen und wirtschaftlichen Umständen – um seine Beherbergung und eine koschere Verpflegung kümmerten. Brachte er seine eigene Verpflegung mit, so konnte er hier rituell reine Küchengeräte benutzen und in einer geschützten Atmosphäre beten.

Umgekehrt bedeutete für einen Juden in der Frühen Neuzeit ein nicht mit der Mesusa bezeichnetes Haus, dass hier Nichtjuden wohnten und er bei einer Annäherung durchaus mit Schwierigkeiten jeglicher Art rechnen musste.[114] Und selbst wenn ihm bei einer außergewöhnlichen Gastfreundschaft das Übernachten zugebilligt wurde, so konnte er bis auf ungeschnittenes und ungekochtes Gemüse, Obst und Wasser nichts genießen.

---

112 Vgl. zur Mobilität und Beherbergung der jüdischen Reisenden u.a. die sehr guten Publikationen von Rösch, Judenweg, S. 178–226, 331 und Karl Härter: Jüdische Migrationen im frühneuzeitlichen Alten Reich. Rechtliche Rahmenbedingungen, Geleit und Rechtsnutzung, in: Stefan Ehrenpreis / Andreas Gotzmann / Stephan Wendehorst (Hrsg.): Kaiser und Reich in der jüdischen Lokalgeschichte, München 2013, S. 67–92 und die hier angegebene vor 2012 erschienene Literatur. Siehe ferner Litt, Mobilität und Reisen , S. 103–118; Wolfgang Treue: In die Jeschiwe und auf den Jahrmarkt. Jüdische Mobilität in Aschkenas in der Frühen Neuzeit, in: Rolf Kießling / Peter Rauscher / Stefan Rohrbacher / Barbara Staudinger (Hrsg.): Räume und Wege. Jüdische Geschichte im Alten Reich 1300–1800, Berlin 2007, S. 191–206; Friedrich J. Battenberg: Grenzerfahrung und Mobilität von Juden in der Vormoderne. Ein Problemaufriß, in: Kießling / Rauscher / Rohrbacher / Staudinger (Hrsg.): Räume und Wege, S. 207–216.

113 Shlomo Yosef Zevin (Hrsg.): Hakhnasat 'Orḥim, in: Encyclopedia Talmudit, Vol. 9, Jerusalem 2000, S. 126–136.

114 Vgl. u.a. beschreibt Johann Christoph Wagenseil mit welchen Behandlungen Juden zu rechnen hatten: „Ohne ist es nicht / die Juden können bey uns nicht sicher über Land reisen / auf der Strasse gehen / noch gar in ihren Häusern bleiben. Des nach-Gruntzens / Lästerns /Scheltens / und gantz entsetzlichen lügenhaften Fürwerffens / daß sie Christen-Blut zu ihrer Bedürffniß haben müssen / ist kein Ende. Ein Jud wird von manchem viel weniger geachtet als ein Hund. Man stösset und schlägt sie / man wirfft sie des Sommers mit Steinen und Unsauberkeit / des Winters mit Schneeballen. Man fähret ihnen / ehe sie sich es versehen / mit einem Stück Schweinen-Fleisch um den Mund. Man zerschneidet ihnen die Kleider / betreügt sie wo man kann und mag / beraubet sie / so oft nur Gelegenheit sich hierzu ereignet / des ihrigen mit Gewalt / nöthiget sie Würffel her zugeben / zu sagen / Christus ist erstanden. Die jungen Kinder zupfen sie bey den Mänteln / und die Erwachsenen bey den Bärten...." Johann Christoph Wagenseil: Hoffnung der Erlösung Israels, Nürnberg Altdorf 1707, S. 104–105. Vgl. dazu weitere Nachweise bei Peter Blastenbrei: Johann Christoph Wagenseil und seine Stellung zum Judentum, Erlangen 2004, S. 141, siehe Anm. 4.

Für die Bewohner des Hauses stellte die Kapsel mit dem Schriftstück zunächst die Erfüllung des religiösen Pflichtgebotes dar und bildete ein äußeres Erkennungszeichen in die Eingebundenheit Israels. Von wesentlicher Bedeutung ist jedoch der Umstand, dass die Mesusa die Räume markierten, die die Bewohner ihr „Haus" (Beit) – im Sinne der halachischen Definition – nennen konnten. Das „Heim" bot damit ein Mindestmaß an Schutz vor Witterungen und Außenwelt und ermöglichte zugleich die für den Fortbestand des jüdischen Familienlebens notwendige Privatheit und Geborgenheit. Hat Martin Jaffe noch darauf hingewiesen, dass die Mesusa – gleich der Thorarollen die Synagoge – das „Zuhause" zu einem heiligen Ort machen,[115] so ist dies vor allem in Bezug auf die sie enthaltenen Schriftverse und wunderwirkenden Schemot (Gottesnamen) richtig. In Hinblick auf die allgemeine soziale Situation, die Allgegenwärtigkeit des fahrenden Volkes und die enorme Wohnungsnot im Untersuchungszeitraum ist die Bedeutung der Mesusa aber noch grundlegender: Sie ist das Zeichen für die (wenn oft auch prekäre) Sesshaftigkeit und Nicht-Obdachlosigkeit.[116] Das Objekt ist also nicht nur Materie und Text, sondern wird auch mit höchst unterschiedliche Bedeutungen aufgeladen.

4.2.2 *Seitens der Obrigkeit angeordnete Judenzeichen an Häusern*

Weitere von außen sichtbare Zeichen, die Gebäude als „jüdisches Haus" ausweisen konnten, waren Judenzeichen,[117] die in Worms von den jüdischen Bewohnern laut der Stättigkeitsverordnung vom 28. November 1641 anzubringen waren. Die entsprechende Passage in diesem Dokument lautet: „3. Soll Ein ieder Judt oder Jüdin ein gelber Ring oder gelbes Zaichen ihn seinem Mandel tragen, wie auch einen gewissen Schildt vor seinem Hauss ausshangen, in Vnderlassung dessen iedess mahl ein halben gulden straff anlegen."[118] In welcher Form die Kennzeichnung des Hauses zu erfolgen hatte, wird

115 Martin Jaffee: Early Judaism, Upper Saddle River/NJ 1997, S. 202.

116 Zur prekären Wohnungssituation der jüdischen Unterschicht vgl. u. a. Sabine Ullmann: Das Ehepaar Merle und Simon Ullmann. Eine jüdische Familie an der Grenze zum Betteljudentum, in: Mark Häberlein / Martin Zürn (Hrsg.): Minderheiten, Obrigkeit und Gesellschaft in der Frühen Neuzeit. Integrations- und Abgrenzungsprozesse im süddeutschen Raum, St. Katharinen 2001, S. 269–291; Yacov Guggenheim: Meeting on the Road. Encounters between German Jews and Christian on the Margins of Society, in: Hsia / Lehmann (Hrsg.): In and Out of the Ghetto, S. 125–137; Uwe Danker: Räuberbanden im Alten Reich um 1700. Ein Beitrag zur Geschichte von Herrschaft und Kriminalität in der frühen Neuzeit, Frankfurt am Main 1988, S. 318–326; Ernst Schubert: Arme Leute, Bettler und Gauner im Franken des 18. Jahrhunderts, Neustadt a. D. Aisch 1983, S. 151–178; Rudolf Glanz: Geschichte des niederen Volkes in Deutschland. Eine Studie über historisches Gaunertum, Bettelwesen und Vagantentum, New York 1968.

117 Pollack, Jewish Folkways, S. 208, siehe Anm. 63, beschränkt sich auf eine oberflächige Zusammenfassung an dieser Stelle sachlich ungenauer Standardwerke. Auch der Literaturhinweis auf den Beitrag von Paul Diamat, in dem Letzterer u. a. der Frage nach der Entwicklung der Hauszeichen und Familiensymbole nachgeht, ist wenig hilfreich und bleibt hier oberflächig: P. J. Diamant: Kezad hafakh Magen David Semel Yahadut?, in: Reshumot. Me'assaf leDivre Sikhronot leEtnografia veleFolklor beIsrael, Sidra ḥadasha V (1953), S. 93–103, hier S. 94–95.

118 Confirmatio inbegriffener Ordnung für die Judenschafft zu Wormbs. Wien 28. Nov. 1641, § 3 zitiert nach Gerson Wolf: Zur Geschichte der Juden in Worms und des deutschen Städtewesens, Breslau 1862, S. 79, vgl. dort auch S. 23.

nicht explizit gesagt, so dass davon auszugehen ist, dass es sich hierbei ebenfalls um einen gelben Ring oder ein Zeichen handeln muss, das möglicherweise auf dem herkömmlichen Hauszeichen anzubringen war. Wie bei dem gelben Zeichen an der Kleidung bestand die Funktion des Zeichens am Hauseingang darin, die Bewohner als Juden zu markieren und ihre Häuser von denen der übrigen Einwohner unterscheiden zu können. Ob auch in anderen Regionen eine Stättigkeitsverordnung das Anbringen von Judenzeichen an Häusern anordnete, ist nicht überliefert, so dass es sich hierbei wohl eher um einen Ausnahmefall zu handeln scheint. Nicht zu verwechseln ist dieses „gelbe Zaichen" mit den üblichen Hauszeichen.

Hauszeichen beziehungsweise Hausmarken dienten im nicht jüdischen Kontext zur Markierung von Eigentum und beweglichem Besitz und traten erstmals um 1150 in Köln und um 1200 dann auch in Speyer, Worms, Mainz, Würzburg und Basel bei Häusern in Erscheinung. Schnell breiteten sie sich über weite Teile des deutschsprachigen Raumes aus und dienten bis zur Einführung von Hausnummern zur Identifikation der Adresse.[119] Hauszeichen bestanden aus Holz oder Stein beziehungsweise wurden sie in diese Materialien eingraviert und zeigten zumeist bildliche Darstellungen von Himmelskörpern, Tieren, Pflanzen oder Gegenständen.[120] Später wurden die Bewohner mit dem Hauszeichen identifiziert und registriert, so dass sich daraus sukzessive ein Bei- und Familienname entwickelte.[121] In diesem Kontext sind die bekannten jüdischen Hauszeichen der rheinländischen Städte als ein gemeinhin praktiziertes Verfahren der Ortsmarkierung und Kennzeichen der lokalen Zugehörigkeit zu verstehen.[122]

4.2.3 Hausinschriften

In vielen Regionen des deutschsprachigen Raumes war es in der nicht jüdischen Umweltkultur üblich, über den Türstürzen, Torbogen oder an anderen sichtbaren Stellen von Wohnhäusern Inschriften mit den Namen der Erbauer, dem Baujahr und kurzen Sinnsprüchen oder Segenswünschen einzugravieren.[123] Diese Inschriftenkultur, die sich im ausgehenden Mittelalter zu entwickeln begann und im 16. Jahrhundert eine erste Blütephase erlebte, findet sich neben anderen Schmuckelementen zumeist an hölzernen Bauteilen größerer Wohnhäuser oder Höfe. In einigen Regionen wurden die Hausinschrif-

---

119 Vgl. Gerhard Koß: Namensforschung. Eine Einführung in die Onomastik, Tübingen 2002, S. 148.

120 Siehe Christian Bochenek / Kathrin Dräger / Fabian Fahlbusch / Jessica Nowak: Deutscher Familiennamenatlas, Band 4: Familiennamen nach Herkunft und Wohnstätte, Berlin Boston 2013, S. 991; Carl Gustav Homeyer: Die Haus- und Hofmarken, Berlin 1870.

121 „In Mainz wurden um 1332 etwa 50 %, in Köln 1392 ca. 40 %, in Basel ca. 25 % der urkundenden Einwohner mit dem Zusatz ihrer HäuserN[amen] registriert." Konrad Kunze: dtv-Atlas Namenkunde. Vor- und Familiennamen im deutschen Sprachgebiet, 5. Aufl. München 2004, S. 105.

122 Vgl. Kracauer, Die Geschichte der Judengasse, S. 311–312, 316, 324

123 Zu den Hausinschriften als Quelle siehe Joachim Widera: Möglichkeiten und Grenzen volkskundlicher Interpretationen von Hausinschriften, Frankfurt a. M. 1990, S. 17–18 und exemplarisch auch Robert Rüegg: Haussprüche und Volkskultur, Basel 1970 und Theodor Tebbe: Glücksfall Inschrift. Ein Beitrag zur Erforschung von Hausinschriften im Oldenburger Münsterland, Dinklage 2008.

ten zum selbstverständlichen Brauch und zu einer „Mode", ohne die ein Hausbau kaum auskam. Die Hausinschrift diente neben ihrem dekorativen Charakter der Würdigung der Erbauer, die mit Sinnsprüchen und Segenswünschen zum Nachdenken anregen und ein Bekenntnis ablegen wollten. Klassische Hausinschriften mit hebräischen Schriftzeichen weisen – bis auf wenige Ausnahmen[124] – auf jüdische Erbauer oder Vorbesitzer hin und bieten sich im Kontext des vorliegenden Forschungsgegenstandes zur ersten, freilich unvollständigen Deutung an.

Wiederum ist es Rudolf Hallo, der auf ein heutzutage weitgehend unbekanntes beziehungsweise vergessenes Phänomen hinweist – nämlich, dass es durchaus jüdische Hausbesitzer gab, die ihre Privathäuser mit Inschriften versahen. Weder in der elitär orientierten Wissenschaft des Judentums noch in der zeitweise sehr populären, doch germanophil ausgerichteten Hausinschriftenforschung wurden die jüdischen Hausinschriften beachtet oder systematisch untersucht. Hallo bemerkt hierzu sehr knapp:

> „Es gibt alte Fachwerkhäuser in Hessen, die hebräische Inschriften tragen. Sie verstecken sich nicht, wie es oft Betsäle zu tun versuchen, sie stehen auf der Straße und verkünden den Namen ihres Erbauers und Besitzers mit derselben schlichten Stolzheit, wie nur je ein Bauernhaus oder ein Stück seines Hausrat. [...] In Falkenberg findet sich, eingestemmt und geritzt im Türsturz, die fromme Inschrift der Bewohner des Hauses Wolf und Blümchen vom 5. Tamuz des jüdischen Jahres 577, d. i. 1817. Aber trotz ähnlicher Inschriften in Gudensberg und Zierenberg, es ist die Ausnahme."[125]

Bei der ersten Durchsicht jüdischer Hausinschriften stellte sich heraus,[126] dass es sich keineswegs um ein seltenes Phänomen handelte und auch keine Besonderheit hessischer Regionen darstellte. Heute noch erhaltene Exemplare und überlieferte Inschriften bereits abgekommener Wohnhäuser existieren in Baden-Württemberg, Bayern, Rheinland-Pfalz, Nordrhein-Westfalen, Niedersachsen, Schlesien und im Elsaß.

Eine ältere, dreizeilige Hausinschrift hat sich in der Steinkonsole des Steinhauses Schwibbogengasse Nr. 5/Ecke Burgstaffel im baden-württembergischen Bad Wimpfen erhalten.[127] (Abb. 2)

124 Eine Ausnahme bildet beispielsweise der Bibelvers in hebräischer und griechischer Sprache auf einem sturzartigen Sandstein, der sich in dem ehemaligen Abtshause in Sponheim (Bad Kreuznach) befand und frühhumanistische Neigungen artikuliert. Eberhard J. Nikitsch: DI 34 Bad Kreuznach Nr. 181 Sponheim, Klostergebäude, in: Deutsche Inschriften online: urn:nbn:de:0238-di034mz03k0018100 (letzter Zugriff: 4.1.2016). Auch die über dem ehemaligen Torbogen des Alten Rathauses von St. Goarshausen befestigte längliche Steintafel, die eine hebräische und griechische Inschrift enthält, zeigt einen humanistischen Einfluss. Es handelt sich bei beiden Inschriften um die Angabe des Jahres 1532 nach der christlichen Zählung. Eine kabbalistische Inschrift auf der Balkeninnenseite eines hessischen Dachbodens stammt ebenfalls vermutlich nicht von jüdischen Bewohnern, da diese nicht in den Akten belegt sind. Karl H. Grünewald: Eine hebräische Hausinschrift in Lengfeld, in: Der Odenwald, Vol. 35 (1988), S. 73–77. Ich danke Prof. Andreas Lehnardt für den Hinweis.

125 Hallo, Jüdische Volkskunst in Hessen, S. 333.

126 Zurzeit arbeite ich an einer systematischen Darstellung und Diskussion von jüdischen Hausinschriften, die in Kürze erscheinen wird.

127 Frank Angerbauer: Jüdische Gemeinden in Kreis und Stadt Heilbronn, Heilbronn 1986, S. 44.

Abb. 2: Hausinschrift in Bad Wimpfen, Schwibbogengasse Nr. 5.
Foto: Peter Schmelzle.

[1.] +1580
[2.] סנדר ב״ר אשר הלוי + ([Ale]xander bar Asher haLevi)
[3.] ז״ל שנת ש״ם לפ״ק (sein Angedenken zum Segen, Jahr 340 nach der kleinen Zählung)

Sein Erbauer, der im gleichen Jahr geheiratet hatte, wurde im Jahre 1580 vom Wimpfener Magistrat gegen ein jährlich zu zahlendes „Sitzgeld" von acht Goldgulden als Einwohner der Stadt aufgenommen. Alexander haLevi, der als Kaufmann und Geldverleiher vergleichsweise wohlhabend war, ging mit dem Bau des Hauses das Risiko einer alle drei Jahre zu verlängernden Ansiedlungserlaubnis ein und artikuliert sein Selbstbewusstsein in dieser insgesamt schlichten Bauinschrift.[128]

Ein prominentes, älteres Beispiel befindet sich in der Windgasse 5 der nordhessischen Stadt Wanfried.[129] (Abb. 3) Die ausschließlich in Hebräisch eingravierte Hausinschrift befindet sich im Balken über dem Deelentor eines stattlichen, im landesüblichen Fachwerkstil errichteten Kaufmannshauses und ist noch sehr knapp gehalten.

128 Angerbauer, Jüdische Gemeinden in Kreis und Stadt Heilbronn, S. 34–36.

129 Vgl. dazu die ungenauen Angaben in Paul Arnsberg: Die jüdischen Gemeinden in Hessen. Anfang, Untergang, Neubeginn, 2. Band, Frankfurt am Main 1971, S. 343; Hallo, Jüdische Volkskunst in Hessen, S. 333 und [Stadt Wanfried]: Ehemaliges jüdisches Haus Windgasse 5, in: http://www.wanfried.de/staticsite/staticsite2.php?menuid=127&topmenu=3 (letzter Zugriff: 7.1.2016).

Die einzeilige Inschrift wird durch zwei Schmuckelemente in drei Teile gegliedert. Abbreviaturen und die Datumsangaben werden nicht durch Kürzungsstriche angezeigt.

Abb. 3: Hausinschrift in Wanfried, Windgasse 5. Foto: Christoph Braun.

מט {מזל טוב} ירבה אכיר {אמן כן יהי רצון} | שמעון בר קלונימוס | נעשה יום ב כו כסליו שפא

Nach der Auflösung der Abbreviaturen lautet die Übersetzung: „Das Glück möge vermehrt werden; Amen, so möge es [Gottes] Wille sein | Shim`on bar Kalonymos | [Dieses Haus/diese Inschrift] wurde fertiggestellt am Montag, 26. Kislev [5]381 [= 21. Dezember 1620]“

Die zunächst in ihrer Knappheit bescheiden wirkende Inschrift enthält nicht nur die Bauinschrift, sondern wird durch eine positiv formulierte Schutzformel erweitert und durch eine religiöse Bekräftigungsformel verstärkt. Der Kontext der Hausinschrift, das aufwendig verzierte Tauband, die Schiffskehlen mit den eingelegten Rundstäben an den Schwellen und Füllhölzern sowie die mit Schuppenmotiven verzierten Eckständer artikulieren jedoch einen um Zurückhaltung bemühten Stolz, als einer der ersten Juden seiner Region eine eigene Immobilie errichtet zu haben.

Ein besonders schönes Exemplar einer Hausinschrift hat sich in Schötmar, einem heutigen Stadtteil von Bad Salzuflen (Kreis Lippe, NRW), erhalten. (Abb. 4) Das giebelständige Vierständer-Hallenhaus ist ein Fachwerkbau, der sich in der heutigen Schlossstraße und der früheren Langestraße hinter dem Haus Nr. 19 befindet.[130]

130 Heinrich Stiewe: Ein bauhistorisches Kleinod im Hinterhof. Das Haus des jüdischen Händlers Schlom Itzig in Schötmar aus dem Jahre 1758, in: Heimatland Lippe Vol. 99 (2006), S. 244–245;

Der Text der deutsch-hebräischen Inschrift befindet sich im gut sichtbaren Torbalken des ehemaligen, nun jedoch zugemauerten Deelentores; ist drei Zeilen lang und wird durch eine mittig angelegte, wappenähnliche Darstellung in eine linke und eine rechte Hälfte unterteilt. Die in der folgenden Abschrift durch einen Spiegelstrich angedeutete Darstellung zeigt die Abbildung einer fünfzackigen Krone, darunter die Wortkombination כתר כהונה („Krone des Priestertums") und tiefer das Symbol der segnenden Priesterhände, das von den Grabsteinen jüdischer Friedhöfe bekannt ist. Im hebräischen Text der dritten Zeile ist zwischen dem Vornamen und dem Vatersnamen der Eingangssegen aus Dt. 28,6 eingeschoben. In der vierten Zeile hat sich ganz rechts stehend der Handwerksmeister verewigt, der die Schnitzarbeit ausführte.

Abb. 4, Hausinschrift in Schötmar, Schlossstraße. Foto: Heinrich Stiewe.

[1.] ANNO 1758 IM JVNI HAT SCHLOM | ITZIG DIESES HAVS AVFBAVEN LASEN
[2.] WER GOTT VERTRAVET HATT | WOL GEBAVET IM HIMEL VND AVF ERDEN
[3.] שלומה בן כהרר {כבוד הרב רבי} ברוך אתה בבאך | וברוך אתה בצאתך יצחק הכהן ז״ל { זכרונו לברכה }
(Shlomo, Sohn des ehrenwerten Rabbi Gesegnet seist Du bei Deinem Eingang | und gesegnet seist Du bei Deinem Ausgang Jizḥak haKohen sein Angedenken sei zum Segen)
[4. ganz rechts unten] M[eister] B[art]H[old] STÖLTING

Laut den Conistoralakten vom 22. Juli 1733 erwarb Händler Schlom Itzig das Haus, das am 5. April 1758 infolge eines Großbrandes abbrannte, welcher durch einen unachtsamen jüdischen Nachbarn namens Schimmel im Nebenhaus ausgelöst wurde und ins-

Elfi Pracht: Jüdisches Kulturerbe in Nordrhein-Westfalen, Teil III: Regierungsbezirk Detmold, Köln 1998, S. 15, 287–288; Dieter Wiele: Eine hebräische Hausinschrift, in: 1200 Jahre Kilianskirche in Schötmar. Festschrift der evangelisch-reformierten Kirchengemeinde Schötmar. Bad Salzuflen 1982, S. 50.

gesamt 24 Gebäude vernichtete.[131] Schlom, der offensichtlich das Kapital besaß, sofort mit einem Neubau zu beginnen, verwendete bezeichnenderweise seinen Vaternamen nicht als ergänzenden Namenszusatz, sondern schob den Eingangssegen aus Dtn. 28,6 zwischen seinen Vornamen und dem Namen seines Vaters, so dass sein 1751 verstorbener Vater als eigenständige Person gewürdigt wird. Zugleich deutet der Eingangssegen als verbindendes Element ein den Tod überdauerndes emotionales Verhältnis an. Bezeichnenderweise ist die Inschrift bilingual gehalten und wendet sich in mehrfacherweise an die Betrachter. Der erste Teil enthält Erbauungsdatum und den Namen des Bauherren, betont aber mit dem auch unter den christlichen Hausinschriften weit verbreiteten frommen Sinnspruch die städtische und regionale Zugehörigkeit. Die hebräische Inschrift verweist dankbar und respektvoll auf die Voreltern und die Familienherkunft, ist aber zusammen mit den Symbolen der Tempelpriesterschaft gegenüber der christlichen Umwelt als ein religiös-ethnisches Bekenntnis und gegenüber den jüdischen Nachbarn als Statussymbol für Abstammung und erreichten Erfolg zu lesen. Nach dem Tod von Schlom Itzig im Jahre 1790 ging das Gebäude in nicht jüdische Hände über und wechselte dort mehrfach die Besitzer, ohne dass sich diese an der jüdischen Hausinschrift zu stoßen schienen.

Beim Abbruch eines dreiständigen 1685 erbauten Fachwerkhauses in Großmarpe bei Blomberg (Kreis Lippe, NRW) tauchte an einem Balken eine aufgemalte dreizeilige lateinisch-hebräische Schrift auf, die sich rekonstruieren ließ.[132] (Abb. 5) Der hebräische Teil der Aufschrift in der zweiten und dritten Zeile wird durch florale, hier mit einem Spiegelstrich dargestellte Elemente in eine linke und eine rechte Hälfte unterteilt.

Abb. 5: Inschrift eines abgegangenen Hauses in Großmarpe.
Foto: Dieter Zoremba.

[1.] ORA ET LABORA
[2.] ברוך אתה בבאך | וברוך אתה בצאתך (Gesegnet seist Du bei Deinem Eingang | und gesegnet seist Du bei Deinem Ausgang)
[3.] יאקב בר אהרן | שנת תקעא לפק (Jakob bar Ahron – Jahr 571 nach der kleinen Zählung = 1811)

131 Vgl. zu ihm Dina van Faasen: Juden in Schötmar im 18. Jahrhundert, in: Stefan Baumeier/Heinrich Stiewe (Hrsg.): Die vergessenen Nachbarn. Juden auf dem Lande im östlichen Westfalen, Bielefeld 2006, S. 173–185, hier S. 178–182.

132 Vgl. zur Geschichte des Hauses und seiner Bewohner Elfriede Drefenstedt: Eine hebräische Hausinschrift in Großmarpe. Ein seltenes Erinnerungsstück an frühere jüdische Einwohner in Lippe, in: Heimatland Lippe 57 Jg. (1964), S. 27–30.

Der Unterzeichnende Jakob ben Ahron, der in den Urkunden als Aron Jakob auftaucht, ist nicht der Erbauer des Hauses, sondern erwarb den über hundertjährigen Bau 1810 von einem nicht näher bekannten Betke für 150 Taler. Interessant ist, dass Aron Jakob den Schriftzug erst nach dem Hauskauf aufmalte und bezeichnenderweise nicht eingravieren ließ. Ein möglicher Grund dafür kann der ersten Zeile entnommen werden, die in Latein verfasst und in deutlich kleinerer Schriftgröße dargestellt ist: Möglicherweise war die erste Zeile bereits Bestandteil der Hausinschrift des christlichen Vorbesitzers, so dass Aron Jakob die personalisierten Angaben darunter tilgte und mit seinen Daten ergänzte. In jedem Fall imitiert er einen Brauch, die nicht jüdische und jüdische Bauherren bei der Errichtung ihres Hauses zuvor schon anwandten. Auch wenn Aron Jakob nicht die Möglichkeiten besaß, sich ein neues Haus zu errichten und sich gegen eine durchaus machbare, repräsentativere Inschrift entschied, so versuchte er dennoch mithilfe dieser einfacheren Holzmalerei seinen Stolz über den gelungenen Aufstieg als Hausbesitzer zu artikulieren. Dafür übernahm er den bereits bekannten Eingangssegen aus Dtn. 28,6, der sich als die jüdische Spruchinschrift schlechthin etabliert hatte.

Eine deutlich jüngere Inschrift befindet sich über der Deelentür eines an ein Wohnhaus angebauten, traufständigen Wirtschaftsflügels in der Hauptstraße von Marienmünster-Löwendorf (Kreis Höxter, NRW). Der Händler Samuel Grünewald taucht im Kataster von 1833 als Besitzer des zu Beginn des 19. Jahrhunderts errichteten Wohnhauses auf. Die dreizeilige Inschrift auf dem hölzernen Torbalken enthält eine religiöse Schutzformel, das Baudatum und die Namen der Erbauer:

> [1.] Ich Schenke mein vertrauen auf Gott allein deswegen wird es mir und meinen
> [2.] Nachkommen wohl sein Errichtet den 17ten Juny 1851
> [3.] Samuel Grünewald und Sara Grünewald geb Frankenberg.[133]

Vollständig in deutscher Sprache gehalten und anstelle der Vatersnamen mit bürgerlichen Namen ausgestattet, existieren keine Hinweise, die die religiöse Identität zweifelsfrei artikulieren. Bezeichnenderweise wird neben dem üblichen Bauherren auch dessen Ehefrau als Bauherrin mit ihrem Familiennamen aufgenommen, was als eine neue Wahrnehmung beziehungsweise Präsentation der Frau verstanden werden kann.

Ähnlich den Grabsteinen jüdischer Friedhöfe zeigen diese Haustürinschriften in ihren textlichen, sprachlichen und künstlerischen Darstellungen das veränderte Selbstbewusstsein der Juden in Deutschland und ihre im 19. Jahrhundert zunehmende Akkulturation an die Mehrheitsgesellschaft. In jedem Fall sind die jüdischen Hausinschriften – auch wenn sie im Vergleich zu denen der christlichen Bevölkerung weitaus zurückgenommener auftreten – eine deutliche Artikulation des Stolzes, ein Haus besitzen zu können. Gegenüber den lateinisch- und deutschsprachigen Inschriften der Mehrheitsgesellschaft wird durch die Verwendung von hebräischen Lettern sowohl die eigene Identität als auch die Besonderheit des Hauses betont. Durch die bewusste Verwendung eines repräsentativen Zeichens wird der Anspruch unterstrichen, gerade als Jude Teil der Bürgerschaft sein zu wollen.

---

133 Stiewe, Das Haus Uhlmann, S. 64; Pracht, Jüdisches Kulturerbe in Nordrhein-Westfalen, Teil III: Detmold, S. 206, 263.

4.2.4 Erinnerungssymbol an die Zerstörung des Tempels

Im bayrisch-schwäbischen Ichenhausen hat sich eine beachtenswerte Inschrift erhalten, die sich am Friedberger Haus, Wiesgasse 1 (Abb. 6), befand, das 1763 an prominenter Stelle des Stadtbildes errichtet wurde: „Die barocken Ziergiebel sind deutlich den Giebeln des etwa 200 Meter entfernten, 1697 erbauten Unteren Schlosses nachempfunden und verleihen dem Haus repräsentativen Ausdruck."[134] Die über der zweiflügeligen Eingangstür angebrachte steinerne „Cartouche" mit Barockverzierungen enthält einen dreizeiligen hebräischen Reim.

[1.] שחר על לבן (Schwarz auf weiß)
[2.] זכר לחרבן (Gedenke der Tempelzerstörung)
[3.] שנת תקכג לפק (Jahr 523 der kleinen Zählung)

Unter der Kartusche befand sich ein vergittertes Oberlichtfenster. In den hölzernen Türsturz, der in der ehemaligen Synagoge Ichenhausen gezeigt wird, ist eine zweizeilige Inschrift eingearbeitet: Über dem rechten Türflügel befindet sich der erste Teil des hebräischen Eingangssegens aus Dtn. 28,6 mit der Angabe der jüdischen Jahreszählung in der zweiten Zeile. Dementsprechend enthält die Inschrift über dem linken Teil des Türsturzes den zweiten Teil des Segens und die christliche Jahreszahl.[135]

linker Türflügel	rechter Türflügel
[1.] וברוך אתה בצאתך	ברוך אתה בבאך
[2.] 1763	שנת תקכג ל'

Mit dieser Inschrift wird das religiöse Gebot, an die Zerstörung des Jerusalemer Tempels beim Hausbau zu erinnern, der Form nach nicht erfüllt: Wie oben gezeigt, gebietet die halachische Literatur, dass kein Jude mehr vollständig weiß gekalkte, verputzte oder getäfelte Bauten errichten dürfe, wie dies Herrscher zu tun pflegten, sondern nahe des Eingangs eine Stelle von der Größe einer Quadratelle (ca. 50 x 50 cm) ungekalkt, unverputzt und ungetäfelt lassen sollte.[136]

Die Erbauer des barocken Hauses imitierten einen herrschaftlichen Baustil, mit dem sie ihre gestiegene Bedeutung innerhalb der nicht jüdischen Stadtbevölkerung artikulierten. Dass sie in keinem Fall geneigt waren, die ästhetisch-repräsentative Fassade

134 Evamaria Brockhoff (Hrsg.): Juden auf dem Lande. Beispiel Ichenhausen: Katalog zur Ausstellung in der ehemaligen Synagoge Ichenhausen, München 1991, S. 61, vgl. hier auch S. 135–136 die Beschreibung zu den Umbauten im Türbereich. Siehe auch Theo[dor] Harburger: Die Kunst im Leben des Juden, in: Bayrische Israelitische Gemeindezeitung (19.9.1927) Nr. 9, S. 275–278, hier S. 276.

135 Ich danke Dr. Claudia Madel-Böhringer (Stadtarchiv Ichenhausen) herzlich für die Zusendung von Detailfotos, die mir die Entzifferung der Inschrift ermöglichten.

136 Josef Karo / Moses Isserles: Shulḥan ʿArukh / HaMappa, Oraḥ Ḥaim, § 560, 1. Wie die halachischen Kommentatoren der Vergangenheit und Gegenwart zeigen, wurde und wird diesem Erinnerungszeichen eine wichtige Bedeutung zugemessen. Allerdings geben sowohl Jesaja ben Abraham Horovitz (SHeLoH) als auch Schelomo Ganzfried zu, dass man diesen Brauch heute nicht „so" beachtet. Vgl. Shmuel Avraham Adler (Hrsg.): Yerushalim. Avelut, sakhor, in: Aspaklaria. Kovez enziklopedi leMadae haYahadut. Vol. 10, Jerusalem 1988, S. 254–260, hier S. 258–259 und Schelomo Ganzfried: Kizzur Schulchan Aruch, ins Deutsche übertragen von Selig Bamberg in Hamburg. Frankfurt am Main [o. J.], § 126, 1.

Abb. 6: Hausinschrift in Ichenhausen, Wiesgasse 1.
Foto: Theodor Harburger, 1927, CAHJP P160-33.

durch einen unverputzten Flecken „zu verunstalten" (damit hätte man sich zum Gespött gemacht), teilten sie ihren jüdischen Landsleuten, für alle „schwarz auf weiß" lesbar, in einer wiederum barock-ästhetischen Form mit. Dem weniger aufmerksamen Kritiker wird mit genialer Kreativität vorgetäuscht, die inhaltliche Erinnerung an die Zerstörung des Tempels könne die formell-halachische Erinnerung ersetzen.[137] In jedem Fall ist diese Hausinschrift ein „multimedialer" Beitrag über die Selbstverortung des Bauherrn zwischen dem Anspruch, Teil der städtischen Bevölkerung zu sein, ohne dabei die jüdische Identität aufgeben zu wollen, und dem sich verändernden Verhältnis zur Orthopraxie und der jüdischen Mehrheit, die die Einhaltung derselben offensichtlich noch

137 Es geht hier eindeutig um die Frage nach einer Erinnerung an die Tempelzerstörung, die dem repräsentativen Bau „angemessen" ist, da sonst die erste Zeile „schwarz auf weiß" keinen Sinn ergeben würde.

verlangt. Während der NS-Zeit wurde die „Identität" des Hauses gravierend verändert: „Die Kartusche, in der bis etwa 1940 noch eine hebräische Inschrift zu lesen war und das vergitterte Oberlichtfenster wurden ebenso entfernt wie der Türsturz und der rechte Türpfosten mit der Vertiefung für die Mesusa, die Türpfosteninschrift, die jedes jüdische Haus kennzeichnet."[138] An ihre Stelle trat in der Mitte der Frontseite eine Nische mit einem Marienbild.

Weitere Hinweise auf solche Erinnerungszeichen im Hauseingangsbereich sind von der Sachkenntnis aufmerksamer Zeitgenossen abhängig. Möglicherweise könnte die bis heute unter Malern und Anstreichern verwendete Redensart für Fehlstellen in einer gestrichenen Wand „Du host an Judn lossn"[139] nicht nur einen antisemitischen Unterton enthalten, sondern den Überrest einer weithin beachteten Halacha darstellen. Denkbar wäre also, dass die Malergilde den expliziten Auftrag observanter Hausbesitzer mit Veränderungen in den eigenen Fachjargon übernahm.

4.3 Innere Bestandteile des Hauses

Neben den am Wohnhaus angebrachten und von außen sichtbaren Zeichen können Bestandteile im Inneren des Hauses auf einen jüdischen Charakter der Immobilie hinweisen, die jedoch im Regelfall keine Symbolfunktion nach außen hin erfüllen. Diese Bestandteile sind zu differenzieren zwischen a.) teilweise von außen sichtbaren, teilweise sich nur aus dem Hausinneren erschließenden architektonischen Bauelementen, von denen die Vorrichtungen für Laubhütten die prominentesten sind, b.) vollständig im Inneren verborgenen Einrichtungen, zu denen beispielsweise die relativ gut dokumentierten Ritualbäder (Mikwen) gehören,[140] und c.) ausschmückenden jüdischen Symbolen und Inschriften im Hausinneren. Sie alle treten in ihren eindeutig identifizierbaren Funktionen überwiegend und sehr zahlreich in Synagogen und in von der Gemeinde genutzten Immobilien auf und sind hier von nachgeordnetem Interesse. Stellvertretend für die verschiedenen Bestandteile sollen im Folgenden lediglich die Laubhütten erörtert werden, welche in Privathäusern Verwendung fanden.

Im Zuge von Sanierungsmaßnahmen in einem barocken Haus der Schwabacher Synagogengasse Nr. 10 stieß man im Frühjahr 2001 auf eine Wandmalerei. Das 1726 erbaute Objekt in der ehemaligen Judenschulgasse wurde 1795 von Mose ben Löw Koppel

---

138 Brockhoff (Hrsg.): Juden auf dem Lande, S. 135.

139 Karl Fallend: Unbewußte Zeitgeschichte in Österreich. Psychoanalytische Betrachtungen über das Fortwirken des Nationalsozialismus, in: Alexander Friedmann / Elvira Glück / David Vyssoki (Hrsg.): Überleben der Shoah – und danach. Spätfolgen der Verfolgung aus wissenschaftlicher Sicht. Wien 1999, S. 209–234, hier S. 224.

140 Vgl. u. a. den Beitrag von Katrin Keßler im vorliegenden Band sowie Jüdische Museen Franken, Frankfurt am Main, Hohenems und Wien (Hrsg.): Ganz rein! Jüdische Ritualbäder. Wien 2010; Thea Altaras / Gabriele Klempert / Hans-Curt Köster (Hrsg.): Synagogen und jüdische rituelle Tauchbäder in Hessen. Was geschah seit 1945? Eine Dokumentation und Analyse aus allen 264 hessischen Orten, deren Synagogenbauten die Pogromnacht 1938 und den Zweiten Weltkrieg überstanden. 276 architektonische Beschreibungen und Bauhistorien, Königstein im Taunus 2007; Georg Heuberger: Mikwe: Geschichte und Architektur jüdischer Ritualbäder in Deutschland, Frankfurt am Main 1992.

erworben, der das Fachwerkhaus vier Jahre später an der Giebelseite um ein weiteres Geschoß aufstocken ließ.[141] Wie der Befund zeigt, ging es ihm dabei nicht nur um die Gewinnung von Wohnraum und seine Ausschmückung, sondern um die Erfüllung eines religiösen Gebotes in seiner Privatsphäre: Das Errichten und Bewohnen einer Laubhütte zum Sukkotfest, deren Beachtung bereits in der Bibel zum Gedenken an die Fürsorge Gottes während der Wüstenwanderung mit Nachdruck angeordnet wird (Lev. 23, 40–43):

> „Und nehmet euch am ersten Tage Frucht vom Hadar-Baum, Palmzweige und Zweige vom Myrthenbaum und Bachweiden, und freuet euch vor dem Herrn, eurem Gott, sieben Tage lang. Und feiert es festlich als Fest des Herrn sieben Tage im Jahr, ein ewiges Gesetz für alle eure Nachkommen, im siebenten Monat sollt ihr es feiern. In Hütten sollt ihr wohnen sieben Tage; alle Eingeborenen in Israel sollen wohnen in den Hütten. Damit eure Nachkommen es erfahren, dass ich in Hütten habe wohnen lassen die Kinder Israel, als ich sie herausgeführt habe aus dem Land Ägypten: Ich bin der Herr, euer Gott."[142]

Der Grundgedanke besteht darin, dass die Erinnerung durch das möglichst weitreichende Bewohnen einer ähnlich temporären Hütte vollzogen wird, wie man sie der biblischen Erzählung zufolge während der Wüstenwanderung nutzte. Während des Festes soll die Sukka zum ständigen Wohnort und die eigentlich feste Wohnung nur zum vorübergehenden Aufenthalt genutzt werden.[143] Neben konkreten halachischen Angaben über die Beschaffenheit und Größe der Sukka[144] ist für die nachfolgende Erörterung die Bedachung der Laubhütte von besonderer Bedeutung, die so gestaltet sein soll, dass „große Sterne dadurch gesehen werden" können.[145]

Zahlreiche ehemalige Synagogengebäude des deutschsprachigen Raumes enthalten Reste von festen Standorten am und im Haus, die für die Errichtung der Laubhütte vorgesehen waren und von allen Gemeindemitgliedern genutzt werden konnten. Sofern die jüdischen Familien irgendwie die Möglichkeit dazu besaßen, eine Sukka auf dem eigenen Grundstück oder im eigenen Haus zu errichten, haben sie davon Gebrauch gemacht. Im Kontext der Materialität des jüdischen Hauses sind jene Vorrichtungen nun von Interesse, die zumeist auf dem Dachboden, später jedoch auch auf Balkonen installiert wurden und sich bis heute erhalten haben. Wie Abbildungen frühneuzeitlicher Werke zeigen, hatte man für die Sukkot auf dem Dachboden zwei Verfahren entwickelt. (Abb. 7)

An beiden dargestellten Beispielen auf der linken Seite der Illustration von Paul Christian Kirchner wurden in einem bestimmten Umfang die Dachziegel entfernt und Laubzweige über die freigewordene Sparrenlage gelegt, so dass man den Dachboden nun temporär bewohnen konnte. Dies war sicherlich die einfachste und kostengünstigste,

141 Christiane Twiehaus: Die Schwabacher Laubhütte in der Synagogengasse 10, in: Andrea M. Kluxen / Julia Hecht (Hrsg.): Der Rabbinatsbezirk Schwabach, Ansbach 2009, S. 143–154.

142 Vgl. dazu Dtn. 16, 13–17.

143 Vgl. dazu genauer bT Sukka 28b-29a, aber auch zahlreiche andere Stellen des Traktates.

144 Vgl. Josef Karo / Moses Isserles: Shulḥan ʿArukh / HaMappa, Oraḥ Ḥaim § 625–644.

145 Josef Karo / Moses Isserles: Shulḥan ʿArukh / HaMappa, Oraḥ Ḥaim § 631, 3.

Abb. 7: Das Lauberhütten Fest. Radierung in Paul Christian Kirchner: Jüdisches Ceremoniell. Nürnberg 1734, S. 125.

aber in Hinblick auf die Witterungsbedingungen in europäischen Regionen, nicht die beste Lösung. Für sein Wohnhaus in der Schwabacher Synagogenstraße 10 hatte sich der Hausbesitzer in die Decke des neuen Stockwerkes zehn herausnehmbare Kassettenfelder einsetzen lassen, die man für das Sukkotfest entfernen konnte.[146] Zusätzlich mussten im sich darüber befindenden Dachboden die Dachziegel entfernt und das Kassettengitter mit Laubzweigen bedeckt werden. Diese dauerhafte Konstruktion stellt also eine Weiterentwicklung des bei Kirchner dargestellten Verfahrens auf der linken Seite dar.

Wie die gutgekleideten Männer in der rechten Bildhälfte unschwer erkennen lassen, war das zweite Verfahren mit baulichen Vorrichtungen im Dachstuhl verbunden, dessen Treppenaufstieg rechts unten noch zu erkennen ist. Diese Anlagen sind keine temporären, sondern feste Konstruktionen, die außerhalb des Sukkotfestes zumeist profan genutzt wurden. Durch entsprechende Scharnierkonstruktionen und Seilzüge konnten Teile des Daches nach oben aufgeklappt werden, so dass man sich dann unter freiem

146 Twiehaus, Die Schwabacher Laubhütte, S. 145–146.

Abb. 8: Landauer-Haus, Krumbach-Hürben, Hürbener Straße 15. Foto: Luis Walter.

Himmel befand. Bei größeren Erkern, Giebelgauben und Zwerchhäusern bot es sich an, beide Dachseiten aufzuklappen. Vor allem in Mittelschwaben hat sich eine typische jüdische Hausform mit „Sukka-Giebel" herausentwickelt, bei dem die traufseitig zur Straße stehenden Häuser über dem zentralen Eingang mit einem Zwerchgiebel versehen wurden.[147]

Der Zwerchgiebel des 1797 in Krumbach-Hürben errichteten Landauer-Haus enthält noch Reste des Mechanismus, mit dem das Dach geöffnet werden konnte. (Abb. 8) Damit „gehört das nach dem Rosshändler Raphael Löw Landauer genannte Haus (früher Dreierhaus) zu den qualitätsvollsten erhaltenen Beispielen dieser speziellen, streng symmetrisch angeordneten Gebäudetypen, die die nachweislich seit 1504 ansässigen Hürbener Juden errichten ließen."[148] Bei einem großen Teil der Wohnhäuser, die von

147 Bernt von Hagen / Angelika Wegener-Hüssen: Denkmäler in Bayern. Landkreis Günzburg. Ensembles, Baudenkmäler, Archäologische Denkmäler, München 2004, S. 304–311.

148 Von Hagen / Wegener-Hüssen, Denkmäler in Bayern, S. 306.

Abb. 9: Sukka-Anbau des 1964 abgegangenen Hauses in Reichelsheim, Beerfurther Straße 5. Foto: Landesamt für Denkmalpflege Hessen.

christlichen Bauherren errichtet wurden, scheinen diese Giebel zu fehlen, so dass tatsächlich von einer „jüdischen Bauform" gesprochen werden könnte.

Ein ähnlicher Befund ist auch für Hessen zu verzeichnen. Hier haben sich in einigen Ortschaften eigenartige zweistöckig-schlanke Fachwerkanbauten mit Satteldächern erhalten. (Abb. 9 und 10) Die obersten Stockwerke der ursprünglich auf hölzernen Freipfosten stehenden „Vogelhäuschen" waren mit den Wohnhäusern verbunden und in erster Linie dazu errichtet worden, um als Laubhütten genutzt zu werden.[149]

Auch hier wäre nach noch ausstehenden systematischen Untersuchungen zu diskutieren, ob nicht von einer „jüdischen Bauform" gesprochen werden könnte. Zumindest in Michelstadt/Odenwald scheint eine Reihe von nachträglich eingesetzten Giebeln auf ihre Verwendung als Sukkot-Giebel zu verweisen, die bei den christlichen Nachbarn obsolet waren und zu fehlen scheinen.

149 Hans Teubner / Sonja Bonin: Kulturdenkmäler in Hessen. Odenwaldkreis, Braunschweig Wiesbaden 1998, S. 476, 486–487; Hans Teubner: Vergessene Bauwerke. „Laubhütten" in Hessen, in: Denkmalpflege in Hessen (1989) 1, S. 32–39.

Abb. 10: Sukka-Anbau in Michelstadt, Waldstraße 28.
Foto: Landesamt für Denkmalpflege Hessen.

In Hinblick auf die ausschmückenden jüdischen Symbole und Inschriften im Hausinneren ist noch anzumerken, dass die Schwabacher Sukka kaum als solche erkannt worden wäre. Es waren vielmehr die Motive der Wandmalereien, die auf die spezifische Vergangenheit des Hauses aufmerksam machten. Zu sehen sind beispielsweise der Prophet Mose mit den Gesetzestafeln, aber in der zeitgenössischen Tracht eines deutschen Juden und die „Opferung" Isaaks.[150] Mittlerweile konnte die „jüdische Identität" des Hauses geklärt werden und wurde Bestandteil des Jüdischen Museums Franken. Ausstellungsobjekt ist das Haus selbst.

4.4 Variable Befunde

Problematisch einzuordnen sind variable Dinge, die nicht zum festen Material des Hauses gehören, aber aus rituellen Gründen vermauert oder verborgen oder durch spätere Bewohner als Dämmmaterial verwendet wurden. Beispiele hierfür mögen die beiden „Genisot" in Privathäusern sein, welche in jüngster Zeit in Erftstadt-Lechenich und Memmelsdorf gefunden wurden. Bei Genisot handelt es sich um Ablageorte – zumeist

150 Twiehaus, Die Schwabacher Laubhütte, S. 146–153, hier S. 148.

auf dem Dachboden einer Synagoge – in der religiöse Schriften und rituelle Gegenstände abgelegt werden, die aufgrund ihrer Beschädigung untauglich geworden sind und nicht mehr benutzt werden können.[151]

In dem ehemaligen Wohnhaus der Lechenicher Schloßstraße 4 tauchten bei einem Mauerdurchbruch im Jahre 2014 zunächst vier Bücher auf, die in eine Zwischenwand eingemauert worden waren. Der gesamte Befund von achtzehn Büchern (Siddurim, Bibeln und Lehrbücher), Ansichtskarten und Kleidungsstücken konnte aus statischen Gründen nicht sofort, sondern erst eine geraume Zeit später nach entsprechenden Absicherungsmaßnahmen und unter Einsatz einer Brechstange entnommen werden. Auch wenn sich herausstellte, dass die Fundstücke erst in der ersten Hälfte des 20. Jahrhunderts verborgen worden sind, zeigen sie, dass eigentlich variable Dinge zum festen Bestandteil des Hauses gehören können und es für die Nachwelt als „jüdisch" kennzeichnen.[152] Dass die Akteure dabei weniger die Nachwelt noch die Kennzeichnung ihres Hauses im Blick hatten, veranschaulicht der nächste Fund.

Bei Renovierungsarbeiten in einem Memmelsdorfer Wohnhaus im Jahr 2002 entdeckte man beim Entfernen der Deckenfächer einen Leinensack mit einem seltsamen Inhalt. Er enthielt unter anderem Teile von Gebetsbüchern, Privatbriefe, Schuhe, Tabakbeutel, einen Kalender, Hefte mit Schreibübungen, Lotteriescheine und andere Dinge, welche aus den Jahren von 1770 bis 1830 stammen.[153] Diese Dinge, die eigentlich Bestandteile von Genisot auf Synagogendachböden sind, wurden offensichtlich von den früheren Hausbewohnern gesammelt, in den Leinensack gelegt und im Deckengebälk verborgen. Ob sie vorhatten, diesen Ort dauerhaft als Repositorium zu verwenden oder den Leinensack später dem Gemeindediener der Synagogengemeinde zu übergeben und es nicht mehr dazu kam, ist unklar.

5. Zusammenfassung und Schlussüberlegungen

Während es für Nahrung und Kleidung eine ganze Reihe detaillierter, religionsgesetzlicher Vorschriften gibt, deren Observanz Juden von anderen Gruppen maßgeblich unterscheidet und trennt(e), existieren vergleichsweise wenige Anweisungen, welche die Materialität des Obdachs betreffen. Die jüdische Bevölkerung orientierte sich bei der Suche nach einer festen Bleibe an den Möglichkeiten und Gegebenheiten der Umweltkulturen. Dies galt vor allem für die Juden im deutschen Sprachgebiet im Untersuchungszeitraum, deren Bleiberecht und Wohnungsnahme durch die sehr unterschiedlichen rechtlichen und wirtschaftlichen Rahmenbedingungen deutscher Klein- und Kleinststaaten beschränkt war.

---

151 Vgl. dazu im vorliegenden Band den Beitrag von Andreas Lehnardt.

152 Liturgiebücher in Wand versteckt, in: Kölner Stadtanzeiger Rhein-Erft vom 1.4.2014, S. 31; Jüdisch liturgisches Buch. Der „Schatz" ist nun ganz geborgen, in: Rhein-Erft Rundschau vom 14.7.2014 http://www.rundschau-online.de/rhein-erft/juedisch-liturgisches-buch-der-schatz-ist-nun-ganz-geborgen,15185500,27815768.html (letzter Zugriff 7.1.2016).

153 Aubrey Pomerance: Genisa, in: Jüdisches Museum Berlin (Hrsg.): 7x7 versteckt. gesammelt gefaltet gezählt, Berlin 2009, Nr. 7.

Aufgrund der schlechten Quellenlage, den fortwährenden Veränderungen von Immobilien und den fehlenden Dokumentationen von scheinbar minderwertigen Bauwerken können keine zweifelsfreien Aussagen gemacht werden, ob beispielsweise für die Anbringung eines Geländers, die Beibehaltung von Fenster- und Türöffnungen und Ofenstellen halachische Anweisungen und Bräuche oder andere Überlegungen eine Rolle gespielt haben. In jedem Fall müssten Archäologie und Bauforschung in Hinblick auf erhaltene Wohnhäuser jüdischer Vorbesitzer zahlreiche bislang vernachlässigte Fragen berücksichtigen – idealerweise gerade dann, wenn Baustil und -material nicht für eine Erhaltung sprechen.

Durch die Frage nach der Materialität des jüdischen Wohnhauses und seiner beweglichen und unbeweglichen Bestandteile rückten weitgehend unbeachtete Objekte in den Mittelpunkt des Interesses: Reste von Mesusot, Hausinschriften und feste Konstruktionen für Laubhütten. Die Mesusa mit dem Toratext markierte den Raum nach außen und innen hin als spezifisch „jüdisches Haus", erfüllte eine umfassende religiöse Schutzfunktion und zeichnete das Heim mit der göttlichen Heiligkeit aus. Im Kontext der prekären Wohnungssituation bis in die die Mitte des 19. Jahrhunderts kann die Mesusa jedoch als ein Zeichen für die Sesshaftigkeit und Nicht-Obdachlosigkeit gelten. Dagegen war die Hausinschrift – selbst in den bescheidenen Ausführungen – das nach außen gerichtete Zeichen dafür, nicht nur eine gemietete und geduldete Bleibe bewohnen, sondern ein eigenes Haus besitzen zu können. Sie war der prominent am Eingang angebrachte materielle Beweis für den gelungenen gesellschaftlichen Aufstieg und den Wunsch, geachtetes Mitglied der Bürgerschaft sein zu wollen. Umgekehrt werden hier nun die Grenzen der Suche nach materiellen Zeugnissen der jüdischen Bevölkerung vor dem Eintritt in das deutsche Bürgertum deutlich. In welcher materiellen Form artikulierte sich die prekäre Sesshaftigkeit und Armut der jüdischen Bevölkerung des Untersuchungszeitraumes? Vor allem wohl in jenem Teil der „Judenwege", auf denen jüdische Hausierer, Bettler und Diebesbanden die kontrollierten Grenzen und Handelswege umgehen mussten.[154]

Volkskundlich-kulturhistorisch orientierte Beobachter und literarische Quellen haben zunächst nahegelegt, dass bei Wohnhäusern keine spezifisch jüdische Bauform existiert. Die Beispiele von festen Laubhüttenkonstruktionen in süddeutschen und hessischen Erkern, Giebeln und Anbauten verlangen nach einer Revision dieser Annahme. Nach den Zerstörungen während des Zweiten Weltkrieges und dem Bauboom der 1960-er und 1970-er Jahre, der das Gesicht vieler ländlicher Regionen drastisch veränderte, dürfte der ehemalige Bestand selbst mit viel Aufmerksamkeit und Fleiß nur noch teilweise zu rekonstruieren sein – auch deshalb, weil man vielerorts die Spuren jüdischer Vorbesitzer nicht lesen konnte oder wollte. Zahlreiche verstreute Einzelhinweise auf dauerhafte Laubhüttenkonstruktionen machen auf jeden Fall deutlich, dass eine systematische Erfassung dieses Aspektes der materiellen Kultur des Judentums noch ein Desiderat darstellt und die akademische Forschung hier – trotz aller Vorbehalte – auf

154 Es sei hier einmal mehr auf die innovative kulturhistorische Arbeit verwiesen, die vorgelegt wurde von Rösch, Judenweg.

Regionalhistoriker und ihre beachtlichen Vorarbeiten angewiesen ist. In jedem Fall dürften zwei Aspekte deutlich geworden sein: materielle, baugeschichtliche und archäologische Beobachtungen können nur bis zu einem bestimmten Grad ohne judaistische und kulturwissenschaftliche Kenntnisse auskommen, da religionsgesetzliche Fragestellungen und Probleme oft nicht bewusst sind. Die *Material Cultures* als Methode wird nicht erfolgreich arbeiten können, wenn sie nicht konsequent interdisziplinär angewandt wird.

Zahlreiche materielle Restbestände der jüdischen Bevölkerung, die rituelle Funktionen erfüllten oder in Form von Symbolen und Inschriften deren Ausübung unterstützten, werden immer noch hinter Putz und Farbe verborgen sein. Bei Entdeckung werden sie und das Haus dem Judentum zugeordnet und als „jüdisch" erkannt – selbst wenn die Immobilie mehrfach den Besitzer wechselte und „das Ding" keine Funktion mehr erfüllt. Dies gilt unter der Voraussetzung der lokalgeschichtlichen Kenntnisse der Finder sowohl für die Fälle, in denen man – wie bei den beiden Genisot – die Befunde meldet und sichert, als auch für viele zahlreiche Funde, die oft stillschweigend beseitigt werden. Treten diese Dinge ans Licht, entstehen Fragen, die mit Hilfe anderer Quellenmaterialien (teilweise) beantwortet werden können. Bei der Frage nach den „Zugehörigkeiten" von Dingen geht es in erster Linie um durch Menschen und ihre Sprachwelten vorgenommenen Zuschreibungen von Materie, die nach verschiedenen Kategorien eingeordnet und benannt werden, um sich verständigen zu können und dem eigenen Handeln Sinn und Bestätigung zu verleihen. Das gilt letztlich genauso für eine Torarolle (Leder und Tinte) wie für eine Bischofsmütze (Stoffe, Metalle), das Emblem eines Fußballvereins (verschiedene Materialien), Heilsteine und alle anderen Dinge, die uns umgeben.

Jüdische Ritualbäder und ihre „Dinge“

Katrin Keßler

Das Ritualbad hat im Judentum eine lange Tradition, die bis auf die Zeit des Zweiten Tempels zurückgeht, aus der die frühesten archäologischen Funde stammen.[1] Der hebräische Begriff „Mikwe“ meint eine „Ansammlung von Wasser“ und bezieht sich nicht ausschließlich auf Ritualbäder, sondern z. B. auch auf den Inhalte einer Zisterne. Verschiedene Formen ritueller Waschungen finden sich im Judentum in biblischer und rabbinischer Tradition: Die rituelle Handwaschung, bei der Wasser über die Hand gegossen wird, und schließlich das vollständige Untertauchen des gesamten Körpers im Wasser. Vor allem letzteres, das Ritualbad zur Wiedererlangung der rituellen Reinheit, spielt eine besondere Rolle im Judentum, da Reinheit und Unreinheit in allen Bereichen des Lebens von großer Bedeutung sind.[2]

Nicht nur Lebensmittel können „unrein“ sein, sondern auch Gegenstände des täglichen Lebens und selbst Menschen können sich verunreinigen – z. B. durch die Berührung eines Toten, durch bestimmte Krankheiten (wie Aussatz, Geschlechtskrankheiten etc.) oder Frauen durch ihre monatliche Blutung und die Geburt eines Kindes.[3] In diesem Zustand durfte der Jerusalemer Tempel nicht betreten und keine Opfer dargebracht werden. Obwohl das Gebot mit der Zerstörung des Tempels im Jahre 70 n. Chr. für den Tempelbesuch hinfällig geworden war, hat es sich als Teil der Ehehygiene bis in die heutige Zeit bewahrt. Männer besuchen das Ritualbad seit der Zerstörung des Tempels

1 Auf dem Gebiet des heutigen Landes Israel konnten bereits 900 Ritualbäder archäologisch ergraben werden. Vgl. zu Mikwen im Heiligen Land Ronny Reich: Miḳva'ot ṭohorah bi-teḳufat ha-Bayit ha-sheni uvi-teḳufot ha-Mishnah ṿeha-Talmud (= Mikwen in der Zeit des Zweiten Tempels, der mischnaischen und talmudischen Periode). Jerusalem 2013 (Hebräisch), hier S. 112 und vgl. die Übersicht auf S. 281–319.

2 In den Jahren 2011 bis 2014 hat die Bet Tfila – Forschungsstelle für jüdische Architektur in Europa, Technische Universität Braunschweig, gemeinsam mit Prof. Dr. Ronny Reich vom Zinman Institute of Archaeology, Universität Haifa, ein dreijähriges Forschungsprojekt zu jüdischen Ritualbädern in Deutschland durchgeführt (finanziert durch die G. I. F.). Ziel des Projektes war die Erfassung aller bislang bekannten jüdischen Ritualbäder bis zum Jahre 1945 – zerstörte und erhaltene – sowie die Erarbeitung ihrer bauhistorischen Entwicklung und Typologie. Bislang konnten Informationen zu 2.840 Ritualbädern gesammelt werden, etwa 200 sind zumindest in Teilen noch erhalten.

3 3. Mose 15, 1–33 berichtet über die Möglichkeiten der Verunreinigung des Mannes (Verse 1–17) und der Frau (Verse 18–33). Die Regeln für die Vorbereitung und den Besuch der Mikwe finden sich in der Mischna, Traktat Mikwaot, Kap. 8; vgl. auch Shlomo Ganzfried: Kitzur Shulchon Oruch, Jerusalem 1991, S. 649–659 (Kap. 160 f).

Abb. 1: „Reinigung der Weiber im Bad". Kupferstich in Paul Christian Kirchner: Jüdisches Ceremoniell. Nürnberg 1734, S. 205.

zumeist weniger regelmäßig; üblicherweise vor den hohen Feiertagen (v.a. Jom Kippur, dem Tag der Versöhnung) sowie nach Verunreinigung an einem Toten. In einigen Gemeinden ist es jedoch üblich, dass die Männer jeden Freitag vor Beginn des Sabbat ein Tauchbad nehmen.

Vor allem waren und sind es aber jüdische (verheiratete) Frauen, die, sofern sie orthodox sind, einmal im Monat die Mikwe besuchen, weshalb die Ritualbäder in Deutschland als Frauenbad, in manchen Orten auch als „Tauche" oder regional als „Duck" bezeichnet wurden. Bevor die Frau dieses Bad genommen hat, dürfen die Ehepartner keinen Geschlechtsverkehr haben, selbst eine gegenseitige Berührung ist in der Zeit ihrer Unreinheit – vom Einsetzen der Menstruation bis zum Mikwengang sieben Tage nach dem Ende der Blutung – verboten. Dies zeigt den hohen Stellenwert des Ritualbads im Gemeindeleben, für die Familienreinheit und auch im persönlichen Leben jedes Einzelnen. Während der für den öffentlichen Gottesdienst erforderliche Minjan (zehn religiös mündige Männer) seine Gebete und Toralesungen in fast jedem beliebigen

Raum abhalten und somit auf den Bau einer Synagoge verzichten kann, ist ein Ritualbad auch dann nötig, wenn die am Ort lebende Zahl von Juden keine Gemeinde bildet. Selbst eine einzelne Familie muss Zugang zu einem Ritualbad haben, und so nahmen die Frauen häufig entweder große Strecken auf sich, um die nächstgelegene Mikwe zu besuchen oder nutzten – wenn möglich – nahegelegene Flüsse oder Seen, deren Wasser als rituell rein gilt, sofern es nicht große Mengen an Schmelz- oder Regenwasser enthält.[4] Aus Gründen des Schamgefühls errichtete man vermutlich einen Sichtschutz; leider sind derartige Anlagen nicht erhalten.

Schwieriger zu beantworten ist die Frage nach den im Ritualbad erforderlichen „Dingen". Im Gegensatz zum Gemeindegebet, für das Gegenstände wie Gebetbücher und vor allem eine Torarolle unbedingt vorhanden sein müssen, sind zum Untertauchen keine vom Menschen geschaffenen Gegenstände erforderlich – nicht einmal eine gebaute Mikwe. Um in rituell reinem Wasser unterzutauchen, kann das Meer, ein Fluss oder ein See genutzt werden, der größtenteils aus Quellwasser gespeist ist. Tatsächlich wurden zu jeder Zeit Seen, Flüsse oder das Meer als Ritualbad genutzt, wenn eine gebaute Mikwe nicht in erreichbarer Nähe lag, verschmutzt war oder offenbar nicht dem Religionsgesetz entsprach. Nachdem z. B. in Creglingen um 1840 der Rabbiner entschied, dass die dortige Mikwe nicht koscher sei, da das Wasser nicht durch eigene Kraft in das Becken floss, sondern gepumpt wurde, nutzten strenggläubige Frauen das Badehaus nur noch zum Umkleiden und tauchten im daneben fließenden Bach unter.[5]

Aus einigen Orten wird berichtet, dass die Frauen im Sommer regelmäßig die Bäche oder Flüsse bevorzugten und nur im Winter weiter entfernte Mikwen der Nachbarorte aufsuchten. 1828 wird z. B. aus Kaiserslautern und Frankenstein berichtet:

> „Die Jüdinnen waschen sich, nach ihren monatlichen Verunreinigungen, ächt christlich, mit lauem Wasser, am warmen Ofen, und müssen dann, meist bei Nacht, hier in der Lauter, und in Frankenstein in dem vorbeifließenden Bache, freilich ganz untertauchen, was nur ganz schnell geschieht."[6]

Der kurze Bericht erwähnt nicht nur den Vorgang des Untertauchens im fließenden Gewässer, sondern auch die erforderliche Vorreinigung: Nach dem Ende ihrer Menstruation zählt die Ehefrau sieben Tage und reinigt sich am siebten Tag vor Sonnenuntergang vollständig und gründlich mit warmem Wasser. Noch bis ins 19. Jahrhundert wurde diese Vorreinigung üblicherweise in der Wohnung durchgeführt und nicht im Raum des Ritualbads.

Die Vorreinigung ist von großer Bedeutung, da beim anschließenden Untertauchen im Ritualbad das Wasser alle Teile des Körpers erreichen muss. Ein Schmutzfleck, der dies verhindern könnte, würde das Ritualbad ungültig machen und die Person bliebe

4 Eine genaue Beschreibung der verschiedenen Arten von zum Untertauchen geeignetem Wasser und eine ausführliche Diskussion unter welchen Umständen diese zulässig sind oder unrein werden finden sich im Schulchan Aruch, Jore Dea, §201–202.

5 Hartwig Behr / Horst Rupp: Vom Leben und Sterben: Juden in Creglingen. Würzburg 2001, S. 51 f.

6 Bernhard Kukatzki: „Mordlöcher und Mikwen": Anmerkungen zur Geschichte jüdischer Ritualbäder in der Pfalz. Landau in der Pfalz 2001, S. 12.

unrein. Aus demselben Grund werden Schmuck, Schminke, Nagellack etc. entfernt, die Finger- und Fußnägel werden geschnitten und die Haare gelöst und gekämmt. Der Fund einer einzigen mittelalterlichen Haarnadel aus Knochen im Becken der Kölner Mikwe bei jüngst durchgeführten Grabungen zeigt – vor allem gegenüber den zahllosen Haarnadeln, die man im Bereich der benachbarten mittelalterlichen Synagoge gefunden hat – dass diese Vorschrift offensichtlich sehr ernst genommen wurde.[7]

Wurde die Vorreinigung im Wohnhaus vorgenommen, musste auf dem Weg zur Mikwe besondere Vorsicht gelten, um erneute Verschmutzungen zu verhindern. Vorzuziehen war es daher, die Reinigung direkt vor dem Bad durchzuführen, wie sie auf historischen Stichen, z. B. bei Kirchner, dargestellt wird (Abb. 1).[8] Auf der rechten Bildseite ist die Vorreinigung dargestellt, die in einem durch einen Ofen erwärmten Raum stattfindet. Die Frau badet in einem Waschzuber, der das im Kessel erwärmte Wasser enthalten wird. Links sieht man den eigentlichen Vorgang des Untertauchens im rituell reinen Wasser, den die Badefrau überwacht. Das Tauchbecken ist im Boden eingelassen. Ob tatsächlich die Badefrau üblicherweise selbst im Wasser stand, bleibt fraglich. Berichtet wird jedoch häufiger, dass sie – wie im Bild zu sehen – den Kopf der Badenden unter Wasser gedrückt hat. Im Hintergrund kleidet sich die Frau an. Der Raum verfügt lediglich über ein Fenster, das sehr hoch angebracht ist, so dass Einblicke von außen verhindert werden.

In Köln lag das mittelalterliche jüdische profane Badehaus (Warmbad genannt) sinnvollerweise in direkter Nachbarschaft zum Ritualbad (Kaltbad).[9] Durch eine Verbindungstür gelangte man ab dem späten 12. oder frühen 13. Jahrhundert nach der körperlichen Reinigung im Warmbad direkt ins Ritualbad. Während die Vorreinigung bei Tage stattfinden soll, soll das Untertauchen nicht vor Erscheinen der Sterne durchgeführt werden, so dass die Frau in jedem Fall nach Sonnenuntergang nach Hause zurückkehrt. Nur unter besonderen Umständen kann auch das Untertauchen bei Tage stattfinden (dann am achten Tag nach der Blutung), z. B. wenn die Mikwe außerhalb der Stadtmauern liegt und diese abends geschlossen werden. Am Sabbat darf das Ritualbad jedoch nicht genutzt werden.

Der oder die Badende entkleidet sich vollständig, steigt etwa bis zum Bauchnabel in das Becken und hockt sich dann ins Wasser – ohne Arme oder Beine eng aneinanderzupressen. Der Mund muss nicht geöffnet, darf aber auch nicht krampfhaft aufeinander gepresst werden. Da der oder die Untertauchende kaum selbst feststellen kann, ob z. B. alle Haare unter Wasser sind, überwacht üblicherweise eine Aufseherin bei den Frauen und bei den Männern ein Aufseher, den Vorgang. Nach dem Untertauchen spricht der oder die Badende noch im Wasser stehend den Segen „Gelobt seist Du Herr der uns

7 Sven Schütte / Marianne Gechter: Von der Ausgrabung zum Museum – Kölner Archäologie zwischen Rathaus und Praetorium, Ergebnisse und Materialien 2006–2012. Köln 2012, S. 173.

8 Paul Christian Kirchner: Jüdisches Ceremoniel derjenigen Gebräuche, welche die Jüden sowohl inn als ausser dem Tempel … in acht zu nehmen pflegen. Nürnberg 1734, S. 205 f, Abb. vor Seite 205.

9 Schütte / Gechter, Von der Ausgrabung zum Museum, S. 170, 173.

gesegnet hat mit seinen Geboten und uns das rituelle Bad befohlen hat." Er oder sie tritt dann aus dem Becken, trocknet sich, kleidet sich an und kehrt nach Hause zurück.[10]

Aus der Art und Weise der Nutzung lassen sich bereits einige Gegenstände ableiten, die für den Gebrauch des Ritualbads sinnvoll sind. Bei der Benutzung natürlicher Wasserläufe waren dies vor allem Konstruktionen, die den Blick auf die Badenden verhinderten. Aufgrund der zunehmend restriktiven Sittengesetze und Moralvorstellungen im Mittelalter erfuhr auch die Schamhaftigkeit eine Wandlung und entsprechend mahnt auch das jüdische Religionsgesetz, das Bad nicht an einem Ort zu nehmen, an dem die Frau von Männern beobachtet werden kann. Dies könnte dazu führen, dass das Untertauchen hastig und dadurch vielleicht nachlässig vorgenommen werden würde. Einfache handwerkliche Konstruktionen, die die Nutzung einer solchen Flussmikwe dezenter machen konnten, waren Sichtschutze, die an geeigneter Stelle die Frauen vor Blicken schützten. Ebenso konnte der Einstieg in das Wasser durch künstliche Stufen erleichtert werden.

Seltener waren wohl aufwändigere Konstruktionen, wie sie auch bei öffentlichen Flussbädern Anwendung fanden. Eine solche im Fluss Redwitz in Fürth errichtete, aufgeständerte Holzkonstruktion mit „Badekästen", in die man hinabsteigen konnte, errichtete 1826 der Färber und Wirt Johann Friedlich Höfler. 1834 ersetzte er diese durch ein massives Badehaus, nachdem die jüdische Gemeinde einen Vertrag über dessen Nutzung mit ihm abgeschlossen hatte. Er vermietete das Bad sowohl an nichtjüdische Badende als auch an Juden zur rituellen Nutzung. Das Bad war abends für Jüdinnen reserviert, die eine bestellte Mikwenfrau beaufsichtigte und für die der Pächter außerdem heißes Wasser für die Vorreinigung zur Verfügung stellen musste.[11]

Die mit dem Tauchbad im Zusammenhang stehenden Gegenstände lassen sich grundsätzlich in zwei Kategorien unterteilen: Dinge, die mit der gebauten Struktur fest verbunden sind, und bewegliche Dinge, die vielleicht nur zu ihrer Nutzung in den Mikwenraum gebracht wurden. Von den Dingen der zweiten Kategorie finden wir in den etwa 200 in Deutschland erhaltenen Ritualbädern[12] heute keine Überreste mehr, sie werden lediglich in zeitgenössischen Beschreibungen erwähnt. Lediglich Objekte der ersten Kategorie sind zum Teil noch in situ erhalten.

Üblicherweise bestehen die Bäder aus einem gemauerten Becken, das in den Boden eingetieft bis zum Grundwasser hinunterreicht. Dieses konnte nachträglich in einem bestehenden Raum oder in einem eigens dazu errichteten Gebäude eingerichtet werden.

10 Vgl. Ganzfried, Kitzur Shulchon Oruch, S. 649–659 (Kap. 160 f).

11 Gisela Naomi Blume: Mikwen in Fürth – „Die Kellerquellenbäder der Israelitinnen", 2. Teil. In: Fürther Geschichtsblätter 3/11, S. 72.

12 Im Rahmen eines von der German Israeli Foundation (G. I. F.) geförderten Forschungsprojektes hat die Bet Tfila – Forschungsstelle für jüdische Architektur in Europa, Arbeitsgruppe an der TU Braunschweig, gemeinsam mit Prof. Ronny Reich vom Zinman Institute of Archaeology der Universität Haifa in den Jahren 2011–14 eine umfassende Übersicht der bislang bekannten Ritualbäder seit dem Mittelalter erarbeitet. Insgesamt konnten 2.840 Ritualbäder identifiziert werden, von denen 206 weitgehend und weitere 157 in Teilen erhalten sind. Mindestens 755 der Objekte sind zerstört und für weitere 1.348 Anlagen bleibt der Zustand unklar, so dass hier in der Zukunft weitere Entdeckungen zu erwarten sind.

Abb. 2: Spangenberg, Mikwengebäude, im Vordergrund der öffentliche Waschplatz. Foto: K. Keßler, 2014.

Die aus dem Mittelalter bekannten Ritualbäder befanden sich zum größten Teil in der Nähe der übrigen jüdischen Gemeindeeinrichtungen; neben den bekannten großen Monumentalmikwen (Andernach, Köln, Speyer, Worms, etc.) existierte vermutlich eine große Zahl kleinerer Ritualbäder, von denen jedoch nur wenige noch erhalten sind. Gefunden wurden solche Anlagen z. B. in Rothenburg/Tauber.[13] Die aus der Frühen Neuzeit bekannten Ritualbäder sind zumeist deutlich bescheidener in ihren Dimensionen,

13 Vgl. zur Entwicklung der Ritualbäder Georg Heuberger (Hrsg.): Mikwe – Geschichte und Architektur jüdischer Ritualbäder in Deutschland. Frankfurt am Main 1992. Die Bet Tfila – Forschungsstelle plant eine Publikation der Ergebnisse ihres mit der Universität Haifa durchgeführten Forschungsprojektes (siehe Anm. 11).

wobei der mittelalterliche Raumtypus in einigen Fällen zitiert wird.[14] Der größte Teil der Ritualbäder der folgenden Jahrhunderte befand sich im Untergeschoss von Privat- oder Gemeindebauten. Es finden sich jedoch auch einige Beispiele, bei denen eigenständige Bauten – oft am Rande der Siedlung – errichtet wurden. Einige dieser Badehäuser sind bis heute erhalten. In Spangenberg befindet sich das Ritualbad, ein kleines Gebäude aus Bruchstein (ca. 3,40x3,40 m) mit einem Zeltdach auf einer Grünfläche, unterhalb des Ortskerns (Abb. 2). Gespeist wird es aus einer Quelle, die wohl auch den benachbarten öffentlichen Waschplatz mit frischem Wasser versorgte; der Abfluss geschieht in die neben dem Gebäude vorbeifließende Pfieffe. Das Gebäude ist in gutem Zustand erhalten, sogar Reste von Wandmalerei sind im Inneren noch erkennbar.[15]

Erst ab dem 18. Jahrhundert begann man Mikwen in den Neubau von Synagogengebäuden einzubeziehen. Im Rahmen des Forschungsprojektes konnten 504 neu erbaute Ritualbäder für den Zeitraum zwischen 1700 und 1819 erfasst werden, von denen immerhin ca. 36% in einem Nebenraum des Gotteshauses der jüdischen Gemeinde – im Unter- oder seltener im Erdgeschoss – eingerichtet wurden. Die größte Zahl der bis in die 1830er Jahre genutzten Ritualbäder befanden sich jedoch weiterhin in privaten oder von der Gemeinde genutzten Kellerräumen, häufig ohne natürliches Licht und mit schlechter Belüftung. Beschreibungen über diese Zustände finden sich in den Akten der „Medizinalpolizei" vor allem in den 1820er- und 1830er-Jahren in großer Zahl. Als eine Folge der Aufklärungsbewegung und des gleichzeitig entstehenden Bewusstseins um Zusammenhänge zwischen Hygiene und Gesundheit waren seit Anfang des 19. Jahrhunderts die Behörden auch auf die jüdischen Bräuche aufmerksam geworden. Ebenso wie die rasche Bestattung unter Hinweis auf drohenden „Scheintod" kritisch hinterfragt wurde, stand auch die Einrichtung des Ritualbads im Fokus des Interesses der nichtjüdischen Gesellschaft. Konkreten Anlass zur Beschäftigung mit dieser Thematik hatten einige Publikationen von Ärzten gegeben, in denen der Zustand der Ritualbäder und der angeblich nachteilige Einfluss des Badens in kaltem Wasser auf die Gesundheit angeprangert wurden.[16] Zur Überprüfung der Situation wurden von den Behörden Mediziner mit der Begutachtung der Mikwen beauftragt.

So berichtete 1828 der „Kantonsphysikat Dr. Geiger":

> „In Albersweiler in der Wohnung wo die Israeliten ihre Schule halten und der Vorsänger mit seiner Frau, welche die Aufsicht über die Badende hat, wohnt, befindet sich ein Quellenbad in einem schmutzigen mit einem kleinen in der Mauer versehenen Luftloch

14 Vgl. zur typologischen Entwicklung Katrin Keßler: Jüdische Ritualbäder in Deutschland – Typologie und Entwicklungsgeschichte. In: Insitu – Zeitschrift für Architekturgeschichte, Heft 2/2015, S. 27–42 und vgl. auch Heuberger, Mikwe.

15 Besuch in Spangenberg am 25. März 2015, herzlicher Dank gilt Herrn Werner Bechtel, Vorsitzender des Vereins ZeitenSpiegel e. V. in Spangenberg, sowie Herrn Prof. Dr. Dieter Jacob, Berlin, für die freundliche Führung. Der Verein bemüht sich, das Ritualbad zu erhalten und der Öffentlichkeit zugänglich zu machen.

16 Z. B. Moritz Mombert: Das gesetzlich verordnete Kellerquellenbad der Israelitinnen. Mühlhausen 1828. Oder in Sulamith der Artikel von Hofrath Dr. med. Heß: „Etwas über die Verbesserung der Kellerquellenbädereinrichtung in den israelitischen Gemeinden im Weimarschen", Sulamith 1831, S. 298–302.

Abb. 3: Kirrweiler, Blick zum Tauchbecken mit Nischen zu beiden Seiten des Treppenlaufs. Foto: K. Keßler, 2012.

Abb. 4: Obernbreit, Blick zum Tauchbecken mit Kerzenhalter rechts und Handlauf links. Foto: K. Keßler, 2011.

Abb. 5: Obernbreit, Kerzenleuchter, Detail. Foto: K. Keßler, 2011.

> dunkeln und nassen Keller. Nur mit Hilfe eines Lichts konnte man nach geöffneter Thüre in diesen kleinen Keller eine Treppe hinabsteigen um auf den nicht geblatteten … Boden des Kellers zu kommen und das Bad einzusehen. Die Luft in diesem Keller ist naß kalt, … und verdorben. Das Bad in welches 6 steinerne Staffeln führen befindet sich links und rückwärts östlich des Kellers, es bildet ein mit … Steinen gemauertes längliches Viereck, 6 Schuh … lang, 4 breit und über 5 Schuh tief, in der Mitte dieses Behälters sprudelt das Wasser aus der Erde welches Wasser 7 Grad Reaumur kalt ist. Das Wasser in diesem Behälter ist immerzu schmutzig und giebt einen fauligten Geruch von sich und auf dem Boden ist dieses Wasser schlammig und unrein. Das in diesem Behälter sich befindende Quellwasser wird von Zeit zu Zeit durch eine Pumpe an dem linken Theile des Behälters angebracht, vermittelst einer Rinne durch das Kellerloch fortgebracht und so der Behälter nothdürftig gereinigt. Übrigens fand man in dieser Anstalt nach da, aufbewahrte Nahrungsmittel dem Vorsänger gehörig.“[17]

Vor allem in den in Kellerräumen eingerichteten Anstalten war eine künstliche Lichtquelle nötig, um den Weg über oft lange Stufenfolgen bis hinunter zum Wasserbecken sicher bewältigen zu können. Fenster waren – sofern überhaupt vorhanden – meist nur klein und unzureichend und dienten, da das Bad ohnehin nach Sonnenuntergang stattfand, eher der Belüftung als der Belichtung. Wir finden in einigen Strukturen daher entlang des Treppenabgangs Nischen, wie sie in Kelleräumen üblich waren, um Kerzen

17 Landesarchiv Speyer H 3 8237, fol. 30.

Abb. 6: Obernbreit, Handlauf. Foto: K. Keßler, 2011.

oder Lampen sicher abstellen zu können. Sie befinden sich zumeist in einer bequem erreichbaren Höhe rechts oder auch links des Treppenlaufs. In Kirrweiler (Abb. 3) ist auf der rechten Seite der Treppe eine relativ hoch angebrachte Nische zu erkennen, während die der linken Seite deutlich niedriger ist.[18] Möglicherweise konnte hier die Badende eine in der Hand getragene Lampe absetzen, bevor sie untertauchte. Historische Beschreibungen erwähnen sowohl „Öllampen" als auch „Kerzenleuchter" zur Belichtung der Bäder – allerdings sprechen sie oft von einer eher „kümmerlichen Beleuchtung". Nur selten finden sich jedoch Reste der Beleuchtung, lediglich in Obernbreit in Bayern hat sich bis heute ein eingemauerter Kerzenhalter erhalten (Abb. 4–5).[19] Dieser befindet sich an der rechten Seite des Treppenabgangs, einige Stufen bevor die Badende in das Wasser tritt.

Aufgrund der oft schlechten Ausleuchtung war es wichtig, den Weg zum Tauchbecken und auch den Abgang in das Becken zu sichern. Wir finden hierzu in einigen Fällen Reste und in wenigen Fällen vollständige Handläufe (Abb. 6), die bis in das Becken hineinführen. Die erhaltenen Handläufe sind aus Metall, was wohl auch der Grund für den Verlust der meisten Handläufe darstellt. In einigen Fällen lässt sich anhand von Löchern in Wand und Beckenrand der Verlauf eines Geländers rekonstruieren. In

18 Besuch des Ritualbads am 3. August 2012, herzlicher Dank gilt den Eigentümern, Familie Roth.

19 Besuch des Ritualbads am 2. Oktober 2011, herzlicher Dank gilt Herrn Friedrich Heidecker, Träger- und Förderverein ehemalige Synagoge Obernbreit.

Abb. 7: Obernbreit, Metallhaken neben dem Tauchbecken. Foto: K. Keßler, 2011.

Abb. 8: Georgensgmünd, Zugang zum alten Ritualbad (1733) im Vestibül der Synagoge. Foto: K. Keßler, 2011.

Obernbreit befinden sich zu beiden Seiten des Tauchbeckens je in die Wand eingelassene Metallhaken, die möglicherweise zur Befestigung eines früheren Handlaufs dienten (Abb. 7).

Ebenfalls zur Sicherung des Beckens und vielleicht auch zum Schutz vor Verschmutzung des Wassers wurde in einigen Gemeinden das Becken nach der Nutzung mit einer Holzklappe abgedeckt. In manchen Privathäusern war der Kellerraum mit Mikwe ohnehin durch eine Falltür zugänglich, wie sie in Georgensgmünd im Eingangsbereich des Synagogenvorraums ebenfalls den Zugang zur alten Mikwe abdeckt (Abb. 8). Der Abgang zum Ritualbad befindet sich hier im Vestibül der Synagoge; oberhalb der Falltür befindet sich ein kleines Fenster zum Synagogenraum, das nur bei geschlossener Falltür zugänglich ist.

Zu den fest installierten Gegenständen, die man in den Kellermikwen des 18. und auch noch 19. Jahrhunderts relativ häufig findet, gehören eiserne Haken, die meist in den Deckengewölben verankert sind. Sie trugen vermutlich eine Stange, auf der man Kleidung und Handtücher aufhängen konnte, oder dienten selbst als Kleiderhaken (Abb. 9). In Viereth sind diese Haken im Bereich des Umkleideraumes noch gut erkennbar. Dieser Raum befindet sich links von dem geraden Treppenlauf, der direkt in das Tauchbecken führt, dessen unterer Teil bis heute noch nicht vollständig freigelegt wurde. Im Umkleideraum finden sich hier außerdem steinerne Bänke (Abb. 10), die aus dem Felsen herausgearbeitet sind und die dem Be- und Entkleiden dienen konnten. Ob diese Bänke zur größeren Bequemlichkeit mit einer Holzauflage versehen waren, ist unbekannt.

Schon im Mittelalter gab es in den Tauchbecken selbst eine Auskleidung aus Holz, die z. B. in der Kölner Mikwe beim letzten extremen Niedrigwasser des Rheins im Jahr

Abb. 9: Viereth-Trunstadt, Haken unter der Decke des Umkleideraumes der Mikwe. Foto: K. Keßler, 2011.

Abb. 10: Viereth-Trunstadt, Steinbank im Umkleideraum der Mikwe (um ca. 1730), im Hintergrund die Stufen zum Tauchbecken. Foto: K. Keßler, 2011.

Abb. 11: Bischheim/Frankreich, mit den regelmäßigen Löchern im Holzboden des Tauchbeckens. Foto: M. Przystawik, 2012.

Abb. 12: Eppingen, Tauchbecken mit Resten einer seitlichen Holzverkleidung. Foto: K. Keßler, 2012.

2010 ausgegraben und ins 13. Jahrhundert datiert werden konnte.[20] Sie befanden sich wohl ursprünglich nicht nur an den Seitenwänden, sondern auch als Holzrost im Becken selbst, u. a. um einen unebenen Untergrund auszugleichen oder zu vermeiden, dass die Badende in einem schlammigen Boden stehen musste. Entsprechende Holzrahmen finden wir in zahlreichen Mikwen der Frühen Neuzeit; ein Beckenboden aus breiten Eichenbohlen mit einer regelmäßigen Lochung ist z. B. in der alten Mikwe in Rothenburg an der Fulda (1835 oder früher)[21] oder im französischen Bischheim bei Straßburg (16. Jh.; Abb. 11) noch erhalten. Das Becken der alten Mikwe in Adelsheim-Sennfeld (1836) ist vollständig mit Mooreiche ausgekleidet; durch ein Holzrohr, das senkrecht unter dem Beckenboden aus Holz angefügt ist und ca. 1,20 m in die Tiefe reicht, fließt das Wasser aus einer starken Quelle nach.

Offenbar war die Auskleidung des Beckens mit Holz vor allem in Deutschland üblich – dies legt zumindest eine Response des Rabbi Meir Katzenellenbogen nahe, der

20 Schütte / Gechter, Von der Ausgrabung zum Museum, S. 166

21 Vgl. Heinrich Nuhn: Die Rotenburger Mikwe – Kulturdenkmal und Zeugnis der Vielfalt jüdischen Lebens. Rotenburg / Fulda 2006, S. 12: „Diese [Holzdielung] besteht aus vier 1,82 m langen und 4 cm starken Eichenbohlen, deren Breite zwischen 22 und 28 cm schwankt. Diese weisen mehrfache Perforierungen auf, die offensichtlich die Funktion hatten, ein Aufschwemmen des Holzeinbaus, der das rechteckige Tauchbecken nahezu flächendeckend nach unten abschließt, zu verhindern."

um 1482 in Rheinland-Pfalz geboren wurde und später nach Italien ging, wo er 1565 als „Rabbi Meir von Padua“ starb. Dieser erwähnt in seinen Responsentexten des frühen 16. Jahrhunderts, dass es in Deutschland üblich sei, den Boden der Tauchbecken mit Holz zu belegen.[22] Tatsächlich finden sich Beispiele für die Benutzung von Holz im Tauchbecken auch in Grabungsbefunden. In der erwähnten mittelalterlichen Mikwe in Köln konnte man den Holzeinbau auf das 13. Jahrhundert datieren. Im Becken des im vergangenen Jahr in Volkmarsen bei Kassel entdeckten Ritualbades im Keller eines Privathauses wurden ebenfalls Holzreste entdeckt, die von einer Holzverkleidung stammen könnten und die ins frühe 16. Jahrhundert datiert werden konnten. Vermutlich auch aus dieser Zeit stammt die Mikwe in Eppingen, die ebenfalls Reste einer Holzverkleidung aufweist (Abb. 12).

Der Fund einiger Ritualbäder, in die keine gemauerten Treppen bis zum Beckenboden hinabführen, lässt vermuten, dass es in diesen Anlagen Treppeneinbauten aus Holz gegeben haben wird (z. B. in Kalletal-Lüdenhaus vor 1687, Horb-Nordstetten im 19. Jahrhundert). In der 1990 entdeckten Mikwe in Bad Sobernheim führen mehrere Stufen bis an den Rand des Tauchbeckens, das dann jedoch weitere 1,87 m tief hinunter reicht, so dass auch hier ein ursprünglicher Einbau aus Holz wahrscheinlich ist. Etwa 50 cm oberhalb des heutigen Beckenbodens befindet sich ein im Mauerwerk eingelassener Ringanker aus Holz, der ein Rest des gedachten Holzeinbaus sein könnte.[23]

In diese Gruppe lassen sich auch die bei Ole Harck als „Kelim-Mikwa'ot (?)“, also als Gefäß-Mikwen bezeichneten Anlagen einordnen,[24] von denen er annimmt, dass sie ausschließlich zur rituellen Reinigung von Gefäßen benutzt wurden. Dies lassen einerseits die zahlreichen Gefäßfunde, die in einigen dieser Anlagen gemacht wurden, und die z. T. sehr geringen Ausdehnungen der Becken vermuten (z. B. Rothenburg/Tauber, 15. Jh., 0,75 x 0,5 m großes Becken), die zum Untertauchen eines Menschen nicht genügend Platz bieten. In den Becken wurde z. T. eine einzelne Holzstufe (Nürnberg) bzw. ein hölzernes Podest (Konstanz, Goslar) entdeckt, auf dem die Person, die das Geschirr untertauchte, vielleicht stehen konnte. Grundsätzlich bleibt es aber zweifelhaft, ob diese Anlagen tatsächlich für die rituelle Reinigung von Gefäßen genutzt wurden.

Eine andere Besonderheit wird nur aus Fürth berichtet, wo die erhaltenen Ritualbäder auch heute selbst im Sommer eine Wassertiefe von etwa 1,40–1,80 m haben. 1831 wird berichtet, dass der Wasserstand häufig innerhalb kürzester Zeit um drei bis vier Schuh (ca. 90–120 cm) ansteige. Zur Vermeidung von Unfällen habe man daher eine „an vier eisernen Ketten hängende hölzerne Pritsche“ so angebracht, dass, wenn die Badende auf der Plattform stand, das Wasser ihr etwa bis zur Brust reichte. Leider sind

22 Vgl. Yonatan Adler: Rabbinic Literary Evidence on the Mikveh in Medieval Germany: A Work in Progress, in: Katrin Keßler/Alexander von Kienlin (Hrsg.): Jewish Architecture – New Sources and Approaches, Petersberg 2015, S. 77–82, hier S. 81; dort nach Asher Siev (Hrsg.): Responsa of Rabbi Meir (Maharam) of Padua. New York 1995, 161a (§ 31).

23 Das Ritualbad wurde von der Bet Tfila dokumentiert am 1. August 2012, den Eigentümern, Familie Erwin Wehrmann, sei ganz herzlich gedankt.

24 Vgl. Ole Harck: Archäologische Studien zum Judentum in der europäischen Antike und dem zentraleuropäischen Mittelalter. Petersberg 2014, S. 336–342.

Abb. 13: Köln, Becken der mittelalterlichen Mikwe.
Foto: K. Keßler, 2012.

weder Zeichnungen einer solchen Konstruktion erhalten noch die Konstruktion selbst. Es ist denkbar, dass sie auch in anderen Mikwen Anwendung fand, die ebenfalls sehr große Wassertiefen aufwiesen, z. B. in der Friedberger Mikwe, die eine Wassertiefe von etwa 4 m hat.

Dass die jüdischen Gemeinden bis ins 19. Jahrhundert fast ausschließlich Grundwasser nutzten, selbst wenn dieses wie in Friedberg nur in großer Tiefe (ca. 25 m) erreichbar war, erklärt sich nicht nur aus der Verfügbarkeit, sondern hat auch religiöse Gründe: Die Mischna – eine Sammlung jüdischer Gesetzestexte, die im 1.–2. Jahrhundert verfasst wurde – unterscheidet sechs Arten von Wasser, die einen unterschiedlichen Grad von Reinheit haben. Eine unbekannte Menge Regenwasser wird zwar grundsätzlich als reines Wasser betrachtet. Einen höheren Grad hat jedoch ein Tauchbad aus Regenwasser, das eine Mindestmenge von 40 Se'a (ca. 800–1000 l) enthält – nur dieses wird religionsgesetzlich als Mikwe bezeichnet. An höchster Stelle stehen aber „lebendige Wasser, denn sie sind zum Heiligen des Sündopferaltars geeignet".[25] Lebendiges, fließendes Grund- oder Quellwasser ist also zur Entfernung jeglicher rituellen Unreinheit geeignet, und gleichzeitig ist keine Mindestmenge von 40 Se'a erforderlich. Nötig ist lediglich die Menge Wasser, in der ein Mensch vollständig untertauchen kann, so dass das Wasser alle Teile des Körpers bedeckt. Die mit Quell- oder Grundwasser gespeisten Ritualbäder

25 Mischna, Seder Toharot, Traktat Mikwaot, Kap. 1, Nr. 8.

Abb. 14: Memmelsdorf, Mikwe mit dem Ausgussbecken oberhalb des Tauchbeckens. Foto: K. Keßler, 2011.

bezeichnet man halachisch als Ma'ajan (hebräisch für Quelle), in der Umgangssprache wird jedoch zwischen der Wasserart nicht unterschieden und der Begriff „Mikwe" für beide Arten von Tauchbecken benutzt.

Das Grundwasser erfuhr üblicherweise einen mehr oder weniger starken natürlichen Austausch. In einigen Mikwen, z. B. in Tübingen, war der Wasserdruck der in einigen Kellern eingerichteten kleinen mittelalterlichen Ritualbäder so groß, dass das Wasser in regelmäßigen Abständen ausgeschöpft werden musste – vermutlich mit Eimern – um den Keller nicht zu überfluten.[26] Eher selten wurde das Becken zur Reinigung des sich absetzenden Schlamms vollständig entleert, was mühevoll durch Ausschöpfen erfolgte. Dabei konnte durchaus ein kleines religionsgesetzliches Unglück entstehen – so geschehen in Regensburg und Köln um die Mitte des 13. Jahrhunderts. Ein Eimer mit Wasser, das man bereits aus der Mikwe geschöpft hatte, fiel zurück in das Becken. Dadurch, dass nun geschöpftes (halachisch unreines) Wasser hinzugefügt worden war, erklärte der Rabbiner das Wasser der Mikwe für nicht koscher. Rabbi Yakar ben Samuel aus Köln erklärte dazu:

„Sie haben berichtet, dass dies in Köln einmal geschah, und die Gemeinde bot große Kosten auf, um das gesamte Wasser aus der Mikwe zu entfernen und das

26 Thomas Miller: Das mittelelterliche Judenviertel in Tübingen, in: Bürger- und Verkehrsverein Tübingen (Hrsg.): Tübinger Blätter, 30. Jahrgang, 1939, S. 17–22, hier S. 19 f.

Abb. 15: Knetzgau, Mikwe mit Schöpfkelle unten links. Foto: Privatarchiv Cordula Kappner, Haßfurth.

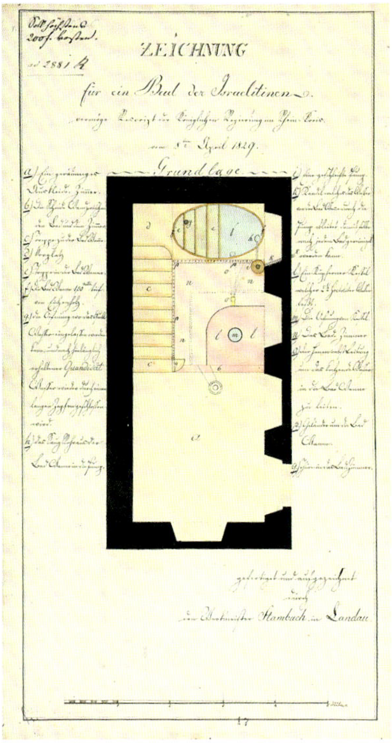

Abb. 16: „Zeichnung für ein Bad der Israelitinnen vermöge Rescript der königlichen Regierung im Rhein-Kreis vom 5ten April 1829", Werkmeister Stambach aus Landau.

Becken vollkommen trockenzulegen, aber es war ihnen nicht möglich."[27] Um das mit 1,30 x 1,10 x 1,10 m sogar relativ kleine Becken, dessen Wasserstand mit dem des Rheins aber stark schwankte (heute beträgt der Inhalt ca. 1.500 l), auszuschöpfen, wird ein erheblicher Aufwand nötig gewesen sein (Abb. 13). Es ist jedoch nicht anzunehmen, dass das Bad nach dem misslungenen Versuch aufgegeben und neu errichtet wurde – die Befunde belegen eine durchgängige Nutzung bis ins 14. Jahrhundert.[28]

In der Regel wurde das Becken aufgrund des großen Aufwands höchstens einmal im Jahr oder eher noch seltener gereinigt. So wird von einer Kellermikwe in Windsbach/Lkr. Ansbach 1828 berichtet:

27 Vgl. Adler, Rabbinic Literary Evidence, S. 80.
28 Schütte/Gechter, Von der Ausgrabung zum Museum, S. 163.

„Das Wasser selbst ist trüb und grünlich, von unangenehmer dumpfiger Keller-Kälte, und kann durch den angebrachten Abfluß nur zum Theil abgelassen werden. Die gänzliche Entleerung und Reinigung des Bades kann nur mittelst Ausschöpfen der in Steinen gefaßten Quelle bewirkt werden. Auf diese Art ist es leicht erklärlich, daß sich wie ein Achtbarer Jude bei Gelegenheit der Untersuchung diese Bades versicherte, auf dem Boden desselben Unreinigkeit und Schlamm in der Höhe eine Schuhes sich befinde. Für die Erwärmung des Wasser und des Bade-Lokals sind im allgemeinen keine Anstalten getroffen; so leicht dieses durch die daran befindliche Küche geschehen könnte. Indessen lassen die wohlhabendern Israelitinnen einige Kessel erwärmtes Wasser unmittelbar vor Gebrauche des Bades zu dessen Erwärmung dem Quellwasser beimischen: die Ärmern aber, welche den geringen Aufwand für die Erwärmung des Wasser scheuen, müssen dieses Bad nach seiner natürlichen Kälte und Beschaffenheit gebrauchen."[29]

Lediglich zwei unterfränkische Mikwen weisen eine Besonderheit auf, die der leichteren Entleerung des Wassers diente – möglicherweise führten die Mikwen ursprünglich besonders viel Wasser. Oberhalb des Beckens befindet sich in Untermerzbach-Memmelsdorf (Abb. 14) und in Knetzgau – beide in der Nähe von Bamberg – eine Art steinernes Becken, direkt in die Wand eingearbeitet und mit einem Abfluss nach außen. Beide Mikwen liegen in unbelichteten Kellerräumen und stammen vermutlich aus dem 18. oder frühen 19. Jahrhundert. In Knetzgau erklärte der heutige Eigentümer, man habe im Tauchbecken eine Art großen Schöpflöffel gefunden, der heute leider nicht mehr vorhanden, aber auf einem Foto der 1980er Jahre noch zu sehen ist (Abb. 15).[30] Offenbar hat man das Becken entleert, indem man das Wasser mit der Kelle in den Ablauf geschöpft hat.

Die von den Behörden in den 1820/30er Jahren gemachten Untersuchungen der sanitären Zustände der Ritualbäder führten dazu, dass verbindliche Regeln für die Ausstattung der Ritualbäder aufgestellt wurden, denen die jüdischen Gemeinden folgen mussten. Durch das Eingreifen der Behörden wurden zwar keine grundsätzlich neuen Objekte in die Mikwen eingeführt, es erfolgte jedoch eine größere Verbreitung der Benutzung vor allem von Gegenständen zur geforderten Erwärmung der Räume und des Wassers, zum Entleeren des Beckens – vorzugsweise nach jeder Benutzung – und zur größeren Bequemlichkeit. Da immer häufig auch die Vorreinigung im Ritualbad selbst stattfand, wurden Wannen, Waschschüsseln, Wasserleitungen, etc. nötig.

Wichtigster, spätestens seit dem 19. Jahrhundert regelmäßig im Ritualbad anzutreffender Gegenstand war der Kessel zur Erhitzung des Wassers, das dem Tauchbad zur Anhebung der Wassertemperatur zugegeben wurde, sowie ein Ofen zur Erwärmung des Baderaums. Alle diese Objekte sind in einem Plan einer Mustermikwe eines Baumeisters aus Landau aus dem Jahre 1829 verzeichnet (Abb. 16), der vermutlich den Architekten

29 Wolfgang Kraus / Berndt Hamm / Meier Schwarz: Mehr als Steine… Synagogen-Gedenkband Bayern, Band 2, Lindenberg im Allgäu 2010, S. 737–738.

30 Dokumentation der Mikwe Knetzgau am 7. Oktober 2011, den Eigentümern, Familie Zürl, sei herzlich gedankt. Für die Zusendung des genannten Fotos danke ich herzlich Frau Cordula Kappner, Haßfurt.

Abb. 17: Georgensgmünd, neue Mikwe, Kessel und Wasserhahn, in situ erhalten.
Foto K. Keßler, 2011.

für ihre Neuplanungen und Umbauten an die Hand gegeben wurde. Eingezeichnet sind laut der Erklärung ein

> „Umkleidezimmer (a), Trennwand (b), Treppe zur „Badewanne" (= Mikwenbecken, c), Vorplatz (d), Treppe in der „Badewanne" (e), Badewanne aus Eichenholz, 1,30 m tief (f), Einlaßöffnung für das Quellwasser (g), nach Einfüllung einer ausreichenden Wassermenge wird die Einlaßöffnung durch einen langen Zapfen geschlossen; Saugrohr aus der Badewanne zur Pumpe (h), Pumpe (i), Abflußrohr, damit das Bad nach jeder Benutzung gereinigt werden kann (k), Kupferkessel mit 250 Litern Inhalt (l), Kesselöffnung (m), Badezimmer (n), Rohr zur Einleitung von Warmwasser in die Badewanne (o), Geländer um die Badewanne (p), Tür in das Badezimmer (q)."[31]

Eine entsprechend angelegte Mikwe wird z. B. in Ansbach 1829 beschrieben:

> „Dieses Bad befindet sich unter der Synagoge in einem geräumigen, gewölbten Keller, zu welchem 10 Stufen führen, und hat 2 Abtheilungen, wovon in der einen 2 Bäder und in der anderen ein Ofen, ein Tisch und Bänke sich befinden. Beide Bäder sind ausgemauert und das eine steht mit einem Kessel in Verbindung, aus welchem nach Belieben warmes Wasser zugelassen werden kann. Der Kessel ist an 2 Seiten mit eisernen Platten versehen,

31 Heuberger, Mikwe, S. 176.

Abb. 18: Langen/Hessen, zwei Wasserhähne zum Mischen von kaltem Regenwasser und warmem Wasser. Foto: K. Keßler, 2012.

> damit das Lokal zugleich erwärmt wird. Das Wasser, welches von unten herauf quillt, ist ganz klar und rein und gewöhnlich 4 Fuß tief.“[32]

Leider konnten Grabungen im Keller der Synagoge keine klaren Befunde erbringen.[33]

Nur in wenigen Fällen sind Ofen oder Kessel bis heute erhalten; üblicherweise finden sich nur noch ihre Spuren im Bodenbelag oder Wandverputz. In Georgensgmünd ist in der neuen Mikwe der Kessel, in dem das Wasser erhitzt wurde, das möglicherweise aus der alten Mikwe heraufgepumpt wurde, noch zu sehen – selbst der Wasserhahn ist noch in situ erhalten (Abb. 17). Mitte des 19. Jahrhunderts richtete die jüdische Gemeinde eine neue Mikwe im Erdgeschoss neben dem Synagogensaal ein, nachdem ihre frühere Mikwe des 18. Jahrhunderts von den Behörden geschlossen wurde.[34]

32 Kraus/Hamm/Schwarz, Mehr als Steine, S. 52.

33 Hans-Peter Süss: Jüdische Archäologie im nördlichen Bayern – Franken und Oberpfalz (= Arbeiten zur Archäologie Süddeutschlands, Band 25), Büchenbach 2010, S. 46–47.

34 Vgl. zu den beiden Mikwen in Georgensgmünd z. B. den Grabungsbericht im Gemeindearchiv Georgensgmünd: Gutachten über die archäologische Dokumentation in der ehemaligen Synagoge von Georgensgmünd. Ansbach 1991; und siehe auch Georgensgmünd: 700 Jahre Geschichte am Zusammenfluß von Fränkischer und Schwäbischer Rezat. Georgensgmünd 2002, S. 313–314. Besuch der Mikwen am 3. Oktober 2011, herzlicher Dank gilt Herrn Dieter Schlaug für die freundliche Führung.

Ebenso finden wir in Langen/Hessen[35] zwei Wasserhähne, die in einer interessanten Anordnung das kalte Regenwasser und das heiße Wasser mischten (Abb. 18): Das Wasser floss gemeinsam über einen Stein in das Becken – ein Prinzip, das in abgewandelter Form schon in der Antike angewendet wurde. Bei Regen konnte durch geschöpftes Wasser, das sich auf dem Boden mit dem Regen vermischte, der Niederschlag künstlich verstärkt und die Menge des Wassers im Tauchbecken erhöht werden.[36] Dieses Prinzip wurde hier in einer anschaulichen Weise nachgeahmt.

Um das Becken zu entleeren, verfügten viele Ritualbäder seit dem 19. Jahrhundert über Pumpen, von denen heute jedoch zumeist nur noch die Abdrücke im Becken vorhanden sind. Pumpen werden in archivalischen Quellen häufig erwähnt, und es finden sich einige Diskussionen über ihre religionsgesetzliche Zulässigkeit, die sich jedoch auf das Einleiten des Wassers mittels eines Pumpsystems beziehen, während das Hinauspumpen des benutzten Wassers kein halachisches Problem darstellte.[37]

Die genannten und z. T. heute noch auffindbaren fest verankerten Objekte der Mikwe lassen sich ergänzen um jene Einrichtungsgegenstände, die nicht speziell für das Ritualbad angefertigt werden mussten. Manchmal wird berichtet, dass Stühle und ein Tisch in einem Vorraum standen. In Fürth verpflichtete die jüdische Gemeinde den Vermieter der Mikwe 1834, das Nebenzimmer mit sechs Sesseln, einigen Tischen und Spiegeln zu möblieren.[38]

Möglicherweise gab es auch schon in früheren Mikwen einen Sitzplatz für die Mikwenaufseherin, die den Raum vorbereitete und das Entgelt für die Nutzung des Ritualbads einnahm. Mehrfach wird in Archivalien berichtet, dass die Mikwennutzung gegen Entgelt erfolgte. Laut Protokollbuch aus Eberswalde waren die Gebühren für ein gewöhnliches Bad im Jahre 1862, 15 Silbergroschen, für ein Bad am Abend 20 Silbergroschen, für eine Braut ein Thaler" (= 30 Silbergroschen).[39] Es ist also anzunehmen, dass es in den Ritualbädern eine Kasse gab, in der die Einnahmen verwahrt wurden. Weder archivalisch noch durch Funde kann diese Annahme jedoch belegt werden.

Spätere, großzügigere Ritualbäder des frühen 20. Jahrhunderts hatten für die Aufseherin einen eigenen Raum, wie z. B. in verschiedenen Berliner Mikwen, in denen seit dem späten 19. Jahrhundert mehrere Baderäume in einer Anlage zusammengefasst wurden. Über die Einweihung der Mikwe Bleibtreustraße wurde 1927 sogar im Jüdischen Gemeindeblatt Berlin berichtet.[40] Die Bilder der Ausstattung zeigen eine Sitzgruppe

---

35 Besuch der Mikwe am 6. August 2012, herzlicher Dank gilt Herrn Herbert Bauch, Stadt Langen, für die freundliche Führung.

36 Mischna, Seder Toharot, Traktat Mikwaot, Kap. 4, Nr. 4.

37 Z. B. Josef Stern: Die Anwendung der Pumpe in Beziehung zur Mikwah. In: Wissenschaftliche Beilage zu Nr. 12 des Israelit (1873), S. 229–232.

38 Vertrag der Gemeinde mit Johann Friedrich Höfler vom 5. August 1834: „4. das Nebenzimmer mit sechs Sesseln, einigen Tischen und Spiegeln zu möblieren". Vgl. Blume, Mikwen in Fürth, S. 72, dort nach Stadtarchiv Fürth, Fach 27/19 (Die Errichtung einer Reinigungs-Bade-Anstalt mittels Wannen. Benützung der Hoefler'schen Badeanstalt 1834).

39 Archiv Neue Synagoge Berlin – Centrum Judaicum, 1 75A Eb 1 Nr. 4, Bl. 174.

40 Vgl. Daniela Gauding: Jüdische Ritualbäder in Berlin, in: Aliza Cohen-Mushlin / Hermann Simon / Harmen H. Thies, Beiträge zur jüdischen Architektur in Berlin, Petersberg 2009, S. 33–45.

Abb. 19: Köln, Synagoge Roonstraße, Toilettentisch und Bad der aktuellen Mikwe. Foto: K. Keßler, 2012.

im Wartebereich und den Blick in eines der Tauchbecken. Neben den für die Mikwennutzung nötigen Räumlichkeiten weist die Grundrisszeichnung hier sogar einen Raum für einen „Friseur" aus.

Bei der Erforschung der Ritualbäder in Deutschland spielen neben der Architektur gerade die Dinge eine besondere Rolle. Sie helfen uns Architekturhistorikern, die Art und Weise der Nutzung zu verstehen und nachzuvollziehen. Wären die 200 erhaltenen Ritualbäder – vor allem die mittelalterlichen Anlagen – heute noch in der ursprünglichen Art und Weise ausgestattet, mit allen ihren vermutlich ursprünglich vorhandenen Gegenständen, könnte ihre Nutzungsgeschichte deutlich besser rekonstruiert werden.

Der Bericht zur Eröffnung der Mikwe Bleibtreustraße findet sich im Jüdischen Gemeindeblatt Berlin, Heft 7 (1. Juli 1927), S. 174.

Aufgrund ihres Verlustes und gleichzeitig des Fehlens von Beschreibungen aus dieser Zeit, lassen sich häufig nur zaghafte Vermutungen und Rückschlüsse auf der Grundlage später üblicher Gewohnheiten ziehen. Die wenigen Dinge – ein Leuchter, ein Handlauf oder eine Nische, vielleicht der Abdruck eines Ofens – sind die Spuren, die der Bauhistoriker bei seinen Forschungen sucht und die ihm wichtige Hinweise auf die Nutzung der Anlage geben.

Beispielhaft lässt sich anhand der Wandlung der in der Mikwe anzufindenden Dinge die sich wandelnde Gesellschaft, ihre Ansprüche und Empfindungen ablesen – vom mittelalterlichen „kalten Bad" bis hin zu den heutigen komfortablen Ritualbädern mit beheiztem Wasser, Dusche, WC und Toilettentisch (Abb. 19).

Zu Geschichte und Geschichten jüdischer Kultobjekte

Felicitas Heimann-Jelinek

1. Einleitung

Jüdische Kultobjekte sind Identifikationszeichen. In erster Linie symbolisieren sie die Identifikation mit dem Judentum, in vielen Fällen aber auch die Identifikation mit der Mehrheitsgesellschaft. Zur Einführung in diesen Beitrag mag als ein besonders sprechendes Beispiel ein Seder-Teller präsentiert werden, wie er sich in zahlreichen Sammlungen findet. (Abb. 1)

Abb. 1: Seder-Teller. Jüdisches Museum Wien, Sammlung Berger, Inv.-Nr. 7835.

Dieser Teller weist sechs goldumrandete Tellermulden in Muschelform und Perlmutterschimmer auf. In den Tellermulden ist jeweils die hebräische Inschrift für: „Gebratenes Fleisch am Knochen“, „gebratenes Ei“, „Lattich“, „Bitterkraut“, „Petersilie“ und „Kren“

zu lesen. Es werden also jene symbolischen Speisen benannt, die während des Seder-Abends zu Pessach gebraucht werden. Die Mitte ziert ein goldumrandeter Davidstern, der das Objekt auch ohne die hebräischen Tituli als ein „jüdisches" erkennbar macht.[1] Auf der Rückseite gibt ein viereckiger Goldstempel über die Herkunft Auskunft: „Made in Czechoslovakia, Karlsbad". Diese aus dem ersten Viertel des 20. Jahrhunderts stammenden Seder-Teller aus Böhmen wurden ursprünglich als Austernteller in Karlsbad produziert. [2] Die Orte Karlsbad, Marienbad und Franzensbad, das sogenannte Egerländer Bäderdreieck, wurden im Laufe des 19. Jahrhunderts zu Kurbädern von Weltruf ausgebaut. Im 18. und beginnenden 19. Jahrhundert als Reiseziele noch dem Adel vorbehalten, kamen sie seit der zweiten Hälfte des 19. Jahrhunderts auch beim Bürgertum in Mode. Bereits Ende des 18. Jahrhunderts kam in den Bädern ebenso das Souvenir-Geschäft auf. „Schon mit Anfang der Brunnenzeit [gemeint sind die Heilwasser-Brunnen] finden sich eine Menge fremder Handelsleute, und darunter viele Juden, mit allen möglichen Sorten von Waren ein; es ist hier gleichsam ein täglicher Jahrmarkt" notierte ein Reisender bereits im Jahr 1797.[3] Wie passen in dieses Bäder-Souvenir-Geschäft die Austern, mag man sich fragen: Seit der Antike haben Austern die Phantasie des Menschen angeregt – als Delikatesse mit besonderem Nährwert und als libidoförderndes Lebenselixier. Doch erst kurz vor ihrer endgültigen Ausrottung um 1900 begann man, Austern zu kultivieren. Denn die historisch den Reichen und Adeligen vorbehaltenen Austern wurden im 20. Jahrhundert rapide zunehmend auch vom gemeinen Bürgertum entdeckt – insbesondere während der Feiertage. Sechs stärkende Austern konnte sich der Kurgast, der auf sich hielt, in Karlsbad, Franzensbad oder Marienbad schon einmal leisten. Und die Industrie reagierte anscheinend umgehend. Da die Bäderreisenden gerne ein Souvenir oder ein Mitbringsel für die Lieben daheim mitbrachten, nahm zuerst die böhmische Glas-Industrie, später auch die böhmische Porzellan-Industrie einen enormen Aufschwung. Nicht nur Gläser, Becher und Teller mit Darstellungen der Quellen, der Kurparks etc. wurden produziert, sondern im 20. Jahrhundert eben auch die in Mode gekommenen Austernteller. Doch wie konnte man den jüdischen Kurgästen Austern-Teller verkaufen? Muscheltiere sind schließlich alles andere als koscher, entsprechen also keinesfalls den jüdischen Speisegesetzen. Mochte der individuelle jüdische Gast sich auch schon mal über dieses Gebot hinwegsetzen, einen Austern-Teller als Souvenir mitzubringen, schien dies dann aber vielen doch unangemessen zu sein. Doch die jüdischen Kurgäste, deren Zahl etwa dem Anteil der Juden an der Wiener und Prager Bevölkerung entsprach und damit eine nicht zu ignorierende potentielle Käuferschaft repräsentierte, sollten ihre Erinnerungsstücke haben, als einem findigen Kopf einfiel, dass die sechsmuldigen Austern-Teller für die sechs Seder-Speisen zu verwenden wären.

1 Ausnahmen bestätigen die Regel: Hexagramme zieren auch verschiedene Objekte, die keine Judaica sind.

2 Vgl. auch: Felicitas Heimann-Jelinek: Vom Herzstück zum Schmerzstück? Die jüdischen Museen und ihre Judaica-Sammlungen, in: BABYLON 22, Beiträge zur jüdischen Gegenwart, Frankfurt 2007; Felicitas Heimann-Jelinek: A Plate Crosses Over, in: Emily Bilski (ed.), Jewish Expression in the Visual Arts, Jerusalem 2007, S. 38–42.

3 Anonym: Reise nach den Bade=Oertern Karlsbad, Eger und Töplitz im Jahre 1797, 1798.

Man brauchte die Teller nur entsprechend zu beschriften und schon war die Austernplatte zur Pessach-Platte umgewandelt. Nun könnte man natürlich noch fragen, ob es nicht widersprüchlich ist, formale Elemente einer religionsgesetzlich verbotenen Speise in oder auf einem Objekt, das einer spezifischen rituellen Handlung dient, zu verwenden. Das ist es nicht, solange es tatsächlich nur – wie im Falle unseres Austern/Seder-Tellers – um die Form geht.

Nur auf den ersten Blick anders mag die Sache im Zusammenhang mit einem Gewürz-Behältnis ausschauen, das eindeutig eine Muschel ist und nicht nur die Form einer Muschel hat.[4] Verwendungszusammenhang soll die Hawdala sein. Der Begriff Hawdala, der wörtlich „Scheidung, Unterscheidung" bedeutet, bezeichnet einen speziellen Segensspruch an jedem Festausgang zur Unterscheidung und Trennung zwischen der Heiligkeit des Feiertags und der Profanität des beginnenden Alltags. Mit anderen Unterscheidungs- oder Trennungsritualen und -praktiken – wie beispielsweise der Kaschrut – gehört die Hawdala zur Konstruktion jüdischer Lebensweise in Abgrenzung von nicht jüdischen Lebensweisen. Zu dieser Zeremonie – zu der wir in diesem Beitrag mehrmals zurückkommen werden – gehört die Verwendung einer eigenen Hawdala-Kerze und eben eines Gewürz-Behältnisses, hebräisch Bsamim genannt. Es gibt etliche solcher „Bsamim-Muscheln". Auch sie gehören in den Bereich des Souvenir-Geschäfts und ähnlich wie im Falle der Austern-Teller mag man sich vermutlich gefragt haben, wie man sie auch an den jüdischen Kunden verkaufen konnte. Als Souvenirs waren sie in Mitteleuropa während der „Adria-Ausstellung" aufgekommen. Die „Adria-Ausstellung" von 1913 war die letzte große Ausstellung der österreichisch-ungarischen Monarchie vor dem Beginn des Ersten Weltkriegs. Geschnitzte Reiseandenken in Muschelform wurden hier, aber auch in allen Hafenstädten ein Verkaufsschlager. Ob sie tatsächlich jemals als Bsamim-Behältnisse, als welche sie in verschiedenen jüdischen Museen inventarisiert wurden, Nutzung fanden, muss eine offene Frage bleiben. Die problemlose Integrierung in Judaica-Sammlungen verweist jedoch darauf, dass gegen ihren Verwendungszweck nichts einzuwenden ist, geht es doch lediglich um ein rituell verwendetes Aufbewahrungsbehältnis und nicht um den Verzehr der Muschel.

Der Karlsbader Austern/Seder-Teller und die Bsamim-Muschel wurden als einführende Beispiele dafür herangezogen, dass jüdische Ritualobjekte, Judaica, im Großen und Ganzen keinen materiellen oder formalen Reglements unterliegen. Ihre Ausformung unterliegt dem Stil der Epoche und der Region, in der sie entstehen, das heißt, auch diese Objektkultur ist regionaltypisch und zeitgeistig. Die beiden Beispiele zeugen von der Abhängigkeit jüdischen Ritualgutes, von Moden und Modernität, von Kreativität und Erfindungsreichtum. Sie zeugen vor allem aber auch von der schier unbegrenzten Entwicklungsmöglichkeit von jüdischem Zeremonialgut und von den zahlreichen Verschränkungen mit der Umgebungskultur, die sich in ihnen entdecken lassen.

Im Folgenden werden diverse transkulturelle und transsoziale Dimensionen einiger als Beispiele dienender Judaica-Objekte und ihr daraus resultierender Mehrfachcharakter diskutiert. Als Grundlage dafür ist zunächst zu klären, was überhaupt unter Judaica

4 Jüdisches Museum Wien, Sammlung IKG, Inv.-Nr. 1731.

zu verstehen ist, anschließend soll ein kurzer Überblick über die Anfänge jüdischen Zeremonialguts geboten werden – soweit wir diese greifen und belegen können. Einige Bemerkungen sind auch den Herstellern gewidmet. An einzelnen Beispielen aus der Zeit nach der Aufklärung wird erläutert, dass Judaica-Objekte auch Botschaften übermitteln können, deren Adressaten die eigene Gemeinschaft oder auch die Mehrheitsgesellschaft sein mögen.

2. Zur Definition von Judaica-Objekten

Der Begriff Judaica umfasst im weiteren Sinne materielles Kulturgut mit Bezug auf das Judentum. Im engeren Sinne versteht man unter Judaica einerseits Objekte, denen eine heilige Qualität innenwohnt, wie die Tora selbst, anderseits Objekte, die zur Ausführung des jüdischen Rituals notwendig sind.[5]

Judaica gehören in den kunsthistorischen Bereich der Sakralkunst. Es sind Objekte, die im jüdischen Ritual Verwendung finden, und zwar sowohl im synagogalen als auch im häuslichen Rahmen. Sie fänden in einem nicht jüdischen Ritus keine Verwendung, sondern ergeben nur in einem jüdischen Traditionszusammenhang Sinn. In erster Linie ist ihr Charakter ein funktionaler, in zweiter Linie aber auch ein dekorativer und ästhetischer. Je näher ihre Herstellung an der Moderne liegt, desto mehr gewinnt das Dekor an Bedeutung.

Synagogale Judaica-Objekte werden in der Regel nach ihrem sakralen Charakter in eine hierarchische Reihe gestellt.

Heiligster Gegenstand ist die Tora-Rolle, die die Fünf Bücher Moses enthält. Als von Gott geoffenbarter Nukleus jüdischer Religion gibt sie ihre Heiligkeit an alles mit ihr in Berührung kommende Material graduell weiter: an die Stäbe, an denen sie beidseitig befestigt ist, den sie zusammenhaltenden Binder und den sie umhüllenden Mantel, an die sie schmückende Krone und Aufsätze, an das Schild, das ihre Verwendungszeit im Jahreszyklus angibt und den Zeiger, mit dem man dem heiligen Text beim Lesen folgt sowie an den Schrein, in dem sie aufbewahrt wird, den davor befindlichen Vorhang, an das Ewige Licht, das vor ihm hängt, und schließlich an das Pult, auf dem sie zum Lesen liegt, und dessen Decke. Als weitere Objekte, die zur Religionspraxis gebraucht werden, seien das zu Jom Kippur und Rosch haSchana geblasene Schofar-Horn, die Leviten-Kanne und -Schüssel für die rituelle Priester-Waschung, zudem Kiddusch-Becher und Bsamim-Behälter für die Feiertagseingangs- und -ausgangszeremonie, Chanukka-Leuchter für das Weihefest sowie die zu Purim gelesene Esther-Rolle und Spendenbüchsen für die Unterstützung Bedürftiger genannt.

Kiddusch-Becher und Bsamim-Behälter, Chanukka-Leuchter und Esther-Rolle gehören auch zu den im privaten Haushalt verwendeten Ritualobjekten. Dazu kommen alle am Schabbat und zu Pessach und Sukkot verwendeten Objekte, Gebetsriemen und -mantel, die Mesusa am Türpfosten, Kalligraphien, die die Gebetsrichtung Jerusalem

---

5 Nicht eingegangen wird hier auf illuminierte und illustrierte hebräische Handschriften und Druckwerke, die ebenfalls als Judaica bezeichnet werden.

anzeigen, Heiratsurkunden und Jahrzeittafeln für das Totengedenken. Je größer der gesellschaftliche Wohlstand, desto ausdifferenzierter werden die Objekte.

Jüdische Kultobjekte sind Identifikationszeichen. Sie symbolisieren die Zugehörigkeit zur jüdischen Religion, können darüber hinaus aber auch die Identifikation mit der Mehrheitsgesellschaft symbolisieren. Je näher der Zeitpunkt der Herstellung eines Objekts am Zeitalter der Emanzipation liegt, desto eher signalisiert seine Gestaltung die Identifikation mit der Mehrheitsgesellschaft.

3. Die ältesten Judaica-Objekte

Es sind kaum Judaica-Objekte überliefert, die älter als drei- bis vierhundert Jahre sind. Das besagt zunächst wenig, wissen wir doch aus schriftlichen Quellen von der frühen Existenz jüdischen Zeremonialgutes. Die wichtigste älteste Quelle hierfür ist die Tora selbst, und zwar jene Stelle, in der es um den Auftrag der kunstvollen Gestaltung und Ausgestaltung des Stiftszeltes, also des Heiligtums und aller mit ihm verbundenen kultischen Notwendigkeiten, geht.[6] Auch die Errichtung des Ehernen Meers ist ein Beispiel dafür, dass bereits in der Frühzeit Israels spezifisches Kultgerät angefertigt und verwendet wurde.[7] Diese Belegstellen für die Herstellung von Kultgerät sind aus dem 7. und 8. Jahrhundert v. d. Z. In welchem Maße Kultgerät religiöses Selbstverständnis ausdrückt, spiegeln dann die Fußbodenmosaike spätantiker Synagogen vom 4. bis zum 6. Jahrhundert d. Z., auf denen Ritualobjekte aus der Zeit des Tempels abgebildet sind, wider. Ebenfalls aus diesem Zeitraum liegen uns Glasfragmente vor, auf denen Kultobjekte wie die Menora, der Tora-Schrein und Tora-Vorhang, das Schofar-Horn und der Feststrauss für das Laubhütten-Fest dargestellt sind.[8] Von einer Frühform eines „Mappa" genannten Tora-Textils ist auch in der spätantiken rabbinischen Literatur die Rede: „Wenn die Einwohner der Stadt eine Lade verkauft haben, so dürfen sie [für den Erlös] Mappot (Hüllen) kaufen".[9] Aufschluss über die Herstellung und Verwendung von Kultgerät gibt auch die Gemara im Talmud,[10] als dessen Endredaktion das 8. nachchristliche Jahrhundert angenommen wird. Hier wird z. B. auf den in orientalischen und innerasiatischen Gemeinden statt des in Aschkenas verwendeten Mantels gebräuchlichen metallenen oder hölzernen „Tik" genannten Tora-Behälter Bezug genommen: „Folgende sind Dinge, die zum heiligen Gebrauch verwendet worden sind: Behälter für Bücher, (Tephillin) und Mezuzoth, ein Tik (Etui) für eine Torarolle, das Futteral und die Riemen der Tephillin."[11] Hinweise gibt es auch auf eine Vorform des Tora-Binders.[12]

---

6 Ex. 31,1 ff.

7 1. Kön. 7,23 ff.

8 Vgl. beispielsweise Archer St. Clair: God's House of Peace in Paradise: The Feast of Tabernacles on a Jewish Gold Glass, in: Journal of Jewish Art Vol. XI, 1985, S. 6–15.

9 mMegilla IV,1.

10 z. B. bT Schabbat 133b.

11 bT Megilla 26b.

12 bT Megilla 26b. Siehe dazu den Beitrag von Linda Wiesner und Annette Weber im vorliegenden Band.

Zu den seltenen Ausnahmen materieller Fundstücke gehört möglicherweise ein Tora-Schild aus der Spätantike, das in der Türkei aufgefunden wurde.[13]

Die nächste Evidenz für die Anfertigung und Verwendung von Judaica finden wir in einem Inventar aus dem Jahr 1080 aus der Ben Esra Synagoge von Fostat, also Alt-Kairo, die einer Gemeinde gehörte, deren Angehörige als „Babylonier" bezeichnet wurden. Die dortige Genisa – ein separater Raum zur Aufbewahrung nicht mehr verwendeter Schriften, die den Gottesnamen tragen – war 1896 von Salomon Schechter gehoben worden und brachte neben verloren geglaubter hebräischer und biblischer Literatur auch administrative Quellen zum Vorschein. Das Inventar listet auf: fünf Tora-Rollen; eine Haftara-Rolle (Prophetenabschnitte für die Liturgie am Schabbat); eine pergamentene Haftara-Rolle (d.h. die andere war aus Leder), einen Tora-Mantel aus schwarzweißem Siglaton; einen Tora-Mantel in verschiedenen Grüntönen, einen grünen Tora-Vorhang für den Schrein, weitere Textilien, Stühle und ein Lesepult, 25 Lampen, 47 Leuchter. Achtzig Jahre später wurde von den Gemeindeverwaltern ein weiteres Mal eine Liste angefertigt, von Gegenständen nämlich, die vermutlich leihweise an eine andere Gemeinde, nämlich an die „Jerusalemiter"-Synagoge gingen: eine silberne Tora-Krone, eine vergoldete silberne Tora-Krone, ein Paar vergoldeter Rimmonim (Tora-Aufsätze für die Rollenstäbe), zwei Paar Rimmonim, die mit Niello eingelegt waren. An die babylonische Synagoge gingen bei derselben Gelegenheit: ein Tik aus Silber auf Holz; ein reinsilberner Tik, eine vergoldete Tora-Krone, eine mit Niello eingelegte Tora-Krone, zwei Paar vergoldeter Rimmonim, zwei Paar mit Niello eingelegter Rimmonim, sowie etliche Textilien.[14] Nach diesen kursorischen Beschreibungen müssen die kairinischen Objekte sehr wertvoll und durchaus beeindruckend gewesen sein. Das mag damit zusammenhängen, dass es in Nordafrika – wie übrigens auch in Südarabien – fast ausschließlich Juden waren, die Metall bearbeiteten, sei es in Form von Schmuck, von Hausratsgegenständen oder eben auch von Zeremonialkunst. Im ägyptischen Raum war es vor allem Alexandria, das für seine jüdischen Gold- und Silberschmiede bekannt war. Ihre Arbeit muss qualitativ so herausragend gewesen sein, dass der Mönch und Geograph Cosmas Indicopleustes diese bereits im 6. Jahrhundert in seinen Aufzeichnungen würdigte. Berichten aus der Zeit des ersten Kreuzzugs ist zu entnehmen, dass nicht nur die nordafrikanischen, sondern auch die rheinländischen Juden im 11. Jahrhundert Tora-Aufsätze verwendeten.[15] Und aus einigen mittelalterlichen Geschäftsunterlagen wird ersichtlich, dass auch im aschkenasischen Raum im Mittelalter Silberschmiede mit der Herstellung von Tora-Kronen beauftragt wurden.[16] Aus der rabbinischen Literatur erfahren wir, dass Rabbi Efraim von Regensburg im 12. Jahrhundert ein eigenes Bsamim-(Gewürz)Behältnis hatte, das aus Glas war.[17] Erst später wurden diese Behältnisse aus Metall angefertigt. Rabbi Israel Isserlein, im 15. Jahrhundert in Wiener Neustadt tätig, scheint einen der

13 Victor Klagsbald: Une Plaque de Torah antique, in: Journal of Jewish Art Vol. VI, 1979, S. 127–132.

14 Vgl. Vivian B. Mann: Jewish Texts on the Visual Arts, Cambridge 2000, S. 102 ff.

15 Cecil Roth: Ritual Art, in: Cecil Roth (ed.), Jewish Art. An Illustrated History, Jerusalem 1971, S. 118–131, S. 121.

16 Roth, Jewish Art, S. 121.

17 She'elot u-Teshuvot Or Zaru'a, vol. II, no. 92.

frühesten silbernen Bsamim-Behälter besessen zu haben.[18] In Anlehnung an den hebräischen Begriff für „Hadass“, Myrthe, wurde das Objekt zur Aufnahme der aromatischen Myrthe auch „Hadass“ genannt. Über dieses Behältnis und das damit verbundene Ritual gibt Isserleins Schüler Jossl von Höchstädt 1470 detailliert Auskunft:

> „Und wenn er Hawdala machte, gab er den Bachurim mindestens zwei Gläser und manchmal gab er ihnen 4 oder 5 Gläser, wenn es viele Bachurim waren, außer seinem Glas. Und wenn er die Bracha von Minei Schamaim begann, nahm er das Glas in die Linke und die Hadass in die Rechte, und wenn er die Bracha beendete, roch er daran und gab die Hadass seiner Frau und nachher nahm er die Hadass in seine Hand, und es kamen alle seine Söhne und Schwiegertöchter und sein Enkel und rochen an der Hadass in seiner Hand, und danach gab er die Hadass den Bachurim. Und ich erinnere mich, dass er wartete, bis die Bachurim alle gerochen hatten, und als ihm das Stehen schon schwer fiel, setzte er sich, bis die Bachurim gerochen hatten, und sagte die Segen nach ihrer Ordnung… Und ich erinnere mich, seine Hadass war aus Silber und darin waren Besamim. Und ich erinnere mich, dass er es sehr genau nahm, wenn seine Frau an der Hadass roch und die Gewürze in der Hadass keinen Duft abgaben, und so ist das Zitat von der Tschuwa Maharils (in nr. 174), dass man über den Duft segnet; über ein Gefäß, das den Duft absorbiert und kein Wohlgeruch daran ist, streitet Rambam mit dem Tur (Ascher ben Jechiel, 13./14. Jhdt), und schau im Orach Chaim nach, ich habe es gefunden.“[19]

In Frankfurt sind solch künstlerisch gestaltete Bsamim-Behältnisse ab dem 16. Jahrhundert bekannt, wie wir aus den Auftragsbüchern der dortigen Silberschmiede-Werkstätten wissen.[20]

Auch wenn chronologisch nicht ganz passend, sei an dieser Stelle darauf verwiesen, dass das jüdische Bsamim-Behältnis zumindest sprachlich als „Bisamapfel“ in die Alltagskultur der Umgebungsgesellschaft Eingang gefunden hat. Es handelte sich dabei um eine „Riechkapsel“, das ist ein „durchbrochener, kugelfömiger Behälter für Duftstoffe (Moschus, Ambra), die vor der Pest schützen sollten.“[21] Bis ins 17. Jahrhundert beinhalteten sie medizinische, aber auch einfach nur wohlriechende Essenzen zum Überspielen von Körpergerüchen und dienten gleichzeitig oft als Schmuck. Die Bezeichnung Bisam wurde als äquivalent zu Moschus gebraucht. Dessen Verwendung

> „ins deutsche ist erst im 17. jahrh. erfolgt, früher sagte man dafür durchweg bisam: muscus, bisamo, bisem, besum…; aber da die Franzosen schon frühe (…) musque und musc für die substanz brauchten, niederl. musch, muskeliaet moschus… so lag es den Deutschen des 17. jahrh. nahe, sich ebenfalls dieses ausdrucks zu bedienen, um eine der modischen welt besonders genehme riechwaare und belebungsmittel zu bezeichnen, in der form musch…“[22]

18 Roth, Jewish Art, S. 126.

19 Josef Jossel bar Mosche, Leket Joscher, hrsg. von Jakob Freimann, Berlin 1903, Repr. Jerusalem 1964, Bd. I, S. 57. Ich danke Martha Keil für den Hinweis.

20 Roth, Ritual Art, S. 127.

21 http://universal_lexikon.deacademic.com/214528/Bisamapfel (Zugriff am: 25.01.2016).

22 Unter dem Stichwort „Moschus“ in: Deutsches Wörterbuch von Jacob und Wilhelm Grimm. 16 Bde. in 32 Teilbänden. Leipzig 1854–1961. Quellenverzeichnis Leipzig 1971. Bd. 12, Sp. 2595 (Online-Version vom: 12.12.2015).

Abb. 2: Bsamim-Behälter. Jüdisches Museum Wien, Sammlung IKG, Inv.-Nr. 3656.

Dementsprechend wurde auch das Moschustier, aus dessen Drüsensekreten der Moschus gewonnen wurde, als „bisamthier“ bezeichnet. Und ein Deodorant verwenden hieß „bisamen, temperare moscho, parfumieren“[23]. Die Tatsache, dass die Bezeichnung für aromatische Duftstoffe aus dem Hebräischen stammte, hatten auch die Brüder Grimm nicht im Gedächtnis.[24] Erst in der zweiten Hälfte des 18. Jahrhunderts begann der Begriff Bisam für Moschus zu veralten. Die Bisamäpfel starteten jedoch eine neue Karriere. Sie gingen von nun an als jüdische „Bsamim-Behälter“ – namentlich für Reisende – in zahlreiche Museumsinventare und private Judaica-Sammlungen ein. (Abb. 2)

An dieser Stelle mag am Rande auch angemerkt sein, dass die Entwicklung christlichen Kultgerätes zu einem guten Teil aus dem jüdischen Ritus übernommen ist. Es seien nur das Weihrauchfass, das Ewige Licht, der Abendmahlskelch und die zur Wandlung während der Messe, bei der Erteilung des sakramentalen Segens sowie bei Prozessionen verwendeten Schellen genannt, die auf die Gegenwart des Allerheiligsten aufmerksam machen sollen und an den Glöckchenbehang am Kleid des Hohepriesters im Jerusalemer Heiligtum anschließen. Auch die Menora, der siebenarmige Leuchter, Kultzeichen und Symbol für den Jerusalemer Tempel, wurde christlicherseits übernommen. Sie wurde im Mittelalter als Abbild Jesu gedeutet, da sie wie ein blühender Baum anmutet, welcher der Wurzel Jesse, des Vaters von König David entspringen soll. Mit der ikonographischen Aneignung wurde die Legitimität der Kirche als wahre Glaubensgemeinde

23 Unter dem Stichwort „bisamen“ in: Deutsches Wörterbuch von Jacob und Wilhelm Grimm. Bd. 2, Sp. 45 (Online-Version vom: 12.12.2015).

24 Deutsches Wörterbuch von Jacob und Wilhelm Grimm. Bd.12, Sp. 2595 (Online-Version vom 12.12.2015).

und Überwinderin des Judentums verbildlicht. Der Leuchter wurde auch als dreidimensionales Objekt für Kirchenausstattungen gefertigt. Das älteste erhaltene Beispiel stammt aus der Zeit um 1000 im Essener Münster.

Kommen wir zurück zur versuchten Chronologie für die Entwicklung der verschiedenen Judaica-Objekte:

Abbildungen von Judaica kennen wir – nach der Spätantike – erst wieder aus dem hohen Mittelalter. Sie erscheinen vor allem in den reich illustrierten Haggada-Handschriften, die während der häuslichen Pessach-Feier gelesen werden. Dreidimensionale materielle Zeugen aus dem Mittelalter sind rar: Eine spanische Zedaka-Büchse (Spendenbüchse) aus dem Jahr 1319 befindet sich in der Sammlung des Musée de Cluny.[25] Zu diesen Rara gehört auch ein Paar silberner Tora-Aufsätze mit Halbedelsteinen, von einem spanisch-jüdischen Silberschmied im 15. Jahrhundert auf Sizilien hergestellt, das sich im Domschatz von Palma de Mallorca befindet.[26]

Erst ab dem 17. Jahrhundert nehmen die Zeugnisse von Judaica für den gottesdienstlichen wie auch den privaten Gebrauch erheblich zu.[27] Um 1700 herum sind in Westeuropa Orte wie Nürnberg, Augsburg und Frankfurt für ihre Judaica-Produktion bereits bekannt und geschätzt. Im 18. Jahrhundert ist die Ausstattung von Synagogen mit vielfältigen, für verschiedene Feiertage und Anlässe hergestellten Kultobjekten die Regel.[28] Zu dieser Zeit gibt es kaum Aufzeichnungen von Verlassenschaften, in denen keine Judaica-Objekte auftauchen. So findet sich in der Hinterlassenschaft des 1730 verstorbenen Wolf Oppenheimer, Enkel des berühmten Ober-Hoffaktors Samuel Oppenheimer in Wien, „ein zur jüdischen Zeremonie gebrauchende Pyramide“, womit ein Bsamim-Turm gemeint war.[29] Und Samuel Oppenheimers Schwiegertochter Judith hinterlässt 1738 Teile einer Bethaus-Ausstattung:

> „1 grün samet Decke mit silbernen vergoldten hebraische Buchstaben, darbey 27 Rosen mit guten Perln und falschen Steinern unter einander versezet, dann 6 vergoldte Glocken und 10 silberne Ring... 1 andere große Gold und Silber reiche Decke samt Vorhang und Zugehör, in alle aber große und kleine 6 Stück, worunter die große und kleine Decke mit gute Perl gestickt, wie auch unterschiedl. Steinern als Smaragd, Granaten und etwelchem falschen besezet...“[30]

---

25 Victor Klagsbald: Catalogue raisonné de la collection juive du musée de Cluny, Paris 1981, Nr. 87, S. 74. Das Objekt stammt übrigens aus der berühmten Judaica-Sammlung von Isaac Strauss.

26 Vivian B. Mann: Torah Ornaments Before 1600, in: Rafi Grafman, Crowning Glory. Silver Torah Ornaments of the Jewish Museum, New York, edited by Vivian B. Mann, New York 1996, S. 1–15, 9.

27 Vgl. Heinrich Frauberger: Über alte Kultusgegenstände in Synagoge und Haus (= Mitteilungen der Gesellschaft zur Erforschung jüdischer Kunstdenkmäler III./IV.), Frankfurt/Main 1903.

28 S. z. B. die Sammlung, die der Kammeragent Alexander David aus Halberstadt der Synagoge seines Niederlassungs-Ortes Braunschweig vermachte. Gerd Biegel (Hrsg.): Braunschweigisches Landesmuseum. Abteilung Jüdisches Museum, Braunschweig 1993, S. 1.

29 Zit. nach J. Taglicht (Hrsg.): Nachlässe der Wiener Juden im 17. und 18. Jahrhundert. Ein Beitrag zur Finanz-, Wirtschafts- und Familiengeschichte des 17. und 18. Jahrhunderts, Wien und Leipzig 1917, Nr. 15, S. 75.

30 Zit. nach Taglicht, Wiener Juden, Nr. 13, S. 64.

In der Folgezeit nimmt die Produktion von Judaica rasant zu und immer mehr bleiben erhalten – bis zum Jahr 1938. Im Rahmen der Weltausstellung im Jahr 1878 schließlich kam es im Pariser Trocadéro zur ersten Präsentation jüdischer Kultobjekte in einem öffentlichen Raum.[31] Damit trat das europäische Judentum erstmals als Träger einer eigenen, spezifischen Kunst und Kultur auf, die sich hauptsächlich in ihrer jüdisch-religiösen Dimension von der der Umwelt unterschied. In ihrer allgemein-kulturellen ästhetischen Dimension hatte sie sich jedoch an die Vorstellungen, Stile und Moden der jeweiligen Mehrheitsgesellschaft angepasst.

4. Zu den Herstellern

Wer waren die Hersteller der Judaica-Objekte? Anders als im Orient waren es in Europa in der Regel Nichtjuden, die jüdisches Zeremonialgut produzierten. Denn den Juden Westeuropas war lange Zeit der Zugang zu Kunstakademien ebenso verwehrt wie die Ausbildung in Architektur und Kunsthandwerk. Sie erhielten erst nach dem Toleranzpatent, nach der Liberalisierung der Zugangsbedingungen in die bürgerliche Gesellschaft, die Möglichkeit, auch in den Berufen der bildenden Künste tätig zu werden. Das heißt nun nicht, dass es im voremanzipatorischen Zeitalter gar keine jüdischen Künstler gegeben hätte. Denn die Verweigerung des Zutritts zu künstlerischen Ausbildungsmöglichkeiten ging erst mit der Schaffung der Zünfte im 14. Jahrhundert einher.[32] Die Vielzahl der Usancen, Ausnahmen, Sonderregelungen und Einzelprivilegien in den diversen Territorialstaaten sowie die Verluste an „Beweismitteln“ erschweren den Nachweis einer durchgehenden Existenz jüdischen Kunsthandwerkes ungemein. Doch zu bestimmten Zeiten und in bestimmten Ländern stellten Juden all das, was sie zur Ausübung ihrer Religion brauchten, selbst her. War dies in Deutschland oder Österreich in seinen heutigen Grenzen aus rechtlichen Gründen bis ins 19. Jahrhundert hinein auch nicht möglich, so bestätigten doch Ausnahmen die Regel. Denn trotzdem gab es Graveure, Sticker, Petschierer und Goldschmiede. Und diese arbeiteten professionell aber nicht „zünftig“. Sie hatten ihr jeweiliges Kunsthandwerk vom Vater gelernt, der wiederum von seinem Vater usf. Sie tradierten ihr Können an die nächste Generation, ihre Kunstfertigkeit wurde Familientradition, ohne dass der Einzelne eine formale Ausbildung gebraucht hätte, die ihm die Rechtssituation ohnehin verweigerte.

Überdies gab es viele lokale Unterschiede. In Italien beispielsweise waren die Zugangsbedingungen an die Akademien und Universitäten überhaupt liberaler als in West- und Mitteleuropa. Auf dem italienischen Festland treten Juden bereits im 16. Jahrhundert als Kunsthandwerker beziehungsweise als Künstler auf.[33] Auf Sizilien war die Rolle des

31 Jeffrey David Feldman: Die Welt in der Vitrine und die Welt außerhalb: die soziale Konstruktion jüdischer Museumsexponate, in: Karl Albrecht-Weinberger / Felicitas Heimann-Jelinek / Gabriele Kohlbauer-Fritz / Bernhard Purin / Julius H. Schoeps (Hrsg.): Wiener Jahrbuch für jüdische Geschichte, Kultur & Museumswesen, Bd. 1, Wien 1994/95, S. 39–54, 44.

32 Vivian B. Mann: The Unknown Jewish Artists in the Middle Ages, in: Vivian B. Mann, Art & Ceremony in Jewish Life. Essays in the History of Jewish Art, London 2005, S. 114–140, 115.

33 Vivian B. Mann: The Arts of Jewish Italy, in: Vivian B. Mann (Hrsg.): Gardens and Ghettos. The Art of Jewish Life in Italy, Berkeley / Los Angeles / Oxford 1989, S. 45–66.

jüdischen Handwerkers so zentral, dass, als Ende des 15. Jahrhunderts Ferdinand von Spanien die Austreibung aller Juden angeordnet hatte, einige der hohen christlichen Würdenträger einen Aufschub verlangten. Sie fürchteten, dass die plötzliche Vertreibung der Juden zu einer erheblichen Preissteigerung führen würde. Die jüdischen Handwerker in Spanien spielten keine geringere Rolle als die in Sizilien. In den meisten Handwerken waren sie so zahlreich vertreten, dass einige Straßen im Judenviertel von Saragossa nach den jeweils dort wohnenden Handwerkergruppen benannt wurden. Während Spaniens wirtschaftlicher Blütezeit im 13. und 14. Jahrhundert arbeiteten Juden nicht nur für ihre Binnengemeinde, sondern auch für christliche Auftraggeber.[34] Mit zunehmendem Anti-Islamismus ging jedoch auch wachsender Anti-Judaismus einher. So verbot der Gegenpapst Benedikt XIII. den spanischen Juden 1415 ausdrücklich Kreuze, Kelche und sonstiges Kirchengerät herzustellen oder zu restaurieren. Das Bedürfnis, ein solches Verbot auszusprechen, lässt wohl auf den tatsächlichen Usus zurückschließen. Im Osmanischen Reich und in Griechenland waren Juden als Silberschmiede geschätzt. In Mähren sind seit dem 17. Jahrhundert jüdische Gold- und Silberschmiede belegt. Im 18. Jahrhundert wurde vor allem Nikolsburg als Sitz des mährischen Landesrabbinats für Metallbearbeiter, Draht- und Filigranarbeiter attraktiv. Den Großteil der von den mährischen Synagogen gebrauchten Ritualobjekte dürften Juden hergestellt haben. Die Künstler sind nur deshalb nicht zu identifizieren, da Kaiserin Maria Theresia ihnen verbot, ihre Arbeiten mit ihrer Marke zu punzieren. Auch in Schlesien durften jüdische Gold- und Silberschmiede ab der zweiten Hälfte des 18. Jahrhunderts tätig sein.

Ein traditionell jüdisches Kunsthandwerk war regional unterschiedslos das Gravieren und Petschierstechen. In Polen überbrachten die Juden Sigismund I. in der ersten Hälfte des 16. Jahrhunderts in einer vom König verlangten Verteidigungsschrift den Nachweis, dass es dort dreimal so viel jüdische wie nicht jüdische Handwerker gebe. Viele von ihnen waren Gold- oder Kupferschmiede und Graveure. Auch in Deutschland waren viele Juden Steinstecher und -schneider. Auf einem süddeutschen gravierten Seder-Teller aus dem 17. Jahrhundert signierte der Künstler mit „Baruch Chotam-Stecher“, was zu übersetzen ist als „Baruch, der Siegelstecher“.[35] Im Frankfurt des 18. Jahrhunderts beobachtete Johann Jacob Schudt, lutherischer Theologe und Chronist jüdischen Lebens in Frankfurt, jüdische Siegelstecher: „Hiesigen Orts hab ich in der Mess Juden in der Gassen sehen Petschieren stechen.“[36] Um 1770 schufen die jüdischen Steinschneider Philipp Abraham und Sohn Porträt-Kameen von Kaiserin Maria Theresia[37], und auch der 1769 in Pressburg gebürtige Michael Lazar Biedermann, der zu den bedeutendsten Finanziers des Wiener Stadttempels gehörte, war ursprünglich Graveur. Als solcher lieferte er die

34 Joseph Gutmann: Jüdische Zeremonialkunst, Frankfurt/Main 1963, S. 11.

35 Franz Landsberger: Jewish Artists before the Period of Emancipation, Hebrew Union College Annual, Bd. XVI, 1941, S. 405.

36 Johann Jacob Schudt: Jüdische Merckwürdigkeiten, 3 Bde., Frankfurt am Main und Leipzig 1714–1718, Bd. II, S. 172.

37 Felicitas Heimann-Jelinek/Michaela Feurstein-Prasser (Hrsg.): Die ersten Europäer. Habsburger und andere Juden – eine Welt vor 1914, Wien 2014, S. 100 f.

kaiserlichen Siegel an den Hof. Seine Arbeiten wurden so geschätzt, dass er dafür 1792 mit der Toleranz bedacht wurde, die ihm die Niederlassung in Wien ermöglichte.[38]

Aus den angeführten Beispielen zu den Möglichkeiten, die Juden hatten, in den europäischen Ländern ganz allgemein handwerklich und insbesondere kunsthandwerklich tätig zu werden, ergibt sich, dass wir keine allgemeingültigen historischen Aussagen machen können, sondern dass die Situation für Juden in den verschiedenen Ländern, Hoheitsgebieten und Einflussbereichen ganz unterschiedlich war.

5. Judaica-Objekte der Neuzeit

Der breite und erhaltene Korpus von Judaica-Objekten liegt, wie weiter oben beschrieben, erst seit der Neuzeit vor. Grund dafür ist, dass sich dieser Korpus erst seit dem Mittelalter vor allem in Aschkenas als ein quasi kanonischer herausgebildet hat. Dies ist mit der Tatsache zu erklären, dass jüdisches Brauchtum, der Minhag, erst im Mittelalter fest geformt und auch schriftlich niedergelegt wurde. Diese späte Ausformung des Brauchtums mag mit der Notwendigkeit zu tun gehabt haben „in Antwort auf christliche Vorgaben die eigene Identität und Selbstvergewisserung“[39] zu stärken. Denn etliche jüdische Kultgerätschaften sind in Auseinandersetzung mit oder Anlehnung an Objekte entwickelt worden, die in der Mehrheitsgesellschaft Verwendung fanden. Dass beispielsweise eine Reihe von Details im Zusammenhang mit der religiös motivierten Knabenbeschneidung von christlichem Brauchtum inspiriert war, hob bereits Joseph Gutmann hervor, der den jüdischen „Sandak“ oder „Gevatter“, der den acht Tage alten Jungen während der Zeremonie auf den Knien hält, vom christlichen „Syndikos“ ableitete, der den Täufling aus dem Taufbecken hob.[40] Ebenso sind die „Wachnacht“[41] vor dem Tag der Beschneidung des Jungen, eigene Kerzen und ein eigenes Beschneidungsgewand in Abhängigkeit vom christlichen Brauchtum entstanden.[42] Ein weiteres mit der Beschneidung im Zusammenhang stehendes Objekt bildete sich erst um 1500 in Deutschland heraus: der Tora-Wimpel.[43] Diese Objekttradition ist nur in Deutschland, Böhmen und Mähren, dem Elsass, der Schweiz und durch Migrationsbewegungen aus Norddeutschland, insbesondere von Hamburg, und auch in Dänemark bekannt. Im Christentum gibt es eine parallele Tradition, die den Textilien, in denen das Neugeborene getauft wurde, besondere Bedeutung zukommen lässt. In Grimms Wörterbuch ist

38 Salomon Wininger: Große jüdische National-Biographie, 6 Bde., Czernowitz o. J. (1927–36), Bd. I, S. 373.

39 Martha Keil: Chanukka – ein Fest des Kulturtransfers, in: David 71, 12/2006, http://davidkultur.at/ausgabe.php?ausg=71&artikel=524 (Zugriff am: 24.01.2016)

40 Joseph Gutmann: Christian Influences on Jewish Customs, in: L. Klenicki / G Huck (eds.), Spirituality and Prayer: Jewish and Christian Understandings, New York 1983, S. 28–138, S. 130 f.

41 In dieser Nacht wird das jüdische Baby vor allem von der Kindsräuberin Lilit bedroht, die nach einem anonymen frühmittelalterlichen Text Adams erste Frau war. In ihr finden sich Gemeindemitglieder im Haus des Neugeborenen ein und rezitieren aus dem Talmud, dem kabbalistischen Werk Sohar, singen Psalmen und beten.

42 Gutmann: Christian Influences, S. 130 f.

43 Siehe dazu den Beitrag von Linda Wiesner und Annette Weber im vorliegenden Band.

die „Taufwindel" oder „Staatswindel" explizit als zum „Taufzeug" dazugehörig erwähnt.[44] Vom Ende des 17. Jahrhunderts bis um 1900 waren geweihte Windeln päpstliche Ehrengeschenke für katholische Thronfolger.[45] Und das über den Säugling gelegte Tauftuch wurde oftmals bestickt[46] oder bemalt.[47]

Auch die Objekte, die zur Zeremonie der Bar Mizwa gehören, durch welche der jüdische Junge seine religiöse Mündigkeit erlangt, haben sich erst spät entwickelt. Denn das Ritual selbst ist erst Ende des Mittelalters – wiederum in Deutschland – unter dem Einfluss der christlichen Firmung entstanden, die selbst erst im Spätmittelalter als Sakrament niedergeschrieben wurde.

Eine Objektart, die nicht christlich, sondern islamisch inspiriert und sefardischen Ursprungs ist, stellt die illustrierte oder illuminierte Form des Ehevertrages (Ketubba) dar. Zwar geht der Dokumenttypus an sich bereits auf die vorchristliche Zeit zurück, jedoch hat sich der mehr oder weniger einheitliche formelhafte Text erst im Mittelalter ausgeprägt.[48] Die ältesten Fragmente von künstlerisch gestalteten jüdischen Eheverträgen kennen wir aus dem 11./12. Jahrhundert. Sie weisen in ihrem Dekor Ähnlichkeiten mit islamisch-ägyptischen Heiratsverträgen auf. Elaboriert ausgeschmückte Heiratsverträge mögen über das islamische Spanien, die spanischen Juden und schließlich über die sefardischen Flüchtlinge zunächst in italienischen Städten wie Venedig, Mantua, Ferrara etc. die Ausgestaltung von Eheverträgen beeinflusst haben.[49]

Hatten Tora-Kronen und -Aufsätze, wie zuvor gezeigt, im orientalischen Raum schon eine lange Tradition und scheinen von dort auch nach Europa übernommen worden zu sein, so ist das Tora-Schild – sieht man von dem oben erwähnten als einem vermutetem solchem ab – wohl auch erst im Spätmittelalter und wiederum in Aschkenas entstanden. Der bereits erwähnte Israel Isserlein wurde Mitte des 15. Jahrhunderts gefragt, ob man aus den Ösen, an denen ein Tora-Vorhang gehangen habe, Tafeln mit den Namen des Tora-Abschnitts anfertigen dürfe, der aus der Tora-Rolle zu lesen sei.[50] Isserlein äußerte sich abfällig über solche Schilder. Im Jahre 1530 lesen wir schließlich das erste Mal von

44 Unter dem Stichwort in: Deutsches Wörterbuch von Jacob und Wilhelm Grimm. 16 Bde. in 32 Teilbänden. Leipzig 1854–1961. Quellenverzeichnis Leipzig 1971. Online-Version vom 11.12.2015.

45 So erhielt beispielsweise Maria Theresia geweihte Windeln für Thronfolger Joseph. S.: Christian David Ade: Lebens- und Regierungsgeschichte des jetzo glorreich regierenden Papsts Pius des VI. regierenden Papsts Pius des VI. Aus ächten und bewährten Quellen zusammengetragen und mit vielen bisher ganz unbekannten Anekdoten bereichert, Cesena [i. e. Ulm], (1791), S. 113.

46 Z. B.: Verein für Volkskunde in Wien (Hrsg.): Österreichische Zeitschrift für Volkskunde, Neue Serie, Band XXIII, Wien 1969, S. 251.

47 Z. B.: Edmund Ungerer: Elsässische Altertümer in Burg und Haus, in: Kloster und Kirche. Inventare vom Ausgang des Mittelalters bis zum dreissigjährigen Kriege in Stadt und Bistum Strassburg, Strassburg 1913, S. 260.

48 Shalom Sabar: From Textual to Visual. Illustrated Ketubbot in the Braginsky Collection, in: Evelyn M. Cohen / Sharon Liberman Mintz / Emile G. Schrijver (eds.), A Journey through Jewish Worlds. Highlights from the Braginsky collection of Hebrew manuscripts and printed books, Amsterdam 2009, S. 160–223, 160.

49 Sabar: From Textual to Visual, 160 f.; Joseph Gutmann: The Jewish Life Cycle, Leiden 1987, S. 12 f.

50 Mann, Torah Ornaments, 13 f.

Abb. 3: Tora-Schild mit Anzeiger des Textabschnittes. Gross Family Collection, Tel Aviv, Inv.-Nr. 051.001.022.

Abb. 4: Tora-Schild. Sammlung Ariel Muzicant, Wien, Inv.-Nr. 3616.

einem solchen Tora-Schild in einer Beschreibung.[51] Waren die ersten Tora-Schilder noch rechteckig und wurden hauptsächlich vom Feiertags- bzw. Tora-Abschnitt-Anzeiger ausgefüllt (Abb. 3), so wurden sie im Laufe der Jahrhunderte immer aufwendiger gestaltet.

Eine Reihe von ihnen orientierten und orientieren sich noch immer an Wappenschildern. Diese wiederum hatten sich aus der Form adeliger Zelte entwickelt, die zu Kriegszeiten oder bei diplomatischen Versammlungen errichtet wurden. Zur Identifizierung ihrer Residenten oder Repräsentanten trugen sie oben jeweils ein Wappen. Aus diesem am Zeltdach angebrachten Wappen entwickelte sich der Wappenmantel, ein prächtig gestalteter Umhang, der oben mit der jeweiligen Rangkrone zusammengehalten wird und das spezifische Wappenschild umschließt. Das Wappenschild wurde mit einem bekrönten Baldachin und Schildhaltern versehen in zahlreiche Nationalwappen übernommen. Es lag nahe, diese prunkvollen Wappenzelte als Form für das Tora-Schild zu übernehmen, denn der Baldachin, aus dem der Umhang herabfiel, konnte als Tora-Vorhang, die abschließende Krone als Krone der Tora und die Schildhalter als Löwen von Juda interpretiert oder auch durch Moses und Aaron ersetzt werden. Im Inneren wurden die Festtagsanzeiger eingepasst, und häufig sind die Gebotstafeln als Hinweis auf den Kern der Tora und weitere aussagekräftige Symbole angebracht. (Abb. 4)

Eine Reihe anderer jüdischer Kultobjekte wurde in kunstvoll ausgestatteter Form erst im Laufe des 16. Jahrhunderts entwickelt. Dazu gehört die illustrierte Esther-Rolle, die zum Purim-Fest gelesen wird. Die Esther-Rolle, hebräisch Megillat Esther, ist die fünfte der sogenannten Fünf Megillot (Schriftrollen), die in der hebräischen Bibel entsprechend dem jüdischen Festkalender angeordnet sind. Sie beinhaltet das Buch Esther und wird im liturgischen Bereich bis heute nicht in Codex- sondern in Rollenform verwendet. Die früheste datierte und dekorierte Esther-Rolle ist erst aus dem Jahr 1564 bekannt.[52] Die Esther-Rolle wird in der Synagoge vorgelesen, im Idealfall hat jeder Gläubige auch sein eigenes Exemplar. Vor allem für den privaten Gebrauch werden die Esther-Rollen seit der Barockzeit immer öfter verziert, mit farbenfrohen Randleisten, Blumenmustern und Torbögen versehen oder auch mit eleganten rundumlaufenden Bordüren. Die Purim-Geschichte wird darüber hinaus gerne auch ganz konkret illustriert. Im 17. Jahrhundert schuf Shalom Italia eine innovative Ikonographie für die Rolle, die Generationen beeinflussen sollte. Ein besonders beliebtes Bildmotiv ist der Triumph des Mordechai. Er gehörte bereits zum Bildprogramm der Synagoge von Dura Europos im heutigen Syrien, das in der Mitte des 3. Jahrhunderts entstand und scheint damit fester Bestandteil einer spezifischen Bildtradition zu sein. Diese Bildtradition wurde im Laufe der Zeit auch mit pikanten Details ausgeschmückt. So sieht man in einer elsässischen oder deutschen Esther-Rolle aus der Zeit um 1700, wie nach einer rabbinischen Tradition über Haman von seiner Tochter irrtümlich ein Nachttopf ausgeleert wird, während er Mordechai in königlichen Gewändern hoch zu Ross durch die Stadt führen und über ihn ausrufen muss: „So wird dem Mann getan, an dessen Ehrung der König Gefallen hat!" (Esther 6,11). (Abb. 5)

---

51 Anthonius Margaritha: Der Gantz Jüdisch Glaub, Augsburg 1530.

52 Elka Deutsch/Sharon Lieberman Mintz: Esther imagined. The art and history of decorated Megillot, in: Cohen/Liberman Mintz/Schrijver, Journey, S. 226–277, 227.

Abb. 5: Esther-Rolle. Gross Family Collection, Tel Aviv, Inv.-Nr. 081.012.037.

Abb. 6: Hülle einer Esther-Rolle. Gross Family Collection, Tel Aviv, Inv.-Nr. 080.001.043.

Während viele Esther-Rollen aus dem italienischen und orientalischen Raum frei an einem gedrechselten Rollenstab befestigt sind, werden andernorts die Rollen zu ihrem Schutz in Hüllen eingesetzt, die manchmal aus Elfenbein, häufiger jedoch aus Silber sind. Ebenso wie die Gestaltung der Rollen selbst, spiegeln auch die Hüllen formal und künstlerisch den Geschmack und die Tradition der jeweiligen Umgebungskultur wider.

Besonders eindrucksvoll zeigt sich die Durchdringung von regionaler Kultur und jüdischem Ritus in der Gestaltung von Esther-Rollen vielleicht an einer filigranen Esther-Hülle in der Gross Family Collection. (Abb. 6) Sie ist ein Meisterwerk der Silber- beziehungsweise Goldschmiedekunst, wie sie seit Jahrhunderten im griechischen Ioannina betrieben wird.

Abb. 7: Tora-Krone. Sammlung Ariel Muzicant, Wien, Inv.-Nr. 5715.

6. Judaica nach der Aufklärung

Objekte wie das letztgenannte sind beispielhaft für die interkulturellen Leistungen der jüdischen Gemeinden; Leistungen, die sich nicht nur auf einer ideellen oder intellektuellen Ebene, sondern eben auch auf einer materiellen niederschlugen und weiter niederschlagen. Dabei ist immer wieder zu betonen, dass diese Leistungen aus der Verbindung von allgemeiner Formensprache und Ästhetik mit jüdisch-religiösen Inhalten beruht. Beispielhaft dargestellt mag dies an einer Tora-Krone aus Gorizia aus dem Jahr 1828 werden. (Abb. 7)

Sie entspricht dem Typus der venezianischen Kronen, wie sie im 17. Jahrhundert entstanden sind. Auf dem Stirnreif vorgesetzt sind ihr ein Brandopferaltar, die Gebotstafeln, das Brustschild und das Efod, das Kleid des Hohepriesters mit seinem Glöckchenbehang. Mit dieser Bildsprache ruft die Krone nicht nur den Tempel als vergangenes Zentralheiligtum in Erinnerung. Sie belegt auch, dass der Ort, an dem sie in ihrer Gegenwart Verwendung fand, dem Tempel gleichwertig war. Sie bezeugt, dass der Verlust des Tempels nicht den Untergang seiner ideellen Relevanz bedeutet hat und dass der Tempelkult im synagogalen Wortgottesdienst weiterlebt. Sie beschwört auch den festen Glauben an eine Wiedererrichtung in der messianischen Zeit herauf und erinnert an das göttliche Verspechen, seinen Bund mit Israel nicht zu vergessen. Damit versichert sie den Gläubigen, dass jüdische Geschichte Heilsgeschichte ist, dass es eine bessere Zukunft, wann auch immer, geben wird.

Die Wechselwirkungen und Verschränkungen von traditionell jüdischer und regionaler Kultur, von religiösem Bedeutungszusammenhang und umgebungsästhetischem Verständnis sind in diesem Objekt besonders augenfällig.

Nach der Aufklärung, mit der Aufhebung des Ghettozwangs und den in West- und Mitteleuropa immer umfassender werdenden Möglichkeiten zu einem regelmäßigen sozialen und kulturellen Austausch zwischen Juden und Nichtjuden nehmen die Verschränkungen und Wechselwirkungen zwischen den Konfessionen erheblich zu. Als Beispiel sei ein Objekttypus angeführt, dem im Allgemeinen wenig Aufmerksamkeit geschenkt wird: Es ist die Seder-Zwehle, ein Textil, das in etlichen Sammlungen als Pessach-Handtuch inventarisiert ist.[53]

Abb. 8: Zwehle. Sammlung Ariel Muzicant, Wien, Inv.-Nr. 612.

53 Z. B.: Isaiah Shachar: Jewish Tradition in Art. The Feuchtwanger Collection of Judaica, Jerusalem 1981, S. 180 ff., Nos. 481, 482.

Die hier abgebildete Zwehle[54] (Abb. 8) ist mit hebräischen Zitaten gerahmt: „Und der Herr führte uns aus Ägypten mit starker Hand / Gepriesen sei der Herr, gepriesen sei er, der seinem Volk Israel die Tora gab, gesegnet sei er." Dazwischen sind die Symbole des Zodiak zu sehen, die rechts vom entsprechenden hebräischen Monatsnamen und links vom hebräischen Namen des Sternzeichens flankiert werden. Abschließend findet sich in Hebräisch der Verweis auf das Besitzerehepaar: „Sandel und Fanny Heilbronn Heilige Gemeinde Tann 632 d. kl. Zeitrechnung [i. e. 1872]". Was nun ist eine Zwehle? Das Grimm'sche Wörterbuch sagt zu diesem Stichwort nach sprachwissenschaftlichen Einleitungen:

> „zwehle ist ursprünglich das tuch, das man beim baden braucht.
> a) darum die älteste und häufigste bedeutung: handtuch, tuch zum abtrocknen des körpers …
> b) tischtuch …
> c) vortuch, mundtuch, serviette, oft als deminutivum …
> d) altartuch in älterer sprache
> e) tuch, das zur kleidung gehört …
> f) im mhd. für das leinenzeug, aus dem man handtücher und tischtücher herstellt …"[55]

Insofern ist die in etlichen Sammlungen getroffene Bezeichnung des Textils als „Seder-„ oder „Pessach-Handtuch" verständlich. Doch sie trifft weder den tatsächlichen Verwendungszweck noch die Herleitung des Objekts. Aufschluss darüber gibt jedoch das im Grimm'schen Wörterbuch unter Punkt d) gegebene Beispiel für „altartuch": „drey hüpsche seiden zwechlen, die der episteler braucht in der messe über den kelch und über die patenen". Das heißt, die Zwehle ist ein dekorativer Läufer, der während der Pessach-Feier über die Seder-Schüssel mit ihren symbolischen Speisen gelegt wird und zwar in Anlehnung an das in der christlichen Messe verwendete Kelchvelum, das in der Eucharistiefeier beziehungsweise im Abendmahlsgottesdienst den Kelch bis zur Gabenbereitung bedeckt.

Jüdisches Zeremonialgerät aus dem Zeitalter nach der Aufklärung kann über seine verwendete Formen- und Symbolsprache auch als Ausdruck sozialer und politischer Anliegen gesehen werden. Das Jüdische Museum Wien besitzt ein Tas, ein Tora-Schild von Franz Lorenz Turinsky, der es 1806 anfertigte.[56] (Abb. 9)

Es bildete wahrscheinlich einmal ein Set mit einem Paar Tora-Aufsätze aus dem selben Jahr, das sich heute in Tel Aviv befindet.[57] (Abb. 10) In seiner Kartuschform spiegelt

54 Die Zwehle ist Teil eines Sets, bestehend darüber hinaus aus einem Seder-Aufsatz und drei Abdeckungen für die Mazzot.

55 Stichwort in: Deutsches Wörterbuch von Jacob und Wilhelm Grimm, Bd. 31, Sp. 1–10 (Online-Version vom 25.01.2016).

56 Vgl. zum Folgenden auch: Felicitas Heimann-Jelinek: Judaica: An Interface between Jewish and Non-Jewish Culture in Central Europe, in: Julie-Marthe Cohen (ed.), Jewish Ceremonial Objects in Transcultural Context. Studia Rosenthaliana 37 (2004), p. 147–162.

57 Vgl. Eva Grabherr (Hrsg.): Geschichten von Gegenständen. Judaika aus dem Beziehungsraum der Hohenemser Juden. The Gross Family Collection, Hohenems 1994, S. 105–109, Nr. 22.

Abb. 9: Tora-Schild. Jüdisches Museum Wien, Slg. Berger, Inv.-Nr. 7660.

Abb. 10: Tora-Aufsätze. Gross Family Collection, Tel Aviv, Inv.-Nr. 050.001.016.

das Schild den Wiener Empire-Spiegel wider. Das Schildmittel zeigt die beiden Gesetzestafeln mit den hebräisch gravierten Gebotsanfängen. Darunter liegt das rechteckige Kästchen mit dem Einschiebeschild, auswechselbar für den jeweiligen Feiertag, flankiert von vier aufgesetzten, runden Säulen, auf denen die steigenden, schildhaltenden und vergoldeten Löwen stehen. Sie halten in repräsentativer Weise eine halbrunde, lebhaft reliefierte, mit Blattwerk geschmückte habsburgische Hauskrone mit vergoldeter Doppeladlerbekrönung. Die dazugehörigen Aufsätze sind ebenfalls teilweise vergoldet. Sie schließen mit der österreichische Kaiserkrone ab.[58]

Die beiden Schildhalter-Löwen auf dem Tas finden sich vielfach in der europäischen Formensprache. Sie erscheinen in der Heraldik und in der Manuskript-Ausschmückung ebenso wie in der Kunst am Bau und drücken Stärke, Mut und Wachsamkeit aus. Ebenso fest verankert sind die Löwen aber schon seit der Antike in der jüdischen Formenwelt. Die beiden israelitischen Stämme Dan und Juda wurden bereits in der Bibel mit Löwen verglichen, und schließlich wurde der Löwe zum Symbol für Juda schlechthin. Dem Löwen wird nicht nur physische, sondern auch geistige Stärke und

58 Vgl. Hermann Fillitz: Die österreichische Kaiserkrone, Wien und München 1959.

Heldenhaftigkeit als Qualität zugewiesen.[59] Sein Aufscheinen auf dem Tas ist innerhalb der spezifisch jüdischen Ikonographie als ebenso authentisch anzusehen wie in der nicht jüdischen allgemein-europäischen. Ebenso alt ist das Symbol der Krone: „Es gibt drei Kronen:“ heißt es in der Mischna, „Die Krone der Tora, die Krone des Priestertums und die Krone des Königtums“.[60] Dem gemäß sind auf den Tora-Vorhängen vor dem Schrein häufig drei Kronen als schmückender Dekor appliziert. Der symbolische Begriff der „Krone der Tora“ materialisierte sich als Kultgegenstand, als Tora-Krone, die, auf die Rollenstäbe der Tora gestülpt, diese tatsächlich bekrönt, um ihre einzigartige Bedeutung zu demonstrieren. Dass diese Krone leicht zweierlei Bedeutungen bekommen konnte, nämlich die traditionell ideell-religiöse und eine konkrete weltliche, liegt auf der Hand. Die konkrete österreichische Kaiserkrone auf einem jüdischen Kultobjekt ist somit auch als Integration in ein säkulares Bezugssystem zu werten, in das sich eine Minderheit langsam vorwagt. Als unter dem Einfluss der Aufklärung der jüdischen Gemeinde als Gesamtheit (und nicht mehr nur Einzelnen) das schrittweise Heraustreten aus der sozialen Isolation ermöglicht wurde, kam es zu ideellen und materiellen Rückwirkungen auf die Ausformung jüdischen Kultgerätes. Die Synagoge konnte zum Schauplatz sozialer und politischer Statements werden. Und so ist die Kaiserkrone auf den Objekten zu verstehen.

Die Wiener Judenschaft formulierte mit der Integration der österreichischen Krone in Kultgerät wie dieses Set gleich mehrere Statements: Die österreichische Kaiserkrone war zuvörderst das offizielle Herrscher-Insignium, das Rudolf II. 1602 in Prag in Auftrag gegeben hatte und das in Hinkunft als Habsburger Hauskrone bezeichnet wurde. Der Einsatz der Krone zeugt also zuerst einmal eindeutig von der Bindung der Wiener Juden an das Haus Habsburg. Als Napoleon Bonaparte sich im Mai 1804 zum Kaiser Frankreichs proklamierte, rief Kaiser Franz II. im August des selben Jahres das österreichische Erbkaisertum aus, dessen Herrscher er nun als Franz I. war. Diesem neuen staatsrechtlichen Gebilde gegenüber wollten seine Juden ebensolche Loyalität bezeugen wie dem vorangegangenen. Das genannte Schild und die dazugehörigen Aufsätze tragen die Punze des 1806 gerade erst geschaffenen staatlichen Hauptpunzierungsamtes Wien. In diesem Jahr erfolgte die Auflösung des Heiligen Römischen Reiches. Auf Druck Napoleons legte Kaiser Franz als Franz II. die deutsche Kaiserkrone endgültig nieder. Und auch bei dieser Gelegenheit bekundeten die österreichischen Juden ihre Loyalität gegenüber dem Haus Habsburg, als sie die alt-neue Krone, die österreichische Kaiserkrone, im selben Jahr an ihren religiösen, traditionell-kulturellen Bezugsort brachten. Sowohl die formale Wahl des damals als trendig zu bezeichnenden Empire-Stils für das Set als auch die Einbeziehung säkularen Dekors in Form der Habsburger Krone weisen deutlich auf die kulturelle Integration der österreichischen Juden in die Mehrheitsgesellschaft hin. Der Tora-Schmuck wurde für die Verwendung in einem nicht-öffentlichen Rahmen geschaffen. Denn die jüdischen Bethäuser Wiens waren zu jener Zeit noch privater Natur, da die Ausübung der jüdischen Religion im öffentlichen Raum nicht erlaubt war.

59 S. auch mAwot (Sprüche der Väter) V, 22.

60 mAwot, IV,17.

Erst 1826, zwanzig Jahre nachdem das prachtvolle Schild mit den Aufsätzen geschaffen wurde, durften die Juden Wiens eine Synagoge, den Stadttempel, einweihen. Die Tatsache, dass trotz Ermangelung eines repräsentativen Gotteshauses ausgesprochen repräsentative Objekte für den Kultus geschaffen wurden, weist auf das Selbstbewußtsein der Juden in der Residenzstadt hin. Sie wussten, dass schon ein Jahrhundert vorher „die Juden in dieser Stadt [...] die vornehmsten in ganz Europa [...] und [...] auch alle Diener und Verwalter von einigen Sachen des Kaisers“[61] gewesen waren und erinnerten an ihre Loyalität. Das Objekt-Set zeigt, dass die Qualität von jüdischem Zeremonialgut nicht allein in seinen religiösen und rituellen, kulturell grenzübergreifenden und -überschreitenden, sondern auch in seinen gesellschaftspolitischen Dimensionen liegt.

7. Fazit

Mit ihrem jüdisch-regionalen Charakter bezeugen Judaica-Objekte die Eingebundenheit ihrer Auftraggeber, Verwender und Besitzer in die europäische Geschichte und Kultur. Trotz ihrer multikulturellen oder besser transkulturellen Prägungen muss festgehalten werden, dass „the art of the Jews was an intrinsic and inseparable part of the specific, legally constituted Jewish community that produced it. It expressed a distinctive Jewish life and tradition; it reflected the collective Jewish thought, feeling and symbolism of that community.”[62] Jüdische Kultobjekte signalisieren ihre jüdische und ihre regionale Identität gleichermaßen und machen die Schnittstellen zwischen jüdischer Tradition und nicht jüdischer Kultur sichtbar. Wie groß die „Schnittmenge“ zwischen jüdischer und Umgebungs-Kultur ist, hängt von verschiedenen Faktoren ab: Wie integriert ist die jüdische Gemeinde in die Mehrheitsgesellschaft? Kann und will sie ihre spezifisch religiöse Ästhetik mit der in ihrer Umgebung geltenden Ästhetik zur Deckung bringen? Kann und will sie eventuell auch weitere als rein religiöse und ästhetische Anliegen formulieren?

Der Einsatz verschiedener Symbolkategorien, nämlich jüdischer und nicht jüdischer, auf den meisten uns bekannten Judaica-Objekten gibt Aufschluss über das Akkulturations- und Integrationsbewusstsein der Juden in ihrer jeweiligen Umwelt, ebenso wie er notwendigerweise gleichzeitig Unterschiede und Grenzen markiert, deren Überschreiten der Aufgabe der jüdischen Religion gleichkäme. Die Spannung zwischen Akkulturation und Beharren wohnt jedem Judaica-Objekt inne, auch wenn viele dieser Objekte nicht mehr einhundertprozentig erschließbar sind, da ihr „Sitz im Leben“ der Vergangenheit angehört und keine gegenwärtige Entsprechung hat. Wir können versuchen, diese Geschichte – wenigstens teilweise – zu rekonstruieren und die in ihnen verborgenen Codes zu entschlüsseln, denn im Wesen des Judaica-Objekts liegt es, dass es „einen Ausblick auf eine bestimmte Zeit und einen bestimmten Ort gewährt und ein

61 Abraham Levi, zit. nach Bernhard Mandl, Beschreibung Wiens von einem jüdischen Touristen aus dem Jahre 1719, in: Die Neuzeit 40 (Oktober 1896), S. 412.

62 Joseph Gutmann: Is There a Jewish Art?, in: Clare Moore (ed.), The Visual Dimension. Aspects of Jewish Art, San Francisco – Oxford 1993, S. 1–19, 14.

Verständnis des Kontextes dieses Ortes ermöglicht".[63] Und diesen Ausblick und dieses Verständnis bietet es von beiden Seiten – von der jüdischen sowie der nicht jüdischen.

Da dieser Beitrag mit Objekt-Beispielen eingeleitet wurde, die in den Bereich der Souvenir-Objekte gehören, soll auch mit einem solchen geschlossen werden. Es handelt sich um einen Becher für den Pessach-Abend mit umlaufenden Miniaturen, Stätten in und um Jerusalem darstellend: Berg Zion, Grab Davids, Höhle Machpela, Grab Rachels, Grab des Zacharias und Klagemauer. Unter den Darstellungen liest man jeweils die betreffenden hebräischen Tituli und unter dem Mundrand die Bezeichnung: „Jerusalem".[64] (Abb. 11)

Abb. 11: Becher. Jüdisches Museum Wien, Sammlung IKG, Inv.-Nr. 1031.

Der Becher wurde Ende des 19. Jahrhunderts von Simche Janiwer[65] in Jerusalem gemacht. Simche Janiwer (1846–1910), so genannt „Der Mann aus Janów" in Ostpolen,

63 William L. Gross: Vorwort, in: Felicitas Heimann-Jelinek (Hrsg.): Reise an kein Ende der Welt. Judaica aus der Gross Family Collection Tel Aviv, Wien 2001, S. 7.

64 Das Objekt stammt aus dem Nachlass Baurat Stiassnys, von dessen Sohn Sigmund es im März 1917 an das alte Jüdische Museum gegeben wurde, wo es in der von Isidor Kaufmann eingerichteten Schabbat-Stube unter der Inv.-Nr. 3834 ausgestellt war. Im Jahre 1938 wurde es mit dem Gesamtbestand von der Gestapo beschlagnahmt und um 1950 an die IKG Wien restituiert.

65 Richard Barnett: A Group of Embroidered Cloths from Jerusalem, in: Journal of Jewish Art 2 (1975), S. 28–39.

war in Grodno geboren, an der Grenze zwischen Litauen und Russland. Er war der Sohn von Abraham Schatz Diskin, der 1853 aus Janow als Kantor an die aschkenasische Hurva-Synagoge in Jerusalem berufen wurde. Simche sollte Rabbiner werden und erhielt eine dementsprechende Grundausbildung. Doch Simche wollte nicht. Er war kreativ, künstlerisch begabt, handwerklich interessiert und er wollte Geld verdienen, nicht nur von der Tora leben. Simche ließ sich als Steinmetz ausbilden, begann aber auch schon früh, mit Holz zu arbeiten. Er verstand schnell, dass im Souvenir-Geschäft eine Zukunft lag. Schließlich wuchs er in einer Zeit in der Altstadt auf, als immer mehr Touristen nach Jerusalem kamen. Er war 10 Jahre alt, als der Sekretär der Wiener Kultusgemeinde Ludwig August Frankl Jerusalem besuchte und nach Mitbringseln Ausschau hielt, er war 9, 11, 21 und 29, als Moses Montefiore in Jerusalem war und er war schon nicht mehr jung, als Herzl und Kaiser Wilhelm Jerusalem besuchten – um nur wenige Prominente zu nennen, die die Heiligen Stätten Jerusalems aufsuchten und ihre Souvenirs haben wollten. Er begann früh, mit Serpentin zu experimentieren, in Erez Israel Bethlehem-Stein genannt, arabisch Nabi-Mussa-Stein. Er verwendete das Material, um Steinbecher zu schneiden. Mit 23 Jahren konnte er testen, ob sie den gehobenen Touristengeschmack trafen und auch den vornehmsten Besuchern genehm waren, als nämlich Kaiser Franz Joseph I. in Jerusalem weilte. Und sie waren genehm. Der Kaiser geruhte, ein aus „Mosesstein" geschnittenes Kaffeeservice von Simche Janiwer huldvoll entgegen zu nehmen und ließ es in Wien in die imperialen Sammlungen aufnehmen.[66] Von da an stellte Simche Janiwer Souvenir-Objekte her.

Der spezifische Becher ist jedoch mehr als ein Souvenir der Vergangenheit, mehr als ein Erinnerungsstück an eine abenteuerliche, beschwerliche Reise an die heiligen Orte. Er ist ein Becher für den Propheten Elias, der in der Pessach-Nacht als Verkünder des Messias erwartet wird. Damit ist er ein zukunftsorientiertes Objekt, eines, das Hoffnung ausdrückt – schließlich steht „Jerusalem" nicht nur als Beschreibung des Dargestellten darauf, sondern auch in Anspielung an das Ende des Seder-Abends, an dem man in Hinblick auf das messianische Zeitalter wünscht: nächstes Jahr in Jersualem! So gesehen ist der Becher von Simche Janiwer auch ein Souvenir an die Zukunft. Und dies mag schließlich für alles jüdische Zeremonialgut gelten: Es erinnert immer an den Jerusalemer Tempel, an die Vergangenheit als erlebte und gelebte Geschichte. Es erinnert gleichzeitig daran, dass diese Geschichte ein Prozess ist, an dessen Ende die kommende Welt Realität werden wird.

66 In die Sammlung Familien-Fideikomissbibliothek des Hauses Habsburg-Lothringen als „Geschenk der österreichisch-ungarischen israelitischen Cultusgemeinde in Jerusalem" eingegangen. Heute im Weltmuseum Wien, Inv.-Nr. VO_12740. Ich danke Axel Steinmann für die Information.

Symbol für Bund und Lehre: Torawickelbänder und ihre Bedeutung für den Einzelnen und die Gemeinde

Linda Wiesner / Annette Weber

1. Einleitung

Der vorliegende Aufsatz widmet sich mit den Torawickelbändern einer einzigartigen Gruppe von Textilobjekten, die ab dem 15./16. Jahrhundert im deutschsprachigen aschkenasischen Raum[1] aus Beschneidungswindeln gefertigt und auch als Wimpel oder Mappa (hebr. für Tuch, Pl. Mappot), bezeichnet wurden.[2] Diskutiert wird ihre Entwicklung und Bedeutung in historischer, kultureller, sozialer und religiöser Hinsicht. Ergänzend werden anhand von Beispielen Varianten der Ausführung von Schrift und Dekor vorgestellt. Materielle Quellen als Zeugnisse einer Alltagskultur haben in den Jüdischen Studien – wie auch in anderen Disziplinen – erst in den letzten Jahren einen Aufschwung als eine Kategorie des Forschungsinteresses erfahren, was einerseits der Tatsache geschuldet ist, dass diese Zeugnisse mit Ausnahme von Bauwerken wie Synagogen oder Friedhöfen, hauptsächlich in Genisot[3] lagerten, deren Bergung erst seit den 1980er

---

1 Hebräisch für Deutschland, bezeichnet Aschkenas das Gebiet Mittel- und Osteuropas. Aschkenasim bezeichnet Juden und deren Nachkommen aus diesem Gebiet im Gegensatz zu den Sefardim, die aus dem südlichen Europa, vor allem Spanien und Portugal stammen.

2 Die Bezeichnung die (nicht der!) Wimpel, steht im Altdeutschen für ein Tuch, einen Schleier oder eine Binde. Welches der beiden Wörter historisch älter ist, Wimpel oder Mappa, lässt sich nicht mit Sicherheit sagen, möglicherweise ist jedoch Wimpel als Begrifflichkeit für das Torawickelband älter, weil die im Jiddischen aufgenommenen deutschen Wörter im allgemeinen älter sind als die hebräischen Ursprungs. Florence Guggenheim-Grünberg führt die unterschiedlichen Bezeichnungen im Bereich des deutschen Ritus auf verschiedene geographische Gebiete zurück. So heißt die Wickelbinde in den jüdischen Gemeinden auf alemannischem und schwäbischem Gebiet, also in der Schweiz, im Elsass und in den südlichen Teilen Baden-Württembergs, Mappe, im Norden und Osten präferierte man hingegen den Begriff Wimpel. Vgl. Florence Guggenheim-Grünberg: Die Torawickelbänder von Lengnau. Zeugnisse jüdischer Volkskunst, Zürich 1967, S. 5–6.

3 Eine Genisa (Plural Genisot) bezeichnet einen Ablageraum für unnutzbar gewordene rituelle Gegenstände, der sich meist im Dachboden der Synagoge befand. Schriftliche und materielle Objekte des Ritus wurden dort dauerhaft aufbewahrt oder später auf dem Friedhof ‚beerdigt' (dies gilt vor allem für Torarollen), da es im Judentum verboten ist, Gegenstände, die den Gottesnamen enthalten könnten oder mit dem Ritus verbunden sind, zu entsorgen. Vgl. dazu in diesem Band den Beitrag „Genisa - Die materielle Kultur des deutschen Judentums im Spiegel neu entdeckter synagogaler Ablageräume" von Andreas Lehnardt.

Jahren in größerem Maße erfolgt. Andererseits aber auch dem schon von Hans Peter Hahn in seiner *Materiellen Kultur* konstatierten Umstand, dass das Immaterielle dem Materiellen als weit überlegen definiert wurde, das Ding mithin als wenig erforschenswert galt.[4] Seit einigen Jahren erlebt das Thema der materiellen Kultur in den meisten Disziplinen jedoch großes Interesse.[5] Die materiellen Kulturen des Judentums stehen in ihrer Erforschung immer noch am Anfang, ganz besonders gilt dies für die Textilien.[6] Bisherige Publikationen, die sich mit diesen befassten, fokussierten in erster Linie wertvolle Einzelstücke aus dem Bereich der synagogalen Textilien, basierend auf Museums- und Sammlungsbeständen, die den im Alltag rituell genutzten Textilien nur wenig Raum einräumten. Gerade aber für Gemeinschaften, in deren Selbstdarstellung und -verständnis die Dinge [7] eine große Rolle spielen, ist die Betrachtung der Materialität der Alltagskultur grundlegend. Objekte textiler und nichttextiler Natur spielen für die Ausübung des Ritus in Synagoge und Heim eine maßgebliche Rolle. Die Frömmigkeit des Landjudentums beispielsweise fand zuallererst Ausdruck in seiner materiellen Kultur.[8] In einem einführenden theoretischen Teil werden deshalb methodische Ansätze, die für die Arbeit mit materiellen Kulturen des Judentums besonders geeignet scheinen,

4 Hans Peter Hahn: Materielle Kultur. Eine Einführung, Berlin 2005. Der langen Vernachlässigung der Materiellen Kultur von Gesellschaften, obwohl diese ein fundamentaler Bereich deren Lebenswelt ist, liegt laut Hahn ein westliches Menschenbild zugrunde, dass den Menschen von materiellen Dingen absondert und den Geist als etwas Wichtigeres und Überlegeneres versteht. Vgl. Hahn, Materielle Kultur, S. 7. Mittlerweile ist eine überarbeitete Auflage erschienen. Hans Peter Hahn: Materielle Kultur. Eine Einführung, zweite, überarbeitete Auflage, Berlin 2014.

5 Vgl. dazu Stefanie Samida / Manfred K. H. Eggert / Hans Peter Hahn (Hrsg.): Handbuch Materielle Kultur. Bedeutungen, Konzepte, Disziplinen, Stuttgart 2014, S. 1.

6 Das größte Interesse haben bisher die Mappot erfahren. Siehe beispielsweise Annette Weber / Evelyn Friedlander / Fritz Armbruster (Hrsg.): Mappot...gesegnet, der da kommt. Das Band jüdischer Tradition, Osnabrück 1997; Ruth Eis: Torah Binders of the Judah L. Magnes Museum, Berkeley 1979; Naomi Feuchtwanger-Sarig: Torah Binders from Denmark, in: Mirjam Gelfer-Jørgensen, Danish Jewish Art - Jews in Danish Art, Kopenhagen 1999, S. 383–435. Einführend in die verschiedenen Textilgruppen hinsichtlich der verwendeten Stoffe und der vertretenen Ikonographie für den böhmischen und mährischen Raum sind die Publikationen der Zeitschrift Judaica Bohemiae, die meist den sehr umfangreichen Textilbestand des Jüdischen Museums Prag thematisieren. Vgl. beispielsweise Jana Dolezelová: Torah Binders from four Centuries at the State Jewish Museum in Prague: An Ethnographic Analysis, in: Judaica Bohemiae, X (1973), S. 55–71. Eine gute Einführung in die textile Kultur des Judentums unter verschiedenen Gesichtspunkten wie den biblischen und rabbinischen Bestimmungen bieten Barbara Kirshenblatt-Gimblett unter Mitarbeit von Cissy Grossman: Fabric of Jewish Life. Textiles from the Jewish Museum Collection, Volume 1, New York 1977 sowie Daniel M. Swetschinski (Hrsg.): Orphan Objects: Facets of the Textiles Collection of the Joods Historisch Museum, Amsterdam 1997. Synagogale Textilien aus Musemsbeständen unter einem textilwissenschaftlichen Blickwinkel mit umfangreicher Bibliographie bei Ina Hoffmann: „Synagogale Textilien" im religiösen Kontext, in: Gabriele Mentges / Heide Nixdorff (Hrsg.): Kultische Textilien im Vorderen Orient und im Judentum, Bamberg 2001, S. 113–213.

7 Zur Verwendung der verschiedenen Begrifflichkeiten im Kontext der wissenschaftlichen Auseinandersetzung mit Materiellem siehe: Samida / Eggert / Hahn, Handbuch Materielle Kultur, vor allem I. Einleitung: Materielle Kultur in den Kultur- und Sozialwissenschaften, S. 1–12.

8 Vgl. dazu Annette Weber: Die Kultur des Landjudentums in Schwaben und Franken, in: Weber / Friedlander / Armbruster, Mappot...gesegnet, der da kommt, S. 82–91.

vorgestellt. Anhand der konkreten Objektgruppe der Wimpel sollen Chancen und Nutzen in der Erforschung der materiellen Dinge aufgezeigt werden.

2. Die (Be-) Deutung der Dinge

Anhand der Objektanalyse lässt sich ein erstes Profil der physischen Beschaffenheit eines Gegenstandes entwickeln. Im konkreten Fall der Wimpel bedeutet dies die Aufnahme des Objektes mit seinen Maßen, dem verwendeten Material, der Verarbeitung desselben, die Aufnahme der Inschrift und Bildelemente, also die Katalogisierung des Objektes. Für eine komplexe Analyse des Objektes bezüglich seiner Materialität und Funktion ist die Untersuchung seiner stofflichen Beschaffenheit grundlegend, um es nicht nur verkürzend als Bedeutungsträger in den entsprechenden Funktionen zu betrachten.[9] Der Vergleich mit anderen Objekten von gleichen oder ähnlichen Gruppen ermöglicht die Erweiterung des Objektprofils. Für die Wimpel ist dies auf verschiedenen Ebenen möglich: 1. der Vergleich mit anderen Wimpeln desselben Bestandes und die zeitliche sowie stilistische Einordnung in denselben; 2. der Vergleich mit den Wimpeln anderer Bestände und daraus resultierend die Erfassung von Gemeinsamkeiten und Unterschieden, die beispielsweise regional bedingt sein können; 3. soweit möglich Vergleich mit ähnlichen Objektgruppen nicht jüdischer Provenienz, beispielweise Taufwindeln.

So lässt sich eine Art Biographie des Objektes erstellen, in welcher die Funktions- und Bedeutungsebenen, die sich im Laufe der „Lebenszeit" auch ändern oder nebeneinander existieren können, erfasst werden. Die Objektbiografie hat in den letzten Jahren als Ansatz für die Arbeit mit Objekten große Beachtung gefunden. Es besteht jedoch die Gefahr, dass das Objekt, dem die Biografie- und somit Lebensfähigkeit und damit auch Handlungscharakter zugesprochen wird, als selbständig, ohne den Kontext des es nutzenden Menschen und dessen Handlungsräume, also nur als das Objekt als solches, gesehen und „gelesen" wird.[10] Dabei bleibt allerdings unbeachtet, dass das Ding erst aus dem Handlungskontext heraus verstanden werden kann, seine Bedeutsamkeit erst durch den Kontext des Umgangs mit ihm entstehen kann. Denn welche Bedeutungen ein Objekt trägt, ist maßgeblich abhängig vom Handlungszusammenhang, in welchem es steht. Die dem Ding zukommende Bedeutung ist dabei nicht statisch, sondern kann vielmehr im Sinne eines fortschreitenden Prozesses immer wieder neu entstehen. Aus diesem Zusammenspiel wird auch deutlich, dass gesellschaftlicher Alltag weder nur von

9 Zu den Anforderungen einer umfassenden Objektanalyse einer interdisziplinär arbeitenden materiellen Kulturforschung siehe Gabriele Mentges (Hrsg.) unter der Mitarbeit von Nina Schack und Heike Jenß: Kulturanthropologie des Textilen, Bamberg 2005, S. 11–54.

10 Einführend zur Objektbiographie mit umfangreicher Literaturliste siehe Nina Hennig: Objektbiographien, in: Samida/Eggert/Hahn, Handbuch Materielle Kultur, S. 234–237. Zu den verschiedenen Phasen der Objektbiographie siehe Stefanie Samida: ‚Objekte der Begierde': archäologische Dinge zwischen Forschung und Kommerzialisierung, in: Elisabeth Tietmeyer/Claudia Hirschberger/Karoline Noack/Jane Redlin (Hrsg.): Die Sprache der Dinge. Kulturwissenschaftliche Perspektiven auf die materielle Kultur, Münster/New York/München/Berlin 2010, S. 89–98. Zu den Grenzen und Problemen in der objektbiographischen Arbeit siehe Tobias L. Kienlin/Anne Widura: Dinge als Zeichen, in: Samida/Eggert/Hahn, Handbuch Materielle Kultur, S. 31–38, besonders ab S. 37.

Dingen geprägt, noch nur vom Handeln und Wissen seiner Mitglieder bestimmt wird, die Trennung von materieller und immaterieller Sphäre ist offensichtlich obsolet.[11]

Beispielhaft können die Existenzphasen eines (beliebigen) Wimpels folgendermaßen skizziert werden: Zuerst handelt es sich um eine Windel, die ein jüdischer Junge bei seiner Beschneidung trug, also um einen profanen Gebrauchsgegenstand. Durch den Brauch, daraus ein Torawickelband zu fertigen, wird sie zu einem rituellen Objekt. Ihr Aussehen wird dafür sehr stark modifiziert; in dem neuen Objekt das alte noch zu erkennen, erfordert das Wissen um den Brauch. Dann wird der Wimpel in einer feierlichen Zeremonie mit Initiationscharakter (*Mappe Schuletragen*) in die Synagoge gebracht und dort um die Torarolle gewickelt, er wird also in seiner Bedeutung durch die Nähe zum Heiligsten dieses Ortes aufgewertet und übernimmt zugleich eine schützende Funktion für dieses. Anlässlich zweier wichtiger Ereignisse im Lebenszyklus des Jungen, seiner Bar Mizwa und der Hochzeit, wird der Wimpel in den jeweiligen Ritualen eingesetzt. Wenn er schließlich unbrauchbar wird, also wegen seines vielleicht zerschlissenen Zustandes nicht mehr ‚funktioniert' oder derjenige, für den er angefertigt worden war, verstorben ist, wird er zur Ablage in die Genisa gegeben. Mit der Entfernung aus seinem funktionalen Kontext ist somit das Ende seiner angedachten ‚Lebenszeit' erreicht. Seit den 1980er Jahren wurden diese alten Genisot – vor allem von interessierten Laien, die die mit der Shoa gewaltsam beendete jüdische Vergangenheit ihres Heimatortes ergründeten – auf den Dachböden von Synagogen entdeckt. Materielle Objekte wie der Wimpel als „Überbleibsel" und Zeugnisse dieser verlorenen Geschichte und Kultur sind nun besonders wertvoll. Das ursprünglich wegen seiner nicht mehr vorhandenen (gewünschten) Funktionalität als „wertlos" Aussortierte wird plötzlich mit Wert „aufgeladen". Somit erhält der Wimpel eine weitere Bedeutungsebene. Zum einen wird er Gegenstand eines Forschungsinteresses, das heißt, er wird katalogisiert und hinsichtlich seiner ursprünglichen Funktion(en) analysiert. Zum anderen setzt eine Musealisierung ein, der Wimpel wird, eigentlich schon funktionslos geworden, ein Ausstellungsobjekt, ein Museumsding.[12] Der beigefügte Text in einem Ausstellungskatalog kann dann wiederum die früheren Bedeutungsebenen thematisieren, wobei der Fokus auf der Funktion als Ritualobjekt liegen wird. Als seiner ursprünglichen Funktionen enthobenes Museumsobjekt erfüllt der Wimpel als regionales und symbolisches Zeugnis des Vergangenen nun eine Erinnerungsfunktion. Verschiedene Adressaten können sich auf unterschiedliche Weise von ihm angesprochen fühlen: Der mit Ritus und Synagoge Vertraute erkennt in ihm das Torawickelband; genealogische Informationen auf dem Wimpel können dazu führen, dass Nachkommen ausfindig gemacht werden, die mit dem Objekt, neben dem Ritus- und Gemeindecharakter, eine persönliche Bedeutung verknüpfen. Ein Objekt wie der Wimpel kann also eine Vielzahl von Bedeutungen und Nutzungen durchlaufen, wobei sich mit den Handlungskontexten und Umgangsweisen auch der Dingsinn ändern kann. Bestimmt wird die jeweilige Bedeutung und Funktion durch Handlungs- und Umgangskontext.

---

11 Vgl. Hahn, Materielle Kultur, S. 9–14.

12 Zu Begriff und Eigenschaften siehe Thomas Thiemeyer: Museumsdinge, in: Samida / Eggert / Hahn, Handbuch Materielle Kultur, S. 230–233.

Um eine verkürzte Perspektive zu vermeiden, gilt für die Arbeit mit Objekten grundsätzlich, dass nicht nur einzelne Objekte isoliert in den Fokus genommen werden sollen, sondern vielmehr Objektgruppen und deren Geschichte beschrieben werden müssen.[13] Für den Wimpel heißt das, dass er in die Objektgruppe Wimpel eingeordnet werden muss, in einem weiteren Schritt in die der Objekte für die Beschneidung und dann in die der materiellen Objekte einer Gruppe, Gemeinde, Region o. ä. Dort, wo das nicht möglich ist, weil der Wimpel beispielsweise das einzige Zeugnis einer Gruppe oder sonstigen Bezugsgröße ist, kann er nicht als repräsentativ für die Kultur gelten, sondern nur als singuläres Objekt betrachtet werden.

In der ihm zugedachten Funktion war ein Wimpel, ungeachtet der verschiedenen Bedeutungen, die er im Laufe seiner Existenz durchlaufen konnte, ein Ritualobjekt, weswegen er als solches besondere Beachtung erfahren muss. Durch solche Objekte materialisiert sich Religion, werden Rituale gegenständlich.[14] In der Erfahr- und Wahrnehmbarkeit von Religion spielen Rituale eine große Rolle, da sie Religion verkörpern, diese stattfinden lassen und ihr eine (Ausdrucks-) Form geben. Sie kommunizieren Religion. Form- und sinngebend sind in diesen Handlungen wiederum Dinge. Diese Ritualdinge sind für die Durchführung und Wirksamkeit eines Rituals notwendig.[15]

Interessanterweise hat das Initiationsritual der Beschneidung als festlicher Akt die größte Anzahl von Textilien (neben den nichttextilen wie dem Beschneidungsbesteck) als rituellen Gegenständen hervorgebracht, die mehr oder weniger verbindlich aus diesem Anlass in der Synagoge genutzt wurden.[16] Die für den Akt der Beschneidung angefertigten Ritualdinge treten als Ensemble auf. Dazu gehören die spezielle Kleidung des Kindes für die Beschneidung, Kissen und Decken für den Jungen, den Paten und den Propheten Elijah[17] sowie Toravorhänge, die aus Anlass der Beschneidung von Verwandten gestiftet wurden und den Toraschrein während der Zeremonie schmückten.

13 Vgl. Hahn, Materielle Kultur, S. 41–42.

14 Mit der Bedeutsamkeit der Dinge innerhalb religiöser Systeme und dem, was an Religion sinnlich erfahrbar ist beschäftigt sich die Religionsästhetik, im englischen Sprachraum Material Religion. Zu Entstehung, den Inhalten und Zielen siehe Hubert Cancik / Hubert Mohr: Religionsästhetik, in: Hubert Cancik / Burkhard Gladigow / Matthias Laubscher (Hrsg.): Handbuch religionswissenschaftlicher Grundbegriffe. Bd. 1, Stuttgart 1988, S. 121–156. sowie Inken Prohl: Religionswissenschaft, in: Samida / Eggert / Hahn, Handbuch Materielle Kultur, S. 332–337.

15 „Ritualdinge, Sprechakte und formalisierte Gesten sind dabei notwendig aufeinander bezogen. […] Ritualdinge werden entweder speziell für den rituellen Gebrauch angefertigt, oder erst im rituellen Prozess zu Ritualdingen gemacht. Charakteristisch ist ihre Absonderung, d. h. sie werden in speziellen Räumen und Behältnissen zur Schau gestellt oder gänzlich unter Verschluss gehalten. Ritualdinge sind dann der Assoziation mit anderen Dingen entzogen, ebenso der unbefugten Berührung bzw. Wahrnehmung. […] Grundsätzlich gilt: Rituale ‚funktionieren' nicht ohne Dinge." Peter J. Bräunlin: Ritualdinge, in: Samida / Eggert / Hahn, Handbuch Materielle Kultur, S. 245–248, hier S. 245.

16 Zu den anlässlich der Beschneidung verwendeten Textilien vgl. Swetschinski, Orphan Objects, S. 79–88.

17 Zur Bedeutung des Propheten Elijah vgl. Shalom Sabar: From Cradle to Grave: The Jewish Life Cycle, in: Treasures of Jewish Heritage. The Jewish Museum London, London 2006, S. 102–117, hier S. 108.

Die Wimpel sind auf das Engste mit verschiedenen Ritualen im Lebenslauf eines Jungen verbunden, sie tragen deren Bedeutung und bekommen selbst eine Bedeutung, die weit über ihre ursprüngliche als Beschneidungswindel hinausreicht. Sie haben ihren Ursprung im Beschneidungsritual, erweitern aber, im Gegensatz zu den anderen Textilien dieses Ereignisses, ihren Bedeutungs- und Funktionsradius. Sie spielen bei verschiedenen Übergangsriten eine Rolle: zuerst bei der Beschneidung, bei welcher der Junge in den Bund aufgenommen wird, danach bei der Bar Mizwa, also dem Übergang vom Kind zum mündigen Erwachsenen, der aus der Tora lesen darf und damit vollwertiges Mitglied der Gemeinde wird, und später bei der Hochzeit beim Übergang vom Status als Junggeselle zu dem eines verheirateten Mannes, der eine Familie gründen wird und so zum Erhalt des jüdischen Volkes beiträgt.

3. Entwicklungsgeschichte

In den aschkenasischen Gemeinden, die dem Brauchtum des sog. Minhag Rhenus (hebräisch für Brauch im Rheinland) folgten, der sich seit dem Mittalter ausgehend von den sog. SchUM-Gemeinden Speyer, Worms und Mainz entwickelt hatte,[18] gehörte der Wimpel zur Ausstattung einer Torarolle und genoss damit herausragende rituelle Prominenz. Als Bestandteil des Toraschmucks, dem von der Antike bis in die Gegenwart in allen materiellen Kulturen des Judentums zentrale Bedeutung zukam, vermittelte er sichtbar, dass die Torarolle heilig und somit zentrales Objekt jeder Synagoge ist. Sie beinhaltet das Gesetz, konstituiert das Gemeindeleben und bestimmt damit jüdisches Selbstverständnis in der Geschichte. Sehr früh wird daher bereits in der jüdischen Traditionsliteratur wie beispielsweise dem Talmud diskutiert, wie mit einer Torarolle umzugehen, wie sie herzustellen und zu schmücken sei. So heißt es im babylonischen Talmud, Traktat Schabbat etwa:

> „Es wird nämlich gelehrt: Er ist mein Gott, ich will ihn verherrlichen, verherrliche ihn bei der Ausführung der Gebote. Ihm [zu Ehren] errichte dir eine schöne Festhütte, [schaffe dir] einen schönen Feststrauß an, eine schöne Posaune, schöne Çiçith, eine schöne Torarolle, schreibe sie auf seinem Namen mit schöner Tinte, mit schöner Feder, durch einen geübten Schreiber und hülle sie in schöne Seidengewänder.“ [19]

Darüber hinaus wird die Tora als weibliches Wesen personifiziert, welchem es wie einer Königin gebührt, die königliche Krone (hebräisch Keter Tora) und den Königsmantel zu tragen.[20] So wurde die Idee der sogenannten Hiddur Mizwa (wörtl. Erhöhung des Gebotes, ursprünglich der Ausstattung von Stiftszelt und Tempel zugrunde liegend) zum grundlegenden ästhetischen Konzept, welches den Ausstattungscharakter

---

18 Zu den SchUM-Gemeinden siehe Alexander Shapiro / B. Mordechai Ansbacher: Shum, in: Encyclopaedia Judaica, 2. Aufl., Bd. 18, Detroit 2007, S. 532–533.

19 Lazarus Goldschmidt (Übersetzer): Der Babylonische Talmud, 12 Bde., Berlin 1929–1936, Bd. 1 Berachot, Traktat Schabbat 133b, S. 855.

20 Zu den ikongraphischen Quellen, aus denen sich die Bedeutung der Tora herleitet, äußert sich ausführlich Rahel Wischnitzer-Bernstein: Symbole und Gestalten der jüdischen Kunst, Berlin 1935, vor allem in Kapitel II. Königtum, S. 33–42.

der Synagoge bestimmte und zur Ausbildung einer reichen Objektkultur führte. Die verschiedenen Gattungen des Toraschmucks und der synagogalen Ausstattung entwickelten sich seit der Antike je nach Region rituell und kulturell unterschiedlich, und erreichten in der Neuzeit ihre volle Ausdifferenzierung. Jedoch hatte eine Synagoge im Maghreb mit einer deutschen Landsynagoge immer noch die besondere Rolle der textilen Ausstattung gemeinsam, die jeweils den visuellen Fokus bildete. Dazu gehörten der Parochet (hebräische Bezeichnung für den Vorhang des Toraschreins, in welchem die Torarollen aufbewahrt werden), der Me'il (hebräische Bezeichnung für den Toramantel), die Mappa oder Bemadecke, die als Unterlage für die Rolle auf dem synagogalen Lesepult diente und das ebenfalls als Mappa bezeichnete Torawickelband. [21]

In Aschkenas, aber teilweise auch in Sefarad, war das Torawickelband vor allem deshalb notwendig, weil die Torarolle nicht wie in orientalischen oder nach Nordafrika ausgewanderten sefardischen Gemeinden in einem festen Behältnis stehend, dem sogenannten Tiq, verwahrt wurde, sondern lediglich mit dem Me'il versehen in den Toraschrein gestellt wurde. Das lange Band, das direkt um die Rolle gewickelt wurde, verhinderte, dass diese während der Aufbewahrung auseinanderrollen und Schaden nehmen konnte. Der zumeist reiche Schmuck dieser Wickelbänder, aber auch der Hüllen und Behälter, gleich ob aus Holz, Metall oder Stoff, versinnbildlichte die Würde und Bedeutung einer Torarolle.

Ausdruck einer hochdifferenzierten Textilkultur, bildete die Verwendung der Wimpel als Torawickelband schnell regional verschiedene Bräuche aus, die zuerst in deutschen, dann aber auch in jüdischen Gemeinden der Schweiz, des Elsass, in Böhmen, Mähren und in Österreich dokumentiert sind und bis ins 20. Jahrhundert beibehalten wurden.

Lange bevor sich der Brauch der Wimpel in Aschkenas entwickelte, gab es bereits Torawickelbänder, deren Entwicklungsgeschichte bis in die Antike zurückreicht. Funktion und Aussehen dieser für die Torarolle so wichtigen Textilien wandelten sich dabei im Laufe der Jahrhunderte mehrfach. Grundlegend für den Umgang mit diesen Objekten des Ritus waren die bereits von den Rabbinen der Mischna (älterer Teil des Talmud) getroffenen Festlegungen, die die Heiligkeit dieser, da der Tora am Nächsten, Textilien betonten. Deswegen durften sie weder einfach verkauft werden – dies war nur dann zulässig, wenn das Geld für die Anschaffung einer neuen Torarolle verwendet wurde – noch durften sie, wenn sie unbrauchbar geworden waren, weggeworfen werden. Vielmehr mussten sie, wie die übrigen synagogalen Textilien und überhaupt alle Schriften und Gegenstände mit rituellem Bezug, in der Genisa aufbewahrt oder auf dem Friedhof begraben werden. Der Brauch der Aufbewahrung all dieser Dinge in der Genisa führte dazu, dass diese Objekte teilweise Jahrhunderte überdauerten und bei ihrer Entdeckung durch Laien und Wissenschaftler ein eindrückliches Zeugnis des Festhaltens am Ritus über die Jahrtausende von der talmudischen Bestimmung bis ins frühe

21 Vgl. Annette Weber: Kle Qodesh – ‚Heilige Gerätschaften' – Kultgerät der alten Gemeinde Magenza, in: Andreas Lehnardt (Hrsg.): Eine Krone für Magenza. Die Judaica-Sammlung im Landesmuseum Mainz und ihre Geschichte, Mainz 2015, S. 44–64, hier S. 44–47.

20. Jahrhundert darstellen. Heute gelten die Genisot des Landjudentums als wichtige Quelle von Schrift- und Sachkultur. Im Bereich der textilen Zeugnisse sind es gerade die Wimpel, die des Öfteren in größerer Zahl gefunden werden. Dies bedeutet jedoch nicht, dass dieser Brauch vom städtischen Judentum nicht mehr gepflegt wurde, jedoch wurden die Genisot der Stadtsynagogen in der Reichspogromnacht 1938 fast vollständig vernichtet. Ein besonders umfangreicher Bestand an Wimpeln war in Worms vorhanden, unter den etwa 600 Exemplaren befand sich auch der älteste bekannte Wimpel von 1570. Die Zerstörung der Synagoge in der Reichspogromnacht überlebten allerdings nur einige wenige Exemplare, die heute, gezeichnet durch Brandspuren, im Raschi-Haus in Worms als Teil der Dauerausstellung des Jüdischen Museums zu sehen sind.[22]

In Antike und Mittelalter wurde das Torawickelband aus Leinen, Wolle oder seltener aus Seide gefertigt, im Mittelalter begann man dafür auch gebrauchten Kleiderstoff zu verwenden.[23] Weder in der Antike noch im Mittelalter hatten diese Bänder etwas mit der Beschneidung zu tun. Hinsichtlich des Formats und der Bezeichnung, ja sogar der Funktion, bildeten sich, abhängig von der Region und der kulturellen Zugehörigkeit der Gemeinde, verschiedene Varianten aus. So konnte das Format von einem großen Rechtecktuch, das die Torarolle vollständig bedeckte, bis zu einem langen, eher schmalen Wickelband reichen. Das Textil wurde teilweise dazu benutzt, den Text der Torarolle während der Zeit, in welcher nicht gelesen wurde, abzudecken. Bezeichnet wurde das Wickelband als Iriah, Mitpachat oder, wie später immer noch, als Mappa.[24]

Solche Mappot wurden von einzelnen Gemeindemitgliedern, die sie in der Regel auch selbst gefertigt hatten, zu verschiedenen Anlässen gestiftet. Ab dem Mittelalter waren es hauptsächlich Mappa-Stiftungen, die anlässlich der bevorstehenden Hochzeit von Braut oder Bräutigam gemacht wurden. So war etwa nach den im 15. Jahrhundert gesammelten aschkenasischen *Minhagei Maharil*[25] ein Bräutigam gehalten, der

22 Otto Böcher: Die Alte Synagoge Worms, Worms 1960, S. 94–95 sowie Annette Weber: Katalog der Kultgegenstände aus dem Museum der israelitischen Gemeinde Worms anhand der Angaben und Fotos von Isidor Kiefer, in: Annette Weber (Hrsg.): Medinat Worms (= Aschkenas; 12, 1/2), 2002, S. 67–89, hier S. 89.

23 Zu rabbinischen Entscheidungen bezüglich der Zweitverwendung von Kleiderstoffen für die Fertigung ritueller Textilien siehe Jules Harlow: Jewish Textiles in Light of Biblical and Post-Biblical Literature, in: Kirshenblatt-Gimblett, Fabric of Jewish Life, S. 31–34 sowie Rabbinische Responsen zum Synagogenbau. Teil 1: Die Responsentexte. Übersetzt und eingeleitet von Brigitte Kern-Ulmer, Hildesheim / Zürich / New York 1990, S. 113–128.

24 Vgl. Zohar Hanegbi / Bracha Yaniv: Afghanistan: The Synagoge and the Jewish Home, Jerusalem 1991, S. 23.

25 Rabbi Jacob ben Moses HaLevi Moellin von Mainz (ca. 1360–1427), Maharil genannt (Morenu ha-Rav Jacob ha-Levi), war einer der anerkanntesten Talmudisten seiner Zeit und Oberhaupt der jüdischen Gemeinden Deutschlands, Österreichs und Böhmens. Vgl. Ephraim Kupfer: Moellin, Jacob ben Moses, in: Encyclopaedia Judaica, 2. Auflage, Bd. 14, Detroit 2007. S. 414–415. Das Buch, auch bekannt als Sefer Hamaharil (Buch des Maharil) oder Sefer Minhagim (Buch der Bräuche), wurde lange nach dem Tod des Maharil von seinem Schüler R. Zalman von St. Goar, der die Regeln und Anweisungen seines Lehrers schriftlich gesammelt hatte, veröffentlicht. Erstmals gedruckt wurde es 1556 in Sabbianetta. Das Buch enthielt detaillierte Beschreibungen des Ritus in Synagoge und Heim und stellte eine verbindliche Kodifizierung der aschkenasischen

Synagoge aus Anlass seiner Verheiratung nicht nur Kerzenwachs zur Beleuchtung des Synagogenraumes zu stiften, sondern auch eine Mappa, also ein Wickelband für die Torarolle.[26] So dokumentierte man offiziell seine Verbundenheit mit der Tora und dem Ritus. Die Inschriften, die meist den Namen der Stifterin oder des Stifters trugen, boten die Möglichkeit, sich vor der ganzen Gemeinde mit der Religion und Tradition des Judentums zu identifizieren. Gerade für die Frauen war dies eine Möglichkeit, in dem ihnen sonst verschlossenen Hauptraum der Synagoge mittelbar sichtbar zu werden.

Eine besonders aufwendige Variante solcher Stiftungen bildete sich in Italien seit dem 16. Jahrhundert aus. Die italienischen Mappot waren – bis auf den Verwendungszweck als Wickelband für die Tora – völlig verschieden von den aschkenasischen Wimpeln. Die italienischen Binden hatten überhaupt nichts mit der Beschneidung zu tun, waren aus feinsten Stoffen gefertigt, die oft identisch waren mit denen der Toramäntel, so dass die beiden Textilien Sets bildeten. Die Inschriften der Mappot waren sehr oft „frauenorientiert", d. h. sie verbanden das Lob der Tora mit dem eigenen Namen und Wünschen für männliche Verwandte und, gerade wenn die Mappa anlässlich einer Eheschließung gestiftet wurde, dem Wunsch einer guten Ehe mit großem Kinderreichtum. Den Rahmen für diese Inschrift gab eine schematisch gleiche Formel als Grundlage, die beliebig erweitert werden konnte, wobei das Schema sehr knapp gehalten war und ungefähr folgendermaßen aussah: „Zu Ehren der Tora ist dies meiner Hände Arbeit (Name der Frau)…Frau / Tochter des (Name des Mannes / Vaters)…im Jahr…".[27] Die oftmals sehr elaborierten Stickereien wurden in verschiedenen Farben aufgebracht, wobei, auch abhängig vom jeweiligen Zeitgeschmack, bestimmte Farben präferiert wurden. Zusätzlich sind die seitlichen Abschlüsse der Mappot mit schmückenden Spitzen versehen,

---

Bräuche dar und beeinflusste das aschkenasische Judentum maßgeblich. Der Maharil erhob dabei auch viele lokale, ursprünglich nicht jüdische Bräuche in den Rang von Gesetzen, wie Emile G. L. Schrijver ausführt. Weiter heißt es: „Er [der Maharil] duldete den Brauch, einen am nächsten Tag zu beschneidenden Jungen vor Dämonen zu schützen, indem man sich in der Nacht vor der Beschneidung in dessen Haus versammelte und das *Schema*, das Glaubensbekenntnis, sprach. Er ist die Autorität, die anordnete, daß die Beschneidung in der Synagoge und öffentlich ausgeführt wird, wenngleich in der Abwesenheit der Frauen. Gefragt, wie in der Gemeinde, in der Musikanten nicht erlaubt sind, eine Hochzeit gefeiert werden soll, gab er den Rat, die Hochzeit in eine andere Gemeinde zu verlegen, so daß das verheiratete Paar wenigstens die Musik genießen könne. Seine rabbinischen Entscheidungen, (…), waren sowohl bei seinen Zeitgenossen wie auch bei Generationen aschkenasischer Rechtsgelehrter nach ihm hoch geschätzt und dienten als grundlegende Basis für die Arbeit einer weiteren Leuchte der halachischen Lehre des spätmittelalterlichen aschkenasischen Judentums: Moses ben Israel Isserles (1525 oder 1530–1572), Autor einer Vielzahl halachischer Werke, der in Polen lebte. Die halachischen Sammlungen des Maharil und des Moses Isserles sind die Grundlage dessen, was heute noch immer als *Minhag Aschkenas* bekannt ist." Emile G. L. Schrijver: Die Aschkenasische Tradition und die Geschichte ihrer Schrift: Wie sind Tora-Wimpel einzuordnen?, in: Weber / Friedlander / Armbruster, Mappot…gesegnet, der da kommt, S. 46–54, hier S. 47–48.

26 Vgl. Shlomo Spitzer (Hrsg.): Sefer Minhagei Maharil, Minhagim, Jerusalem 1988 (hebr.), S. 170 (Nissuin 63b) sowie Weber, Kle Qodesh, in: Lehnardt, Krone für Magenza, S. 47–48.

27 Vgl. Cissy Grossman: Womanly Arts: A Study of Italian Torah Binders in the New York Jewish Museum Collection, in: Journal of Jewish Art 7 (1980), S. 35–43, hier S. 38.

diese Geschichte metaphorisch, so blieb das Bestreben, das Kind anlässlich der Zeremonie, die es in die jüdische Gemeinschaft aufnahm, mit deren Wichtigstem, der Tora, für jeden sichtbar und auf eine sehr persönliche Weise zu verbinden.[39] Auch die in der Legende angesprochene Spende (hebr. Zedaka) blieb als essentieller Bestandteil des Brauches erhalten, indem man die Windel selbst als Wickelband für die Torarolle der Synagoge übergab.

Ausgehend davon, dass das Buch des Maharil als einer großen rabbinischen Autorität rasch Verbreitung fand, überrascht es nicht, dass dieser Brauch schnell in vielen Regionen Aschkenas' bekannt war und praktiziert wurde. Der älteste erhaltene Wimpel, datiert auf den 2. Juni 1569 als Tag der Geburt von Eliyah b. Avraham, wurde in der Synagoge von Heggenheim im Südelsass gefunden und befindet sich heute im Musée d'Art et d'Histoire in Paris. Der älteste erhaltene deutsche Wimpel mit einer Inschrift, die das Jahr 1590 nennt, wurde in der Genisa von Westheim in Unterfranken gefunden und befindet sich heute im Besitz der Gross Family Collection in Israel.[40] Zu den ältesten erhaltenen Exemplaren zählen weiterhin einige Wimpel aus Bechhofen in Mittelfranken, Bayern, aus dem späten 17. Jahrhundert,[41] die älteste erhaltene Mappa aus Lengnau in der Schweiz stammt von 1655.[42] In der Genisa der ehemaligen Synagoge in Niederzissen / Rheinland-Pfalz wurde mit dem Wimpel für Alexander bar Jehuda von 1653 das älteste Objekt eines außergewöhnlich großen Textilbestandes entdeckt.[43] Erhaltene Exemplare aus dem 17. Jahrhundert sind jedoch die Ausnahme, die Mehrzahl der Wimpel stammt aus dem 18. und 19. Jahrhundert. Sie sind in Genisot in recht großer Zahl überliefert, denn die Anfertigung der Wimpel als Teil des Minhag wurde sehr rasch zur Pflicht für jede Mutter eines Neugeborenen.[44] Da dem Akt der Wimpelstiftung solche Bedeutung beigemessen wurde und der Knabe mit seinem Wimpel der Religion und Gemeinde verbunden war, verwundert es nicht, dass dieser im Lebenszyklus des Jungen mehrmals zu Bedeutung kam und sich damit einhergehend verschiedene Bräuche ausbildeten.

---

39 „The transformation of a circumcision cloth into a Torah binder connects symbolically the two covenants upon which Judaism is founded. The brith Milah or „covenant of circumcision" involves the removal of something that nonetheless binds, and a representation of that ceremony is symbolically wound around the law to which the Jew binds himself (...) The wimpel binds the Torah as it is hoped that the Torah will bind the boy." Swetschinski, Orphan Objects, S. 80.

40 Vgl. Feuchtwanger-Sarig, Torah Binders from Denmark, in: Gelfer-Jørgensen, Danish Jewish Art, S. 390.

41 Vgl. Eis, Torah Binders, S. 73.

42 Vgl. Guggenheim-Grünberg, Torawickelbänder, S. 7.

43 Eine erste Vorstellung des Bestandes bei Linda Wiesner: Der Textilfund, in: Falk Wiesemann (Hrsg.): Zeugnisse jüdischen Lebens in Niederzissen. Genisa-Funde in der ehemaligen Synagoge, Niederzissen 2012, S. 69–88.

44 Vgl. Guggenheim-Grünberg, Torawickelbänder, S. 6

4. Die Rolle des Wimpels im Lebenszyklus

Die Stiftung der aus der Beschneidungswindel gefertigten Mappa wurde in einer feierlichen Zeremonie vollzogen, welche die *Mappe Schuletragen* (also den Wimpel in die Synagoge tragen) genannt wird. Dabei handelt es sich gleichzeitig um den ersten offiziellen Besuch der Synagoge für den Jungen, dessen Mappa gestiftet werden sollte. Dies geschah, je nach Region und Brauch, zwischen dem 1. und dem 3. Lebensjahr des Jungen, sehr selten konnte dies auch früher oder später geschehen.[45] Die bekannteste Darstellung dieses Ereignisses dürfte diejenige Moritz Daniel Oppenheims aus seinem Zyklus *Bilder aus dem altjüdischen Familienleben*, veröffentlicht in den 1860er Jahren, sein. Joseph Gutman beschrieb das auf dem Bild stattfindende Geschehen folgendermaßen:

> „1869 malte der deutsch-jüdische Künstler Moritz Daniel Oppenheim (1800–1882) ein Grisaille-Bild mit der Darstellung eines ungewöhnlichen jüdischen Brauches. *Das Schuletragen* (wörtlich: den kleinen Jungen zur Synagoge tragen) zeigt ein Kind, das anscheinend an der Zeremonie *Hagbaha* (Emporheben) und *Gelila* (Ankleiden) der Torarolle in der Synagoge teilnimmt. Der Vater hält das Kind und führt seine Hände zu den Torastäben (*Atzei Cajiim*), die auch Bäume des Lebens genannt werden, da die Torarolle mit einem *Baum des Lebens allen, die sie ergreifen* (Sprüche 3:18) verglichen wird. Auf dem Lesepult (*Bima*) sehen wir einen Wimpel mit der hebräischen Inschrift: *maasim tovim amen selah* (guten Werken, Amen, Selah), und unter dem Toramantel (*me'il*) einen weiteren Wimpel mit der hebräischen Inschrift: *Mosche ben Gedalia Oppenheim* (Moses=Moritz), Sohn des Gedalia Oppenheim."[46]

Die Mappa wurde in dieser Zeremonie von dem Jungen um die Torarolle gewickelt und sein Leben somit auch in einem symbolischen Akt mit der Tora verbunden. Dieser wurde, wiederum regional bedingt und geprägt, von verschiedenen Bräuchen begleitet, beispielsweise dem von Ruth Eis beschriebenen:

> „In the tradition of the region of origin these binders were presented by the child when he was one year old. This was always a special event, giving cause to celebrate. The women of the community would congratulate the mother, point out remarkable qualities of the boy and comment, on his returning the wimpel: if the child handed it back willingly, he was a 'Goldkind' (…), happy, outgoing and ready to share. But should the child be reluctant to give up the binder or even cry, he would be considered already deeply attached to Torah and sure to become a 'Teacher in Israel'."[47]

45 Gutmann schreibt sogar von einer möglichen Zeitspanne von einem Monat bis zu 5 Jahren. Gutmann, Jewish Life Cycle, S. 7.

46 Joseph Gutmann: Die Mappe Schuletragen. Nachdruck aus Visible Religion Band 11, 1983, in: Weber / Friedlander / Armbruster, Mappot…gesegnet, der da kommt, S. 65–69, hier: S. 65. Oppenheim referiert in dieser idealisierenden Darstellung augenscheinlich auf seine eigene Zeremonie des Mappe Schuletragens. Vgl. hinsichtlich Oppenheims Intention einer authentischen Darstellung jüdischen Brauchtums aus der Frankfurter Judengasse und des damit verbundenen Bildungsanspruchs für seinen Zyklus *Bilder aus dem altjüdischen Familienleben* sowie deren Umsetzung Annette Weber: Moritz Daniel Oppenheim und die Tradition des Kultgerätes aus der Frankfurter Judengasse, in: Karl E. Grözinger (Hrsg.): Jüdische Kultur in Frankfurt am Main von den Anfängen bis zur Gegenwart, Wiesbaden 1997, S. 321–344, hier S. 323–330.

47 Eis, Torah binders, S. 14.

Während der Zeit, in der sie nicht benutzt wurden, wurden die Wimpel in einer Kiste oder einem Kasten verwahrt.[48] Der nach der Zeremonie des Mappe Schuletragens nächste Anlass der öffentlichen Präsentation war die Bar Mizwa des Jungen. Im Alter von 13 Jahren erreicht er die religiöse Mündigkeit und wird mit eigener religiöser Verantwortung ein Sohn des Gesetzes, also der Gebote. Dies war der Tag, an dem er zum ersten Mal in der Synagoge zur Lesung aus der Tora aufgerufen wurde, um seine religiöse Mündigkeit zu beweisen. Die Rolle, aus der er dabei las, wurde als Zeichen seiner Verbundenheit mit der Tora nach der Lesung mit seiner Mappa umwickelt. In manchen Gemeinden bildete sich außerdem der Brauch aus, bei der Hochzeit die Chuppa, also den Baldachin, unter dem die Trauung stattfand, mit der Mappa zu schmücken. So begleitete die Mappa den Jungen bei wichtigen Ritualen und Ereignissen, und jedes Mal fand erneut ein Bekenntnis Ausdruck: das zur Tora. Gleichzeitig wurden bei den Ereignissen der Bar Mizwa und der Hochzeit die auf der Mappa eingeschriebenen Wünsche Wirklichkeit: der Junge war zur Tora herangewachsen, nun war er bereit, mit der Lesung aus ihr als mündiger Teil der Gemeinde aufgenommen zu werden. Wenn er heiratete, erfüllte sich der Wunsch, er möge zur Chuppa heranwachsen, also heiraten und mit der Gründung einer eigenen Familie den Fortbestand der Gemeinde sichern. So war die Mappa auch eine Art Wegweiser durch das Leben; sie anlässlich dieser Ereignisse der Gemeinschaft zu präsentieren, war die Bestätigung, diesen Weg, wie er in dem Spruch aus der Beschneidungsliturgie zum Ausdruck kommt, zu gehen. Und noch einen – ganz pragmatischen – Zweck erfüllte die Mappa lange Zeit: Bevor es Geburtsregister gab, fungierten die Mappot als eine Art Geburtsurkunde, die Name, Herkunft und Geburtsdatum vermerkte.[49]

So war diese besondere Textilie an der Schnittstelle von persönlichem und synagogalem Objekt nicht nur wichtiger Teil des Minhag im Ritus, sondern hatte auch offiziellen Charakter. Interessant für die Forschung ist sie darüber hinaus, neben den genealogischen Informationen und religions- und kulturhistorischen Implementierungen, nicht zuletzt wegen der volkskünstlerischen Gestaltung.

5. Gestaltung der Wimpel – Motiv- und Symbolkanon

Die Wimpel werden sehr oft als Zeugnisse einer jüdischen Volkskunst par excellence apostrophiert, die nicht von professionellen Künstlern, sondern eben Laien gefertigt wurden. Die Wimpel werden dadurch charakterisiert, dass ein – schon durch die hebräische Inschrift – eindeutig jüdisches Objekt, welches stark mit Religion und Ritus verbunden, mehr noch, aus diesen entstanden war, Elemente der meist regional geprägten Volkskunst aufnahm und somit nicht nur religiöses Zeugnis, sondern ebenso Zeugnis einer volkstümlichen Kunst sein kann. Das ist umso bemerkenswerter, als christliche textile Zeugnisse selten einen so langen Zeitraum überdauert haben, die Objekte von dieser Seite deswegen nur spärlich vorhanden sind. Geprägt wird das Erscheinungsbild

48 Vgl. Gutmann, Jewish Life Cycle, S. 7.

49 Vgl. Freddy Raphaël: Am Schawess brengt mein Jénigle die Mappe in d'Schüle, in: Weber / Friedlander / Armbruster, Mappot…gesegnet, der da kommt, S. 73–79, hier S. 73.

der Wimpel dabei nicht selten von einer Mischung aus einem Beharren in der Tradition, augenscheinlich zum Beispiel in der Verwendung eines Schrifttypus, der sich in einer langen Traditionslinie der mittelalterlichen Quadratschrift, wie sie schon in jüdischen Handschriften jener Zeit zu sehen war, befindet und der Aufnahme von Elementen des Zeitgeschmacks.[50]

Hauptsächlich aus Genisotfunden sind mehrere Bestände an Mappot überliefert.[51] In großer Zahl wurden sie in Ichenhausen, Bayern,[52] Mackenheim und Dambach-la-Ville, beide im Elsaß,[53] und in geringerer Zahl in Niederzissen, Rheinland-Pfalz,[54] gefun-

50 Zu den möglichen Einflüssen und Vorbildern für den auf den Mappot verwendeten Schrifttypus siehe Schrijver, Die Aschkenasische Tradition, in: Weber / Friedlander / Armbruster, Mappot…gesegnet, der da kommt, S. 46–54. Schrijber verweist darauf, dass sich die aschkenasische Quadratschrift am Vorbild gotischer Schriften ausbildete, die sich durch eine große Varianz der Strichstärken durch die Verwendung verschieden dicker und dünner Striche auszeichnetem. Diese Varianz der Buchstabengestaltung und damit auch ihrer Fläche bildete eine ideale Grundlage für den gestalterischen Formenreichtum der Buchstaben auf den Mappot, der sich im Verlauf mehrerer Jahrhunderte erweiterte und modifizierte. Je ungeübter jedoch die ausführende Hand im Buchstaben schreiben war, desto uneinheitlicher und weiter entfernt vom Idealtypus war die Inschrift schließlich. Zur Verwendung des von ihr als „ceremonial Quadrata“ bezeichneten Schrifttypus auf Wimpeln vgl. Annette Weber: „The *Masorah* Is a Fence to the Torah“: Monumental Letters and Micrography in Medieval Ashkenazi Bibles, in: Ars Judaica 11 (2015), S. 7–30, hier S. 23.

51 Zu den Beständen von Mappot gehören oftmals auch weiße Binden, die zwar längs zusammengenäht wurden, jedoch ganz leer, das heißt ohne Inschrift und Dekor sind. Guggenheim-Grünberg benennt es als Brauch der aus Polen Zugewanderten, solche unbeschrifteten Binder in der Synagoge zu hinterlegen, da man nach polnischem Ritus weiße oder einfarbige Bänder zum Umwickeln der Tora verwendet hätte. Sie verweist jedoch auch auf die Information, dass solche sogenannten weißen Wimpel von Kindern stammten, die starben, bevor sie die Wimpel in die Synagoge bringen konnten. Vgl. Guggenheim-Grünberg, Torawickelbänder, S. 18, siehe Fußnote 10. Ruth Eis bemerkt, dass Siegfried Strauss darauf hingedeutet hat, dass unbeschriebene Wimpel den Tod der Kindsmutter bedeuten. Weiter führt Eis aus: „It is logical to accept this explanation, since the mother would fill in the information as soon as the baby was born. Only death could prevent her from performing this *mitzvah*.“ Eis, Torah binders, S. 14.

52 In der Genisa der Ichenhausener Synagoge wurden in den Jahren 1992 und 1994 insgesamt 93 Wimpel und Wimpelfragmente gefunden, die sich über einen Zeitraum von 1665–1784 erstrecken. Vgl. Annette Weber: Vom Löwen zur Jungfrau - Die Wimpel der Synagoge Ichenhausen, in: Weber / Friedlander / Armbruster, Mappot…gesegnet, der da kommt, S. 92–98, hier S. 92.

53 In Mackenheim konnten 130 Wimpel und Wimpelfragmente gerettet werden, der älteste datiert von 1669, der jüngste von 1904. Vgl. Günter Boll: Die jüdische Gemeinde von Mackenheim, in: Weber / Friedlander / Armbruster, Mappot…gesegnet, der da kommt, S. 22–27. 249 Wimpel und Wimpelfragmente wurden in der Genisa der Synagoge in Dambach-la-Ville gefunden. Der älteste Wimpel stammt aus dem Jahre 1614. Vgl. Claire Decomps: La genizah de la synagoge de Dambach-la-Ville (67): une découverte inestimable pour la connaissance de la vie juive dans une communauté rurale traditionelle, in: Cahiers Alsaciens d'Archéologie, d'Art et d'Histoire 56 (2013), S. 195–220, hier S. 200.

54 Aus der Genisa der ehemaligen Synagoge in Niederzissen wurden 2011 insgesamt 26 Wimpel und Wimpelfragmente aus dem Zeitraum von 1653–1888 geborgen. Des Weiteren fanden sich sechs Fragmente sogenannter weißer Windeln (vgl. Fußnote 49). Vgl. Wiesner, Textilfund, in: Wiesemann, Zeugnisse jüdischen Lebens, S. 84. Die Anzahl der Wimpel ist im Vergleich zu den anderen

den. Aus Lengnau, Schweiz,[55] ist ein weiterer großer Bestand bekannt, ebenso aus Dänemark.[56] Wie kaum eine andere rituelle Textilie bieten die Mappot aufgrund des großen Formenkanons, der in ihrer Gestaltung sichtbar ist, die Möglichkeit, Entwicklungslinien, Kontinuitäten und Brüche für einen Zeitraum von mehreren Jahrhunderten nachzuvollziehen. Somit kann die Entwicklung innerhalb eines Bestandes als auch im Vergleich verschiedener Bestände erfasst werden, wobei sich regionale Eigenheiten oder auch überregionale Gemeinsamkeiten zeigen können. Auch hinsichtlich der Herkunft einzelner Wimpel können anhand des Vergleichs Zuordnungen gemacht werden. Da sich in der Wimpelinschrift nur in Ausnahmefällen die Ortsnennung findet, ist dies vor allem für Wimpel, die nicht Teil von Genisotbeständen sind, wo man davon ausgehen kann, dass diese Wimpel zumindest aus einer Gegend stammen, von Bedeutung.

Die Ausbildung des Brauches, die Beschneidungswindel als Torawimpel zu stiften, ermöglichte es jeder Familie, unabhängig von ihrer wirtschaftlichen Situation, mit einem Objekt in der Synagoge sichtbar zu sein, beispielsweise ganz im Unterschied zur Stiftung von Torasilber, was nur wenigen vermögenden Gemeindemitgliedern vorbehalten war. Mit der Stiftung der Mappa hatte nun jede Familie die Möglichkeit, durch eine besonders schöne und variantenreiche Ausschmückung derselben zum Lob der Tora beizutragen. Stärker als mit jedem anderen Objekt konnte man mit der Mappa auf eine sehr persönliche Weise seine Verbundenheit mit der Tora ausdrücken, da sich, über die vorgegebenen Elemente wie die Inschrift hinaus, individuelle Gestaltungsmöglichkeiten boten.

Das Prozedere bei der Fertigung des Wimpels sah im Regelfall folgendermaßen aus: Nach der Beschneidung wurde die Windel gereinigt und, abhängig von der Größe, in 3–5 Streifen geschnitten, welche anschließend längs aneinander genäht wurden. So ergab sich ein schmales Stoffband von einer Länge von durchschnittlich 2,50–3,60 m.[57] Auf dieses wurde anschließend von einem ansässigen Lehrer oder auch wandernden Toraschreiber, jedenfalls einer Person, die des Schreibens der altertümlichen Quadrata geübt war, die Inschrift vorgezeichnet. In hebräischer Schrift beinhaltete sie den Kindsnamen, den des Vaters, das Geburtsdatum mit Tag, Monat und Jahr, eingeleitet meist mit der Formel *unter einem guten Stern* und meist versehen mit dem Wunsch *möge er leben*. Darauf folgte der Segenswunsch *Der Herr lasse ihn heranwachsen / Er wachse heran zu / in der Tora, der Chuppa und zu guten Werken*, welcher mit der Schlussformel *Amen Sela* beendet wurde. Auf manchen Mappot sind sogar noch schwach die zuerst aufgebrachten Hilfslinien erkennbar. Dass manchmal vor Ort kein geübter Schreiber zu

---

Genannten zwar gering, jedoch deckt sie zum einen eine große Zeitspanne ab, zum anderen handelt es sich bei diesem Bestand um den größten aus der Region des ländlichen Rheinlandes.

55 Die Lengnauer Torawickelbänder umfassen einen Bestand von 218 Objekten aus dem Zeitraum von 1655–1906. Vgl. Guggenheim-Grünberg, Torawickelbänder, S. 7.

56 Der Bestand dänischer Wickelbänder umfasst 229 Stück aus dem Zeitraum von 1719–1962. Feuchtwanger-Sarig, Torah Binders from Denmark, in: Gelfer-Jørgensen, Danish Jewish Art, S. 392.

57 Diese Angaben gelten für den Großteil der Wimpel. Ausnahmen von extremer Länge gibt es hin und wieder, vgl. Feuchtwanger-Sarig, Torah Binders from Denmark, in: Gelfer-Jørgensen, Danish Jewish Art, S. 390.

finden war, lässt sich auch an einigen Mappot ablesen, wenn etwa die Buchstaben in Höhe und Breite kein einheitliches Bild zeigen oder der für die Schrift benötigte Platz falsch eingeschätzt wurde und dieser deswegen nicht ausreichte, Wörter abgekürzt werden mussten oder in die zweite Reihe wanderten.

Die Frauen und Mädchen der Familie des beschnittenen Jungen stickten die Buchstaben danach aus, ab Mitte des 18. Jahrhunderts wurden diese immer öfter ausgemalt, ein Prozedere, was wesentlich einfacher als das Sticken war. In einzelnen Fällen wurden auch professionelle Sticker mit der Arbeit an einem Wimpel beauftragt. Wollte man sein soziales Prestige besonders wirkungsvoll zur Schau stellen, ließ man auf Seide statt auf Leinen sticken. Obwohl diese nicht tatsächlich als Beschneidungswindel verwendet wurde, wurde die Besonderheit des Stoffes sprichwörtlich: „Bei dem hat die Wimpel auch gerauscht/auch nicht gerauscht“[58] bezog sich auf die Herkunft aus einer reichen Familie, die sich Seide leisten konnte oder eben auf das genaue Gegenteil. Die meist an die aus dem Mittelalter stammende Quadratschrift erinnernden geschriebenen oder gemalten Buchstaben, die sich so auf eine alte Schrifttradition beriefen, wurden variantenreich gestaltet. Das Spektrum reichte dabei von in ihren Konturen einfarbigen Buchstaben, deren Flächen leer blieben, über mehrfarbige Buchstaben mit geometrischem Dekor bis hin zu in vielfarbigem Seidengarn ausgestickten Konturen mit Tier- und Blumendekor, wobei sich regionale Besonderheiten zeigen konnten.[59] Während die Gestaltung der Buchstaben im 17. Jahrhundert noch recht nüchtern war, nahm die Varianz in der Buchstabengestaltung im Laufe des 18. Jahrhunderts schnell zu und erreichte den Hochpunkt ihrer Vielfältigkeit. Gleichzeitig trat die Dominanz der Buchstaben auf den Mappot zugunsten von Verzierungen ober- und unterhalb der Buchstaben etwas zurück. Sowohl in den Buchstaben selbst als auch in ihrer unmittelbaren Nähe waren neben nicht gegenständlichen geometrischen und ornamentalen Verzierungen vor allem Blumen- und Tierdekors zu finden. Dabei bildete sich für bestimmte Buchstaben – da sie wegen ihrer Form besonders dafür geeignet waren – ein Motivkanon aus, der überregional Verbreitung fand. Besonders häufig waren beispielsweise ein Vogelkopf im Buchstaben *lamed* und ein Fisch in den Buchstaben *pe* und *kuf*.[60] Auch die symbolische „Kommentierung“ der Inschrift wurde schnell umfangreich und vielfältig, so dass die

58 Vgl. Guggenheim-Grünberg, Torawickelbänder, S. 6.

59 Von einem besonderen Fall regionaler Ausbildung berichtet Ruth Eis: „Thirteen of the oldest binders once belonged to the community of Bechhofen, famous for its painted wooden synagoge. Unfortunately, it was destroyed during the *Kristallnacht* like so many others. The artist who created the decorative paintings, Elieser Sussman, influenced, without doubt, the originators of the embroidered binders. Similarities of lettering, curling tendrils or animal forms occur. The appearance of anthropomorphous embellishments on the walls is echoed in the symbolism of the wimpel. Surely they derive from the same artistic concept of a world where animated creatures enhance everyday life.“ Eis, Torah Binders, S. 13. Elieser Sussman war ein aus Brod stammender Künstler, der auf die Ausmalung von Synagogen spezialisiert war. Ihm wird die Gestaltung vier weiterer Synagogeninnenräume zugeschrieben. Vgl. http://www.imj.org.il//imagine/collections/item.asp?itemNum=199707 (abgerufen am 30.04.2015).

60 Vgl. Feuchtwanger-Sarig, Torah Binders from Denmark, in: Gelfer-Jørgensen, Danish Jewish Art, S. 401.

Abb.1: Torawimpel für Nathan bar Chajjim (Detail), 1888, Niederzissen, Leinen bemalt, 18 cm x 360 cm. Ehemalige Synagoge Niederzissen. Foto: Kai Münschke.

Symbolik schon im 18. Jahrhundert voll ausgebildet war. Religiöse wie säkulare Symbole und Motive waren zu sehen; Volksglaube wie auch gängige Bräuche fanden ihren Niederschlag auf den Wimpeln. Die meist verbreiteten wie auch einige besonders bemerkenswerte Symbole und Motive sollen im Folgenden, illustriert an Beispielen, kurz vorgestellt werden.[61]

Eines der häufigsten Motive ist das der Torarolle, zu sehen meist nach dem Teil des Segensspruches *Er wachse heran zur Tora*, in seltenen Fällen davor. Die Art der Darstellung variiert stark, ebenso das Text-Bild-Verhältnis. Die nüchternste Darstellung ist die einer geöffneten Torarolle, häufiger trägt diese jedoch zusätzlich eine Inschrift, wobei diese ebenfalls in Varianten auftreten kann. Diese Inschrift war häufig der Gebetsliturgie entnommen, einige Beispiele sind: *Das ist die Tora, die Moses uns gebracht hat* (Abb.1), *Ein Baum des Lebens ist sie für die, die an ihr festhalten* oder *Die Lehre Moses' ist die Wahrheit.* Wegen des nur begrenzten Platzes für die Illustration treten diese Inschriften oft nur mit ihren Anfangsbuchstaben abgekürzt auf. Gelegentlich sind, wie auf dem

61 Alle Abbildungen außer den Beispielen aus Niederzissen wurden dem Band *Mappot...gesegnet, der da kommt. Das Band jüdischer Tradition* entnommen, ebenso wie die Angaben zu den Wimpeln. Ebenfalls angegeben werden die den Wimpeln in der Publikation zugeordneten Katalog- und Inventarnummern.

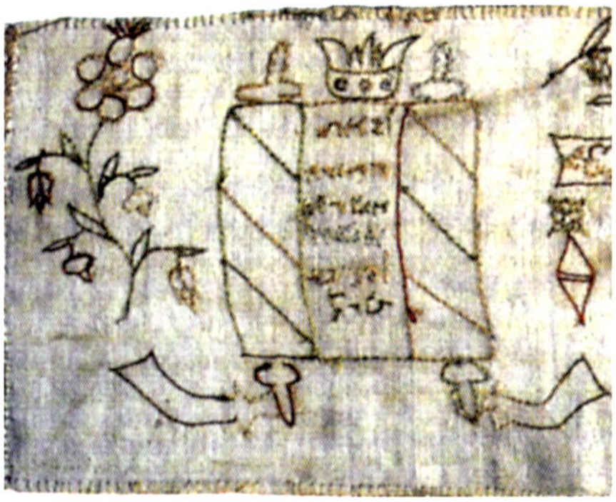

Abb.2 Torawimpelfragment für Abraham bar Naphtali (Detail),1693, Ichenhausen, Leinen bestickt, 18–19,5 cm x 253,5 cm. Stiftung ehemalige Synagoge Ichenhausen.
Foto: Hidden Legacy Foundation, London.

Abb. 3 Torawimpel für Jehuda bar Schim'on (Detail), 1706, Ichenhausen, Leinen bestickt, 23 cm x 297 cm. Stiftung ehemalige Synagoge Ichenhausen.
Foto: Hidden Legacy Foundation, London.

Wimpelfragment für Abraham bar Naphtali aus Ichenhausen von 1693 (Abb.2, Katalognr. 2, Inv.-Nr. Td 12/94, 10–11), auch zwei Arme, die die geöffnete Torarolle hochheben, Teil der Illustration, was auf das Emporheben dieser am Ende der Lesung in der Synagoge referiert. Die oftmals über der Tora abgebildete Krone, teilweise versehen mit der ausgeschriebenen oder abgekürzten hebräischen Bezeichnung Keter Tora (Krone der Tora), betont ihre herausragende Stellung zusätzlich, wie es auf dem Wimpel für Jehuda bar Schim'on aus Ichenhausen von 1706, dem sogenannten Prachtwimpel, der Fall ist (Abb. 3, Katalognr. 3, ohne Inv.-Nr.). In einigen Varianten ist der entsprechende Teil des Segensspruches auch in die Darstellung integriert, ferner können die Abbildungen der Tora und auch der Chuppa die jeweiligen Worte des Segensspruches ersetzen.[62] Abhängig von den Fertigkeiten der Herstellenden kann die Torarolle nur in ihren Umrissen zu sehen oder mehrfarbig prachtvoll und detailreich ausgestickt sein.

Ein weiteres, auf einen Teil des Segensspruches Bezug nehmendes Motiv ist das der Chuppa, welche in unmittelbarer Nähe zur entsprechenden Stelle *und zur Chuppa* zu finden ist. Bei dieser Illustration herrscht eine ähnlich große Varianz in der Ausführung wie bei der Tora. Zu sehen ist beispielsweise die Chuppa in traditioneller Darstellung

62 Vgl. Guggenheim-Grünberg, Torawickelbänder, S. 13.

Abb. 4: Torawimpel für Abraham ben R. Meicha (Detail), 1746, Rudolstadt, Leinen bedruckt, 16–17 cm x 369 cm. Thüringer Landesmuseum Heidecksburg, Rudolstadt. Foto: Hidden Legacy Foundation, London.

Abb. 5: Torawimpel für Nathan bar Chajjim (Detail), 1888, Niederzissen, Leinen bemalt, 18 cm x 360 cm. Ehemalige Synagoge Niederzissen. Foto: Kai Münschke.

mit 4 Stangen und dem Baldachin,[63] manchmal ergänzt um die Halter der Stangen, das Brautpaar unter dem Trauhimmel oder gar eine ganze Hochzeitsgesellschaft mit Rabbiner, wie auf dem bedruckten Wimpel für Abraham ben R. Meicha von 1746 aus Rudolstadt (Abb. 4, Katalognr. 31, Inv.-Nr. S. 23 d).[64] manchmal erkennbar in zeitgenössischer Kleidung. Auch in abstrahierter Form, beispielsweise in Form eines Portals, kann die Chuppa dargestellt sein. Die Darstellung der Chuppa auf dem Wimpel für Nathan bar Chajjim von 1888 aus Niederzissen in Form eines Portals weist in den oberen

63 Die Trauungszeremonie fand (in Aschkenas) traditionell außerhalb der Synagoge unter einem von Stangen getragenen Baldachin, der Chuppa, im Freien statt.

64 Dieser Wimpel gehört zu einer Gruppe von außergewöhnlichen Rudolstädter Wimpeln. Dabei handelt es sich um mit Modeln bedruckte Exemplare, die allesamt in denselben Farben – orangerot und tintenblau – gehalten sind. Verwendet wurden identische ornamentale und bildliche Elemente sowie Buchstaben, was auf eine professionalisierte Arbeit in serieller Herstellung hindeutet. Die Wimpel, von denen neben den fünf Rudolstädter Exemplaren einige weitere Exemplare in den Beständen des Jewish Museum New York, des Israel Museum und der Sammlung Kirchstein bekannt sind, sprechen für die Existenz eines hebräischen Zeugdrucks im Thüringer Raum des 18. Jahrhunderts. Vgl. Ina Hoffmann: Form, Funktion und Bedeutung synagogaler Textilien, in: Thüringer Landesmuseum Heidecksburg / Freundeskreis Heidecksburg e. V. (Hrsg.): Rudolstädter Judaica. Zeugnisse jüdischen Lebens aus dem 18. und 19. Jahrhundert, Rudolstadt 2009, S. 37–64, hier S. 49,50 sowie Christiane Schill: Restauratorische Bearbeitung der synagogalen Textilien, in: Thüringer Landesmuseum Heidecksburg u. a., Rudolstädter Judaica, S. 65–77, hier S. 66–70.

Abb. 6: Torawimpel für Mosche bar Itzchak (Detail), 1788, Niederzissen, Leinen bestickt, 14 cm x 296 cm. Ehemalige Synagoge Niederzissen. Foto: Linda Wiesner.

Säulenabschlüssen eine sehr große Ähnlichkeit mit den Stabaufsätzen der Torarolle auf dem selben Wimpel auf (vgl. Abb.1); in den Bogen des Portals ist die Aufschrift Chuppa geschrieben (Abb. 5). Unter dem Baldachin kann auch bei diesem Motiv eine Inschrift stehen, üblicherweise handelt es sich dabei um einen Teil der Liturgie aus Jer. 7:34, wo es heißt *Stimme des Jubels und Stimme der Freude. Stimme des Bräutigams und Stimme der Braut* (vgl. Abb. 5). Außerdem fanden weitere mit der Hochzeit zusammenhängende Bräuche Eingang in die Darstellungen auf Torawimpeln. So ist bisweilen in oder neben der Chuppa ein viereckiges Motiv zu sehen, in welchem ein Stern ist. Dabei handelt es sich um den sogenannten Traustein, Hochzeitsstein oder auch Chuppastein, welcher oftmals in die Außenmauer der Synagoge eingelassen war.[65] Es war Brauch, dass der Bräutigam am Ende der Trauungszeremonie ein Glas gegen diesen Stein warf, welches dadurch zerbrach. Der Brauch als solcher existiert auch heute noch, jedoch wird das Glas mit dem Fuß zertreten. Die Darstellung des Trausteines auf den Wimpeln, der auch anstelle der Chuppa abgebildet sein kann, illustriert die Aufnahme zeitgenössischer Bräuche in das Motivrepertoire dieses Objektes. Ein Beispiel für die Verbindung verschiedener Bildelemente und Teile der Inschrift ist die zwar ungeschickte, aber dennoch

65 Zu sehen beispielsweise in der Außenmauer der Synagoge in Memmelsdorf/Franken. Bild auf http://www.alemannia-judaica.de/memmelsdorf_synagoge.htm, abgerufen am 30.04.2015.

detailreich gearbeitete Darstellung der Chuppa auf dem Wimpel für Mosche bar Itzchak von 1788 aus der Niederzissener Genisa (Abb. 6).[66]

Neben diesen auf den Segenswunsch bezogenen Motiven sind solche auf den Wimpeln abgebildet, die sich auf den Namen oder die Herkunft des Jungen beziehen. So versinnbildlichen Tierdarstellungen vor oder nach dem Namen des Jungen diesen, zurückgehend auf die den 12 Stämmen der Israeliten zugeordneten Tiersymbole.[67] Auf Torawimpeln sind am häufigsten Löwen für den Namen Jehuda, wie auf den Wimpeln für Jehuda bar Schim'on von 1706 und Jehuda bar Jeheskia Segal von 1720, beide aus der Ichenhausener Genisa (Abb. 7 und 8, Katalognr. 5, Inv.-Nr. Td 26/94, 10–11), und Hirsche für den Namen Naphtali zu sehen. Löwe und Hirsch können jedoch auch ohne diesen Namensbezug auftreten, meist beziehen sie sich dann auf einen Segenswunsch aus den Sprüchen der Väter 5,23, wo es heißt *Sei stark wie ein Leopard, leicht wie ein Adler, flink wie ein Hirsch und stark wie ein Löwe, den Willen deines Vaters zu erfüllen*. Außerdem können Tiere, auch regional bedingt, als reine Schmuckelemente auftreten.

Symbole der Herkunft sind bei Nachfahren der Kohanim und Leviten zu finden. Dass es sich bei dem Neugeborenen um einen Kohen handelt, also einen Nachfahren der von Aaron abstammenden Priesterschaft, wird durch das Motiv der Handhaltung beim Sprechen des Priestersegens, der den Kohanim vorbehalten ist, symbolisiert. Diese Darstellung gehört zum Kanon jüdischer Motivik und ist beispielsweise auch auf den Grabsteinen der Kohanim zu sehen. Auf Wimpeln findet sich das Sinnbild meist nach dem vollen Namen, so auch auf einem stark zerschlissenen Wimpelfragment aus Niederzissen, auf dem der Name des Jungen nicht mehr lesbar ist und welches wahrscheinlich von 1691 stammt (Abb. 9). Ähnliches gilt für das Zeichen der Leviten, die in Zeiten des Jerusalemer Tempels dem Hohepriester zur rituellen Reinigung der Hände Wasser über diese gossen. Ihr Symbol ist deswegen eine Kanne, manchmal erweitert um eine Schale zum Auffangen des Wassers. Eine solche Abbildung findet sich auf dem schon vorgestellten Wimpel für Jehuda bar Jeheskia, auf dem die bildliche Darstellung auf den Namenszusatz Segal, welcher die Zugehörigkeit zum Geschlecht der Leviten anzeigt, folgt (Abb. 10). Auch diese Motivik, die variantenreicher als die des Priestersegens ist, gehört zum Formkanon und ist ebenfalls auf Grabsteinen zu sehen.[68]

---

66 Auf zwei versetzten, zweigeteilten Säulen ist der Baldachin zu sehen, unter diesem der viereckige Traustein mit Stern und die beigefügte, abgekürzte Formel *M(asal) t(ow)*. Links und rechts oberhalb des Baldachins befinden sich trichterartige Verzierungen, wahrscheinlich Blütenkelche, auf einem Sims an der linken Seite ist ein Vogel zu sehen. Die Inschrift im Feld unter dem Traustein ist ein Beispiel für falsch eingeschätzten Platz. Der Teil *und zur Chuppa* ist noch ausgeschrieben worden, der darauffolgende *und zu guten* [Taten] besteht aus den ersten Buchstaben, statt der darauf folgenden, zeigen zwei Querstriche die Abkürzung des Wortes an. Dass dieser Inschriftenteil, der sich nicht auf die Chupa bezieht, überhaupt unter dem Baldachin zu sehen ist, dürfte daran liegen, dass der Platz für die eigentliche Inschrift, die Hauptzeile, falsch eingeschätzt wurde. Auch dort wurde am Ende mit Schrägstrichen abgekürzt.

67 Vgl. Wischnitzer, Symbole und Gestalten, S. 128.

68 Vgl. Michael Brocke / Christiane E. Müller: Haus des Lebens. Jüdische Friedhöfe in Deutschland, Leipzig 2001, S. 30.

Abb. 7: Torawimpel für Jehuda bar Schim'on (Detail), 1706, Ichenhausen, Leinen bestickt, 23 cm x 297. Stiftung ehemalige Synagoge Ichenhausen.
Foto: Hidden Legacy Foundation, London.

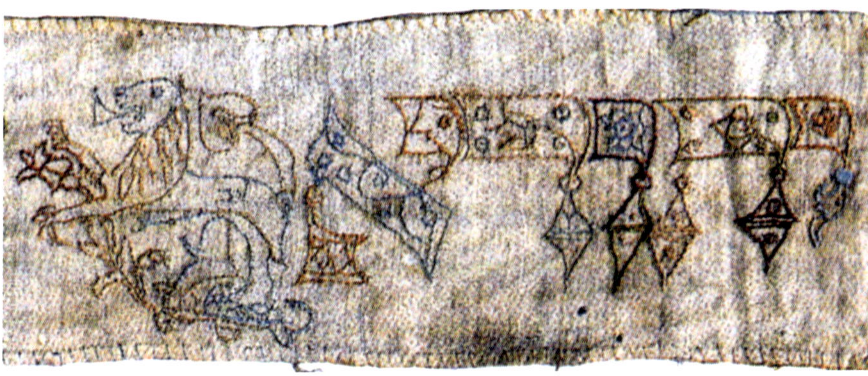

Abb. 8: Torawimpel für Jehuda bar Jeheskia Segal (Detail), 1720, Ichenhausen, Leinen bestickt, 14–15 cm x 280 cm. Stiftung ehemalige Synagoge Ichenhausen.
Foto: Hidden Legacy Foundation, London.

Ein recht häufiges Motiv ist das Zodiak- oder Tierkreiszeichen, in unmittelbarer Nähe des Monats, seltener des Jahres, stehend, in welchem der Junge geboren wurde. Die Darstellungen variieren, abhängig von den Fertigkeiten, auch hier stark. Die Bandbreite reicht von schematischen, in einfachem Stich ausgeführten Tierkreiszeichen wie der Waage auf dem Niederzissener Wimpel für Totros bar Aharon von 1706 (Abb. 11) bis hin zu dreidimensional scheinenden, in verschiedenen Stichen gearbeiteten Varianten. Manchmal ist dieses verbunden mit einem Wunsch, beispielsweise *masal betula*,

Abb. 9: Torawimpelfragment (Detail), 1691 (?), Niederzissen, Leinen bestickt, 16 cm x 280 cm, Ehemalige Synagoge Niederzissen. Foto: Linda Wiesner.

Abb. 10: Torawimpel für Jehuda bar Jeheskia Segal (Detail), 1720, Ichenhausen, Leinen bestickt, 14–15 cm x 280 cm. Stiftung ehemalige Synagoge Ichenhausen. Foto: Hidden Legacy Foundation, London.

Abb. 11: Torawimpel für Totros bar Aharon (Detail), 1706, Niederzissen, Leinen bestickt, 16 cm x 303 cm. Ehemalige Synagoge Niederzissen. Foto: Linda Wiesner.

Abb. 12: Torawimpel für Simcha bar Schmuel (Detail), 1724, Ichenhausen, Leinen bestickt, 16 cm x 326 cm. Stiftung ehemalige Synagoge Ichenhausen. Foto: Hidden Legacy Foundation, London.

übersetzbar mit Glück der Jungfrau, wie bei dem Wimpel für Simcha bar Schmuel von 1724 aus Ichenhausen (Abb. 12, Katalognr. 6, Inv.-Nr. Td 27/94, 10–11).

Einige Motive auf Wimpeln sind Ausdruck der Bedeutung von Brauchtum und Volksglaube, sie gehörten zum gesellschaftlichen Gemeinwissen und fanden so Eingang in den Bildkanon der Wimpel, so etwa der bereits beschriebene Brauch des Chuppasteins oder auch die im Volksglauben verbreitete Furcht vor Lilith als kindsmordende Dämonin, die bildlich übernommen wurde. Lilith, die erste Frau Adams, von diesem verstoßen wegen ihrer Forderung nach Gleichberechtigung, wurde als Kindsräuberin und -mörderin gefürchtet. Um sie von Mutter und Kind fernzuhalten, entwickelten sich verschiedene Bräuche. So fertigte man Amulette (auch Kindbettzettel genannt) an, die, mit schützenden Psalmen versehen, in einem Täschchen dem Säugling um den Hals gehängt wurden. Auch Tür- und Fensterritzen des Zimmers, in dem Wöchnerin und Kind lagen, wurden mit Zetteln, auf denen Psalmen und Anrufungen des Propheten Elijah standen, der Lilith der Legende nach zwingen konnte, dem Haus fernzubleiben, gefüllt, um so das Eindringen Liliths und ihrer Schar zu verhindern.[69] Der reale Grund

69 Der Glaube, dass Adam vor der Urmutter Eva mit Lilith eine andere Frau besessen habe, gehört zu den Urmythen des jüdischen Volkes. Lilith habe sich im Streit von Adam abgewandt und von da an als Dämonin gemeinsam mit ihren ebensolchen Nachkommen danach getrachtet, den neugeborenen Kindern zu schaden. Daraufhin habe Gott laut Legende die drei Engel Sanvi, Sansanvi und Semanglof zu Lilith geschickt, damit sie diese zurückbrächten. Lilith schwor ihnen jedoch, sie

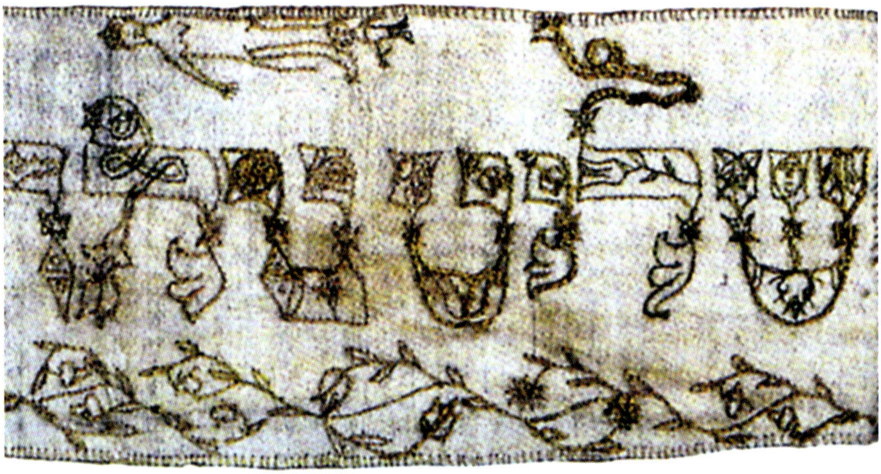

Abb. 13: Torawimpelfragment für Abraham bar Naphtali (Detail), 1693, Ichenhausen, Leinen bestickt, 18–19,5 cm x 253,5 cm. Stiftung ehemalige Synagoge Ichenhausen. Foto: Hidden Legacy Foundation, London.

dieser Angst lag in der hohen Kindersterblichkeit, deren Verschulden man aufgrund fehlender Erklärungen bösen Mächten zuschrieb. Eine ganze Szene dieses verbildlichten Volksglaubens findet sich auf dem bereits vorgestellten Wimpelfragment aus Ichenhausen von 1693 (Abb. 13). Über dem Wort *nolad / geboren* sieht man dort eine gebärende Frau, von links nähert sich ihr, aus dem Buchstaben lamed des Wortes *schalit / möge er leben* kommend, Lilith in Gestalt einer bedrohlichen Schlange. Diese außergewöhnliche Darstellung ist ein Zeugnis dafür, wie tief die Furcht vor Lilith im gesellschaftlichen Bewusstsein verankert war und man davon ausging, dass jeder der Gemeinschaft ohne Mühe diese Darstellung dechiffrieren konnte.

Ein Motiv aus dem christlichen Volksglauben, welches sich auf den Wimpeln großer Beliebtheit erfreute, ist das des Storches. Dieser steht für die Geburt, und in dieser Bedeutung kann er in der Nähe des Namens oder den diesen begleitenden Glückwunschformeln stehen wie bei dem Wimpel für Jehuda bar Schim'on (Abb. 14) oder in besonders detaillierter und liebevoller Ausführung auf dem für Ascher bar R. Raphael aus Lyon von 1934 (Abb. 15, Katalognr. 32, Inv.-Nr. 19.14.6). Genauso kann sich seine Abbildung

würde das jeweilige Kind verschonen, wenn sie bei ihm die Namen der Engel vorfinden sollte. So enthält der Text des Amuletts neben der Beschwörungsformel für Lilith unter anderem auch die Namen der schützenden Engel. Vgl. Shalom Sabar: From Cradle to Grave: The Jewish Life Cycle, in: Treasures of Jewish Heritage. The Jewish Museum London, London 2006, S. 102–117, hier S. 103 sowie Weber / Friedlander / Armbruster, Mappot…gesegnet, der da kommt, S. 202. Beispiele für Amulette aus verschiedenen Genisotfunden bei Falk Wiesemann: Genisa - Verborgenes Erbe der deutschen Landjuden, Wien 1992.

Abb. 14: Torawimpel für Jehuda bar Schim'on (Detail), 1706, Ichenhausen, Leinen bestickt, 23 cm x 297 cm. Stiftung ehemalige Synagoge Ichenhausen.
Foto: Hidden Legacy Foundation, London.

Abb. 15: Torawimpel für Ascher bar R. Raphael (Detail), 1934, Lyon, Leinen bemalt, 21 cm x 400 cm. The Gross Family Collection, Tel Aviv.
Foto: Hidden Legacy Foundation, London.

jedoch auch auf den Wunsch künftiger Geburten beziehen und dann im Umfeld des entsprechenden Teils des Segenswunsches *zur Chuppa* zu finden sein. Außerdem erinnert das hebräische Wort für Storch, Chassidah, an die Bezeichnung für einen frommen Menschen, Chassid. Die Darstellung des Storches beinhaltet somit auch den Wunsch, der Junge möge ein frommes Leben führen.

Die Symbolik des Lebensbaumes ist häufig und auf vielfältige Weise auf Wimpeln dargestellt worden. Eine Blume oder eine mit Blumen gefüllte Vase am Anfang des Segensspruches beim einleitenden *igdal/er wachse heran* kann metaphorisch diesen Wunsch veranschaulichen. Auch aus Buchstaben sprießende Blumen als Sinnbilder des blühenden Lebens sind häufig zu sehen. Die Tora wird metaphorisch ebenfalls als Lebensbaum bezeichnet, worauf die mit Weinlaub verzierte Torarolle auf manchen Wimpeln hinweist, ebenso ist dies der Fall, wenn diese mit ihren Aufsätzen dargestellt wird, die ebenfalls Lebensbäume genannt werden.[70]

Nicht sehr häufig tritt das heute wie kein anderes für das Judentum stehende Symbol des Davidsterns isoliert auf. Meist ist es als Symbol für den Traustein in die Darstellung der Chuppa integriert, wie beispielsweise auf dem Wimpel für Schlomo bar Jakob Zwi Katz aus Réguisheim im Elsass von 1826 (Abb. 16, Katalognr. 21, Inv.-Nr. 15 R).

Ab dem späten 19. und frühen 20. Jahrhundert erreichte die Motivwahl aufgrund einer verstärkt säkular und national geprägten Einstellung einen Höhepunkt. Die

70 Vgl. Weber, Vom Löwen zur Jungfrau, in: Weber/Friedlander/Armbruster, Mappot...gesegnet, der da kommt, S. 94.

Abb. 16: Torawimpel für Schlomo bar Jakob Zwi Katz (Detail), 1826, Réguisheim, Leinen bemalt, 15–16 cm x 280 cm. Privatbesitz. Foto: Hidden Legacy Foundation, London.

Emanzipation und Verbürgerlichung spiegelte sich nicht nur in der immer stärker werdenden Verwendung der deutschen neben der hebräischen Sprache für die Inschrift, sondern auch in der Bildwahl wider. Tradierte Elemente des Kanons standen nun neben vom Zeitgeist geprägten Elementen. Patriotische Gesinnungen wurden selbstbewusst gezeigt, wie beispielsweise auf dem Wimpel für Ephraim bar Gerschon Marx aus Mackenheim von 1864 (Abb. 17, Katalognr. 17, Inv.-Nr. 116). Dieser aus dem Elsass stammende Wimpel steht beispielhaft für die Verbindung religiöser Metaphorik mit Anspielungen auf politische Ereignisse der Zeit, wie es bei vielen elsässischen Wimpeln in der Zeit von 1860–70 der Fall war.[71] So sind traditionelle Symbole wie die Schlange und der Storch neben regionaltypischen Verzierungen, wie dem für dieses Gebiet typischen Blütenzweig mit Papagei, zu sehen. Als patriotisches Bekenntnis weht aus einem *lamed* die Trikolore, Buchstaben des Namens und des Wortes *guten* als Teil der *guten Taten* sind in den Nationalfarben ausgemalt. Ferner sind Kanonen und französische Soldaten zu sehen, das nationale Bekenntnis dominiert die Szenerie, die traditionellen Bildelemente Tora und Chuppa treten etwas in den Hintergrund. Auch in der Sprachwahl spiegelte sich die stärker werdende patriotische, säkular orientierte Gesinnung. Traten gegen Ende des 19. Jahrhunderts neben das Hebräische der Inschrift einzelne deutschsprachige Elemente wie die Nennung des bürgerlichen Namens in lateinischer Schrift, so wurde ab der Jahrhundertwende das Hebräische allmählich von den Nationalsprachen verdrängt.[72] Manchmal reichte dieses Bekenntnis zum Staat jedoch nicht aus, wie der Wimpel für Ludwig Rosenzweig aus Frydek-Mistek von 1918 zeigt. Die spärliche Inschrift auf dem Band aus cremefarbenem Baumwollsatin lautet: *Konfirmation 1918 Ludwig Rosenzweig* (Katalognr. 28, Inv.-Nr. 1507). Man hatte sich hier also

71 Vgl. Weber / Friedlander / Armbruster, Mappot…gesegnet, der da kommt, S. 154.

72 Eine ebensolche Entwicklung fand in den Grabinschriften auf den Friedhöfen statt. Vgl. Brocke / Müller, Haus des Lebens, S. 92–97.

Abb. 17: Torawimpel für Ephraim bar Gerschon Marx (Detail), 1864, Mackenheim, Leinen bemalt, 19–20 cm x 324 cm. Privatbesitz. Foto: Hidden Legacy Foundation, London.

ganz offensichtlich am protestantischen Gebrauch orientiert.[73] Mit der eingestickten Inschrift jedenfalls setzten Ludwigs Eltern ein lesbares Zeichen ihrer Akkulturation. Ein besonders schönes Beispiel eines in mehreren Szenerien gestalteten Wimpels ist der bereits erwähnte für Ascher bar R. Raphael aus Lyon von 1934 (Abb. 18). Auf diesem elsässischen Wimpel findet sich die Signatur des Schreibers und Zeichners: Am Ende des Wimpels ist dieser in lateinischer Schrift unterzeichnet von Stern aus Montbéliard. Während die Buchstaben, die sich immer noch an der Quadratschrift orientieren, in ihrer Einfarbigkeit recht schlicht gehalten sind, gilt für die bildlichen Darstellungen genau das Gegenteil. Nur wenige Inschriftenteile sind nicht illustriert; dort, wo keine Szenerien zu sehen sind, wachsen wenigstens zarte Blumen- und Knospenbüsche aus den Buchstaben. In ihrer Gestaltung erinnern die Szenen an zeitgenössische Kinderbuchillustrationen. Ausgeführt ist die Arbeit mit viel Liebe zum Detail, auch nebensächlich scheinende, keinen Inhalt vermittelnde Teile sind genauestens ausstaffiert, so sitzt beispielsweise auf dem Buchstaben *bet* ein angelnder Mann unter einem Baum. Eine Unterrichtsszene mit Mickey Mouse in einem Klassenzimmer kündet vom Angekommen-Sein in der modernen urbanen Lebenswelt. Ebenso genau sind die tradierten Motive, die seit Jahrhunderten zum Kanon der Wimpelgestaltung gehören, mit Moses und den Gesetzestafeln und Chuppa mit Brautpaar und Rabbiner dargestellt. So steht der Wimpel des Ascher exemplarisch für das Genuine dieser jüdischen Textilie – der Verbindung von Tradition und Zeitkolorit.

Bei dem Wimpel handelt es sich um eine Textilie an der Schnittstelle von persönlicher und synagogaler Textilie. Die persönliche Bindung drückt sich nicht nur darin aus, dass der Wimpel Teil verschiedener wichtiger Ereignisse im Leben des Jungen ist,

73 Zur kurzen Geschichte der Konfirmation in jüdischen Kreisen siehe Mordechai Eliav: Jüdische Erziehung in Deutschland im Zeitalter der Aufklärung und Emanzipation. Für die deutsche Ausgabe vom Autor überarbeitet und ergänzt. Aus dem Hebräischen von Maike Strobel, (Erstausgabe Jerusalem 1960) Münster / New York / München / Berlin 2001, S. 330–347.

Abb. 18: Torawimpel für Ascher bar R. Raphael (Detail), 1934, Lyon, Leinen bemalt, 21 cm x 400 cm. The Gross Family Collection, Tel Aviv.
Foto: Hidden Legacy Foundation, London.

sondern auch – wie anhand der Beispiele gezeigt – in der individuellen und originellen Gestaltung von Inschrift und Dekor durch Mutter oder andere weibliche Angehörige, durch welche der Junge und auch dessen Familie während des Gottesdienstes vor der Gemeinde zur Geltung kamen.

6. Schlussbetrachtung

Die Wimpel, die verschiedentlich in größerer Zahl in Genisot gefunden wurden, sind materielle Zeugnisse des Landjudentums, dessen oftmals regional und lokal bestimmte religiöse Bräuche und Traditionen Ausdruck in einer Vielzahl von materiellen Objekten für Synagoge und Heim gefunden haben. Gerade in der Verwendung vieler persönlicher Objekte, welche zu einem großen Teil Textilien waren, offenbart sich ein von Ritus und religiöser Tradition geprägter Alltag. Die Erforschung der Wimpel und anderer Textilgruppen bietet die Möglichkeit, ein Bild dieser Frömmigkeit auf dem Land zu zeichnen und die kulturelle Eigenständigkeit des Landjudentums aufzuzeigen. Im Vergleich der Sachkultur verschiedener Regionen und Gemeinden können sich Unterschiede und Gemeinsamkeiten ermitteln lassen und das in seiner Bedeutung lange vernachlässigte Landjudentum in seinen über Jahrhunderte gewachsenen Ausdrucksformen stärker in den Forschungsfokus rücken.[74]

Der Wimpel – das Band jüdischer Tradition[75] – mit der Shoah schien der aschkenasische Brauch dieses Bandes ausgelöscht, kaum jemand kannte ihn noch. Seit einiger Zeit erfährt er jedoch eine Revitalisierung; Frauen in Gemeinden in Israel, den USA

74 Vgl. zur Problematik der langen Vernachlässigung des Landjudentums durch die Forschung Monika Richarz: Die Entdeckung der Landjuden. Stand und Probleme ihrer Erforschung am Beispiel Südwestdeutschlands, in: Landjudentum im süddeutschen- und Bodenseeraum. Wissenschaftliche Tagung zur Eröffnung des Jüdischen Museums Hohenems vom 9. bis 11. April 1991, veranstaltet vom Vorarlberger Landesarchiv, Dornbirn 1992, S. 11–21, und ganz aktuell und in vergleichender Perspektive mit dem Stand französischer Forschungen zum Thema Stephanie Schlesier: Bürger zweiter Klasse? Juden auf dem Land in Preußen, Lothringen und Luxemburg, Köln / Weimar / Wien 2014, S. 11–21.

75 Als solches wird der Wimpel im Untertitel des Bandes *Mappot...gesegnet der da kommt* bezeichnet.

und auch Deutschland, besticken und bemalen Wimpel. Unter der Internetadresse wimpel.org[76] knüpfen die persönlichen Geschichten von Menschen – mittlerweile werden die Wimpel für Mädchen und Jungen gefertigt – und ihren Wimpeln bewusst an den alten Brauch an. Hier kann sich ein neuer Forschungsansatz ergeben, der nach Kontinuitäten und Wandel in der Gestaltung dieser zeitgenössischen Wimpel im Vergleich mit den historischen fragt. Wie anhand von Beispielen gezeigt wurde, bildeten die Wimpel als Objekte jüdischer Volkskunst über mehrere Jahrhunderte hinweg einen großen Motiv- und Formenreichtum aus, der geprägt war von Tradition, regionalen Vorlieben und Zeitgeschehen. Ob die gegenwärtige Wimpelfertigung ebenso traditionelle Elemente mit regionalen, nationalen, patriotischen und ähnlichen Einflüssen verbindet, sich vielleicht eine neue Formsprache ausbildet; dies in zukünftigen Arbeiten zu thematisieren, könnte die Forschungsperspektive erweitern.

Das physische Zeichen der Bindung des jungen Menschen an die Tora und gleichzeitig die Bindung der Torarolle durch den Wimpel hat überlebt und verbindet als Erinnerungsträger darüber hinaus die kulturelle, historische und religiöse Vergangenheit mit der Gegenwart.

---

76 Wimpel M`Dor l`Dor, http://wimpel.org (abgerufen am 24.04.2015).

Die Dinge der Synagoge

Ulrich Knufinke

1. Synagoge – Raum und Ding(e)

Als die Obrigkeit im Jahr 1693 von der Existenz eines privaten, ihrer Ansicht nach nicht zulässigen Synagogenraums in einem Hinterhaus in der niedersächsischen Stadt Celle erfuhr, ordnete sie die Zerstörung des Inventars an – jedoch nicht ohne es zuvor in einer Liste zu erfassen:

> „Waß sich in der Juden-Synagoge befunden alß:
> 1.) Ein Schapp, worinnen die Bücher undt das Horn, worauf sie geblasen, gewesen.
> 2.) An deß Schapps ieden seiten 1 Brett 11/2 Viertel breit, worauff 7 riege Nagel gestehet da die Liechter auf gestanden.
> 3.) Ein Altar, worauf ein Bret lag so mit langen bunten vermahlet linnen, so einer handbreit und einer windeln gleich, behenget.
> 4.) Eine Krone mit Liechtern.
> 5.) 4 Pulten.
> 6.) war die Cammer in der mitten durchgeschehrt, daß also die Manns Persohnen ihren standt allein, undt daß Frauen Volck auch ihren standt allein gehabt.
> 7.) war anderseiten, wo die Mannes Persohnen ihren standt gehabt, Ein vermahletes linnen Tuch. An der frauensvolck seiten deßgleichen.“[1]

In ähnlicher Weise könnte auch heute jemand einen Bericht über die Ausstattung eines jüdischen Betraums verfassen, der über die Bedeutung der einzelnen Objekte und über ihren sowohl räumlichen als auch liturgischen Zusammenhang nicht oder nur oberflächlich informiert ist, dem diese Dinge „fremd“ sind. Nichts an der über 300 Jahre alten Auflistung der christlichen Celler Amtsleute erscheint bei näherem Hinsehen falsch oder unwahrscheinlich, denn alles Genannte lässt sich mehr oder weniger gut „erklären“, mit Begriffen belegen und in den Kontext eines zeitgenössischen Synagogenraums und seines Gebrauchs einordnen. Im Folgenden soll der Versuch unternommen werden, Synagogen im Hinblick auf ihre „Dinge“ und deren räumliche und praktische Zusammenhänge zu betrachten.

---

1 Sabine Glatter/Andrea Jensen/Katrin Keßler/Ulrich Knufinke (Hrsg.): Die Bauwerke und Einrichtungen der jüdischen Gemeinde in Celle. Synaoge – Mikwe – Friedhof. Bielefeld 1997, S. 16, dort n. Stadtachiv Celle, 23 A 15, Bl. 7; vgl. auch Ulrich Knufinke: Synagogentypen des ländlichen Raums im südlichen und östlichen Niedersachsen. In: Herbert Obenaus, Landjuden in Nordwestdeutschland. Vorträge des Arbeitskreises Geschichte der Juden in der Historischen Kommission für Niedersachsen und Bremen, Hannover 2005, S. 235–260, hier S. 236–237.

Synagogenbauten und ihre Ausstattungen gehören zum Kernbestand dessen, was man als materielle Kultur des Jüdischen bezeichnen kann. Sie aus architekturhistorischer Sicht zu untersuchen, wie es hier geschehen soll, kann jedoch nur einen Teil ihrer Bedeutungen und Beziehungen erschließen. Der griechische Begriff Synagoge bezeichnet, wie seine hebräische Entsprechung, sowohl den Ort (das Haus, den Raum) einer Versammlung wie auch die Versammlung selbst. Sobald sich zehn Religionsmündige, der so genannte Minjan, in einem Raum um eine Torarolle mit dem Gotteswort versammeln, kann ein jüdischer Gottesdienst mit einer Lesung aus der Tora stattfinden – dies ist der Kern einer jeden Synagoge, unabhängig von der Gestalt des Raums und des Gebäudes. Die Architektur bildet gleichsam nur die Hülle dessen, was sich in ihr abspielt, sie ist ein „materialisierter Funktionszusammenhang" eines sozialen Geschehens und zugleich eine Projektion dieser Funktionen in die Umwelt. Die Synagoge und ihre Dinge stellen sich in der Perspektive der Frage nach materieller Kultur also zunächst als räumliche Struktur dar, die Aktionen und Interaktionen – Funktionen – sowohl im Sinne einer stabilen Hülle ermöglichen als auch im Sinne funktionaler und symbolischer Verweise abbilden können. Wenn man Architektur – ein einzelnes Bauwerk, eine Straße, eine Siedlung, eine Stadt – als ein Gebilde von Verweiszusammenhängen in historischen Entwicklungen versteht, die es zu beschreiben und zu verstehen gilt, so sind auch Synagogen in dieser Weise analysierbar und deutbar.[2]

Durch ihre jeweilige kulturelle Sozialisierung „verstehen" Menschen eine Architektur – als sei sie „selbstverständlich". Oder sie verstehen sie nur oberflächlich oder gar nicht, wenn ihre Gestalt und Funktion ihnen unbekannt oder fremd sind, wie es das Beispiel der Celler Amtsleute vermuten lässt, die ihre christliche Erfahrung eines Kirchenraums auf den Synagogensaal übertragen, wenn sie dort einen „Altar" identifizieren. Insofern ist eine jede Architektur auch ein „Ding", etwas was man – zunächst und zumeist ohne weiteres Nachdenken – sogleich auf seine Funktion hin betrachtet und nach seinem jeweils aktuellen Nutzen oder Nicht-Nutzen für uns einordnet. Und es benutzt oder auch nicht. Was im Alltag so gut wie jederzeit gelingt – jedermann „weiß", was der Eingang eines Hauses ist, wozu man eine Tür braucht, wie man eine Treppe benutzt –, reicht jedoch nicht aus, um komplexe Bauwerke zu verstehen und ihre Bedeutung einzuordnen. In die Analyse eines solchen – womöglich rätselhaften – „Architektur-Dings" fließt zudem eine weitere Alltagserfahrung ein: Man weiß, dass jedes Ding nicht nur eine, sondern vielfältige Funktionen erfüllen kann, dass es Bedeutungen über die Zeit verlieren oder gewinnen kann.

2 Zur Architekturgeschichte der Synagogen vgl. allgemein Aliza Cohen-Mushlin / Harmen H. Thies (Hrsg.): Synagogenarchitektur in Deutschland. Dokumentation zur Ausstellung „...und ich wurde ihnen zu einem kleinen Heiligtum..." Synagogen in Deutschland, Petersberg 2008, S. 97–108; Harold Hammer-Schenk: Synagogen in Deutschland. Geschichte einer Baugattung im 19. und 20. Jahrhundert, Hamburg 1981; Carol Herselle Krinsky: Europas Synagogen. Architektur, Geschichte und Bedeutung, Wiesbaden 1997; Hannelore Künzl: Islamische Stilelemente im Synagogenbau des 19. und 20. Jahrhunderts, Frankfurt am Main u. a. 1984; Simon Paulus: Die Architektur der Synagoge im Mittelalter. Überlieferung und Bestand, Petersberg 2007.

Als ein solches „Ding" kann auch eine jede Synagoge betrachtet werden – und sie enthält wiederum eine große Zahl von Dingen, die prinzipiell, also dem Funktionszusammenhang „Synagoge" entsprechend, oder akzidentiell, gerade nur hier und in diesem einen Fall, zu ihr gehören.

Das „Erklären" der Synagoge und ihrer Dinge hat selbst eine lange Tradition. Einerseits muss das Wissen um die Bedeutung und Benutzung von Generation zu Generation innerhalb der Gemeinschaft weitergegeben werden. Die Überlieferung durch mündliche Erläuterung oder durch Nachahmen der erlebten Abläufe spielt hierbei ebenso eine Rolle wie die immer wieder neu befragte Texttradition jüdischer Religionsgesetze und ihrer Auslegungen. Andererseits ergaben und ergeben sich Situationen, in denen die Synagoge für Außenstehende oder von Außenstehenden erklärt wird – in rudimentärer Form wird eine solche Erläuterung auch im Fall der Celler Amtsleute stattgefunden haben. Gleichsam außenstehend sind auch jene, die den Versuch unternehmen, historische Synagogenräume zu erklären und zu deuten.

So entwickelte sich in der Neuzeit ein Interesse christlicher Theologen, die vor dem Hintergrund der Judenmission in oft sehr detaillierten schriftlichen und bildlichen Darstellungen jüdische Riten, aber auch jüdische Einrichtungen wie die Synagoge beschreiben und interpretieren.[3] Ihnen verdankt sich die Kenntnis vieler lokaler Gebräuche, die im 19. Jahrhundert verloren gegangen sind.

Ein systematisches kulturwissenschaftlich-ethnologisches Interesse an Synagogen und ihren Dingen entstand um die Wende zum 20. Jahrhundert, als jüdische (und wenige nicht jüdische) Wissenschaftler die materiellen Zeugnisse des voremanzipatorischen, vormodernen Judentums als Gegenstände einer vergangenen, untergegangenen Epoche zu dokumentieren begannen und so das Feld der „jüdischen Volkskunde" mit Vereinen, Publikationen und musealen Sammlungen etablierten. Geleitet vom Gedanken, „genuine" Artefakte jüdischer Kultur zu dokumentieren und zu erforschen, um damit ihre Eigenständigkeit und Gleichrangigkeit im Verhältnis zu den gleichzeitig postulierten „Nationalkulturen" zu untermauern, widmete man sich in Deutschland besonders den ländlichen Synagogen, nahm aber auch die Synagogen in Osteuropa oder die archäologischen Zeugnisse antiker Beispiele in Palästina in den Blick.[4]

Die Vielzahl dieser Forschungen, auf die das ethnologische, religionswissenschaftliche, architekturhistorische und kunsthistorische Interesse bis in die Gegenwart zurückgreifen wird, haben immer wieder exemplarische Typen von Synagogen für einzelne Regionen und Epochen beschrieben. Doch der vereinheitlichende Begriff „Synagoge" als Zuordnung eines Raums zu einer bestimmten – wenngleich historisch und gegenwärtig variablen – Funktion und Bedeutung muss fragen lassen, welche Merkmale für diese Zuordnung erfüllt sein müssen. Die äußere Erscheinung liefert hierfür nur wenige

---

3 Vgl. hierzu Christfried Böttrich: Die Mayersche Lehrsynagoge in Greifswald. Das erste jüdische Museum in Deutschland? In: Markus Witte/Tanja Pilger (Hrsg.): Mazel Tov. Interdisziplinäre Beiträge zum Verhältnis von Christentum und Judentum. Festschrift anlässlich des 50. Geburtstages des Instituts Kirche und Judentum, Leipzig 2012, S. 265–290.

4 Vgl. Birgit Johler/Barbara Staudinger (Hrsg.): Ist das jüdisch? Jüdische Volkskunde im Kontext, Wien 2010, S. 597–622 (= Österreichische Zeitschrift für Volkskunde 113, 2010).

Abb. 1: Synagogen in Fürth: rechts die Altschul-Synagoge von 1617, links die Neuschul-Synagoge von ca. 1700.
Abb. in: Jüdisches Lexikon, 1928, Bd. 2, Sp. 854.

Abb. 2: Synagoge am Sankt-Jakobs-Platz in München von 2006, Ansicht von Nordwesten.
Foto: Knufinke 2008.

Anhaltspunkte. Zwar haben sich immer wieder recht klar beschreibbare Bautypen mit entsprechenden äußeren Merkmalen herausgebildet, doch wenn man die Gemeinsamkeiten der Altschul-Synagoge in Fürth von 1617 (Abb. 1) und jener in München von 2006 (Abb. 2) zu beschreiben versucht, stößt man an ähnliche Grenzen wie beim Vergleich der barocken Wallfahrtskirche in Steinhausen mit der modernen Wallfahrtskirche in Neviges.

Vergleicht man die Innenansichten zeitlich weit voneinander entstandener Synagogen in Fürth und München, so finden sich – bei völlig unterschiedlicher Gestaltung – klarere Gemeinsamkeiten (Abb. 3 und 4).

Im Raum zeichnen sich Orte ab, die unterschiedlich ausgeprägt sind, es lassen sich ähnliche Wege erkennen, es finden sich Ausstattungsstücke, bei denen man eine zumindest ähnliche Funktion vermuten kann. Eine bestimmte Ordnung der Dinge im Raum zeichnet sich ab, und diese Ordnung, so wird man annehmen, verweist auf einen bestimmten Funktionszusammenhang. So wie Cornelius Gurlitt 1906 formulierte, die Liturgie sei der Baumeister der Kirche,[5] so bildet auch bei einer Synagoge die gebaute Architektur den Rahmen für die Orte des Gottesdienstgeschehens, den Raum der Liturgie und der weiteren, durchaus vielfältigen Nutzungen des jüdischen Hauses der Versammlung (Haus des gemeinsamen Gebets, Haus des Lehrens und Lernens, Haus der Kommunikation als soziale und kulturelle Gemeinschaft etc.).[6]

---

5 Cornelius Gurlitt: Handbuch der Architektur, 4. Teil, 8. Halbband, Heft 1 „Kirchen", Stuttgart 1906, S. 42.

6 Vgl. allgemein Katrin Keßler: Ritus und Raum der Synagoge. Liturgische und religionsgesetzliche Voraussetzungen für den Synagogenbau in Mitteleuropa, Petersberg 2007. Meiner Kollegin Katrin Keßler sei an dieser Stelle herzlich für viele kritische Hinweise gedankt.

Abb. 3: Altschul-Synagoge in Fürth von 1617, Innenraum nach Osten. Abb.: Johann Alexander Boener: Kurzer Bericht von dem Altertum und Freiheiten freien Hofmarkts Fürth. Nürnberg 1705.

Abb. 4: Synagoge am Sankt-Jakobs-Platz in München von 2006, Innenraum nach Osten. Foto: Knufinke 2008.

Das religiöse, transzendent gebundene Handeln der Einzelnen und der Gemeinde in der Synagoge kann daher als ein „Aktualisieren" eines Verweiszusammenhangs auf etwas „ganz anderes" verstanden werden, das von den theologischen Vorstellungen, den Religionsgesetzen mit ihren Auslegungen und den tradierten Gebräuchen geprägt ist. Die Synagoge stellt sich damit als ein Zeichen- und Verweisraum dar, in dem die Dinge und ihre räumlichen, funktionalen Relationen nicht nur für sich stehen, sondern als über den jeweiligen Ort hinausweisende Symbole verstanden werden müssen.

Im Folgenden sollen vor allem Synagogen der aschkenasischen Tradition seit der Neuzeit betrachtet werden, da sich hierfür aus dem deutschen Sprachraum die meisten Quellen heranziehen lassen. Analoge Untersuchungen zu Synagogen und ihren Ausstattungen als Handlungs- und Verweisräume ließen sich selbstverständlich zu anderen rituellen Traditionsgruppen anstellen, wobei es Unterschiede und Gemeinsamkeiten herauszuarbeiten gälte. Jedes einzelne der hier vorgestellten Objekte der Synagoge hat zudem seine eigene Geschichte, sowohl hinsichtlich der Gestaltung als auch seiner Funktion und seiner oft reichen Deutung in der religiösen Literatur des Judentums, worauf hier nur hingewiesen werden kann. Zudem wäre das hier pauschal gezeichnete Bild regional und lokal zu differenzieren und zu vervollständigen.

2. Die Torarollen

Die Architektur wird demnach wesentlich von Dingen und mit ihnen vollzogenen Abläufen bestimmt, die selbst nicht architektonisch sind: die Torarollen. Der hebräische Text des Pentateuch, der Fünf Bücher Moses, wird von eigens ausgebildeten Schreibern auf einen langen Streifen Pergament geschrieben. Durch das Material und die Fertigung hat die Torarolle auch einen erheblichen materiellen Wert, der jedoch von der religiösen Bedeutung weitaus übertroffen wird.[7]
Die Tora als der einzig „heilige", wertvollste Gegenstand der Synagoge wird entsprechend geschmückt (Abb. 5).[8] So können die Stäbe, auf die das Pergament gewickelt ist und mit denen es gehalten wird, reich verziert sein. Ist die Torarolle zusammengerollt, wird sie mit einem Torawickel (oder -wimpel) umwickelt, einem langen Stoffstreifen, der aus einer Windel gefertigt sein kann, die ein Junge bei seiner Beschneidung getragen hat. Gemalte oder gestickte Inschriften sowie symbolische und allegorische Darstellungen empfehlen den Knaben Gottes Segen, zugleich „binden" sie sein Leben symbolisch an die Tora.[9]

Über die umwickelte Tora wird ein Toramantel gestreift, der oft aus Samt oder Seide besteht und kunstvoll bestickt ist. Auf die aus dem Mantel herausragenden oberen Enden der Stäbe wird meist eine aus Silber gefertigte Torakrone oder zwei Rimonim (Bekrönungen) gesteckt. Ein ebenfalls silberner Toraschild und ein Torazeiger als Lesehilfe für die Toralesung werden der Tora umgehängt. Für alle diese Objekte wären vielfältige religiöse und liturgische Bedeutungsebenen zu erläutern, wie sich auch in bestimmten Zeiten und Regionen unterschiedliche Typen und stilistische Formen herausgebildet haben. Torarollen und die ihr zugeordneten Gegenstände des Toraschmucks wurden und werden sehr oft von Gemeindemitgliedern gestiftet, so dass sich in der Synagoge allmählich ein großer Bestand dieser Objekte bilden kann. Sind Torarollen aufgrund von Abnutzung, Beschädigung oder ritueller Verunreinigung für den Gebrauch im Gottesdienst nicht mehr verwendbar, wird je nach lokaler Tradition unterschiedlich mit ihnen verfahren. Als durch das Gotteswort geheiligter Gegenstand kann eine Torarolle nicht einfach weggeworfen werden, sondern sie wird entweder auf dem jüdischen Friedhof begraben oder in einen besonderen Bereich der Synagoge, der so genannten Genisa, gebracht, wo auch andere mit dem Gottesdienst zusammenhängende, unbrauchbar gewordene Dinge wie bspw. Gebetbücher abgelegt werden.[10] Häufig werden nicht mehr benutzbare

---

7 Vgl. Keßler, Ritus und Raum, S. 141–149.

8 Vgl. allgemein: B. Cecil Roth: Die Kunst der Juden, Frankfurt am Main 1963, S. 140–170; Hannelore Künzl: Jüdische Kunst. Von der biblischen Zeit bis zur Gegenwart, München 1992, S. 106–127; Gabrielle Sed-Rajna: Die Gemeinde in ihren Festen: die Ritualgegenstände, in: Gabrielle Sed-Rajna u. a., Die jüdische Kunst, Freiburg / Wien / Basel 1997, S. 223–279.

9 Siehe dazu den Beitrag von Linda Wiesner und Annette Weber in diesem Band; vgl. allgemein Annette Weber / Evelyn Friedlander / Fritz Armbruster (Hrsg): Mappot. Gesegnet der da kommt. Das Band jüdischer Tradition, Osnabrück 1997.

10 Siehe dazu den Beitrag von Andreas Lehnardt im vorliegenden Band; vgl. auch Falk Wiesemann: Genizah – Hidden Legacies of the German Village Jews. Genisa – Verborgenes Erbe der deutschen Landjuden, München 1994.

Abb. 5: Torarollen im Toraschrein der Synagoge der Liberalen jüdischen Gemeinde Hannover. Foto: Knufinke 2009.

Torarollen auch in einem separaten Schrank oder einem Nebenfach des Toraschreins aufbewahrt.

3. Der Toraschrein

Als ersten Punkt ihres Inventars des Celler Synagogenraums von 1693 listen die Amtsleute auf: „Ein Schapp, worinnen die Bücher undt das Horn, worauf sie geblasen, gewesen."[11] Bei diesem „Schapp" (also: Schrank) handelt es sich ohne Zweifel um einen Toraschrein. Der religiösen Bedeutung der Tora entsprechend, ist der Ort ihrer Aufbewahrung, der Toraschrein, im Synagogenraum besonders hervorgehoben.

Der Toraschrein traditioneller aschkenasischer Synagogen kann ein vor der Wand stehender Schrank, aber auch in die Wand eingelassen und mit einem schrankartigen Vorbau versehen sein.[12] Oft zeichnet er sich in der Außenfassade als rechteckiger oder abgerundeter Vorbau oder als Erker ab. Beim Toraschrein der Synagoge in Hornburg

11 Glatter, Bauwerke, S. 16.

12 Vgl. Keßler, Ritus und Raum, S. 175–191; Ilia M. Rodov: The Torah Ark in Renaissance Poland. A Jewish Revival of Classical Antiquity, Leiden 2013.

Abb. 6: Toraschrein der Synagoge in Hornburg von 1766, fotografiert um 1923. Archiv Braunschweigisches Landesmuseum, Braunschweig.

Abb. 7: Toraschrein der Synagoge in Bonn von 1959. Foto: Knufinke 2008.

von 1766, der heute mit weiteren Teilen der Ausstattung im Braunschweigischen Landesmuseum in Braunschweig ausgestellt ist, wird der eigentliche, mit Türen zu verschließende Schrein von einer Rahmung aus seitlichen Säulen und einem Giebel eingefasst, eine Treppenanlage führt vom Niveau des Betsaals zu einem Podest vor dem Schrein (Abb. 6). Dieser Anlagetyp, den man als eigenständige Kleinarchitektur im Synagogenraum verstehen kann, ist bei zahlreichen aschkenasischen Toraschreinen seit dem Mittelalter verbreitet und geht auf antike Vorbilder zurück (vgl. auch Abb. 3 und 8).

Dem Toraschrein sind bestimmte Symbole zuzuordnen, die auf die Bedeutung der Tora verweisen. Häufig kommen die Gesetzestafeln vor, die am Toraschrein selbst oder in dessen Nähe angebracht sind, z. B. auf dem Giebel des Schreins oder im so genannten Misrach-Fenster („Ost-Fenster“), einem die Gebetsrichtung nach Jerusalem anzeigenden, oft als Okulus gestalteten Fenster über dem Toraschrein.[13] Eine oder mehrere Kronen, die am Schreinaufbau, aber auch auf den zugeordneten Objekten wie dem Toravorhang angebracht sein können, deuten auf die Würde der Tora hin. Löwenpaare,

13 Vgl. z. B. den Okulus über dem Toraschrein der Altschul in Fürth, erkennbar in Abb. 1 und 3.

Abb. 8: Inneres der Altschul-Synagoge in Fürth mit Toraschrein (links), Bima und diversen Leuchtern, dargestellt ist eine Beschneidungsfeier, links erkennt man die Beschneidungsbank. Kupferstich in: Paul Christian Kirchner: Jüdisches Ceremoniell, Nürnberg 1734, S. 155.

die manchmal die Gesetzestafeln halten, sind weitere traditionelle Symbole, die im Zusammenhang mit dem Toraschrein vorkommen.[14]

Im Toraschrein der Celler Synagoge, wie auch in vielen anderen Toraschreinen, wurde nicht nur die Tora selbst („die Bücher"), sondern auch „das Horn, worauf sie geblasen" aufbewahrt,[15] also das Schofarhorn (Widderhorn), das an bestimmten Feiertagen geblasen wird und um dessen Ertönen es immer wieder Streitigkeiten zwischen jüdischen Gemeinschaften und ihren christlichen Nachbarn gab.

Vor den Türen des Toraschreins hängt zumeist ein Vorhang, der Parochet. Er ist üblicherweise aus wertvollem Stoff gefertigt und reich mit Symbolen, Zierelementen und Inschriften geschmückt (vgl. den geöffneten Toraschrein in der Liberalen Synagoge Hannover, Abb. 5). Wie die Torarollen, ihr Schmuck und viele andere Gegenstände wird der Toravorhang oft von Gemeindemitgliedern gestiftet, die damit dem materiellen Gedächtnis der Synagoge die Erinnerung an sich und ihre Angehörigen

14 Zu jüdischer Symbolik vgl. grundlegend Rachel Wischnitzer: Symbole und Gestalten der jüdischen Kunst, Berlin 1935.

15 Glatter, Bauwerke, S. 16.

Abb. 9: Ewiges Licht über dem Toraschrein der Synagoge in Kassel von 2000. Foto: Knufinke 2007.

einschreiben. Die Synagoge ist damit ein Raum der Memoria, die hier an Dinge und ihren Gebrauch im Gottesdienst geknüpft ist. Über die Stiftung der Dinge geht die persönliche, familienbezogene Erinnerung in die Erinnerung der gesamten Gemeinde ein, wie sie zugleich diejenigen, an die erinnert wird, religiös an die Tora, und somit an das Judentum bindet.

Die Gestalt des Toraschreins als Aufbau aus Säulen und Giebel, die bei zahlreichen historischen Toraschreinen zu finden ist (vgl. Abb. 3, 6 und 8), verweist auf die biblische Beschreibung des Jerusalemer Tempels, sie kann gleichsam als „Tempel-Abbreviatur" begriffen werden. Die Säulen der Ädikula entsprächen dann den Säulen Jachin und Boas, die vor dem Salomonischen Tempel standen, der Vorhang bezeichnete die Trennung zwischen dem Hauptraum des Tempels und dem Allerheiligsten mit der Bundeslade.[16] Wenn sich die Beter in der Synagoge körperlich nach Jerusalem orientieren,

16 Zu Tempel-„Zitaten" im Synagogenraum vgl. Annette Weber: Text and Context: Jewish Concepts of Synagogue Architecture in Medieval and Modern Times, in: Katrin Keßler / Alexander von Kienlin (Hrsg.): Jewish Architecture – New Sources and Approaches, Petersberg 2015, S. 95–104; Sergey R. Kravtsov: The Modern-Time Theoretical Reconstructions of the Mishnaic Temple as a Source for Synagogue Architecture, in: Keßler / Kienlin, Jewish Architecture, S. 105–114.

Abb. 10: Innenraum der Synagoge in Würzburg von 1970 mit dem Vorbeterpult vor dem Toraschrein. Foto: Knufinke 2006.

richten sie sich auf den Tempel aus, der mit dem Toraschrein versinnbildlicht wird. Manche moderne Toraschreine, wie zum Beispiel der in der Synagoge in Bonn (Abb. 7),[17] spielen nicht auf die Architektur des Jerusalemer Tempels an, sondern wohl eher auf die Bundeslade, die das Volk Israel vor dem Bau des Tempels durchs Land trug – dies mag in der Zeit kurz nach dem Ende des Holocaust als ein Verweis darauf zu verstehen sein, dass ein dauerhaftes Bleiben jüdischer Gemeinden in Deutschland keinesfalls als gesichert gelten konnte.

Weitere Gegenstände des Tempelritus sind seit der Spätantike in unterschiedlicher Weise in die ikonographische Tradition der Synagogen eingegangen. So steht auch die Menora, der Siebenarmige Leuchter, für die Menora des Salomonischen Tempels, und der Chanukka-Leuchter erinnert an das Lichtwunder bei der Wiedereinweihung des Tempels im Jahr 164 v. Chr. In der Altschul-Synagoge in Fürth stand eine Menora vor dem Toraschrein (Abb. 8.). Zudem hängt ein Ewiges Licht (Ner Tamid) vor bzw. über dem Toraschrein herab. Es erinnert an das Licht im Tempel, das ebenfalls nicht ausgehen sollte, und damit an die Anwesenheit Gottes. Ein modern gestaltetes Ewiges Licht findet sich zum Beispiel in der Synagoge in Kassel von 2000, deren Architektur und

17 Erbaut 1959, Architekt: Helmut Goldschmidt.

Ausstattung auf Entwürfe des Architekten Alfred Jacoby zurückgehen (Abb. 9, vgl. auch Abb. 5, 7 und 10).[18]

Andere Gegenstände des Tempels, zum Beispiel die Schaubrottische oder die Schaufeln für die Asche der Altar-Opfer, werden gelegentlich in Ausmalungen von Synagogen gezeigt. Anders als die Leuchter fanden sie allerdings keinen Eingang in den Ritus der Synagoge: Das Opferritual ist ausschließlich dem Tempel vorbehalten, es soll im „kleinen Heiligtum", in der Synagoge, nicht wiederholt werden.

In der Ausgestaltung des Toraschreins zeigen sich immer wieder die Kontakte zwischen der jüdischen und der nicht jüdischen Gesellschaft. So ist zum Beispiel die Ädikularahmung aus Säulen und Giebel auch ein gängiges Motiv für christliche Altaraufbauten, bei denen sie dann das Altarbild fasst.

3.1 Das Vorbeterpult

Dem Toraschrein zugeordnet ist das Vorbeterpult. Es steht meist rechts vor dem Aufgang zum Schrein. Von hier aus leitet der Vorbeter den Gottesdienst an, ohne eine im Raum herausgehobene Position einzunehmen.[19] In der Hornburger Synagoge von 1766 ist das Vorbeterpult mit der Konstruktion eines niedrigen Tisches mit Kerzenhaltern verbunden. Der Vorbeter bzw. Kantor wendet sich wie die Gemeinde nach Osten, nach Jerusalem (Abb. 10). In modernen Synagogen kann es, ähnlich dem Ambo bzw. dem Predigtpult christlicher Kirchen, ein freistehendes Vorbeterpult geben, so zum Beispiel in der Synagoge in Würzburg von 1970 (Abb. 10).[20]

4. Die Bima

Die Celler Amtsleute beschreiben 1693 ein Objekt, das sie aus ihrer christlichen Erfahrung mit einem Altar identifizieren: „Ein Altar, worauf ein Bret lag so mit langen bunten vermahlet linnen, so einer handbreit und einer windeln gleich, behenget."[21] Es handelt sich dabei um die Bima, den Ort der Lesung aus der Tora, auf dem es in Celle offenbar auch eine eigene Ablage für die oben geschilderten Torawimpel gab, die als „lange bunte vermahlet linnen" (lange, bunte, bemalte Leinenstücke) beschrieben werden.

Im liturgischen Ablauf des Gottesdienstes spielt das Vernehmen des Gotteswortes bei der Toralesung eine zentrale Rolle.[22] Seit der Antike richtet man dafür einen erhöhten Platz, eine Bima (hebr.: Bühne, auch: Tewa und Almemor) ein, der vor allem das Hören erleichtern soll. Während also der Toraschrein die ständige materielle Präsenz der Tora in der Synagoge vor Augen führt, ist die Bima wesentlich der Ort ihrer „Aktualisierung" als gesprochenes, zu hörendes Wort.

Daraus ergibt sich, dass die Position der Bima – wie die des Toraschreins – den synagogalen Raum wesentlich prägt. In den unterschiedlichen Ritusgruppen des Judentums und in der langen Entwicklung der Synagogenräume haben sich verschiedene

18 Vgl. Keßler, Ritus und Raum, S. 63–64, 228–229.
19 Vgl. Keßler, Ritus und Raum, S. 51–52, 188–191.
20 Architekt der Synagoge war Hermann Zwi Guttmann.
21 Glatter, Bauwerke, S. 16
22 Vgl. Keßler, Ritus und Raum, S. 46–51, 191–199; dort auch die weiterführende Literatur.

Schemata für die Position der Bima herausgebildet. In der aschkenasischen Tradition steht sie ungefähr in der Mitte des Raums und bewirkt so eine Zentrierung des Betsaals, in der sephardischen Tradition hingegen steht sie vor der dem Toraschrein gegenüberliegenden Seite des Raums.

Der Weg der Torarolle zur Verlesung auf der Bima und wieder zurück in den Toraschrein wird als eine Prozession durch die Synagoge gestaltet, bei der die Beter die Rolle mit dem Zipfel ihres Gebetsmantels berühren und diesen anschließend küssen, um ihre Verehrung und Liebe zur Tora auszudrücken. Die Bima besitzt zwei Aufgänge, einen für den Hinweg der Prozession, einen für den Rückweg. Auf der Bima steht ein Pult (Schulchan), auf dem die Tora zur Lesung ausgerollt werden kann, meist ist das Pult mit einer bestickten Decke überdeckt. Leuchter geben den Lesenden Licht. Um beim Lesen die Zeile nicht zu verlieren, die Tora aber auch nicht mit Fingern berühren zu müssen, verwendet man den oben erwähnten Torazeiger (Jad), der zum Schmuck der Tora gehört. Gelesen wird mit Blickrichtung zum Toraschrein, also zum Jerusalemer Tempel. Zudem gibt es eine Sitzbank für die zur Tora Aufgerufenen.

Für die Gestalt der aschkenasischen Bima haben sich verschiedene Typen herausgebildet, im Vergleich zum Toraschrein ist die Bima erheblich variabler. Die rechteckige Form der mittelalterlichen Bimot, die in den Synagogen des zweischiffigen Typs zwischen den die Schiffe trennenden Pfeilern standen, fand auch in der Neuzeit Nachfolge. Belegte und erhaltene Beispiele zeigen, dass die Bima als Kleinarchitektur gestaltet sein konnte: Das Podest wird von einer Balustrade mit Säulen oder Pfeilern eingefasst, die Arkaden tragen. Diese architektonische Auszeichnung der Bima fand auch in einem wohl neuzeitlichen Typ ihre Fortsetzung, als man begann, achteckige Bimot mit entsprechenden Aufbauten zu errichten.[23] Andere Bimot verzichten hingegen auf den architektonischen Aufbau, der im deutschsprachigen Raum seit dem Ende des 18. Jahrhunderts nicht mehr auftritt (z. B. in der Synagoge in Halberstadt von 1709, vgl. Abb. 13). Eine Sonderform der Bima hat sich im polnischen Synagogenbau des Barock herausgebildet: Hier ist sie Bestandteil eines mächtigen Pfeilers, der im Zentrum des Raums steht und die Gewölbe trägt.[24] Die Bima mit dem auf ihr Verlesenen Gotteswort ist damit nicht nur symbolisch, sondern auch tektonisch der „Grundpfeiler" der Synagoge.

Ob zum Architekturelement ausgebaut oder als schlichtes Podest mit Brüstungen ausgebildet, bewirkt die Bima eine Zentrierung auf die Mitte des Synagogenraums, während der Toraschrein ihn nach Osten ausrichtet – so entsteht ein „zweipoliger" Raum, der auf zwei getrennte liturgisch herausgehobene Orte fokussiert ist. Diese von Salomon Korn als „synagogale Raumantinomie" bezeichnete Disposition ist ein prägendes Merkmal der aschkenasischen Synagogen bis zur Epoche der Reform.[25]

23 So z. B. in der Altschul in Fürth (Abb. 3 und 8), dort war die Bima aber wohl sechseckig.

24 Vgl. u. a. Tobias Lamey: Bimot in Polish Stone Synagogues until 1650. Forms, Function, and Religious Aspects, in: Aliza Cohen-Mushlin / Harmen H. Thies (Hrsg.): Jewish Architecture in Europe, Petersberg 2010, S. 109–117, dort auch die weiterführende Literatur.

25 Salomon Korn: Synagoge '88 – ein Entwurf, in: Hans-Peter Schwarz (Hrsg.): Die Architektur der Synagoge, Stuttgart 1988, S. 344–346; vgl. Abschnitt 9.

5. Sitze, Stände

Die Möblierung des Celler Synagogenraums erwähnen die Amtsleute 1693 nur sehr knapp: „4 Pulten".[26] Die Anzahl „4" lässt darauf schließen, dass sie nicht das Vorbeterpult oder das Lesepult auf der Bima meinen, sondern vier wohl mehr oder weniger gleichartige weitere Pulte, die außerdem im Raum standen. Angesprochen sind wahrscheinlich jene Pulte, die sich die Beter aufstellten, um im Gottesdienst ihre privaten Gebetbücher darauf ablegen und aus ihnen lesen zu können.[27] Dass es in Celle nur vier sind, zeigt, wie klein die Gemeinde zu diesem Zeitpunkt war und dass offenbar nicht jeder Beter ein eigenes Pult hatte – sonst hätten mindestens zehn für den Minjan vorhanden gewesen sein müssen.

Die historischen Innenraumdarstellungen der Altschul-Synagoge in Fürth von 1617 zeigen die Aufstellung der Pulte und die Verteilung der Sitzplätze: Bänke verliefen entlang der Außenwände, aber auch um die Bima, im Raum verteilt standen weitere transportable Pulte und Bänke in Reihen (vgl. Abb. 3 und 8). Die Aufstellung macht deutlich, dass die Gottesdienstbesucher einander ansehen und miteinander kommunizieren konnten – die strenge Ausrichtung auf die Ostseite, die mit der Aufstellung eines festen Gestühls nach dem Vorbild von Kirchenbänken im Laufe des 19. Jahrhunderts in vielen Synagogen eingeführt wurde, ist eine Erscheinung der jüdischen Reformbewegung, die aber auch in einigen orthodoxen Synagogen aufgegriffen wurde.

Die einzelnen, in manchen älteren Synagogen wie in Hornburg offenbar individuell für einzelne Beter angefertigten Betpulte (vgl. Abb. 6, rechts vom Toraschrein) dienen zudem der Aufbewahrung persönlicher Gegenstände, die zum Gebet in der Synagoge gehören. In (manchmal abschließbaren) Fächern werden der Gebetsmantel (Tallit), die Gebetsriemen (Tefilin) oder auch Gebetbücher verwahrt.

6. Licht und Leuchter

In der Auflistung des Celler Synagogeninventars von 1693 werden schon an zweiter Stelle Lichter genannt: „An deß Schapps ieden seiten 1 Brett 11/2 Viertel breit, worauff 7 riege Nagel gestehet da die Liechter auf gestanden."[28] Hier ist es unklar, welche der verschiedenen Lichter und Leuchter einer Synagoge gemeint sind; und auch ihre Position neben bzw. vor dem Toraschrein lässt unterschiedliche Deutungen zu. Unter Punkt 4 wird außerdem ein Kronleuchter beschrieben: „Eine Krone mit Liechtern."[29]

Die historischen Darstellungen der Fürther Altschul-Synagoge zeigen eine Vielzahl von Dingen, die mit der Beleuchtung des Betsaals zu tun haben (vgl. Abb. 3 und 8). Für viele Betsäle ist es charakteristisch, dass recht große Fenster für Tageslicht sorgen, um das Lesen in den Gebetbüchern zu ermöglichen. Hinzu kommt die künstliche Beleuchtung, die vor allem bei den abendlichen Gottesdiensten zum Lesen erforderlich ist.[30] Auffällig sind in Fürth die zahlreichen Kronleuchter, die wahrscheinlich wie die

26 Glatter, Bauwerke, S. 16.
27 Vgl. Keßler, Ritus und Raum, S. 52–55.
28 Glatter, Bauwerke, S. 16.
29 Glatter, Bauwerke, S. 16.
30 Vgl. allgemein Keßler, Ritus und Raum, S. 63–64 und S. 227–230.

Abb. 11: Nische mit den Jahrzeitlichtern im Foyer der Synagoge in Hannover von 1963. Foto: Knufinke 2008.

Abb. 12: Gedenktafel mit Ewigem Licht für die Opfer der Shoa im Betsaal des jüdischen Gemeindehauses in Herford, nach 1945, heute angebracht in der neuen Synagoge. Foto am ursprünglichen Standort: Knufinke 2007.

vieler anderer neuzeitlicher Synagogen aus Messing gefertigt waren. Die Anordnung der Leuchter um die Bima, die nicht nur in Fürth zu finden war, erhöht die optische Zentrierung des Synagogenraums (vgl. auch den Innenraum der Halberstädter Synagoge von 1709, Abb. 13). Um auch an den Rändern des Raums gut lesen zu können, gab es in Fürth und anderswo an den Wänden entlanglaufende Borde für Kerzenständer oder mit Reflektoren versehene Wandleuchter, sogenannte Blaker.

6.1 Jahrzeitlichter

Neben dem Aufgang zum Toraschrein findet sich in einigen älteren Synagogen ein Kerzenhalter für Lichter mit einer besonderen symbolischen Bedeutung: die sogenannten Jahrzeitlichter. Sie werden am Jahrestag des Todes eines Verstorbenen entzündet, um an ihn zu erinnern. Das aus der Hornburger Synagoge von 1766 erhaltene Beispiel ist eine rechteckige Metallschale mit mehreren Reihen Dornen für die Kerzen, die auf einem hölzernen Gestell steht (vgl. Abb. 6, rechts und links der Treppen zum Toraschrein). Möglicherweise handelt es sich bei den für Celle geschilderten Lichtern vor dem Toraschrein ebenfalls um Jahrzeitlichter, doch lässt die ausdrücklich erwähnte

Abb. 13: Inneres der Synagoge in Halberstadt von 1709 mit Blick auf die zweigeschossige Frauenempore im Westen im Zustand nach 1879. Computer-Rekonstruktion: S. Kravtsov, Center for Jewish Art, Hebrew University of Jerusalem, 2002.

Anzahl der Kerzen, „7 riege Nagel […], da die Liechter auf gestanden", möglicherweise auch die Deutung zu, es hätten vor dem Toraschrein zwei Siebenarmige Leuchter (Menorot) gestanden.[31]

In modernen Synagogen haben die Jahrzeitlichter als Objekte des Gruppengedächtnisses ihren Platz in der Synagoge gewechselt. Sie finden sich heute oft in der Nähe des Eingangs, manchmal im Vorraum des Betsaals. In der Synagoge in Hannover von 1960 sind die metallenen Kerzenhalter in einer parabolisch geformten Nische im Foyer angebracht (Abb. 11).

In der Tradition der Jahrzeitlichter stehen die in vielen Synagogen nach der Shoa angebrachten Gedenktafeln, die mit symbolischen Flammen oder tatsächlichen Lichtern gestaltet sind. Ein Beispiel aus der unmittelbaren Nachkriegszeit ist eine hölzerne Tafel mit geschnitzter Flammenschale und einer darüber mit einem metallenen Arm an der Wand angebrachten Leuchte, die in Herford erhalten ist. Ursprünglich befand sie

31 Glatter, Bauwerke, S. 16.

sich an einer Seitenwand des Betsaals, der nach 1945 im alten Gemeindehaus eingerichtet wurde (Abb. 12).

7. Frauenbereiche

Ein weiteres räumliches Merkmal der traditionellen Synagogen ist die Trennung in einen Männer- und einen Frauenbereich. Die Celler Amtsleute widmen in ihrem Bericht von 1693 der Trennung der Geschlechter im Synagogenraum gleich zwei ausführliche Punkte: „6.) war die Cammer in der mitten durchgeschehrt, daß also die Manns Persohnen ihren standt allein, undt daß Frauen Volck auch ihren standt allein gehabt. 7.) war anderseiten, wo die Mannes Persohnen ihren standt gehabt, Ein vermahletes linnen Tuch. An der frauensvolck seiten deßgleichen."[32] Es gab also eine Abtrennung, ein Gitter („Schehre"), zwischen dem Bereich der Männer und dem der Frauen, die zusätzlich auf jeder Seite mit Vorhängen aus bemaltem Leinen versehen war.

Seit dem Mittelalter lassen sich bei aschkenasischen Synagogen gesonderte Räume nachweisen, in denen Frauen getrennt von Männern am Gottesdienst teilnehmen konnten, möglicherweise geht diese Tradition aber schon auf die Antike zurück.[33] In Worms, Speyer oder Prag waren dies jüngere Anbauten an bestehende Synagogen, die lediglich durch kleine Sicht- oder eher Hörschlitze mit dem Männerbereich verbunden waren. In der Frauensynagoge („Weiberschul") gab es keinen Toraschrein und keine Bima, aber wohl Bänke und Pulte für die Betenden, die von einer Frau angeleitet wurden. Der Typus des gleichsam angebauten Frauenraums wurde im deutschen Sprachraum bis ins 18. und gelegentlich sogar ins 19. Jahrhundert weitergeführt, ein Beispiel ist die Altschul-Synagoge in Fürth von 1617 (vgl. Abb. 3 und 8).

Im 18. Jahrhundert entfaltete sich aber auch ein neuer Typ: Die auf Stützen in den Männerbereich seitlich oder rückwärtig eingestellte Frauenempore, wie sie zum Beispiel in der Synagoge in Halberstadt von 1709 anzutreffen war (Abb. 13).[34] Um auch hier eine deutliche Trennung zu ermöglichen, erhielten diese Emporen oft Gitter und Vorhänge, so dass ein Blickkontakt zwischen Männern und Frauen weitgehend unmöglich gemacht war. Bis heute ist in orthodoxen Synagogen die Abtrennung der Frauenbereiche üblich; in der Münchner Synagoge von 2006 sind die Frauenplätze in seitlichen, ansteigenden Bereichen angeordnet, ein metallgewebter Vorhang stellt die optische Abtrennung her (vgl. Abb. 4).

8. Weitere Dinge der Synagoge

Während die geschilderten Jahrzeitlichter einen die Generationen übergreifenden Aspekt der Erinnerung der Gemeinde aufzeigen, gibt es andere Dinge in der Synagoge, die für individuelle religiöse Akte in Gebrauch sind und bei denen eine persönliche Beziehung zwischen dem Individuum, der Gemeinde und der gesamten religiösen Gemeinschaft zu Gott symbolisiert wird. Dazu gehört der Traubaldachin (Chuppa),

32 Glatter, Bauwerke, S. 16.

33 Keßler, Ritus und Raum, S. 204–212.

34 Vgl. Knufinke, Synagogentypen.

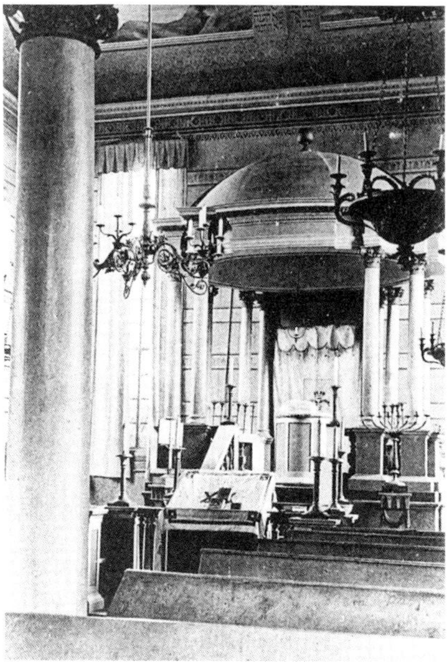

Abb. 14: Inneres der Synagoge in Seesen („Jakobstempel") von 1810.
Abb.: Die Bau- und Kunstdenkmäler des Herzogtums Braunschweig, Wolfenbüttel 1910, Abb. 180.

Abb. 15: Toraschrein-Bima-Anlage und Orgel in der Synagoge in Straßburg von 1902.
Abb.: Die Synagoge zu Strassburg, Straßburg 1902.

unter dem die Trauung vollzogen wird und den man eigens für diese Zeremonie aufbaut (oft auf der Bima), aber auch die Bank für die Beschneidung der Jungen, die entweder hereingetragen werden oder fest installiert sein kann (vgl. die Darstellung einer Beschneidung in der Fürther Altschul-Synagoge, Abb. 8).

Regelmäßig sind in Synagogen außerdem Dinge anzutreffen, die nicht unmittelbar mit den liturgischen Abläufen zusammenhängen, sondern auf andere Sphären jüdischer Kultur verweisen. Ein Beispiel sind die Spendendosen, die sich im Eingangsbereich der Betsäle befinden. Oft gibt es dort mehrere Dosen, manchmal stehen sie frei und sind aus Stein, Holz oder Metall gefertigt, wie es in der Altschul-Synagoge in Fürth zu sehen ist (Abb. 3, am Bildrand links, neben dem Eingang), manchmal, wie in Hornburg oder Gröbzig, sind sie in Wände oder Säulen eingelassen. Eine Beschriftung gibt meist den Verwendungszweck des jeweils gesammelten Geldes an, zum Beispiel für das Armenwesen oder die Krankenversorgung. Mit den Spendendosen wird die soziale Dimension der Gemeinde sichtbar, die traditionell an die religiöse gebunden ist: Der Synagogenbesuch ist sowohl ein religiöser wie ein sozialer Akt, mit dem die Verantwortung der Einzelnen für die Gemeinde eingefordert und bestärkt wird.

9. Ein neuer Raumtyp entsteht: Die Entwicklung der Reformsynagogen seit dem 19. Jahrhundert

Ein bedeutender Wandel in der räumlichen Disposition und der Ausstattung von Synagogen vollzog sich mit der Entwicklung der so genannten Reformsynagogen.[35] Einige der jüdischen Aufklärer des späten 18. und frühen 19. Jahrhunderts strebten danach, nicht nur die Stellung der Juden in der Gesellschaft durch innere Reformen und die rechtliche Gleichstellung mit der Bevölkerungsmehrheit zu verändern, sondern auch den jüdischen Gottesdienst ihren aufgeklärten Ansichten entsprechend umzuformen. Das früheste gebaute Beispiel einer Reformsynagoge, der Jacobstempel in Seesen von 1810, ist in dieser Hinsicht ein programmatischer Bau (Abb. 14).

Israel Jacobson hatte das Gebäude als Synagoge seiner kurz zuvor gegründeten jüdischen Freischule konzipiert. Auffällig ist einerseits die Ähnlichkeit mit kleineren protestantischen Kirchen der Zeit, die ebenfalls als rechteckige Saalbauten errichtet wurden – und die gelegentlich auch auf Glockentürme verzichteten. Vom protestantischen Kirchenbau entlehnt ist auch die hufeisenförmig den Saal umlaufende Empore. Ein neues Element war die in Seesen von einem Baldachin überspannte Predigtkanzel, die unmittelbar vor dem Toraschrein stand. Die Einführung einer regelmäßig auf Deutsch gehaltenen Predigt war ein wesentliches Anliegen der Reformer. Mit der Verschiebung der Bima in Richtung des Toraschreins und der Aufstellung von Sitzbänken in nach Osten gerichteten Reihen, die zeitgenössischen Kirchenbänken entsprachen, begann eine Neuorganisation des Synagogenraums: Statt des traditionellen zweipoligen Schemas mit dem Toraschrein auf der Ostseite und der Bima im Zentrum entwickelte sich das für Reformsynagogen typische Schema eines einpoligen, nur auf eine Seite gerichteten Raums. Dieser Zentrierung entspricht die Entwicklung hin zur Zusammenfassung von Toraschrein, Bima, Predigt- und Vorbeterpult in einer mehrfach gestuften Estradenanlage.

9.1 Ein neues Ding: die Orgel

Ein weiteres von den Reformern in die Synagogen eingeführtes Element ist die Orgel. Die von Orgel- und Chormusik begleitete, ja getragene Liturgie sollte den Gottesdienst neu ordnen.[36] Im Synagogenraum wurden verschiedene Positionen für die Orgel und den Chor gefunden: Oft, wie zum Beispiel in Seesen, fanden sie auf einer Empore auf der Westseite, gegenüber dem Toraschrein, ihren Platz, wie es in Kirchen üblich ist. Aber auch seitlich über oder hinter dem Toraschrein konnten solche Emporen angeordnet werden, womit die Zentrierung des Gottesdienstgeschehens auf die Ostseite des Raums

35 Vgl. allgemein Aliza Cohen-Mushlin / Harmen H. Thies (Hrsg.): Synagoge und Tempel – 200 Jahre jüdische Reformbewegung und ihre Architektur, Petersberg 2012.

36 Vgl. Andor Izsák (Hrsg.): „Niemand wollte mich hören…" Magrepha. Die Orgel in der Synagoge, Hannover 1999, dort besonders den Aufsatz von Saskia Rohde: Orgelprospekte in Synagogen. Skizzen zu einem kaum bekannten Thema, S. 189–203; allgemein: Tina Frühauf: Orgel und Orgelmusik in deutsch-jüdischer Kultur, Hildesheim u. a. 2005.

verstärkt wurde.[37] Ein Beispiel ist die Anordnung der Orgel über der Toraschrein-Bima-Anlage in der Synagoge in Straßburg von 1902 (Abb. 15).[38]

Im weiteren Verlauf des 19. Jahrhunderts ist bei vielen großstädtischen Synagogen, dem Wachstum der jüdischen Gemeinden entsprechend, eine erhebliche Erhöhung der Sitzplatzzahlen zu beobachten. Um diesem Platzbedarf zu genügen, wurden erheblich größere Synagogen mit mehreren hundert, gelegentlich über tausend Plätzen errichtet. Stützenfreie Säle, wie sie bisher die Regel waren, konnten diesen Bedarf nicht mehr erfüllen, so dass neue Raumstrukturen erprobt wurden. Es entstanden dreischiffige Räume mit Emporen in den Seitenschiffen, zum Beispiel 1839 in Kassel und 1866 in Berlin, Oranienburger Straße, oder solche mit einer zentralen Vierung mit Kreuzarmen, zum Beispiel 1840 in Dresden, 1870 in Hannover, 1870 und 1902 in Straßburg, 1902 (vgl. Abb. 15). Oft erhielt die Toraschrein-Bima-Estrade einen eigenen Raumteil in einer Apsis bzw. in einem der Kreuzarme.

10. Raumtyp, Bautyp, „Stil“

Der anhand der Anordnung der liturgischen Orte und ihrer Gegenstände beschriebene Raumtyp der neuzeitlichen aschkenasischen Synagoge, der in orthodoxen Gemeinden bis heute realisiert wird, hat nicht unbedingt die Herausbildung eines bestimmten Bautyps, also einer regelmäßig wiederkehrenden, epochenübergreifenden architektonischen Gestalt zur Folge: Der Raumtyp setzt nur wenige Bedingungen für die Architektur des Gebäudes, in dem er lokalisiert ist. So lässt sich ein Bautyp „aschkenasische Synagoge“ nicht im Sinne einer allgemeinen Typologie beschreiben, sondern nur für einzelne, zeitlich und räumlich begrenzt vorkommende Typen, zum Beispiel die polnischen Vier-Pfeiler-Synagogen oder die süddeutschen Saal-Synagogen des Barock.

In der gestaltenden Umsetzung der Ausstattungen der Synagogen wie auch ihrer Architektur steckten und stecken die allgemeinen Bedingungen der Entwicklung von Kunst, Handwerk und Baukunst den Rahmen für dasjenige ab, was von jüdischen Gemeinden für ihre Gebäude und deren Einrichtungen als angemessen und richtig verstanden werden konnte. Die Frage nach dem passenden „Stil“ für Synagogen stellte sich zunehmend, als sie im Laufe des 19. Jahrhunderts im Bild der Städte sichtbar werden konnten und sie als Baukörper eine ihre Umgebung durchaus prägende Größe erreichten. Der Baustil, der nicht nur das Gebäude selbst, sondern auch seine gesamte Ausstattung, also auch die Gestaltung all der geschilderten, einer Synagoge zugehörigen Dinge prägen sollte, wurde als Mittel verstanden, das jüdische Gebäude – und damit seine Besucherinnen und Besucher – in bestimmter Weise zu kennzeichnen und ihr Verhältnis zur nicht jüdischen Umwelt zu bestimmen. Die maurischen, neoromanischen oder neogotischen Synagogen des 19. und frühen 20. Jahrhunderts spiegeln diese Suche wider. Der jeweils gewählte Stil konnte als Signal der Eigenständigkeit, aber auch als

37 Ulrich Knufinke: Neuordnungen des liturgischen Raums. Orgeln und Chöre in der Synagogenarchitektur des 19. und beginnenden 20. Jahrhunderts, in: Sigrid Brandt/Andrea Gottdang (Hrsg.): Rhythmus. Harmonie. Proportion. Zum Verhältnis von Architektur und Musik, Worms 2012, S. 106–112.

38 Architekt der Synagoge war Ludwig Levy.

Anspruch auf Gleichberechtigung und Anerkennung oder als Zeichen der bewussten Integration und Anpassung verstanden werden. Doch konstatierte 1901 der Hamburger Rabbiner Max Grunwald (1871–1953), einer der Begründer der jüdischen Volkskunde, im Rückblick auf die Synagogenarchitektur des 19. Jahrhunderts: „Man baut Synagogen bisher entweder im Anschluß an die Umgebung, oder orientalisch oder [...] nach willkürlicher Stilbildung. *Einen eigenen jüdischen Stil giebt es nicht.*“[39] Trotz aller Unterschiedlichkeiten war den jüdischen wie den nicht jüdischen Zeitgenossen jedoch klar, welches Gebäude eine Synagoge war und welches nicht. Man kann annehmen, dass der Kontext der religiösen, sozialen und kulturellen Funktionen in der unterscheidenden Wahrnehmung die stilistische Ausformung und die von den Auftraggebern und Gestaltern intendierte Deutung überlagerte und auch heute noch überlagert.[40]

11. Die Synagoge und ihre Dinge als Zeichen- und Verweisraum

Die hier geschilderten vielfältigen und voneinander abhängigen „Dinge“ des jüdischen Gottesdienstes und ihre Anordnung in der Synagoge stehen im Kontext regelmäßig wiederkehrender Handlungen, ihre Disposition im Raum entspricht ihrer jeweiligen Funktion im Rahmen dieser Handlungen. Auch wenn ein Objekt, zum Beispiel eine Torarolle, eine Objektgruppe, beispielsweise die Bima mit ihren Gegenständen, gerade nicht benutzt wird, verweist es doch auf diese Handlungen und Abläufe – die Synagoge als „Raum der Dinge“ ist zugleich ein „Raum der Handlungen“, die auch dann repräsentiert sind, wenn sie aktuell nicht ausgeführt werden. Die Dinge selbst, aber auch die mit ihnen verbundenen Symbole und Ikonographien „sprechen“ gleichsam von diesen Zusammenhängen, die zugleich auf etwas jenseits des tatsächlichen Ortes verweisen.

Der „Handlungsraum“ Synagoge ist damit nicht nur ein „Dinge-Speicher“, in dem Objekte unterschiedlicher Funktionen gesammelt sind, sondern vor allem ein „Verweisraum“ auf religiöse, kulturelle und soziale Zusammenhänge, die nicht auf den konkreten Betsaal beschränkt sind. Zugleich erweist sich die Synagoge als ein „Gedächtnisraum“: Gedacht wird der Geschichte des Volkes Israel, aber auch der einzelnen Menschen, die über bestimmte Dinge mit dem Geschehen im Synagogenraum und im Gottesdienst verbunden sind.[41] Der Torawimpel verknüft den beschnittenen Jungen mit dem Gotteswort in der Tora, das Jahrzeitlicht oder die Stifterinschrift verbindet die Erinnerung an einen Verstorbenen bzw. an den Stifter mit der Gemeinschaft.

39 Max Grunwald: Wie baut man Synagogen?, in: Allgemeine Zeitung des Judentums (1901), H. 10, S. 115–117, hier S. 116, Hervorhebung i. O. gesperrt. Zu Max Grunwalds jüdischer Volkskunde vgl. Christine Schatz: Die „Gesellschaft für jüdische Volkskunde“, in: Vokus. Volkskundlich-kulturwissenschaftliche Schriften 14 (2004), S. 121–134.

40 Vgl. hierzu Ulrich Knufinke: Synagogen im 19. und 20. Jahrhundert. Bauwerke einer Minderheit im Spannungsfeld widerstreitender Wahrnehmungen und Deutungen, in: Gideon Botsch/Olaf Glöckner/Christoph Kopke/Michael Spieker (Hrsg.): Islamophobie und Antisemitismus – ein umstrittener Vergleich, Berlin, Potsdam 2012, S. 201–226.

41 Vgl. allgemein Aleida Assmann: Erinnerungsräume. Formen und Wandlungen des kulturellen Gedächtnisses, München 2009; Yosef Hayim Yerushalmi: Zachor. Erinnere Dich! Jüdische Geschichte und jüdisches Gedächtnis, Berlin 1996.

Eine Synagoge in den hier genannten Dimensionen zu verstehen, als liturgischer Handlungs-, religiöser Verweis- und soziokultureller Erinnerungsraum, lässt die zunächst disparat erscheinenden Dinge als komplexen räumlichen und semantischen Zusammenhang erkennen, der selbstverständlich nicht statisch ist, sondern sich historisch entwickelt. So muss das hier mehr oder weniger „idealtypisch" Beschriebene im einzelnen Fall überprüft und auf die jeweiligen spezifischen Bedingungen und Deutungen hin interpretiert werden, wozu diese architekturhistorisch grundierte Betrachtung nur einen bestimmten Aspekt beitragen kann.

Genisa – Die materielle Kultur des deutschen Judentums im Spiegel neu entdeckter synagogaler Ablageräume

Andreas Lehnardt

1. Einleitung

In den vergangenen Jahrzehnten sind in alten Synagogen in Deutschland sowie in einigen angrenzenden europäischen Ländern mehrere Genisot, Ablageräume für gebrauchte religiöse Gegenstände und Schriften, entdeckt worden. Die meisten Genisot wurden in neuzeitlichen Synagogen im süddeutschen Raum gefunden, dessen Dörfer, nach der Ausweisung der Juden aus den größeren Städten, vom 17. Jahrhundert bis zum Beginn des 20. Jahrhunderts viele kleinere Gemeinden aufgenommen hatten. Diese Funde bieten bemerkenswerte Einblicke in materielle Aspekte und geistige Entwicklungen eines Judentums, das bislang oftmals zu wenig bekannt und nicht angemessen berücksichtigt wurde.[1] Seit dem 16. bis in das 19. Jahrhundert hinein lebten viele, wenn nicht der Großteil der jüdischen Bevölkerung in Mitteleuropa auf dem Lande und nicht mehr wie im Mittelalter in Städten.[2] Der überwiegende Teil der jüdischen Landbevölkerung bestand im Übrigen nicht aus Gelehrten, wohlhabenden Kaufleuten oder Bankiers, sondern versuchte unter teilweise schwierigen sozialen und wirtschaftlichen Bedingungen zu überleben und die eigene Identität zu bewahren. Die Genisa-Funde aus Mitteleuropa helfen, die Lebenswelten dieses neuzeitlichen Landjudentums besser zu verstehen und erweitern die Kenntnisse der materiellen Kultur dieses nicht-großbürgerlichen Judentums erheblich. Die seit längerem bekannten Genisa-Funde sind bislang allerdings nur wenigen Forschern zugänglich, geschweige denn adäquat erschlossen. Zuletzt wurde erstmals auch eine bedeutende Genisa nördlich der Mosel, in der Nähe von Koblenz, entdeckt: Die Genisa in der alten Synagoge Niederzissen (Landkreis Ahrweiler), die zu

1 Vgl. Frowald Gil Hüttenmeister: Die Genisot als Geschichtsquelle, in: Monika Richarz / Reinhard Rürup (Hrsg.): Jüdisches Leben auf dem Lande, Schriftenreihe wissenschaftlicher Abhandlungen des Leo Baeck Instituts 56, Tübingen 1997, S. 207–218.

2 Vgl. Mordechai Breuer: Die Landjudenschaften, in: Mordechai Breuer / Michael Graetz (Hrsg.): Deutsch-jüdische Geschichte in der Neuzeit, Bd. 1: 1600–1780, München 1996, S. 187–200, hier S. 187.

den bedeutenden Fundstätten aus jüngerer Zeit zu zählen ist und die daher die Forschung zu diesem Feld judaistischer Forschungen von Neuem anregt.[3]

Schon vor dem Krieg und der Shoah ist immer wieder einmal auf die Bedeutung der Genisa-Funde im süddeutschen Raum hingewiesen worden, wobei immer wieder auch vor allzu großen Erwartungen an die Genisa-Erforschung gewarnt worden ist.[4] Einer der ersten Fundorte einer Genisa, die nach dem Krieg entdeckt wurde, war die alte Synagoge von Westheim bei Hammelburg in Unterfranken,[5] doch bald kamen weitere Fundorte hinzu, darunter die nahe Würzburg gelegene Synagoge in Veitshöchheim, in der eine der größten Genisot entdeckt wurde, die bislang bekannt geworden sind.[6] In einer nie dagewesenen Fülle wurde durch diese Entdeckungen Material zugänglich, das einzigartige Einblicke in das Leben und ganz besonders in die Literatur einer jüdischen Dorfgemeinde bis in das 20. Jahrhundert ermöglichte. Zahlreiche Fragmente bisher völlig unbekannter oder als verschollen geltender Drucke ließen rasch erkennen, wie bedeutend die Funde nicht nur für die jüdische Literatur- und Druckgeschichte sind, sondern dass sie auch auf einzigartige Weise die jüdische Sozialgeschichte seit Beginn der Neuzeit erhellen können.

Im Jahr 1992 präsentierte die Hidden Legacy Foundation in ihrer Ausstellung „Genisa – Verborgenes Erbe der deutschen Landjuden" eine breite Auswahl von in süddeutschen Genisot gefundenen Drucken, Handschriften, Textilien und Ritualia der Öffentlichkeit.[7] Danach wurde es um die Funde, obwohl noch weitere Genisot entdeckt und geborgen wurden, wieder etwas ruhiger. Die Auswertung und systematische Katalogisierung der meist stark verschmutzten Funde erwies sich als schwierig; lange Zeit standen keine adäquaten Hilfsmittel zur Verfügung, um die großen Mengen von Bücherresten (meist ohne Titelblätter) effizient zu identifizieren und zu katalogisieren. Einzelne Buchseiten oder durch Mäusefraß beschädigte Bände stellten anfangs vor schier unlösbare Aufgaben, und erst die zunehmende Digitalisierung von hebräischen und jiddischen Büchern und deren Veröffentlichung im World Wide Web ermöglichte die schnellere Bearbeitung der zahllosen Kisten und Säcke voller geborgener Papierschnipsel und Seiten zerschlissener und verbrauchter Bücher, die sich auf den Dachböden der Synagogen über die Jahrzehnte angesammelt hatten. Während ihrer Lagerung waren diese Papiere wechselnden Umgebungsbedingungen und Schädlingen ausgeliefert, was ihren

3 Siehe dazu nun: Zeugnisse jüdischen Lebens in Niederzissen. Genisa-Funde in der ehemaligen Synagoge, herausgegeben von Falk Wiesemann mit Richard Keuler, Andreas Lehnardt und Anette Weber, Niederzissen 2012.

4 Vgl. Heinrich Feuchtwanger: Jüdische Denkmalpflege, in: Mitteilungen des Jüdischen Lehrervereins für Bayern, Nr. 3 vom 15. März 1935, S. 7–9, hier S. 8; Moritz Steinschneider: Geniza oder Genisa, in: Zeitschrift für Hebräische Bibliographie 10 (1906), S. 89–90.

5 Vgl. Falk Wiesemann: Die Genisa der Synagogengemeinde Westheim bei Hammelburg, in: Volker Rieß (Hrsg.): Katalog zur Ausstellung Jüdisches Leben in und um Hammelburg, Stadtmuseum Herrenmühle 2000, S. 23–54.

6 Martina Edelmann: Die Genisa der Synagoge von Veitshöchheim, in: Ingolf Ericsson / Rainer Atzenbach (Hrsg.): Depotfunde aus Gebäuden in Zentraleuropa, Bamberger Kolloquium zur Archäologie des Mittelalters, Berlin 2005, S. 147–150.

7 Vgl. Falk Wiesemann (Hrsg.): Genisa – Verborgenes Erbe der deutschen Landjuden, Wien 1992.

Erhaltungszustand oft so verschlechtert hatte, dass sie erst einer Säuberung unterzogen werden mussten, um sie wieder lesen und katalogisieren zu können. Fand dann eine Bergung von einem Dachboden einer ehemaligen Synagoge statt, so geschah dies fast überall durch Laien, die dem Material weiteren Schaden zufügten. Die Wissenschaftler standen auch deswegen oft vor noch größeren, unübersichtlichen Problemen, die eine systematische Auswertung der Funde zunächst fast aussichtslos erscheinen ließen.

Um dieses Problem der Unzugänglichkeit des Materials jedenfalls für einen Teil der bislang bekannten Funde zu lösen und es umfassender aufarbeiten zu können, wurde im Jahr 1998 das Genisaprojekt Veitshöchheim gegründet. Ziel dieses Projektes war es, die Genisafunde zu sichten, zu beschreiben, wenn möglich zu verifizieren, nach einem einheitlichen Beschreibungsraster zu inventarisieren und die Informationen zu den einzelnen Texten in einer Datenbank zu sammeln und so der Wissenschaft zur Verfügung zu stellen. Nachdem sich das System bei der im Jahr 2000 abgeschlossenen Inventarisierung des Veitshöchheimer Fundes bewährt hatte, wurde das Projekt ausgeweitet auf die Bearbeitung aller anderen bekannten und zugänglichen unterfränkischen, ab 2009 dann auch der oberfränkischen, Genisot. Auf diese Weise konnten bis heute neben der Veitshöchheimer Genisa die Funde aus den ehemaligen Synagogen in Altenkunstadt, Altenschönbach, Arnstein, Bayreuth, Gaukönigshofen/Weikersheim, Kleinsteinach, Lichtenfels, Memmelsdorf (Unterfranken), Reckendorf, Urspringen, und Wiesenbronn erfasst werden. Nach wie vor ist die Datenbank dieses Projektes nicht frei zugänglich, ein Abgleich mit anderen Fundorten nicht gegeben.

Der Bayreuther Fund war als einziger auf dieser Liste nicht schon vor vielen Jahren geborgen, sondern erst bei den Vorbereitungsarbeiten zur Renovierung der Bayreuther Synagoge Ende 2009 entdeckt worden. Er ist somit der bislang einzige Genisa-Fund, dessen Bergung genauer dokumentiert werden konnte, wodurch sich gewisse Rückschlüsse auf die nahezu unbekannte Ablagepraxis ziehen ließen. Auch die Genisa-Reste aus dem mittelfränkischen Cronheim und dem schwäbischen Fellheim befanden sich noch auf den Synagogendachböden, als Wissenschaftler zu Rate gezogen wurden. Doch waren wohl auch diese Funde zum Zeitpunkt ihrer Auffindung nicht mehr genau an Ort und Stelle ihrer ersten Ablage, sondern bereits zu einem früheren Zeitpunkt umgelagert worden.

Außer den vom Genisaprojekt in Veitshöchheim inventarisierten unter- und oberfränkischen Funden sind nur wenige weitere Genisot dokumentiert worden. Die Genisot aus dem Elsass sind etwa bislang ebenso wenig systematisch dokumentiert worden wie vereinzelte Entdeckungen aus hessischen oder württembergischen Synagogen. Vereinzelt und unterschiedlich umfassend wurden auch einige Genisot in Rheinland-Pfalz bearbeitet: So etwa Funde vom Dachboden der im Jahr 1844 erbauten Synagoge von Obermoschel.[8] Und auch die in der bereits 1752 errichteten Synagoge von Odenbach

8 Vgl. Michael Tilly: Vernunft und Mystik im deutschen Judentum im frühen 19. Jahrhundert. Das religiöse Leben der Obermoscheler Juden im Spiegel hebräischer und aramäischer Textfunde, in: Rainer Schlundt (Hrsg.): 650 Jahre Stadt Obermoschel, Otterbach 1999, S. 386–388. Leider sind die Funde aus Obermoschel nach der Bearbeitung keinem Archiv übergeben und bislang nicht wieder aufgefunden worden.

entdeckte Genisa wurde geborgen und Funde daraus an verschiedenen Orten und unter unterschiedlichen Kriterien untersucht und ausgestellt.[9] All diese Reste von Genisa-Funden sind bislang allerdings nicht umfassend katalogisiert und beschrieben worden, so dass sie meist nur wenigen Eingeweihten bekannt und zugänglich blieben und meist nur einzelne Stücke aus dem Gesamtzusammenhang vorgestellt oder zugänglich gemacht wurden. Vielerorts liegen daher noch zahlreiche Kisten und Säcke mit alten Bücherresten und sonstigen Fundstücken, die einer näheren Auswertung harren. Ein überregionaler Vergleich, etwa zwischen den frankischen und rheinischen Genisot ist bislang nicht möglich.

Von besonderer Bedeutung für die Genisa-Forschung in Rheinland-Pfalz erwies sich die in den vergangenen Jahren erfolgte Auswertung der Genisa aus der alten Synagoge von Alsenz.[10] Mittlerweile sind die meisten Funde aus dieser Synagoge in Kurzform katalogisiert und beschrieben; außerdem wurden Beispiele online publiziert, so dass sich jeder Interessierte von dem erschlossenen Material ein Bild machen kann. Auf ähnliche Weise erfolgte inzwischen die Erschließung der Genisa aus der Synagoge von Weisenau, heute ein Vorort von Mainz.[11] Aufgrund kriegsbedingter Beschädigungen sind große Teile dieser Genisa bereits vor längerer Zeit verloren gegangen. Ein Teil der jiddischen Texte ist zudem in einem gesonderten Projekt vor mehr als 10 Jahren an der Universität Trier untersucht worden. Die Ergebnisse liegen zwar vor, wurden allerdings bislang

9 Vgl. Hannelore Künzl: Die Synagoge in Odenbach, in Trumah 2 (1990), S. 1–23; Bernhard Kukatzki: Fundstücke aus den Synagogen Odenbach und Weisenheim am Berg, in: Alfred Hans Kuby (Hrsg.): Pfälzisches Judentum gestern und heute, Neustadt a. d. Weinstraße 1992, S. 273–286; Bernhard Kukatzki u. a. (im Anhang zu) Dieter Blinn: Das Fürstentum Pfalz-Zweibrücken hat eine jüdische Geschichte, in: Charlotte Glück-Christmann (Hrsg.): Die Wiege der Könige. 600 Jahre Herzogtum Pfalz-Zweibrücken, Zweibrücken 2010, S. 111–116, hier S. 114–116; Alfred Wendel: Jüdisches Leben in Odenbach. Geschichte der jüdischen Kultusgemeinde, Jüdische Familien in Odenbach, Die Synagoge, Der Genisa-Fund der Synagoge Odenbach, Chronik Odenbach Bd. 3, Odenbach 2008, S. 461–490.

10 August Kopp: Die Dorfjuden in der Nordpfalz. Dargestellt an der Geschichte der jüdischen Gemeinde Alsenz ab 1655, Otterbach ^{2}1988; Klaus Knerr: Betrachtungen zur Geschichte der jüdischen Gemeinde Alsenz und ihrer Synagoge, herausgegeben vom historischen Verein der Nordpfalz, Alsenz 2007; Andreas Lehnardt: Die Genisa von Alsenz – ein lange verborgener Schatz befindet sich nun im Landesarchiv Speyer, in: Unsere Archive. Mitteilungen aus den Rheinland-Pfälzischen und Saarländischen Archiven 57 (2012), S. 51–52.

11 Otto Böcher: Die Synagoge in Mainz-Weisenau, in: Sachor, Beiträge zur jüdischen Geschichte und zur Gedenkstättenarbeit in Rheinland-Pfalz, Bad Kreuznach 1994, S. 5–8; Dieter Krienke: Weisenau – Synagoge und Mikwen, „Wiederentdeckung" und Rettung der Weisenauer Synagoge, in: Die Mainzer Synagogen. Ein Überblick über die Mainzer Synagogenbauwerke mit ergänzenden Beiträgen über bedeutende Mainzer Rabbiner, das alte Judenviertel und die Bibliotheken der jüdischen Gemeinden, Mainz 2008, S. 119–136; Andreas Lehnardt: Die Geniza der Synagoge Weisenau – Verborgenes jüdisches Erinnerungsgut wiederentdeckt, in: Joachim Schneider / Matthias Schnettger (Hrsg.): Verborgen – Verloren – Wiederentdeckt. Erinnerungsorte in Mainz von der Antike bis zum 20. Jahrhundert, Darmstadt, Mainz 2012, S. 84–95; Friedrich Schütz: Die jüdische Gemeinde Weisenau bei Mainz, in: Anton M. Keim (Hrsg.): Als die letzten Hoffnungen verbrannten. 9./10. November 1938. Mainzer Juden zwischen Integration und Vernichtung, Mainz 1988, S. 131–138.

nicht publiziert. Bei der nun erfolgten erneuten Untersuchung konnten zahlreiche weitere jiddische Drucke identifiziert werden. Außerdem erfolgte die behutsame Dokumentation der besonders wichtigen Tora-Wimpel (Mappot) aus dieser Synagoge.[12]

Weitere Überreste kleinerer Genisa-Funde, wie etwa in der Synagoge in Bruttig an der Mosel,[13] sind schon länger bekannt, ohne dabei dokumentiert worden zu sein. Der Genisa von Niederzissen und ihrer Erforschung kommt jedoch mittlerweile größere Bedeutung unter den Funden aus Rheinland-Pfalz zu. Sie ist nicht für die Geschichte der Juden vor Ort, sondern auch in der Region von großer Wichtigkeit. Neben den Funden im fränkischen Veitshöchheim und in Reckendorf handelt es sich bei diesem Fundort außerdem um die mengenmäßig größte Genisa, die bislang in Deutschland entdeckt und gesichtet worden ist.[14]

2. Was ist eine Genisa?

Von alters her ist es jüdischer Brauch, nicht mehr verwendete religiöse Schriften und Gegenstände, die den heiligen Namen Gottes, das Tetragram oder ein Substitut dieses Namens oder einen der vielen weiteren Namen Gottes tragen, nicht einfach wegzuwerfen, sondern sie innerhalb oder bei einer Synagoge in einem besonderen Raum abzulegen. Anfänglich beruhte diese Praxis auf einer wörtlichen Auslegung des 3. Gebotes des Dekalogs (Exodus 20,7; Deuteronomium 5,11): Du sollst den Namen deines Herrn nicht „mißbrauchen“ (Luther) oder „aussprechen zum Falschen“. Ein Raum, in den solche Gegenstände gelegt werden, wird Genisa (Plural: Genisot) genannt, was von dem persischen Lehnwort im Hebräischen oder von einer gemeinsamen semitischen Wurzel G-N-Z für „ablegen“, „verbergen“, „hinterlegen“ abgeleitet werden kann. Genisot können manchmal auch unter Dachstühlen (wie hier) zu finden sein oder in regelrechten Abstellkammern. Im Jiddischen findet sich auch der Ausdruck „sheymes“ (vom hebräischen Shemot, „Namen [Gottes]“). Exakte Bestimmungen hinsichtlich Größe und Form solcher Ablageräume gibt es nicht. In einigen Gemeinden wurden daher auch Gräber oder Mausoleen als Genisa genutzt. Sogar die Höhlen von Qumran am Toten Meer sind gelegentlich als Genisa bezeichnet worden, was allerdings aufgrund neuerer Einsichten bezüglich der Herkunft der dort gefundenen Schriftrollen bezweifelt werden muss.[15] Für den Islam ist ein ähnlicher Umgang mit Koran-Exemplaren belegt.[16]

12 Vgl. Andreas Lehnardt: „Mazzal tov" – Die Tora-Wimpel aus der Genisa der Synagoge Weisenau, in: Mainzer Zeitschrift. Mittelrheinisches Jahrbuch für Archäologie, Kunst und Geschichte 109 (2014), S. 103–112.

13 Vgl. Angelika Scheindl: Spuren der Vergangenheit. Jüdisches Leben im Landkreis Cochem-Zell, Zell (Mosel) 1996, S. 150–152. Vgl. die Projekt-Webseite von Andreas Lehnardt: http://www.blogs.uni-mainz.de/fb01genizatbruttig/ (Zugriff: 11.11.2014).

14 Diese Funde werden mittlerweile dank einer Förderung durch die Rothschild Foundation Europe (RFE) und die Deutsche Forschungsgemeinschaft (DFG) am Lehrstuhl für Judaistik an der Johannes Gutenberg Universität Mainz vollständig erschlossen (mit Ausnahme der Textilfunde – siehe dazu den Beitrag von A. Weber / L. Wiesner in diesem Band).

15 Vgl. etwa Abraham M. Habermann: Ha-Geniza we-ha-Genizot, Jerusalem 1971.

16 Vgl. dazu etwa Josef Sadan: Genizah and Genizah-like Practices in Isalmic and Jewish Traditions, in: Bibliotheca Orientalis 43 (1986), S. 36–58; Mark R. Cohen: Geniza for Islamists. Islamic Geniza, and the "New Cairo Genizah", in: Havard Middle Eastern Review 7 (2006), S. 129–145.

Zu beachten ist dabei, dass es sich bei einer Genisa nicht um ein Archiv oder einen Erinnerungsraum handelt, den man etwa um der Pflege des kollektiven Gedächtnisses willen anlegen würde. Es handelt sich um schlichte Stauräume, die sicherstellen sollen, dass die hinterlegten Residuen nicht in falsche Hände gelangen oder durch unachtsamen Umgang profaniert werden können.

In Landsynagogen wurden meist Dachstühle dafür verwendet, gelegentlich auch Abstellkammern neben oder in Synagogengebäuden. Über die alte orthodoxe Synagoge in Mainz an der Flachsmarktstraße wird überliefert, dass sich die Genisa in einem kleinen Schrank unterhalb der Tora-Nische befand. Unter Dachböden konnte das abgelegte Material schlicht auch als Dämmmaterial dienen, worauf gelegentlich sogar hingewiesen wird. Die Scheu vor dem achtlosen Beseitigen heiliger Texte wurde nach einiger Zeit der Grund dafür, alle Arten von handgeschriebenen und gedruckten Texten in die Bestimmungen für die Genisa mit einzubeziehen. Alles, was im weitesten Sinne mit der Religionsausübung in Bezug stand, wurde in die Genisa gebracht, darunter auch profane Literatur, Korrespondenzen, Kaufverträge und vieles mehr – ja sogar Liebesbriefe oder Eheanbahnungsschreiben haben sich so erhalten.

Der Brauch, beschriebenes Pergament oder Papyrus besonders zu behandeln, scheint bereits im antiken Judentum aufgekommen zu sein, wurde im Mittelalter, vor allem nach Einführung von Kodizes, in weiten Kreisen beachtet und hat sich im deutschen Landjudentum bis in das 19. Jahrhundert, gelegentlich noch bis in die Zeit nach der Shoah, gehalten.

Die berühmteste Genisa, die je wiederentdeckt wurde, ist die Genisa in der Ben-Ezra-Synagoge in Fusṭāt (Altkairo), Ägypten.[17] Dort fanden sich gegen Ende des 19. Jahrhunderts zahlreiche Schriftreste, die bis heute nicht vollständig erschlossen sind und die die judaistische Forschung immer noch intensiv beschäftigen. Die Kairoer Genisa war durch Umbauten in der Esra-Synagoge vergessen worden, wurde erst langsam wiederentdeckt und dann gründlicher vor allem von Salomon Schechter erstmals systematisch ausgewertet. In dem Abstellraum von mehreren m² wurden ca. 200.000 Handschriftenfragmente und Teilhandschriften entdeckt und zum größten Teil in die Universitätsbibliothek nach Cambridge in England gebracht. Ein kleinerer Teil der Fragmente gelangte in andere Sammlungen, darunter nach Paris, London, New York (JTS) und nach St. Petersburg. Eine mehrere tausende Fragmente umfassende Sammlung von Genisa-Fragmenten in der Stadtbibliothek Frankfurt wurde während des 2. Weltkriegs durch Bomben vernichtet. Nur wenige schwarz-weiß-Fotos blieben im Schocken Institut for Jewish Research in Jerusalem erhalten und sind inzwischen auf den Webseiten des Friedberg Genizah Research Project zugänglich gemacht worden.[18]

Bereits an der einzigartigen Geschichte der Kairoer Genisa, deren Blütezeit zwischen dem 9. und 13. Jahrhundert lag, lässt sich zeigen, dass Genisot zwar nicht als Archive angelegt wurden, dass sie diese Funktion jedoch gegen ihre Bestimmung dennoch

17 Vgl. dazu Stefan Reif: A Jewish Archive from Old Cairo. The History of Cambridge University's Genizah Collection, Richmond 2000; siehe auch Adina Hofman / Peter Cole: Sacred Trash. The Lost and Found World of the Cairo Geniza, New York 2011.

18 Vgl. http://www.genizah.org/TheCairoGenizah.aspx (Zugriff: 01.02.2015).

übernahmen. Dies wurde und wird auch von offiziellen Vertretern des religiösen Judentums anerkannt, auch wenn es immer wieder Fragen bezüglich der Legitimität der Erforschung von Genisa-Funden gab und gibt. Öffnet man eine Genisa und erforscht die in ihr erhaltenen materiellen Zeugnisse, begeht man jedoch kein Sakrileg oder übertritt ein ernstes religiöses Verbot. Trotz ihrer eigentlichen Funktion als Buch- bzw. Schrift-„Ablage" können Genisa-Funde als Zeugnisse eines kollektiven Gedächtnisses einer Gemeinde untersucht werden und gelegentlich auch Auskunft über das Verhältnis zur nicht jüdischen Umwelt geben. Sie sind nicht mit Pyramiden bzw. Pharaonengräbern zu vergleichen, die mit Flüchen gegen diejenigen versehen wurden, die sie öffneten. Die Öffnung der Kairoer Genisa z. B. wurde weder von orthodox-jüdischer Seite noch von liberalen Vertretern des Judentums aus religiösen Gründen kritisiert oder abgelehnt.

Ablageräume wie Genisot sind dabei wohl zunächst aus der Not geboren worden, dass es für die anfallenden Mengen an gebrauchten heiligen Schriften keinen geeigneten Aufbewahrungsort gab und es dadurch zu Profanierungen kommen konnte: Vor allem die große Masse an mit dem heiligen Namen Gottes beschrifteten Texten stellt bis heute vor das Problem, wie mit solchen Schriftstücken nach ihrer Verwendung zu verfahren ist. Dürfen sie weggeworfen oder für andere Zwecke wiederverwendet werden? Mit der Einführung des unter Juden rasch akzeptierten Buchdrucks vergrößerten sich diese Probleme rasch.[19] Zahlreiche neue Fragen im Umgang mit Schriften, die einen Gottesnamen enthielten, entstanden. Und durch die Einführung von Computern für die Textverarbeitung sind diese Probleme inzwischen noch größer geworden. Die neuere halakhische Literatur zum Umgang mit solchen Schriften belegt dabei, wie lebendig und entwicklungsoffen die Halakha der Genisa ist – etwa wenn es um die Frage der Ablage von hebräischen Zeitungen geht, die erst im 19. Jahrhundert im religiösen Judentum massenhafte Verbreitung fanden.[20]

3. Zum Brauch der Genisa

Die Regeln für das Ablegen gebrauchter religiöser Schriften und Gegenstände werden in unterschiedlichen Halakha-Sammlungen und Minhag-Werken tradiert.[21] Bis heute werden die eine Genisa betreffenden Bräuche beachtet und heilige Schriften nicht etwa einfach entsorgt, sondern in speziell dafür aufgestellten Behältern in und bei Synagogen gesammelt und in größere Lager oder Stauräume gebracht. Auch die Hochschule für Jüdische Studien in Heidelberg besitzt so eine Genisa, wie auch manche Synagoge

19 Zur Übernahme des Buchdrucks im Judentum und seinen Folgen vgl. etwa Stefan Litt: Geschichte der Juden Mitteleuropas 1500–1800, Darmstadt 2009, S. 80–84.

20 Zu aktuellen Entwicklungen vgl. etwa das vom Wa'ad ha-Halakha le-'inyane Geniza herausgegebene Buch von Yehezqi'el Feinhandler: Sefer Ginze ha-qodesh 'al hilkhot Geniza u-khvod sefarim, meluqaṭ mi-sugyot ha-Gemara, Rishonim we-Aḥaronim be-tosefet oṣar balum shel me'ot pesaqim u-teshuvot mi-gedole ha-dor, Jerusalem 2002.

21 Für einen Überblick über die Bestimmungen in der älteren rabbinischen Literatur vgl. Encyclopedia Talmudit, Bd. 6, Sp. 232–239. Siehe auch Shlomo Zalman Ariel: Enṣiqlopedia Me'ir Netiv, le-halikhot, minhagim, darkhe musar u-ma'asim ṭovim, Jerusalem S. 120; J. D. Eisenstein: Ozar Dinim u-Minhagim. A Digest of Jewish Laws and Customs in Alphabetic Order, Israel 1975 (hebr.), S. 77.

in Frankfurt am Main, Berlin oder andernorts. Die Vorstellung, das Heilige vom Profanen zu trennen, das Konzept einer mit Geschriebenem und Gedrucktem fast physisch greifbaren Heiligkeit ist bis heute gegenwärtig, auch wenn sich in progressiven Gemeinden gelegentlich eine andere Haltung beobachten lässt und dort das Gebot weniger streng beachtet wird. In orthodoxen Stadtvierteln, etwa in Jerusalem oder in Bene Brak in Israel, sind dagegen auf öffentlichen Plätzen gelegentlich bunt bemalte Straßen-Container mit der Aufschrift „Genisa" zu finden, die besondere Öffnungen für gebrauchte Gebetsriemen (Tefillin) haben. Sie zeugen von einer gewissen Renaissance und ostentativen Beachtung der die Genisa betreffenden Regelungen unter völlig anderen Lebensbedingen als in der Diaspora.

Die ersten Gebote und Regeln bezüglich des Ablegens verschriebener oder unbrauchbarer Tora-Rollen-Blätter finden bereits in der Mischna, dem ersten im 2. Jahrhundert n. d. Z. entstandenen Gesetzeskompendium des rabbinischen Judentums Erwähnung. In Mischna Shabbat 16,1 heißt es allgemein: „Alle heilige Schriften darf man vor dem Feuer retten, unabhängig davon, ob man in ihnen (am Shabbat) liest oder ob man nicht in ihnen liest. Auch wenn sie in irgendeiner anderen Sprache geschrieben sind, müssen sie verborgen (d. h. in eine Genisa gelegt) werden."[22]

Unbrauchbare Schriften, die heilige Texte enthalten, gleich in welcher Sprache verfasst, sollen also nicht fortgeworfen werden. In Mischna *Yadayim* wird dazu weiter erläutert, dass sogar eine Buchrolle (Sefer), auf der nur noch 85 Buchstaben übrig geblieben sind, sowie der Abschnitt Num 10,35 ff., als ein heiliges, d. h. die Hände (zweitgradig) verunreinigendes Buch betrachtet werden muss, d. h. unter das Genisa-Gebot fällt.[23] Ebenso wird dies auf die Riemen der Tefillin übertragen, die wie die in den Kapseln der Riemen enthaltenen Texte die Hände verunreinigen, also dem Genisa-Gebot unterliegen.[24] Hinter diesen Geboten wird also ein weiteres Anliegen der Ablage von heiligen Gegenständen in einer Genisa deutlich: Die Bewahrung bzw. Aufrechterhaltung des Reinheitszustandes, der durch ein unbeabsichtigtes oder versehentliches Berühren heiliger Schriften und Gegenstände verändert werden kann.

Im Babylonischen Talmud werden diese Vorstellungen von der vor Profanierung bzw. Missachtung (bizayon) zu schützenden Heiligkeit auf weitere Gegenstände übertragen. In einer Baraita im Traktat Megilla 26b, der sich unter anderem mit dem Verkauf heiliger Sachen befasst, werden zu Gesetzeszwecken verwendete Gegenstände (Tashmishe miṣwa) aufgezählt, die fortgeworfen werden dürfen. Unter diese für kurze Zeit verwendeten Gegenstände zählen der Feststrauß (Arbaʿa minim) für das Hüttenfest (Sukkot), das Shofar-Horn und die Ṣiṣit, die, werden sie nicht mehr benötigt, weggeworfen werden dürfen. Unter „Tashmishe qedusha" (für dauerhafte heilige Zwecke verwendete Gegenstände) führt die Gemara dagegen Behälter für Sefarim (Tora-Rollen), Tefillin

22 Vgl. Abraham Goldberg: Commentary to the Mishna Shabbat. Critically Edited and Provided with Introduction, Commentary and Notes, Jerusalem 1976, S. 284. Vgl. dazu noch yShab 16,1 (15b); yMeg 1,11 (71c); bMen 29b; Soferim 15,2.

23 Vgl. Harald Samuel: Jadajim. Hände, in: Michael Krupp (Hrsg.): Die Mischna. Textkritische Ausgabe mit deutscher Übersetzung und Kommentar, Jerusalem 2011, S. 14–15.

24 Vgl. Mischna Yadayim 3,4.

und Mezuzot, aber auch Hüllen und Futterale und die Riemen der Phylakterien auf. Diskutiert wird in diesem Kontext auch der Umgang mit einem Tora-Vorhang (Parokhet), mit Kisten für heilige Schriften und mit abgenutzten Hüllen von heiligen Büchern, die man aufbewahren bzw. nicht fortwerfen sollte. Und in den Kommentaren zu dieser für die Genisa-Praxis grundlegenden *Sugya* werden noch weitere Utensilien erwähnt, die nicht weggeworfen werden dürfen. Bereits frühe Kommentare zum Traktat Megilla lassen durch die Übersetzung einiger seltenerer, zum Teil schlecht überlieferter hebräischer Termini in der Gemara mit Hilfe deutscher und altfranzösischer Wörter weitere Interpretationsmöglichkeiten des Genisa-Gebotes zu.[25]

In dem in der aschkenasischen handschriftlichen Überlieferung stark bearbeiteten Traktat Soferim werden spezielle Fälle angeführt, die sich auf das Anfertigen und Beschreiben von Tora-Rollen beziehen und die ein Ablegen einer solchen Rolle in einer Genisa nach sich ziehen sollten.[26] In dem eng verwandten kleinen Traktat Soferim II, der zu den so genannten Sieben Kleinen Traktaten gehört und nach Massekhet Soferim redigiert worden sein dürfte, findet sich dazu folgende allgemeinere Bestimmung: „Wurmstichige Bücher, Gebetsriemen und Hüllen (für Tora-)Rollen müssen in die Genisa gebracht werden. Aber man lege sie nicht an einen feuchten Ort, sondern an einen luftigen Ort, wo sie von alleine vergehen."[27]

Solche und die übrigen in *Massekhet Soferim* erwähnten Bestimmungen über verbrauchte oder beschädigte Bücher bieten allerdings keine Begründung für die Ausweitung bzw. Übertragung des Ablage-Gebotes auf alle in modernen Genisot zu findenden Gegenstände. Längst nicht alle in modernen Genisot aufzufindenden Handschriften und Bücher sind „wurmstichig" oder so stark beschädigt, dass sie nicht mehr verwendet werden könnten. Außerdem finden sich in Genisot nicht nur Tora-Rollen, Gebetsriemen oder Türpfostenkapseln, und dies verweist auf die Tatsache, dass sich die Halakha bzw. der Brauch bezüglich dessen, was in einer Genisa abgelegt wurde, seit der Antike stetig weiter entwickelt hat. Hinsichtlich der Begründungen für das Genisa-Gebot und seine Umsetzung ist man daher vor allem auf mittelalterliche und neuzeitliche jüdische Quellen angewiesen. In ihnen wird allerdings meist nur am Rande der Erläuterungen anderer Fragen auf Aspekte bezüglich der Ablage heiliger Schriften und Gegenstände eingegangen. Die Genisa-Praxis wird in ihnen vorausgesetzt, jedoch nicht genauer definiert oder beschrieben. Ein eigenes Traktat oder ein Minhag-Buch zur Genisa-Thematik findet sich daher bis in die Gegenwart, in der die Fragen vielfälltiger werden, nicht.

---

25 Vgl. Aaron Ahrend (Hrsg.): Rashi's Commentary on Tractate Megilla. A Critical Edition, Jerusalem 2008 (hebr.), S. 243 (zu bMeg 26b). Raschi überträgt das griech. Lehnwort „delusqame" (von glusqama) mit „Tasche". Und den „kursaya" genannten Lesepult mit „almenbre". Siehe auch Tosafot zu bMeg 26b S. v. mi-resh.

26 Vgl. Michael Higger (Hrsg.): Massekhet Soferim, New York 1937, S. 106; S. 109 (1,8; I,15)

27 Michael Higger (Hrsg.): Seven Minor Treatises. Sefer Torah; Mezuzah; Tefillin; Zizit; 'Abadim; Kutim; Gerim and Treatise Soferim II, edited from Manuscripts with an Introduction, Notes, Variants and Translation, New York 1930, Ndr. Jerusalem 1971, S. 36. Vgl. auch Higger (Hrsg.): Massekhet Soferim, S. 159–160 (Kap. 5,14).

Die Ausweitung des Genisa-Gebotes ab dem frühen Mittelalter wird in dem Talmud-Kommentar zum Traktat *Shabbat* von Rabbi Shlomo bar Yiṣḥaq (Akronym Raschi; 1040/41–1105) greifbar: Etwa, wenn es dort heißt, dass „jeder heilige Gegenstand, der nicht mehr verwendet werden kann, in eine Genisa gehört (*ta'un Geniza*)."[28]

Diese Ausdehnung des Gebots auf alle „heiligen Gegenstände", seien es Bücher oder Kultgegenstände (*Kle qedusha*), ist in der Folge u.a. auch in die systematisierenden Erläuterungen des rabbinischen Rechts von Moshe ben Maimon (Akronym: Rambam; 1135/38–1204) aufgenommen worden. In der Mishne Tora wird dann die Forderung nach Genisa-Ablage auf sämtliche heilige Gegenstände übertragen, ganz gleich ob sie den oder einen Namen Gottes enthalten oder nicht.[29] Für die weitere Entwicklung der Halakha hatte diese auf rationalen Abwägungen basierende Entscheidung weitreichende Folgen. Der im Talmud und seinen Kommentaren noch nicht systematisierte Umgang mit dem gebrauchten Heiligen wurde nun von einem der einflussreichsten Gelehrten des Mittelalters nach logischen Kriterien erweitert und damit auf viele weitere materielle Dinge übertragbar.

Im *Sefer Ḥasidim*, dem aus mehreren Teilen bestehenden ‚Buch der Frommen', welches Rabbi Yehuda he-Ḥasid aus Regensburg (13. Jahrhundert) zugeschrieben wird, sind weitere Anweisungen belegt, die zu erklären versuchen, wie und ab wann es zu einer Ausweitung des Genisa-Gebotes auf andere Schriften und Gegenstände außer Tora-Rollen und ähnliches kommen muss. Dort heißt es mit Bezug auf die oben zitierte Mischna: „Finden sich in einem Buch zu viele Fehler (aufgrund von Beschädigungen), so sage man nicht zu sich selbst: dieses Buch sollte verbrannt werden, sondern man sage: Dieses Buch gehört in eine Genisa (*ta'un Geniza*)."[30]

Die Rezeption solcher generell auf die Missachtung von Büchern (*bizayon sefarim*) bedachten Weisungen aus dem Kreis der Ḥaside Ashkenas dürfte allerdings nicht geradlinig verlaufen sein.[31] Zwar wurde das Buch in der Folge immer mehr als Artefakt betrachtet, das einer eigenen Wertschätzung bedurfte. Doch war der Einfluss des *Sefer Ḥasidim* wohl anfänglich nicht so groß, dass sich vor dem Hintergrund seiner Verbreitung die besondere Wertschätzung aller hebräischen Bücher erklären könnte.

Vielerorts lässt sich noch lange nach seiner Abfassung ein eher laxerer Umgang mit hebräischen Handschriften beobachten. Nach Einführung des Buchdrucks, der wiederum neue Fragen aufwarf, kam es zu einer weiteren Vernachlässigung von Handschriften. Wie sich an vielen Exemplaren belegen lässt, wurde nicht einmal davor zurückgeschreckt, hebräische Schriften oder Dokumente für das Einbinden anderer Bücher wiederzuverwenden. Für den Erstdruck des halakhischen Werkes *Sefer ha-Ittur* in Venedig im 16. Jahrhundert ist etwa überliefert, dass die Handschrift, die als Druckvorlage

28 Vgl. Raschi zu bShab 90a s.v. she-matsni'in. Siehe auch Raschi zu bSota 20a S.v. megilta.

29 Vgl. Moshe ben Maimon, Mishne Tora, Hilkhot yesode ha-Tora 6,6.

30 Vgl. Jehuda Wistinetzki (Hrsg.): Das Buch der Frommen nach der Rezension in Cod. de Rossi No. 1133, Berlin 1891, S. 179 (§ 687) (hebr.). Sefer Hasidim Ms. Parma H 3280, Introduction by Ivan G. Marcus, Kuntresim Texts and Studies 66–67, Jerusalem 1985, S. 134 (§ 687) (hebr.).

31 Zu dem Thema vgl. insgesamt etwa Talya Fishman: Becoming the People of the Talmud. Oral Torah as Written Tradition in Medieval Jewish Cultures, Philadelphia 2011, S. 198–200.

verwendet wurde, unmittelbar nach Drucklegung einfach zerschnitten und in Einbänden wiederverwendet wurde.[32] Auch einige Funde in Einbandfragmenten aus Mainz belegen diese Praxis, jüdische und christliche Druckwerke zu makulieren und wiederzuwenden, ohne dass dabei das Verbot der Missachtung von Büchern oder das Genisa-Gebot beachtet worden zu sein scheint.

Allerdings ist diesbezüglich natürlich auch zu beachten, dass sich im Grunde bereits ab dem 14. Jahrhundert in Aschkenas – wohl in Folge einer zunehmenden, von liturgischen Entwicklungen ausgehenden Neuausrichtung – eine systematischere Auslegung der überlieferten Genisa-Gebote beobachten lässt. Sie trug möglicherweise dazu bei, dass ab dem 16. Jahrhundert in Aschkenas der Brauch Verbreitung fand, Tora-Rollen, Tefillin und Mezuzot nicht einfach nur in eine Genisa abzulegen, sondern sie – zumal wenn eine Genisa zu voll wurde – regelrecht auf einem Friedhof oder in (Grab-)höhlen in Tongefäßen (oder heute auch in Behältern aus Plastik) beizusetzen.[33] Der erst für die Neuzeit in Aschkenas belegte Brauch, heilige Schriften bzw. Manuskripte beim Neubau einer Synagoge unter dem Grundstein zu vergraben, dürfte hiervon ebenso inspiriert sein, auch wenn dieses Verfahren der Beisetzung heiliger Schriften nicht im eigentlichen Sinne der Ablage in einer Genisa diente.[34]

Dabei muss man sich vor Augen halten, dass die wichtigen halakhischen Werke vor der Ankunft und Verbreitung des *Shulḥan 'Arukh*, des von Yosef Karo (1488–1575) verfassten Gesetzeskodex, in Aschkenas zunächst nicht allgemein akzeptiert und so konsequent in eine Religionspraxis übernommen wurden, als dass es zur verbreiteten Einrichtung von Genisot gekommen wäre. Selbst die weit verbreitete *Mishne Tora* des Rambam hatte im aschkenasischen Judentum erst aufgrund des *Hagahot Maimuniyot* genannten Kommentars von Rabbi Me'ir ha-Kohen (1215–1293) verbreitete Akzeptanz gefunden, so

32 Vgl. Simha Emanuel: The „European Genizah" and its Contribution to Jewish Studies, in: Henoch 19 (1997), S. 311–339, hier S. 320–321. Siehe zu diesem Phänomen, welches sich durch viele weitere Funde belegen lässt: Yosef Yuzpa Hahn Nurlingen, Sefer Yosif Omeṣ, Frankfurt am Main 1928 [Ndr. Jerusalem 1965], S. 275.

33 Zur Beerdigung von Tora-Rollen vgl. Shulḥan 'Arukh, Orakh Ḥayyim 210a (§ 154,5). Vgl. zu den Schriftfunden auf dem jüdischen Friedhof von Fustāt Reif, A Jewish Archive from Old Cairo, S. 10–11. Siehe auch den Bericht über die Beisetzung von Tora-Rollen in Istanbul im 19. Jahrhundert von Avraham Moshe Luncz, in: Yerushalayim 1 (1882), S. 15–16. Ähnliches ist für Algier, Polen und Russland überliefert: vgl. Eisenstein, Otzar, S. 77; Ariel, Enṣiqlopedia, S. 120; Yaaqov Gallis: Minhage Ereṣ Yisra'el, Jerusalem ²1994, S. 290. Offen ist, ob mit diesem Brauch auch verbunden war, Bücher (wie eine Tora-Rolle) einem Rabbi bei seiner Beisetzung mit ins Grab zu legen. Siehe dazu etwa Paul Christian Kirchner: Jüdisches Ceremoniell. Beschreibung jüdischer Feste und Bräuche, Nürnberg 1734, Ndr. Leipzig 1734, S. 216–217 Anm c.

34 In Mainz wurde etwa ein Manuskript mit dem Raschi-Kommentar zu Ezechiel unter dem Grundstein der 1850 abgerissenen, 1672 errichteten und 1717 vergrößerten Synagoge in der Judengasse gefunden. Vgl. dazu Andreas Lehnardt: Die Bibliotheken in den jüdischen Gemeinden von Mainz, in: Hedwig Brüchert (Hrsg.): Die Mainzer Synagogen. Ein Überblick über die alten Mainzer Synagogenbauwerke mit ergänzenden Beiträgen über bedeutende Rabbiner, das alte Judenviertel und die Bibliotheken der jüdischen Gemeinden, Sonderheft der Mainzer Geschichtsblätter, Mainz 2008, S. 171.

dass nicht davon auszugehen ist, dass der oben zitierte Grundsatz bereits zu Beginn seiner Verbreitung von jeder Gemeinde in dieser Konsequenz beachtet worden wäre.

Dennoch dürfte die Einrichtung einer Genisa im aschkenasischen Judentum bereits vor dem Ende des 16. Jahrhunderts üblich gewesen sein. Insbesondere der *Mappa* genannte Kommentar des Krakauer Rabbiners Moshe Isserles (1525–1572), der zunächst als Kommentar zu den *Arba'a Ṭurim* von Ya'aqov ben Asher begonnen worden war, trug dazu bei, den *Shulḥan 'Arukh* zu dem Maßstab für die Halakha-Findung zu machen. Zwar blieben auch danach manche Fragen bezüglich einzelner Gegenstände offen, die in eine Genisa abgelegt werden sollten, wie etwa Kopfbedeckungen (Kippot), einzelne Schaufäden (Ṣiṣit) und verschiedene kleinere Kultgegenstände, die nicht unmittelbar zu einer Tora-Rolle gehören, Gebetsmäntelchen (Tallitot qatan) für Kinder, die eigentlich von keinem Gebot verlangt werden und eher der Gewöhnung der Minderjährigen an das Religionsmündigen geltende Gebot dienten als der Befolgung einer Halakha, und viele ähnliche Dinge mehr.

Ab dem 17. Jahrhundert beschäftigte dann z. B. die Frage, ob hebräische Drucke als heilige Schriften zu gelten haben und daher in eine Genisa abgelegt werden sollten.[35] Die vorangehenden Dezisoren hatten sich mit handgeschriebenem Material befasst. Durch den Buchdruck kamen neue Fragen auf, die auf Antworten warteten. Der einflussreiche Gelehrte Rabbi Ya'ir Ḥayim Bacharach (1639–1702) entschied z. B., dass sogar von christlichen Druckern angefertigte hebräische Schriften, insbesondere Bibelausgaben, als heilig gelten müssen:

> „Jedenfalls scheint es nach meiner bescheidenen Meinung so zu sein, dass man bezüglich von Nichtjuden, die Götzendienst betreiben und nicht an den Schöpfer glauben, gedruckte Bücher erleichtern muss. Denn es ist nachvollziehbar und allgemein verständlich, dass sogar eine Tora, die durch einen solchen Menschen hergestellt wurde, im Sinne und im Auftrag Gottes im Himmel hergestellt wurde, unter der Annahme, dass auch ein Teil seiner Seele mit Gott verbunden ist. … Und daher sind sogar Bücher in deutscher Sprache erlaubt."[36]

Die mit dieser Entscheidung verbundene Ausweitung der Beachtung des Genisa-Gebots im Hinblick auf christliche Drucke hebräischer Bibeln und anderer Schriften spiegelt sich in zahlreichen Funden in den von mir untersuchten Genisot wider. Diese Ausweitung scheint schließlich sogar auf deutsche Übersetzungen der Bibel übertragen worden zu sein.

35 Vgl. Moshe Isserles, Shu"t Rema, Jerusalem 1977, 39b (§ 34)

36 Vgl. Ya'ir Ḥayim Bacharach: Sefer Ḥovot Ya'ir ha-meforash, hrsg. von Shim'on ben Zion Kost, Jerusalem 1997 (Erstdruck Frankfurt am Main 1699), Bd. 1, S. 308–312; Bd. 2, S. 515 (§ 184), siehe auch Bd. 1, S. 310 (§ 109). Siehe dazu auch Moshe Cordovero: Sefer Pardes Rimmonim, Krakau 1592, S. 109b (Sha'ar ha-shemot, pereq 1).

Abb. 1: Schuh aus der Genisa Alsenz, Signatur 186 I.

Abb. 2: Weidenband aus der Genisa Alsenz, ohne Signatur.

Schuhe und andere Objekte

Dass wir im Übrigen noch nicht über alle Bräuche und Vorstellungen, die sich in aschkenasischen Genisa-Funden widerspiegeln, hinreichend informiert sind, belegt die fast kurios anmutende Tatsache, dass sich in einigen der von mir bislang näher untersuchten ungestörten Fundkontexte auch Kleinkinderschuhe gefunden haben – ein Befund, der zunächst verwundert, rechnet man doch in einer Genisa zunächst allein mit heiligen Büchern, nicht aber mit abgelaufenen, teilweise zerschlissenen Lederschuhen, meist in Kindergrößen. Die Erklärung dieses wohl nicht allein auf Zufall beruhenden Befundes stellt uns vor einige Probleme. Doch bislang fand sich weder in der halakhischen Literatur seit dem Mittelalter noch in den zahlreichen Minhag-Büchern eine hinreichende Erklärung.

Eine denkbare Erklärung könnte darin zu finden sein, dass in vielen Gegenden der Brauch befolgt wurde, so genannte Erstlingsschuhe oder Schuhe von Kranken, über die aus verschiedenen Anlässen Segenssprüche rezitiert worden waren und die daher als konsekriert galten, in einer Genisa zu hinterlegen. Doch ist über den Brauch und seine Verbreitung bislang zu wenig bekannt, insbesondere auch weil Bezüge zu vergleichbaren Bräuchen im christlichen Bereich zu beachten wären.

Eine weitere Erklärung für diesen Minhag könnte sein, dass in kabbalistisch beeinflussten Kreisen vermieden wurde, die Schuhe von Verstorbenen zu tragen. Sie wurden eher abgelegt, vielleicht in eine Genisa, jedenfalls nicht mehr getragen. Doch ist auch dieser Brauch nicht hinlänglich erforscht, und für die ländlichen Gemeinden, in denen praktisch-kabbalistische Riten erst spät, wenn überhaupt rezipiert wurden, bislang nicht aus anderen Quellen belegt.

Ähnliche unscheinbare und profane Objekte werfen weitere Fragen auf, warum sie in eine Genisa gelangten bzw. ob diejenigen, die sie ablegten, die Halakha bzw. den Minhag so befolgten, wie es von den rabbinischen Autoritäten vorgesehen war. So überraschen etwa auch die zahlreichen Weidenringe für den Feststrauß für Sukkot (Arbaʿa minim), die eigentlich nach ihrem Gebrauch fortgeworfen oder profan genutzt werden können.[37] Auch die Auffindung von zahlreichen Kappen (Kippot?) und anderen Kopfbedeckungen gibt vor dem Hintergrund der Halakha, nach der solche Gegenstände keine Genisa-Ablage erfordern, Rätsel auf.[38] Nach Auffassung zahlreicher Rabbinen gehören solche Kleidungsstücke nicht zu der Gruppe von geheiligten Objekten, die nach Gebrauch und Verschleiß eine Ablage in einer Genisa erforderten.

Insgesamt reflektieren die Funde dabei auch, dass Juden in einer bis in das 19. Jahrhundert weitgehend des Lesens und Schreibens unkundigen christlichen Landbevölkerung eine besonders qualifizierte Minderheit gebildet haben – insbesondere wohl in kleineren Orten und Dörfern, in denen man vom Feldanbau, Kleinhandel und der Viehzucht lebte. Die zahlreichen wirtschaftsgeschichtlich interessanten Dokumente und Kleinstfunde, die auch Einblicke in das wirtschaftlich oft prekäre Leben geben, belegen den erstaunlich hohen Grad der Literalität unter Juden. Insofern können die materiellen Funde wohl auch Aspekte der Bildungs- und Sprachkultur des Landjudentums erhellen.[39]

4. Genisa-Fundorte

Um die Bedeutung der Erforschung neuerer Gensia-Funde aus Rheinland-Pfalz aufzuzeigen, sollen hier noch drei bereits näher untersuchte Fundorte vorgestellt werden. In den meisten Fällen fanden sich unter Dächern bzw. Dachstühlen ehemaliger Land- oder Vorortsynagogen nur noch die Reste einzelner, zum Teil schon bekannter Genisot. Alle Fundorte waren bereits zu einem früheren Zeitpunkt geöffnet und erschlossen worden, so dass eine genaue Dokumentation der Funde in situ nicht mehr möglich war.

Die einzelnen Objekte lassen viele Gemeinsamkeiten der in den Gemeinden verwendeten, fast ausschließlich religiösen Literatur erkennen. Sie führen aber auch vor Augen, dass das Judentum an unterschiedlichen Orten, zu unterschiedlichen Zeiten je anders gelebt wurde. Denn trotz vieler Gemeinsamkeiten, etwa hinsichtlich der meist in großer Zahl erhaltenen Gebetbücher (*Siddurim* und *Machsorim*), lassen sich einzelne Fundstücke auch als Zeugnisse eines je eigenen Gemeindelebens interpretieren, das sich je nach Zeitpunkt überregional (noch) nicht so gut regulieren ließ. Oder wie Falk Wiesemann, einer der besten Kenner der Materie, einmal zu mir sagte: Im Grunde weist jede Genisa in Deutschland ihren eigenen Fingerabdruck auf. Und das bedeutet, sie sind Spiegel

---

37 Vgl. Wiesemann (Hrsg.): Genisa – Verborgenes Erbe, S. 136, und Lehnardt, Die Genisa der Synagoge Weisenau, S. 93 (Stadtarchiv Mainz, Signatur: WE 201). Doch siehe dazu bMegilla 26b und die halakhischen Entscheidungen bei Feinhandler, Sefer Ginze ha-qodesh, S. 183–185. Fraglich ist im Übrigen, ob im 19. Jahrhundert überhaupt (wie heute üblich) jedes Gemeindemitglied einen Feststrauß erwerben konnte, oder ob nur wenige Feststräuße mit allen vier Arten vorhanden waren, die dann verteilt und weitergereicht wurden, um den geforderten Segen zu sprechen. Vgl. dazu etwa die Schilderung des Verfahrens des Verteilens des Etrogs bei Juspa Shammes: Minhagim de-Q"Q Warmaisa, ed. Ya'ir Hayim Bacharach, Bd. 1, Jerusalem 1988, S. 198–199.

38 Vgl. Wiesemann (Hrsg.): Genisa – Verborgenes Erbe, S. 98–101; Wiesner, Der Textilfund, in: Wiesemann / Keuler / Lehnardt / Weber (Hrsg.): Zeugnisse, S. 77. Siehe dazu Feinhandler, Sefer Ginze ha-qodesh, S. 196, der darauf hinweist, dass einige solche Dinge in eine Genisa ablegen, obwohl dies nicht notwendig sei.

39 Bemerkenswert ist in diesem Zusammenhang etwa auch die hohe Anzahl an Briefen, Zetteln und Dokumenten, die in hebräischen Lettern auf Deutsch (bzw. dem lokalen Dialekt) geschrieben sind.

einer Vielfalt, die trotz aller offensichtlichen Gemeinsamkeiten Spielräume erkennen lässt.

Die Genisa-Funde in Rheinland-Pfalz sind bislang zwar nicht umfassend dokumentiert. Doch können von den bislang zwölf bekannten Fundstätten vier verglichen werden, und dieser Vergleich kann dabei diese These stützen: Jede Genisa weist ihre, wenn auch zunächst unscheinbaren und durch die Menge des erhaltenen Materials bedingten, Eigenheiten auf.[40] Ob diese vor dem Hintergrund der gemeindespezifischen Geschichte zu deuten sind oder den inneren Wandel des Judentums in der Zeit ihrer Anlage reflektieren, soll dabei zumindest gefragt werden, auch wenn abschließende Antworten angesichts des gegenwärtigen Forschungsstandes und der eher zufälligen Erhaltungsumstände nicht möglich erscheinen. Wichtig ist jedoch die Erkenntnis, dass sich in dem Zeitraum, in dem die meisten Synagogen-Genisot in Rheinland-Pfalz angelegt wurden, ein deutlicher Wandel von einer strengeren Religionsausübung hin zu einer verinnerlichten Frömmigkeit vollzogen hat. Waren um 1780 noch die meisten Juden auf deutschen Territorien einheitlich traditionell und hielten sich etwa an die Reinheits- (Tahara) und Speisevorschriften (Kashrut) und beobachteten das Ruhegebot am Shabbat, waren es um 1870 wohl längst nicht mehr so viele, zumal in großstädtischen Gemeinden.[41] Doch waren auch ländliche Regionen von diesem inneren Wandel betroffen, wenn auch in geringeren Maße und weniger rasch.

5. Alt-neue Fundorte in Rheinland-Pfalz

In Rheinland-Pfalz sind in den vergangenen Jahrzehnten immer wieder einmal Genisa-Funde erschlossen und einzelne Stücke veröffentlicht worden. So etwa die Funde aus Obermoschel, die leider heute als verschollen gelten müssen, und Funde aus der Synagoge in Weisenheim am Berg in der Pfalz. In Odenbach in der Nordpfalz wurde eine Ausstellung der wichtigsten Funde erstellt und Fundbeschreibungen sowie eine Statistik in einer Chronik des Ortes veröffentlicht. Neben Niederzissen, auf das ich noch gesondert eingehen werde, konnte ich an vier anderen Orten Genisa-Funde untersuchen.

40 Der Fund einer „Privat-Genisa" in Wiesbaden Delkenheim kann hier unberücksichtigt bleiben. Der überraschende Fund privater Familiendokumente aus dem 19. Jahrhundert unter dem Dach eines Privathauses ist im Auftrag der Paul Lazarus Gesellschaft und dem Aktiven Museum Spiegelgasse erschlossen worden. Doch stellt sich die Frage, ob es sich bei dieser Entdeckung überhaupt um eine Genisa im halakhischen Sinne handelte, oder ob nicht vielmehr ein Koffer mit privaten Dokumenten gefunden wurde, der von einer jüdischen Familie einmal versteckt bzw. hinterlegt worden ist – aus welchen Gründen auch immer, wahrscheinlich ohne religiösen Hintergrund. Vgl. dazu Wolfgang Fritzsche: Ein Genisa-Fund in Wiesbaden-Delkenheim, in: Rolf Faber / Wolfgang Fritzsche, Synagogen – Badehaus – Hofreite. Jüdische Bauten in Wiesbaden, PLS-Schriftenreihe 2, Wiesbaden 2012, S. 77–99. Siehe auch http://www.paul-lazarus-stiftung.de/de/forschung/weitere-forschungsgebiete/privat-genisa/ (Zugriff: 11.11.2015). Anders scheint der Fall bei dem 2014 in einem Wohnhaus in Erftstadt-Lechenich entdeckten Bücherhort zu liegen. Dieser Fund einiger religiöser Bücher und eines Postkartenalbums im Zwischengeschoss eines renovierten Hauses dürfte auf den Versuch einer Familie zurückgehen, ein Versteck anzulegen.

41 Siehe dazu etwa Steven M. Lowenstein: Anfänge der Integration 1780–1871, in: Marion Kaplan (Hrsg.): Geschichte des jüdischen Alltags in Deutschland. Vom 17. Jahrhundert bis 1945, München 2003, S. 126–226, hier S. 207.

Abb. 3: Tefillin-Beutel aus der Genisa Alsenz, Signatur A 183.

5.1 Alsenz

Wie an vielen Orten waren auch in Alsenz (Nordpfalz) die Genisa-Funde seit längerem bekannt. Doch durch die wechselnden privaten Nutzer des Synagogengebäudes blieben die Funde lange unzugänglich. Der spätbarocke kubische Putzbau mit hohem Walmdach wurde 1762–65 durch den herrschaftlichen Baumeister Szekl erbaut und beherbergte neben dem Betsaal auch die Schule sowie die Wohnung des Lehrers und Vorbeters. Ursprünglich war der Fußboden des Betsaales einige Stufen unter dem des heutigen Niveaus. Dadurch hatte die Synagoge auch ausreichende Höhe für eine Frauenempore. 1852 wurde der Boden höher gelegt; seitdem war keine Frauenempore mehr vorhanden. Bei einem Brand in einem Nachbarhaus wurde die Synagoge 1911 in Mitleidenschaft gezogen und musste renoviert werden.

Auf Grund der zurückgegangenen Zahl der Gemeindeglieder wurde das Gebäude 1933 an einen ortsansässigen Bauern verkauft. Dieser verwendete sie als Lagerschuppen und vermietete die ehemalige Lehrerwohnung. Schließlich stand die Synagoge lange leer, bis sie 1981 von einer Familie aus Frankfurt/Main gekauft wurde. Von 1986 bis 1988 erfolgte die Renovierung des inzwischen unter Denkmalschutz gestellten Bauwerks. Bei dieser Sanierung entdeckte man auf dem Dachboden die Reste der Genisa, maß ihnen zwar zunächst keine allzu große Bedeutung bei, entsorgte sie aber auch nicht, sondern verlagerte sie in zahlreichen Säcken und Kartons verpackt in einen kleinen Gartenschuppen neben dem Haus.

Im Jahre 2009 wurden diese Säcke und Kartons mit den stark verschmutzten und beschädigten Dokumenten, alten hebräischen und jiddischen Manuskripten und

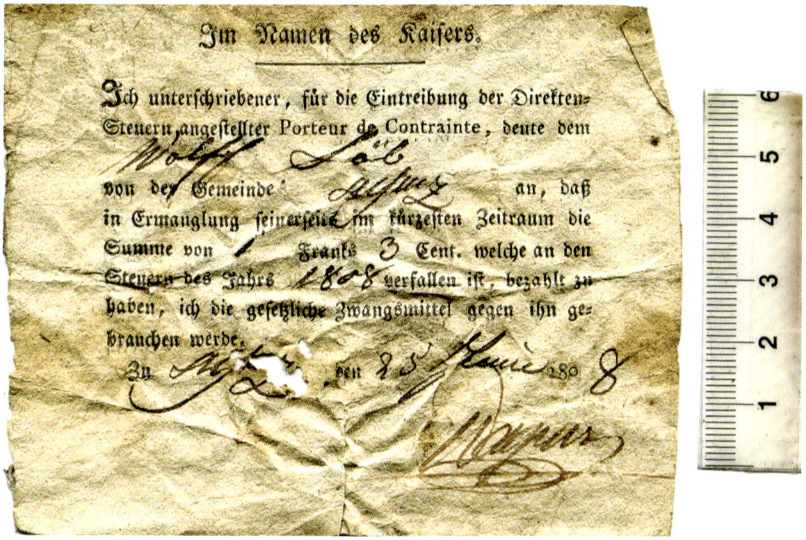

Im Namen des Kaisers.

Ich unterschriebener, für die Eintreibung der Direkten-Steuern angestellter Porteur de Contrainte, deute dem Wolff Löb von der Gemeinde Alsenz an, daß in Ermanglung seinerseits im kürzesten Zeitraum die Summe von 1 Franks 3 Cent. welche an den Steuern des Jahrs 1808 verfallen ist, bezahlt zu haben, ich die gesetzliche Zwangsmittel gegen ihn gebrauchen werde.

Zu Alsenz den 25 Juni 1808

Abb. 4: Steuereintreibungsbescheid Alsenz, Signatur A 240 A 3 b.

Drucken sowie zahlreichen Textilien und Ritualia in Alsenz geborgen und gesichtet. Es handelt sich bei den Funden um die Reste einer Genisa mittlerer Größe. Die Katalogisierung und Untersuchung ergab, dass die gefundenen hebräischen und jiddischen Druck- und Manuskriptfragmente aus der Zeit von der ersten Hälfte des 16. Jahrhunderts bis in die Mitte des 19. Jahrhunderts stammen, die deutschen und lateinischen Fragmente aus der Zeit vom späten 16. bis Ende des 19. Jahrhunderts.

Den größten Teil des Bestandes macht mit über 500 Fundstücken die Gebetsliteratur aus: Neben Alltagsgebetbüchern in den verschiedensten Editionen sind auch zahlreiche Festtags-, Frauen- sowie Friedhofsgebete vorhanden. Mit knapp 50 Fragmenten bilden die Bibeln, Bibelübersetzungen und -kommentare die nächststärkste Gruppe. Aus ihr stammt auch das älteste Fundstück, eine in Augsburg 1534 gedruckte Ausgabe des Bibelkommentars Raschis. Kalender, davon 30 Taschenkalenderfragmente aus den Jahren von 1738 bis 1834 und ein Wandkalender von 1752/53, sind die dritthäufigsten Fundstücke, dichtgefolgt von 30 Talmud-Traktaten und -kommentaren. Besonders hervorzuheben ist hier ein recht umfangreiches Fragment, bestehend aus Massekhet Berakhot und Seder Zera'im, gedruckt 1617/18 in Lublin.

Neben diesen vier stark vertretenen Genres umfasst die Alsenzer Genisa Beispiele aus vielen anderen Bereichen der jüdischen religiösen Literatur. Mit Ausnahme von Bibelübersetzungen und Techines (Bußgebete) sind religiöse Werke in jiddischer Sprache nur wenige erhalten. Weltliche jiddische Texte fehlen dagegen fast vollständig.

Die entdeckten Fragmente in deutscher und lateinischer Sprache sind fast ausschließlich didaktischer Natur und somit lebhafte Zeugnisse der in der Synagoge eingerichteten

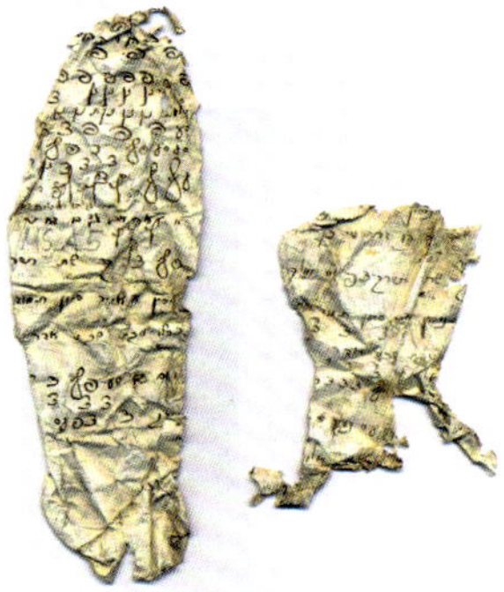

Abb. 5: Schreibübung - nachträglich als Schuheinlage zugeschnitten, Signatur Ms Alsenz 5.a.

Abb. 6: Tallit-Qatan für ein Kind aus der Alsenzer Genisa, Signatur A 185.

jüdischen Schule. Auch viele der deutschen und hebräischen Handschriften stammen aus dem schulischen Bereich. Bei den übrigen Handschriften handelt es sich überwiegend um Dokumente aus dem wirtschaftlichen und dem religiösen Leben der Gemeinde. Besonders eindrucksvoll sind ein Heiratsvermittlungsbrief und die Satzung der Alsenzer Kippe, der Bruderschaft für Wohltätigkeit bzw. Beerdigungsbruderschaft, aus dem Jahr 1821. Insbesondere letzeres Dokument gibt einen interessanten Einblick in die innere Organisation dieser kleinen Gemeinde in der Nordpfalz (vgl. dazu den Anhang).[42]

Ritualia sind in dieser Genisa mit Gebetsriemen, Mezuza-Kapseln und den dazugehörigen Pergamenten vertreten, Textilien vor allem mit Tefillin-Beuteln und Tallitot. Die Durchsicht und Katalogisierung des in Alsenz geborgenen Materials verdeutlicht, dass diese Genisa wichtige Aspekte des jüdischen Landlebens in der Nordpfalz beleuchtet. Vor allem die Wirtschafts- und Familiengeschichte in der Nordpfalz dürfte durch diese Funde weitere Impulse erhalten.

5.2 *Weisenau*

Die Weisenauer Synagoge wurde in den Jahren 1737–1738 erbaut. Die erste Erwähnung von Juden in Weisenau geht in das 15. Jahrhundert zurück.[43] In Folge der Ausweisungen aus Mainz wuchs die vor den Toren der Stadt gelegene Dorfgemeinde nach und nach an. 1630 wohnten acht Familien in dem zu dieser Zeit zum isenburgischen Mainz gehörigen Weisenau. Im 18. Jahrhundert stieg die Zahl auf ein Fünftel der Gesamtbevölkerung.

42 Vergleichbare Satzungen von Wohltätigkeitsvereinen aus demselben Zeitraum sind meist in gedruckter Form erhalten, außerdem in Hochdeutsch. Hier handelt es sich um ein relativ seltenes Exemplar einer solchen Satzung, die in Deutsch mit hebräischen Kursivbuchstaben aufgeschrieben wurde.

43 Siehe zur Literatur oben Anm. 11.

Abb. 7: Wimpel 1 aus der Genisa Weisenau mit Segenswunsch für die Ḥuppa und guten Taten.

Entsprechend den beiden Ortsherrschaften gab es einige Zeit lang sogar zwei jüdische Gemeinden, eine zum kurfürstlichen Mainz gehörige und eine zum Immunitätsbereich des Stiftes von St. Viktor gehörige. In den Kriegen nach 1793 kam es zu einem Gemeindeschwund: Viele Juden ließen sich nach der bürgerlichen Gleichstellung in der Stadt Mainz nieder, zumal sie während der Kriege mehr Schutz zu bieten schien. Bis zum Beginn des 19. Jahrhunderts sank die Zahl der Weisenauer jüdischen Familien stetig, bevor sie um 1855 noch einmal leicht zunahm. Doch schon um 1925 lebten nur noch sehr wenige Juden in dem ab 1930 verwaltungstechnisch ganz Mainz zugeordneten Vorort.

Aufgrund der schwierigen wirtschaftlichen und politischen Verhältnisse der stark verkleinerten Gemeinde musste das Gebäude schließlich 1939 an einen Holzhändler verkauft werden. Zuvor war es in der Pogromnacht des Novembers 1938 zwar nicht angezündet, aber doch verwüstet und geplündert worden.

Wiederentdeckt wurde die lange Jahre als Lager- und Abstellraum genutzte Synagoge erst 1978 im Zusammenhang mit den Vorbereitungen zur großen Ausstellung „Juden in Mainz" im Mainzer Rathaus.[44] Die Funde wurden vom Dachboden geborgen, blieben jedoch danach bis auf einige jiddische Drucke und Tora-Wimpel (Mappot) viele Jahre relativ unbearbeitet im Stadtarchiv liegen.[45]

Die inzwischen erfolgte vollständige Untersuchung der Weisenauer Genisa-Funde ergab, dass die erhaltenen hebräischen und jiddischen Druckfragmente aus der Zeit von der zweiten Hälfte des 16. Jahrhunderts bis in die Mitte des 19. Jahrhunderts stammen. Im Gegensatz zu vielen anderen Genisot, deren Hauptbestand sich auf Funde aus dem gesamten 18. Jahrhundert erstreckt, liegt in Weisenau ein deutlicher Schwerpunkt auf dem letzten Drittel des 18. bis in die erste Hälfte des 19. Jahrhunderts. Dieser Sachverhalt ist wohl auf die Zerstörung des Synagogendaches bei der Belagerung von Mainz im Jahr

44 Vgl. Friedrich Schütz (Bearb.): Juden in Mainz. Rückblick auf eine stadthistorische Ausstellung im Mainzer Rathaus-Foyer November 1978, Oktober/November 1979, Mainz 1979, S. 80–81. Siehe auch http://www.blogs.uni-mainz.de/fb01genizatweisenau/ (Zugriff: 11.11.2014).

45 Einige Jahre lang wurden jiddische Bücherreste und Tora-Wimpel in einer Vitrine an der Synagoge ausgestellt. Die meisten Wimpel (Mappot) aus der Genisa Weisenau sind mittlerweile dokumentiert in: Lehnardt, "Mazzal Tov", S. 103–112. Inzwischen sind weitere Wimpel aus diesem Fundzusammenhang aufgetaucht, die an anderer Stelle publiziert werden.

Abb. 8: Taschenkalender Frankfurt-Rödelheim 1827–28 aus der Weisenauer Genisa, Signatur WE-157j.

1793 zurückzuführen, bei der vermutlich auch die bis dahin angesammelte Genisa einen nicht unerheblichen Schaden genommen hat.

Den größten Teil des Inventars macht mit über 600 Fundstücken die Gebetsliteratur aus: Neben Alltagsgebetbüchern (Siddurim) in den verschiedensten Editionen fanden sich einige Festtagsgebetbücher, aus denen ganz besonders ein um 1800 in Offenbach gedrucktes, reich illustriertes Büchlein für die Tage des Pesaḥ-Festes, eine sogenannte Pesaḥ-Haggada, heraussticht. Des Weiteren sind mehrere Ausgaben von „Techines" zu verzeichnen, jüdisch-deutschen Gebeten, die meist nur wenige hebräische Bibelzitate enthalten. Diese Bitten an den „Herren des Universums" sind Gebete für jede erdenkliche

Gelegenheit, die häufig auch speziell für Frauen, manchmal sogar von Frauen verfasst wurden und uns so heute ein Bild von den Sorgen und den Nöten der Frauen jener Zeit liefern. Ein anderes eindrückliches zeitgeschichtliches Dokument ist ein Blatt aus einem Siddur mit einem Gebet für Napoleon, unter dessen Regierung Mainz und somit auch Weisenau bis 1814 standen.[46] Ebenso fanden sich wie in vielen Genisot zahlreiche Taschenkalender, deren Auswertung einen ungefähren zeitlichen Rahmen der Nutzungszeit der Genisa ergibt.[47]

5.3 Niederzissen

Auch im rheinland-pfälzischen Niederzissen (unweit von Koblenz) gab es eine jüdische Landgemeinde, von der heute, neben einem kleinen Friedhof, nur noch das vor Kurzem restaurierte Synagogengebäude zeugt.[48] Der schlichte Bau wurde 1841 eingeweiht. Die Mitglieder der Synagoge kamen vor allem aus der Verbandgemeinde Brohltal, so dass zahlreiche Briefe und Gegenstände, die in der Genisa gefunden wurden, aus einem weiteren Umfeld des Ortes stammen.

Der bisher erschlossene Bestand der Genisa gibt einen repräsentativen Einblick in Genisa-Funde in Deutschland. Den größten Teil machen Reste von Gebetsliteraturen aus: Neben Alltagsgebetbüchern (*Siddurim*) in den verschiedensten Editionen sind auch zahlreiche Festtags-, Frauen- sowie Friedhofsgebetbücher erhalten. Reste von Bibeln, Bibelübersetzungen und -kommentaren bilden die nächststärkste Gruppe. Kalender, davon zahllose Taschenkalenderfragmente, sind die dritthäufigsten Fundstücke, dicht-gefolgt von Seiten aus verschiedenen Talmud-Traktaten und -kommentaren. Der älteste Taschenkalender wurde im Jahr 1751 in Fürth gedruckt. Viele Druckerzeugnisse sind in kleinen mit Bändern zusammengeschnürten Bündeln erhalten. Diese Bündel geben einen Eindruck davon, wie die gebrauchten Bücher von den Besitzern in die Genisa abgelegt wurden.

Neben diesen vier stark vertretenen Genres umfasst die Genisa Niederzissen Beispiele aus nahezu allen Bereichen der jüdischen Literaturgeschichte. Mit Ausnahme von Bibelübersetzungen kommen religiöse Werke in jiddischer Sprache auffällig selten vor. Die entdeckten Fragmente in deutscher und lateinischer Sprache sind fast ausschließlich didaktischen Inhaltes (darunter auch Reste von katholischen Schulbüchern) und somit beeindruckende Zeugnisse der in der Synagoge eingerichteten jüdischen Schule. Auch viele der deutschen und hebräischen Handschriften stammen aus dem schulischen Bereich. Von der wirtschaftlichen Situation der Gemeinde zeugen auch zahlreiche handschriftlich ergänzte Gebetbücher, teilweise auch ganze Abschriften von gedruckten Siddurim.

---

46 Einen Überblick über den Stand der Erschließung der Funde bietet die Projekt-Webseite: http://www.blogs.uni-mainz.de/fb01genizatweisenau/ (Zugriff: 11.11.2014).

47 Der älteste Kalender stammt aus dem Jahre 1797/98 und wurde in Mannheim gedruckt. Der jüngste stammt aus dem Jahre 1851/52 aus der berühmten Druckerei in Frankfurt-Rödelheim.

48 Vgl. dazu Gerdt Friedt / Brunhilde Stürmer: Seit undenklichen Zeiten …: der Jüdische Friedhof in Niederzissen, Niederzissen 2012.

Abb. 9: Bündel mit Resten von Gebetbüchern aus Niederzissen, Signatur Nizi Bündel 22.

Bei den übrigen Handschriften handelt es sich überwiegend um Dokumente aus dem wirtschaftlichen und dem religiösen Leben der Gemeinde. Ganz besonders eindrucksvoll sind Heiratsvermittlungsbriefe und Heiratsurkunden (Ketubbot). Der farbig illustrierte Brief eines jüdischen Soldaten vom 15. November 1807 ist bereits mehrfach publiziert worden und gehört zweifellos zu den Highlights aus dieser Genisa.[49] Daneben sind vor allem die zahlreichen, gut erhaltenen Textilfunde von Bedeutung. Sie verleihen dieser bislang noch nicht abschließend erschlossenen Genisa ihre ganz eigene Prägung.[50]

Die Gemeinde Niederzissen erwarb mit Kaufvertrag vom 21. Dezember 2009 die ehemalige Synagoge und begann sofort mit der konkreten Planung für die Renovierung und die notwendigen Baumaßnahmen. Heute präsentiert sich die Synagoge als Gedenkort und Kulturzentrum. Im Jahre 2014 wurde eine Dauerausstellung mit Fundstücken aus der Genisa eingerichtet.[51]

49 Vgl. Thorsten Loch: Doderer Schmul – ein napoleonischer Soldat aus Niederzissen. Zum Soldatenbild eines Eifler Landjuden von 1807, in: Michael Berger / Gideon Römer-Hildebrecht (Hrsg.): Jüdische Soldaten – Jüdischer Widerstand in Deutschland und Frankreich, Paderborn u. a. 2012, S. 73–88. Nathanael Riemer: Brief des Doderer Schmul (Schmuel ben Mosche) aus Niederzissen, in: Berger / Römer-Hildebrecht (Hrsg.): Jüdische Soldaten, S. 507–510. Das Cover des Bandes ist mit einem Bild dieses bemerkenswerten Briefes versehen. Siehe auch Wiesemann, Sozial- und wirtschaftsgeschichtliche Zeugnisse, in: Wiesemann / Keuler / Lehnardt / Weber (Hrsg.): Zeugnisse, S. 66.

50 Vgl. dazu Wiesner, Der Textilfund, in: Wiesemann / Keuler / Lehnardt / Weber (Hrsg.): Zeugnisse, S. 69–88.

51 Siehe dazu http://www.ehem-synagoge-niederzissen.de/ (Zugriff: 11.11.2015).

Abb. 10: Taschensiddur aus der Genisa Niederzissen, Signatur Nizi Ms 65.

6. Zusammenfassung und Ausblick

Durch die neuen technischen Möglichkeiten des digitalen Zeitalters können die Genisot in Deutschland wesentlich gründlicher und tiefer erschlossen werden als bislang. Viele seit längerem bekannte Funde sind allerdings inzwischen wieder verstreut und müssen erst einmal wieder zusammengesammelt und geordnet werden. Wichtig ist es, die einmal gemachten Funde nicht einfach in privaten Sammlungen verschwinden zu lassen, sondern zunächst ihren Bestand zu erheben und den Fundzusammenhang zu dokumentieren.

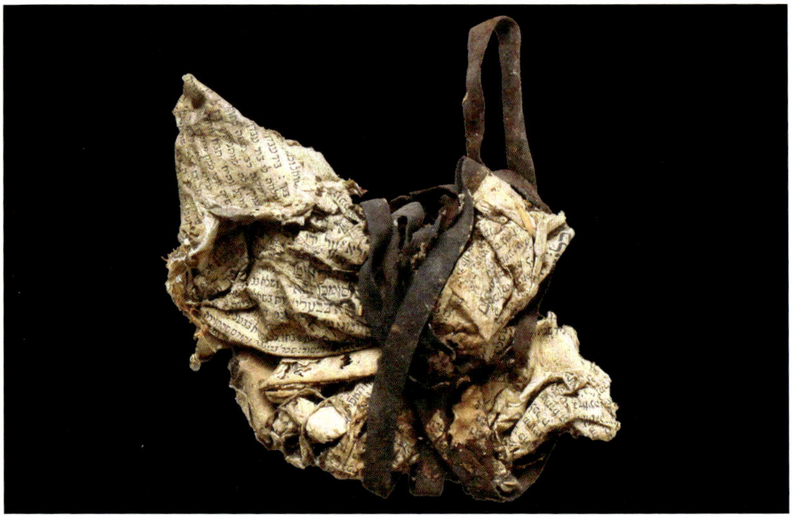

Abb. 11: Tefillin-Riemen mit Buchresten zu einem Bündel verschnürt, Genisa Niederzissen, Signatur Nizi Bündel 20.

Die Funde aus der Genisa in Alsenz sind dabei mit die ersten ihrer Art, die einem regional zuständigen Landesarchiv vollständig übergeben worden sind.[52] Viele andere Funde gelangten in Regionalmuseen oder in private Hände, wo sie weder öffentlicher Kontrolle unterliegen noch interessierten Forschern nach allgemeinen Benutzungsregeln zugänglich sind.

Die Genisa-Forschung in Deutschland und damit ein wichtiger Bestandteil der Erforschung der materiellen Kulturen des Judentums in der Neuzeit stehen vor einem Neuanfang, ja in gewisser Weise sogar ganz am Anfang. Erstmals stehen über das World Wide Web in leicht zugänglicher Weise digitale Hilfsmittel zur Verfügung, um die zahllosen Buchreste in den verschiedenen Genisot genauer zu identifizieren und zu sortieren. Der vorliegende Band belegt dabei, dass für die Erforschung der vielen Bruchstücke verschiedener Fundsorten und Materialien Spezialisten gebraucht werden, die in der Lage sind, die unterschiedlichen Aspekte und Bedeutungen der unterschiedlichen Artefakte zu erkennen. Die Erschließung der Genisa-Materialien in Deutschland wird unter diesen Voraussetzungen weitere wichtige Erkenntnisse über die materielle Kultur des Judentums vom 17. bis 20. Jahrhundert in Deutschland liefern.

52 Mittlerweile ebenfalls in einem öffentlichen Archiv lagern einige wenige Funde aus der Genisa Hüttenheim, und zwar im Bauarchiv Thierhaupten. Vgl. die Projekt-Webseite: http://www.blogs.uni-mainz.de/fb01-genizathuettenheim/ (Zugriff: 11.11.2014).

Anhang:
Ms Alsenz 2: Die Satzung der Alsenzer Kippe (Ḥevra Qaddisha de-Biqqur Ḥolim: Krankenpflegeverein aus dem Jahre 1821).

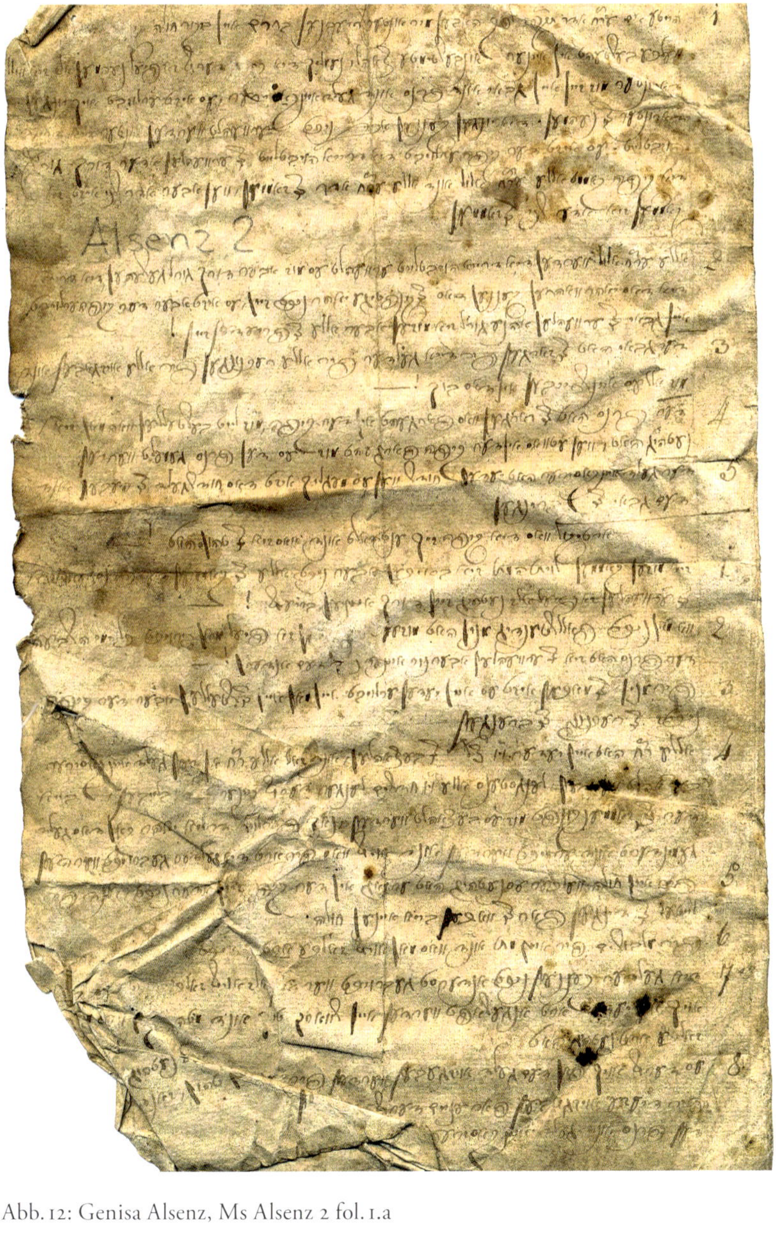

Abb. 12: Genisa Alsenz, Ms Alsenz 2 fol. 1.a

[Seite 1]

אויפזאך

1) הייטע אים ער״ח אדר תקפ״א לפ״ק האבען מיר אטנטערשריעבנען בחרם איין ביקור חולה [....] ועלכע בעשטעהט אין איינער אונבעשטימטע אהל, נעמליך דיא ק[יפה] דערף זא פיהל נעהמען אלז זיא וויל דארונטער מוז זיין איין גבאי אונד פרנס אונד געלד אייקאַסירער, עס איזט ערלויבט אויך יונגען דארונטער צו נעהמען. דיא יונגען קעננען אבר ניכט ערוועהלט ווערדען אונטער דיא דרייא הויבטלייט. עס איזט דער קיפה ערלויבט דיא דרייא הויבטליט צו ערוועהלען אדער דורך גורל דיא קיפה קאממט אללע ער״ח אלול אונד אללע ער״ח אדר צוזאממען. ווען אבער אדר שני איזט זא קאממען זא אדר שני צוזאממען.

2) אללע ער״ח אלול ווערדן דיא דרייא הויבטלייט ירוועהלט עס מוז אבער דורך גורל געשעהן דיא דרייא דיא דאס יאהר וואהרען קעננען דאס צוקונפטיגע יאהר נישט זיין, עס איזט אבער דער קופה ערל??ט איין גבאי צו דער וועהלען אהנע גורל זיין מוזען אבער אללע צופריעדען זיין.

3) גבאי האט צוזארגען פיר דיא געלדער פיר אללע רעכנונגען פיר אללע אויזגאבען און מוז אללעס איישרייבען אין דאס בוך!

4) דער פרנס האט צוזארגען וואס פאגעהט אין דער קופה מוז לייט בעשטעללען וואהמאן דיא נעטהיג האט, ווען עטוואס אין דער קופה פארגעהט מוז עס דען פרנס געועלט ווערדען.

5) דער געלדאיינקאסרער האט יעדען חודש ווען עס מעגליך איזט דאס חודש געלד צו העבען אונד דעם גבאי צו ברינגען.

ארטיקול וואס דיא קופה זיך ענטהאלט אונד ווס זיא צו טהון האט!

1) זיא מוזען קאממען לוית המת זיא ברוכען אבר ניכט אללע צו קאממען דער פרנס האט זיא צו ערוועהלען זא פיעל אלש נעטהיג זיין דורך איינען בריעף !

2)ווא מאן ניכט פאללשטענדיג אנין האט מוזען [.....]ן זא פיעל מאן ברויכט כל ימי השבעה דער פרנס הטא זיא צו ערוועהלען אבער נור אינער נאך דעם אנדערן !

3) פיר אנין צו מאכען איזט עס איין יעדען ערלויבט. איין מאן איין צושטעללען אבער דער קיפה ניכט צורעכנונג צוברענגען.

4) אללע ר״ח האט איין יעדער ויו צל׳ צו צובעצאהלען אונד זאלל אללע ר״ח אין דען געלד איינקאסירער בעצאהלט ווערדען לענגסטענס אללע וי״ו חדשים לענגער דערף קיינער [...] בלייבען בייא דער צוזאממענקונפט מוז עס בעצאהעלט ווערדען נאך פערלויף דרייא יאהר קאן דאס געלד געמינדערט אונד ערדיכט ווערדען אונד אויף וואס פיר ארט דיא געלדעס גברויכט ווערדען.

5) פיר איין חולה וועלכער עס נעטהיג האט ער מאג אין דער קיפה זיין אדער ניכט אונד פיר לייטער צו דינגען פאר צו וואכען בריא איינען חולה.

6) פיר מלבושים פיר איין מת אונד וואס מאן אויף זאלכע ארט איזט

7) דיא געלדער קעננען ניכט אנדערסט געברויכט ווערדען אלז אויף זאלכ[.. ....] דערף אויך איין יע[...] ארט אנגעשאפט ווערדען איין שווארץ טוך אונד מטה [...] וואס מאן אויף זאלכע ארט נעטהיג האט.

8) עס דערף אויך פאן דעם געלד אויזגעבען ווערדען פיר עניים דיא עס נעטהיג [...] פיר דיעזע אויזגאבען פאר עניים דערף דער גבאי ניכט אלליין טהון, זאנד[ע]ר דער פרנס ונד געלד קאסירער דאבייא האבען.

[Seite 2]

9) ער איזט אויך דער קיפה ערלויבט ווען זיא צוזאממען קאממען פאן דיעזער געלד פיר קאפַּפֵּע
אונד קוכען אויז צו געבען.
10) ארטיקול פון קנס: דאס גרינגסטע קנס איזט ח״י פשיטים אונד קאן ניכט העהער אלזט׳ פון זיין
דאס קנס ווערט אללע מאל בייא דער צוזאממעקונפט געשפראכען אבער נור פאן דיא דריא הויבט-
לייט זיא מוזען אבער אללע דרייא בייא אנאנדער זיין איינער אלליין קאן קיין קנס זעצען.
11) דיא יעניגען קעננען נור געשטראפט ווערדען, דיא ניכט קוממען ועו זיא פאן פרנס בעארטערט
זיין אונד קאמען ניכט, אויז ער דער זיא מוזען ערווייזען אלז זיא פריהערהין פעררייזט ווארדען
אונד דיא צייט ניכט צוהויז ווארען. ווער אן איינעם ער״ח אדר אדער ער״ח אלול ניכט צו דער
קיפה קאסט איזט שטראף פעלליג דיא דיא שטראפע מוזען איינגעשריעבען ווערדען ווען זיא
אויך גלייך בעצאהלט ווערדען, דיא יעניגען דיא זיך דיא שטראפע ווייגערן אונד ניכט בעצאהלען
דיא זאללען אויז דער קיפה געשטריכען ווערדען אונד לעבענזלענגליך ניכט מעהר אנגענאממען
ווערדען אונד האבען קיין אנטהייל אן דען פריהערהרן בעצאהלטען געלד.
12) דער גבאי מוז גאראנטיע לאססען פיר דאס איינגענאמענע געלד, דעם גבאי איזט ערלליבט
דאס געלט איינעם פאן דען רייכסטען אויז דער קיפה צו געבען געגען ה׳ למאה דאס געלד
מוז אבער אללע ער״ח אלול מיטגעבראכט ווערדען וואה דיא קיפה צו זאממען קאממט.
13) ווען קיינער דא איזט דער דאס געלד נעהמען וויל געגען ה׳ למאה, זא האט דער גבאי דיא
ערלויבניס פיער פאן דיא רייכסטען אויז דער קיפה הערויז צו ציהען, אונד דיא יעניגען
פיער מוזען גורל שפיעלען וועלכער דאס געלד נעהמען מוז געגען ה׳ למאה.
14) דער גבאי האט צו שפרעכען בייא דער ערשטע צוזאמענקונפט וואה דיא צווייטע צוזאמענקונפט
געהאלטען ווערדען זאלל.
15) ווען איינער אויז דער קיפה ח״ו לייט ברויכט, אדער זאנסט אויף איין ארט דורך איינען
פרעמדען זא מוז דער יעניגע צום פרנס שיקען, אונד דער פרנס האט דיא לייט צו בעשטע ווען
דורך שלוחים וועלכע ער בייא דער צוזאממענקונפט פעררעכנען קאן.
16) פרנס אונד געלדאיינקאסרער אדר זאנסט איינער אויז דער קיפה דערף קיין אויזגאבע
מאכען אהנע ערלויבניס דעם גבאי.
17) ווען איינער אויז דער קיפה אויף איין אנדער אָרט ציהט, אונד ווילל אויז דער קיפה זא איזט
עס א[יהם] ערלויבט אונד איזט פטור מן חרם הנ״ל ער וז אבער בעצאהלען וואס ער
שולדיג איזט אונד מוז פארציכט לייסטען אויף דאס קיפע געלד.
18) [...]אָפּט אלז איין נייער גבאי ערוועהלט ווירד, זא מוז דער אלטע גבאי רעכנונג אבלעגען
אונד מוז איין געטראגען ווערדען אין דאס בוך וויא פיעל געלד זייא איזט אין געגענווארט
דער גאנצע קיפה.

[Seite 3]

19) ווען איינער שפעטערהין אלז ביז דען ערשטן ר״ח אלול תקפ״ז לפ״ק אין דיא קיפה וויל ז[...]
ב׳ זהובים איינקונפט געלד בעצאהלען.
20) אללע ער״ח אדר אונד ער״ח אלול מוז איין יעדער פאסטען אדער מוז ח״י פשיטים בעצאהלען
21) ווען איין קיפה מאן זיין קינד חתונה מאכט אדער איין יונג דער אן דער קיפה איזט חתונה
מאכט זא מוז דער יעניגע צום פרנס שיקען אונד מוס איהם זאגען וואָה אונד אויף
וועלכען טאג דיא חתונה איזט אונד דער פרנס מוז דרייא אויז דער קיפה ערוועהלען
דיא אויף דער חתונה געהען, דאגעגען האבען דיא דרייא קיפה לייט דאס רעכט זיך אבען

אן צו זעצען נעבען דען בעל קדושין !
22) ווען איינער איין ברית מילה פאן דען קיפה לייט האט, זא מוז ער וויא אבען
געמעלד דרייא קיפה לייט פאן פרנס ערוועלען לאססען אונד האבען דיא
רעכט נעבען דען מהלן צו זיצען.

Übertragung:

[Seite 1]

Aufsache
1) Heute im ʿErev Rosh Ḥodesh (=Neumondsvorabend) Adar 5781 nach der kleinen Zählung haben mir untergeschriebenen be-Ḥerem (=unter Androhung des Banns) ein Bikkur Ḥolim [gegründet],
welche besteht in einer unbestimmte Zahl, nämlich die K[ippe] (=Kasse) darf so viel Namen als sie will,
darunter muss sein ein Gabbai (= Gemeindediener) und Parnas (= Gemeindevorsteher) und Geld Einkassierer. Es ist erlaubt auch Jungen
darunter zu nehmen. Die Jungen können aber nicht erwählt werden unter die drei Hauptleute. Es ist der Kippe erlaubt, die drei Hauptleute zu erwählen oder durch Goral (=Los).
Die Kippe kommt alle ʿErev Rosh Ḥodesh Elul und alle ʿErev Rosh Ḥodesh Adar zusammen. Wenn aber Adar Sheni (=zweiter Adar) ist, so
kommen sie Adar Sheni zusammen.
2) Alle ʿErev Rosh Ḥodesh Elul werden die drei Hauptleute erwählt, es muss aber durch Goral geschehen. Die drei,
die das (=dieses) Jahr waren, können das zukünftige Jahr nicht sein. Es ist aber der Kippe erlaubt,
ein Gabbai zu derwählen ohne Goral. (Es) müssen aber alle zufrieden sein.
3) Gabbai hat zu sorgen für die Gelder für alle Rechnungen für alle Ausgaben, un(d) muss alles einschreiben in das Buch.
4) Der Parnas hat zu sorgen was vorgeht in der Kippe, muss Leute bestellen wo man die nötig hat, wann etwas in der Kippe vorgeht, muss es den Franz gewählt werden.
5) Der Geldeinkassierer hat jeden Ḥodesh (=Monat), wenn es möglich ist, das Ḥodesh-Geld zu heben und
dem Gabbai zu bringen.

Artikel, was die Kippe sich enthalt und was sie zu thun hat!
1) Sie müssen kommen Livyat ha-met (= zur Begleitung des Verstorbenen), sie brauchen aber nicht alle zu kommen. Der Parnas hat sie
zu erwählen so viel als nötig sein durch einen Brief!
2) Wo man nicht vollständig ʿOnen (=mit Trauer Beschäftigter) hat, müssen […]n so viel man braucht Kol yeme ha-shivaʿ (=alle sieben Trauertage).
Der Parnas hat sie zu erwählen, aber nur einer nach dem anderen!

3) Für Onen zu machen ist es ein jedem erlaubt, ein Mann einzustellen, aber der Kippe nicht Zurechnung zubringen.
4) Alle Rosh Ḥodesh hat ein jeder 6 Zellem (Kreuzer) zu bezahlen und soll alle Rosh Ḥodesh in den Geldeinkassierer bezahlt er den längstens alle 6 Ḥodaschim (Monate). Länger darf keiner [...] bleiben. Bei
der Zusammenkunft muss es bezahlt werden. Nach Verlauf drei Jahr kann das Geld gemindert und erdicht werden und auf was für Art die Gelder gebraucht werden.
5) Für ein Ḥole (= Kranken), welcher es nötig hat, er mag in der Kippe sein oder nicht, und für
Leiter zu dingen vor zu wachen Bari (= ein Gesunder) einen Ḥole.
6) Für Malbushim (= Bekleidung) für ein Met (=Toten) und was man für solche Art ist.
7) Die Gelder können nicht anders gebraucht werden als auf solch[... ...] darf
auch ein je[...] Art angeschafft werden ein schwarz Tuch und Mita (=Bett) [...] was man auf solche Art nötig hat.
8) Es darf auch von dem Geld ausgegeben werden für Aniyim (= Armen), die es nötig [...],
für diese Ausgaben für Aniyim darf der Gabbai nicht allein tun, sond[e]r[n]
der Parnas und Geldkassierer dabei haben.

[Seite 2]

9) Es ist auch der Kippe erlaubt, wenn sie zusammen kommen, von diesem Geld für Kaffee
und Kuchen auszugeben.
10) Artikel von der Qenas (=Strafgebühr): Das geringste Qenas ist 18 Peshiṭim (= Pfennige) und kann nicht höher sein als 9 von sein.
Das Knas wird alle mal bei der Zusammenkunft gesprochen, aber nur von die drei Haupt-
Leute. Sie müssen aber alle drei beieinander sein. Einer allein kann kein Qenas setzen.
11) Diejenigen können nur gestrafft werden, die nicht kommen, wenn sie von Parnas beordert
sein und kommen nicht, außer der sie müssen erweisen als sie früher hin verreist worden und die Zeit nicht zuhause waren. Wer an einem ʿErev Rosh Ḥodesh Adar oder ʿErev Rosh Ḥodesh Elul nicht zu der
Kippe kommt, ist straffällig. Die, die Strafe müssen eingeschrieben werden, wenn sie auch gleich bezahlt werden. Diejenige(n), die sich die Strafe weigern und nicht bezahlen, die sollen aus der Kippe gestrichen werden und lebenslänglich nicht mehr angenommen werden und haben kein Anteil an den früheren bezahlten Geld.
12) Der Gabbai muss das Buch halten solang er Gabbai ist. Es ist aber erlaubt der beste Schreiber unter der Kippe alles zu schreiben in Gegenwart der ganze Kippe.
Der Gabbai muss Garantie lassen für das eingenommene Geld. Dem Gabbai ist erlaubt, das Geld einem von den reichsten aus der Kippe heraus zu geben gegen 5 le-me'a (= zu Hundert). Das Geld

muss aber alle ʿErev Rosh Ḥodesh Elul mitgebracht werden, wo die Kippe zusammenkommt.
13) Wenn keiner da ist, der das Geld nehmen will gegen 5 le-me'a, so hat der Gabbai die Erlaubnis, vier von die reichsten aus der Kippe heraus zu ziehen, und diejenigen
vier müssen Goral (= Los) spielen, welcher das Geld nehmen muss gegen 5 le-me'a.
14) Der Gabbai hat zu sprechen bei der ersten Zusammenkunft, wo die zweite Zusammenkunft gehalten werden soll.
15) Wenn einer aus der Kippe - Ḥas we-shalom (= Gott behüte!) - Leute braucht oder sonst auf ein Art durch einen
Fremden, so muss derjenige zum Parnas schicken, und der Parnas hat die Leute zu bestellen
durch Sheluḥim (=Boten), welche er bei der Zusammenkunft verrechnen kann.
16) Parnas und Geldeinkassierer oder sonst einer aus der Kippe darf kein Ausgabe machen ohne Erlaubnis dem Gabbai.
17) Wenn einer aus der Kippe auf ein ander Ort zieht und will aus der Kippe, so ist
es i[hm]erlaubt, und [er] ist paṭur min Ḥerem ha-nizqar le-ʿel (= frei von dem o. g. Bann).
Er muss aber bezahlen, was er
schuldig ist und muss Verzicht leisten auf das Kippe Geld.
18) [...] oft als ein neuer Gabbai erwählt wird, so muss der alte Gabbai Rechnung ablegen und muss eingetragen werden in das Buch wie viel Geld sei ist in Gegenwart
der ganze Kippe.

[Seite 3]

19) Wenn einer später hin als bis der ersten Rosh Ḥodesh Elul 5787 nach der Kleinen Zählung in die Kippe will s[...]
2 Zehuvim (= Gulden) Einkunft Geld bezahlen.
20) Alle ʿErev Rosh Ḥodesh Adar und ʿErev Rosh Ḥodesh Elul muss ein jeder fasten oder muss 18 Peshiṭim (= Pfennige) bezahlen.
21) Wenn ein Kippe-Mann sein Kind Ḥatuna (= Hochzeit) macht oder ein Jung, der an dere Kippe ist, Ḥatuna
macht, so muss derjenige zum Parnas schicken und muss ihm sagen wo, und auf welchen Tag die Ḥatuna ist, und der Parnas muss drei aus der Kippe erwählen,
die auf der Ḥatuna gehen. Dagegen haben die drei Kippe-Leute das Recht sich oben an zu setzen neben der Baʿal Qiddushin (= Bräutigam).
22) Wenn ein Brit mila (= Rituelle Beschneidung) von den Kippe-Leute hat, so muss er, wie oben gemeld, drei Kippe-Leute von Parnas erwählen lassen und haben die
Recht neben den Moheln (= Vollzieher der rituellen Beschneidung) zu sitzen.

Instrumente, Noten, Tonträger – Dinge der synagogalen Musik

Martha Stellmacher

1. Einführung

Musik als solche ist kein materielles Phänomen, da sie im wahrsten Sinne des Wortes nicht „greifbar" ist. Sie verläuft zeitlich, mit einem Anfangs- und einem Endpunkt. Musik kann in erster Linie erklingen und gehört, jedoch nicht gesehen werden. Anders als beispielsweise ein Gemälde, bei dem das Kunstwerk selbst sich in materieller Form präsentiert und damit mit mehreren Sinnen wahrgenommen werden kann. Obwohl Musik selbst also kein materielles Wesen hat, kann Musik als ein Ding betrachtet werden, das über vielfältige Möglichkeiten der Materialisierung verfügt.[1] Mit dem Fokus auf jüdische Musiken[2] widmet sich der vorliegende Artikel nach einer grundsätzlichen

1 Für einen Überblick der Diskussion über das Verständnis von Musik als Ding, vgl. das Kapitel „Is music a thing?", in: Jonathan Sterne: MP3: The Meaning of a Format, Durham, NC 2012. Sterne selbst versteht Musik als ein „Bündel von Affordanzen", von Gebrauchseigenschaften, die teilweise der Prozesssprache und teilweise der Dingsprache zuzuordnen sind: „One tradition considers music as a social practice and process that may produce artifacts but is not itself something that can be objectified as a thing, except as a kind of reduction. Meanwhile, writers who refer to music as a thing may refer to its technologized forms, its status as a commodity, or its essence as a work independent of any particular performance. Against these definitions, I consider music as a bundle of affordances, thus borrowing some of the process language and some of the thing language." (Sterne, S. 189). Die Anthropologin Georgina Born hingegen versteht das musikalische Objekt als Konstellation von Mediationen. Georgina Born: Music and the Materialization of Identities, Journal of Material Culture 4 (2011), H. 16, S. 376–388, hier S. 377

2 Der Plural „jüdische Musiken" umfasst die vielfältigen musikalischen Ausprägungen im religiösen und außerreligiösen jüdischen Kontext in ihrer Gesamtheit. Was alles unter „jüdische Musik" zu fassen ist, dazu gibt es unterschiedliche Ansichten. Einige verstehen unter „jüdischer Musik" nur religiöse Musik. Andere meinen die Musik, die mit jüdischer Kultur verbunden ist, einschließlich der Werke jüdischer Komponisten, z. B. Arnold Schönberg. Das macht eine Zuordnung nicht immer einfach – Ist ein Werk „jüdische Musik", nur weil der Komponist aus einem jüdischen Elternhaus stammt und die Komposition selbst keinerlei Bezüge zum Judentum aufweist? Oder vom Werk ausgehend: Ist „Kol nidre" für Cello und Orchester von Max Bruch (der kein Jude war) „jüdische Musik", weil es eine Melodie aus der Liturgie des Versöhnungstags zum Thema hat und bearbeitet? Oft wird die Definition von Curt Sachs zugrunde gelegt: „Jewish Music is that Music made by Jews, for Jews, as Jews". Diese Definition rückt die Funktion und den soziokulturellen Kontext der Musik in den Vordergrund und beruft sich nicht auf musikalische Parameter oder den Charakter der Musik. Jedoch vernachlässigt sie die Identität jener Musiker oder Komponisten,

Betrachtung einigen materiellen Formen, die zur Musik gehören. Dabei soll gezeigt werden, auf welche Weise Materialisierungen von Musik der Stärkung einer jüdischen Identität dienen können. Betrachtet werden einige Aspekte jüdischer, insbesondere sakraler Musik, auf eine umfassende chronologische Überblicksdarstellung wird hier jedoch verzichtet.[3]

Musik hat im jüdischen Kontext vielfältige Erscheinungsformen und Funktionen, von denen hier nur einige genannt seien. Gesang ist zunächst wesentlicher Bestandteil des jüdischen Gottesdienstes. Die Lesungen aus Tora und Haftara werden mit der Gesangsstimme rezitiert, man spricht dabei von Kantillation (von lat. *cantillare* – leise singen). Die Gebete und Psalmen werden von der Gemeinde, dem *Ḥazzan* (Kantor bzw. Vorbeter) und in manchen Gemeinden von einem Männer- oder gemischten Chor gesungen. Auch außerhalb des Synagogengottesdienstes erklingen Lieder mit religiösen Inhalten, z. B. *Zmirot* am Tisch nach dem Schabbatessen oder die Lieder am Sederabend zum Pessachfest. Im sephardischen Bereich werden judeospanische *Coplas* gesungen, die oft Bezüge zur jüdischen Geschichte oder Tradition haben. Aber auch weltliche Inhalte, Liebeslieder und Balladen werden in *Cancioneros* und *Romanceros* thematisiert. Bei Hochzeiten und anderen freudigen Anlässen gibt es Tanzmusik, dazu gehört Klezmer aus der osteuropäischen Tradition. In chassidischen Gemeinden dient das gemeinsame Singen, meist ohne Text, als erhebende und ekstatische Handlung. Weltliche und religiöse Bereiche sind dabei nicht streng voneinander getrennt – Musikstücke oder Gesänge können aus der säkularen in die sakrale Sphäre übergehen, oder vom synagogalen in den außersynagogalen Bereich.

2. Tendenzen materieller Verkörperungen von Musik – Mobilität und Agglomeration

Die Betrachtung von Musik aus der Perspektive der materiellen Kulturen beschränkt sich im Folgenden auf die zur Musik gehörenden Dinge außerhalb des eigentlichen musikalischen Textes und Inhalts. Der Fokus liegt also nicht auf den Dingen, die in der Musik selbst thematisiert werden, sondern auf den materiellen Hilfsmitteln der Musik (Instrumente) und den materiellen „Ausläufern" („material extensions") von Musik, wie sie der Kommunikationswissenschaftler Will Straw bezeichnet.[4] Zu diesen dinglichen

---

die sich nicht primär als jüdisch verstehen. Im Folgenden beziehe ich mich, wenn ich von „jüdischer Musik" spreche, vorwiegend auf Klänge und Musik aus dem sakralen Kontext. Einen Überblick über die Debatte gibt Heidy Zimmermann: Was heißt „jüdische Musik"? Grundzüge eines Diskurses im 20. Jahrhundert, in: Eckhard John / Heidy Zimmermann (Hrsg.): Jüdische Musik? Fremdbilder – Eigenbilder, Köln 2004, S. 11–32.

3 Einen Überblick über die Entwicklung von sakraler und weltlicher jüdischer Musik bieten beispielsweise: Hanoch Avenary / Bathja Bayer u. a.: Music, in: Fred Skolnik (Hrsg.): Encyclopaedia Judaica, Bd. 14, Detroit 2007 sowie die Monographien Amnon Shiloah: Jewish Musical Traditions, Detroit 1992; Emanuel Rubin / John H. Baron: Music in Jewish History and Culture, 2. Aufl., Sterling Heights, Mich. 2008.

4 Will Straw: Music and Material Culture, in: Martin Clayton / Trevor Herbert / Richard Middleton (Hrsg.): The Cultural Study of Music: A Critical Introduction. Second Edition, London and New York 2012, S. 227–236.

Formen von Musik, in denen Musik gespeichert und übertragen werden kann, gehören zum Beispiel Notationen von Musik, Tonträger oder auch Musikdateien. Straw hebt zwei Tendenzen der materiellen Verkörperungen von Musik hervor, die im folgenden Abschnitt näher betrachtet werden: a.) die Mobilität von Musik und b.) deren Anhäufung oder Agglomeration („aggregation")[5].

a.) Mobilität: Musik kann soziale Identitäten schaffen und wird oft gezielt dazu eingesetzt, ein Gemeinsamkeits- oder Identitätsgefühl zu stiften. Ganz deutlich wird dies beispielsweise bei Nationalhymnen, es gilt aber auch für den gemeinschaftlichen Gesang in einer Religionsgemeinde. Dennoch wird Musik oft aus einem Kontext in andere Kontexte überführt. Musik ist mobil, sie kann sich, durch den Menschen als Medium, transnational und transkulturell, also ohne Rücksicht auf nationale, sprachliche oder religiöse Grenzen, bewegen. Dabei können sich Melodien auch unabhängig von ihren Texten „fortbewegen". Ein Beispiel aus dem Bereich jüdischer Musiken sind die *Pizmonim* der syrischen Juden, hebräische Gesänge, die nicht zur Liturgie gehören, aber religiösen Inhalt haben und sich auf individuelle Anlässe wie Bar Mizva oder Hochzeit beziehen. Zur Vertonung solcher religiösen Texte werden oft populäre Melodien aus dem weltlichen Kontext verwendet.[6] Dieses Phänomen der sogenannten Kontrafaktur, bei dem ein neuer Text auf eine bekannte Melodie angewendet wird, ist weitverbreitet, in der jüdischen ebenso wie in der christlichen Musik. So geht beispielsweise die bekannte westeuropäische Melodie des Chanukka-Liedes *Maos ẓur* wohl teilweise auf Luthers Choral „Nun freut euch lieben Christen gmein" und dieser wiederum auf das im 16. Jahrhundert verbreitete Lied „So weiß ich eins was mich erfreut" zurück.[7] Auch das Weitertragen von Melodien von einer Gemeinde zu einer anderen erfolgte früher und in gewissem Maße auch noch heute, durch Personen. *Ḥazzanim* (Kantoren) etwa, die eine neue Stelle antreten, bringen oft gewohnte Melodien aus ihrer vorigen Gemeinde mit. „Träger" von Melodien konnten auch die *Meshorerim* sein, ein kleines Ensemble von Chorsängern, die den Sologesang des Kantors begleiteten und die es in vielen europäischen Gemeinden im 18. und 19. Jahrhundert gab. Dass der Austausch von Melodien auch gezielt betrieben wurde, erwähnt ein ehemaliger *Meshorer* in seinen Memoiren über die Zeit als junger Chorsänger bei *Ḥazzan* Wolf Szobotitsch im ungarischen Sobotište (heute Westslowakei) um die Mitte des 19. Jahrhunderts: „Nach den Feiertagen gingen gewöhnlich

5 Straw, Music and Material Culture, S. 231–234.

6 Umfangreiche Studien zu den *Pizmonim* der syrischen Juden hat die Musikethnologin Kay Kaufman Shelemay unternommen. Kay Kaufman Shelemay: Let Jasmine Rain down: Song and Remembrance Among Syrian Jews, Chicago 1998.

7 Diese und weitere Beispiele wandernder Melodien im aschkenasichen Raum, s. Abraham Zvi Idelsohn: Jewish Music in its Historical Development, New York 1929, S. 171–174; Eric Werner: A Voice Still Heard. The Sacred Songs of the Ashkenazic Jews, Pennsylvania, 1976, hier insbes. Kap. The Piyutim as Carriers of German Folk Songs, S. 87–109.

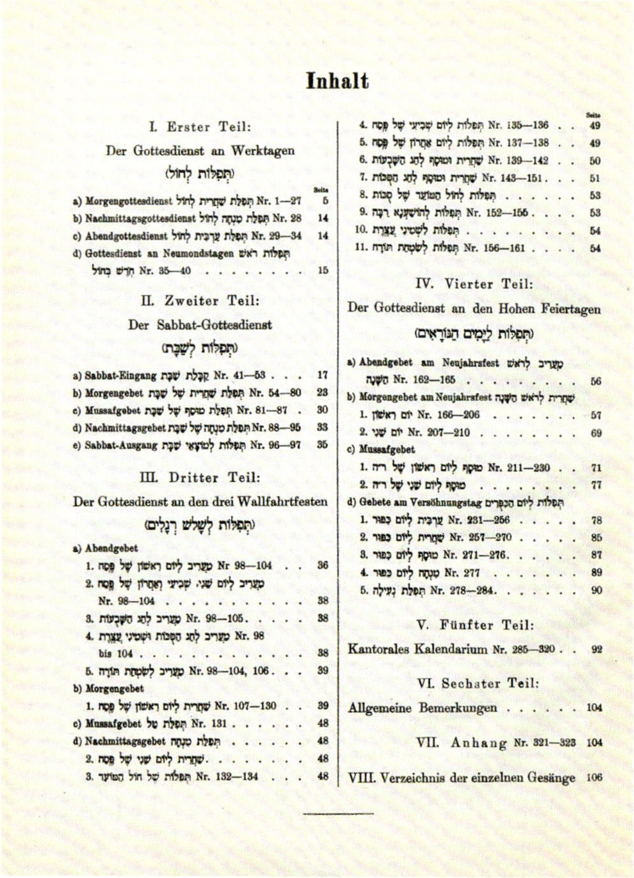

Inhalt

I. Erster Teil:
Der Gottesdienst an Werktagen
(תפלות לחול)

Seite
a) Morgengottesdienst תפלת שחרית לחול Nr. 1—27 . . . 5
b) Nachmittagsgottesdienst תפלת מנחה לחול Nr. 28 . . . 14
c) Abendgottesdienst תפלת ערבית לחול Nr. 29—34 . . . 14
d) Gottesdienst an Neumondstagen תפלת ראש חדש בחול Nr. 35—40 . . . 15

II. Zweiter Teil:
Der Sabbat-Gottesdienst
(תפלות לשבת)

a) Sabbat-Eingang קבלת שבת Nr. 41—53 . . . 17
b) Morgengebet תפלת שחרית של שבת Nr. 54—80 . . . 23
c) Mussafgebet תפלת מוסף של שבת Nr. 81—87 . . . 30
d) Nachmittagsgebet תפלת מנחה של שבת Nr. 88—95 . . . 33
e) Sabbat-Ausgang תפלות למוצאי שבת Nr. 96—97 . . . 35

III. Dritter Teil:
Der Gottesdienst an den drei Wallfahrtfesten
(תפלות לשלש רגלים)

a) Abendgebet
1. מעריב ליום ראשון של פסח Nr 98—104 . . . 36
2. מעריב ליום שני· שביעי ואחרון של פסח Nr. 98—104 . . . 38
3. מעריב לחג השבעות Nr. 98—105 . . . 38
4. מעריב לחג הסכות ושמיני עצרת Nr. 98 bis 104 . . . 38
5. מעריב לשמחת תורה Nr. 98—104, 106 . . . 39
b) Morgengebet
1. שחרית ליום ראשון של פסח Nr. 107—130 . . . 39
c) Mussafgebet תפלת טל Nr. 131 . . . 48
d) Nachmittagsgebet תפלת מנחה . . . 48
2. שחרית ליום שני של פסח . . . 48
3. תפלות של חול המועד Nr. 132—134 . . . 48
4. תפלות ליום שביעי של פסח Nr. 135—136 . . . 49
5. תפלות ליום אחרון של פסח Nr. 137—138 . . . 49
6. שחרית ומוסף לחג השבעות Nr. 139—142 . . . 50
7. שחרית ומוסף לחג הסכות Nr. 143—151 . . . 51
8. תפלות לחול המועד של סכות . . . 53
9. תפלות להושענא רבה Nr. 152—155 . . . 53
10. תפלות לשמיני עצרת . . . 54
11. תפלות לשמחת תורה Nr. 156—161 . . . 54

IV. Vierter Teil:
Der Gottesdienst an den Hohen Feiertagen
(תפלות לימים הנוראים)

a) Abendgebet am Neujahrsfest מעריב לראש השנה Nr. 162—165 . . . 56
b) Morgengebet am Neujahrsfest שחרית לראש השנה
1. יום ראשון Nr. 166—206 . . . 57
2. יום שני Nr. 207—210 . . . 69
c) Mussafgebet
1. מוסף ליום ראשון של ר״ה Nr. 211—230 . . . 71
2. מוסף ליום שני של ר״ה . . . 77
d) Gebete am Versöhnungstag תפלות ליום הכפרים
1. ערבית ליום כפור Nr. 231—256 . . . 78
2. שחרית ליום כפור Nr. 257—270 . . . 85
3. מוסף ליום כפור Nr. 271—276 . . . 87
4. מנחה ליום כפור Nr. 277 . . . 89
5. תפלת נעילה Nr. 278—284 . . . 90

V. Fünfter Teil:
Kantorales Kalendarium Nr. 285—320 . . . 92

VI. Sechster Teil:
Allgemeine Bemerkungen . . . 104

VII. Anhang Nr. 321—323 . . . 104

VIII. Verzeichnis der einzelnen Gesänge . . . 106

Abb. 1: Inhaltsverzeichnis aus Fabian Ogutsch: Der Frankfurter Kantor, 1930. UB Frankfurt/DSJ.

die älteren Meschorerim in andere K'hiles[8]. Theils um zu hören, was man da Neues an Jom-Kipur gesungen, oder auch neue Sachen dem anderen Chasen[9] zu lehren."[10]

Über die Weitergabe von Musik durch Personen, also über die mündliche Überlieferung hinaus, kann sich Musik in materialisierter Form leichter von einem Ort zu einem anderen bewegen. Geradezu bildlich drückt dies etwa der Begriff „Tonträger" aus: das Insich- und Weitertragen von Klängen. Aber auch Noten oder Musikdateien können

8 K'hiles (hebr. *Kehilot*)= jüdische Gemeinden.

9 Chasen = *Ḥazzan* (Kantor).

10 Anonym: Erinnerungen an meine Meschorerzeit, in: Oesterreichisch-ungarische Cantoren-Zeitung, H. 27 (7.8.1883), S. 5. Die Rolle der *Meshorerim* als Überbringer von Melodien beschreibt auch Idelsohn, Jewish Music, S. 216.

unkomplizierter und schneller weitergegeben werden als das in ihnen enthaltene Musikstück dauern würde, in Echtzeit zu erklingen. Noch bevor es technische Möglichkeiten zum Aufnehmen und Abspielen von Musik gab, sorgte neben gedruckten Notenbüchern die Veröffentlichung von Notenbeilagen in jüdischen Zeitschriften in der zweiten Hälfte des 19. Jahrhunderts für die weite Verbreitung von Niederschriften jiddischer Volkslieder oder auch von liturgischen Kompositionen, die von den Lesern eingesandt werden konnten.[11]

b.) Agglomeration: Die zweite Tendenz der Materialität von Musik, auf die Straw hinweist, ist ihre Ansammlung an physischen und virtuellen Orten, z. B. in Form von Liederbüchern oder CDs, heute eher auf Festplatten oder in Playlists. Solche „Anhäufungen" von Musik tragen oft zusätzliche Informationen mit sich oder können durch ihre Anordnung, beispielsweise in der Reihenfolge von Tracks auf einer CD, einer gewissen Logik oder Dramaturgie folgen.[12] Ebenso folgt die Zusammenstellung von Notenbüchern nach bestimmten Gesichtspunkten. So sind Gesangswerke liturgischer Musik in der Regel thematisch nach liturgischen Anlässen sortiert, wie beispielsweise in der Notensammlung synagogaler Gesänge, die der Frankfurter Kantor Fabian Ogutsch (1845–1925) herausgab (s. Abb. 1)[13].

3. Materialität und soziale Praxis

Jede Verkörperung von Musik trägt eine Dimension sozialer Praxis in sich. Musik wird von Menschen gespielt oder gesungen, oft in Gruppen, in Gemeinschaften oder Ensembles. Den Übergang von der Musikaufführung, der *performance*, zur Musik in materieller Form beschreibt der Musikethnologe Jayson Beaster-Jones als „transformation of *something that someone does* to *something that someone owns*"[14]. An dieser Stelle geschieht also die Verwandlung von einer sozialen Praxis, z. B. einem Konzert, in ein materielles Ding, wie z. B. eine CD. Auch die verdinglichte Musik, die verschenkt oder gekauft werden kann, ist Auslöser erneuter sozialer Praxis. Notationen und Aufnahmen von Musik sollten daher nicht als leblose „physische Überbleibsel von Prozessen, die von

11 Notenbeilagen hatten etwa die Zeitschriften „Der jüdische Kantor" und „Oesterreichisch-ungarische Cantoren-Zeitung", Musikbeilagen meist weltlicher jüdischer Lieder druckten z. B. die Zeitschriften „Ost und West" und „Der Jude". Zu den Kantoren-Zeitungen s. auch: Esther Schmidt: „Wo das Leben zu einem offenen Marktplatz geworden…". Die jüdische musikalische Fachpresse im 19. Jahrhundert, in: Zwischen Selbstbehauptung und Verfolgung. Deutsch-jüdische Zeitungen und Zeitschriften von der Aufklärung bis zum Nationalsozialismus, Hildesheim, New York 2002, S. 187–216.

12 Vgl. Straw, Music and Material Culture, S. 234.

13 Fabian Ogutsch: Der Frankfurter Kantor. Sammlung der traditionellen Frankfurter synagogalen Gesänge, Frankfurt am Main 1930. Universitätsbibliothek Frankfurt am Main/Digitale Sammlungen Judaica (im Folgenden UB Frankfurt/DSJ)/http://sammlungen.ub.uni-frankfurt.de/judaicaffm/content/pageview/1934629.

14 Jayson Beaster-Jones: Beyond Musical Exceptionalism. Music, Value, and Ethnomusicology, in: Ethnomusicology, vol. 58, No. 2, Spring/Summer 2014, S. 334–340, hier S. 335.

größerem Interesse sind" angesehen werden, sondern als Objekte mit eigener Bedeutung, mit denen umgegangen wird und die wiederum Handlungen auslösen.[15]

3.1 Musikinstrumente

Bei den Musikinstrumenten handelt es sich nicht um eine materielle Verkörperung von Musik, sondern um ein Mittel zur Klangerzeugung. Darauf weist schon der Begriff „Instrument" hin, der auf das lateinische Wort *instrumentum* = Werkzeug zurückgeht. Musikinstrumente waren in Altisrael ein wichtiger Teil des Tempelkults, sie wurden beim Lobpreis, Opferkult und bei Festen eingesetzt. Einige der im *Tanakh* erwähnten Instrumente des Zweiten Tempels sind *Kinnor* und *Nevel* (Arten von Leiern), *Ḥaẓoẓerah* (Trompete), *Ḥalil* (Pfeife), *Ẓilẓal* (Zimbel) und *Shofar* (Widderhorn).[16]

Von diesen Instrumenten ist der Shofar (Abb. 2) das einzige, das bis heute in Gebrauch geblieben ist und zum jüdischen Neujahrsfest und zum Versöhnungstag geblasen wird. Es ist damit traditionell die einzige Ausnahme des Verbots von Instrumenten im jüdischen Gottesdienst seit der Zerstörung des Tempels im Jahr 70, auch wenn dieses Verbot nie direkt und endgültig festgeschrieben wurde. Das Entfernen dieser Form der Materialität[17], und damit die Beschränkung der Musik auf die menschliche Stimme im Synagogengottesdienst, wird auf die Trauer um die Zerstörung des Tempels zurückgeführt. Als weitere Begründung wird die Verletzung des Gebots der Sabbatruhe angeführt, die das Verständnis des Instrumentenspiels als Arbeit voraussetzt. Gegner von Instrumenten in der Synagoge lehnten darüber hinaus insbesondere die Orgel als „christliches Instrument" ab.[18]

Dennoch gab es immer wieder Gemeinden, in denen Instrumentenspiel praktiziert wurde. Von Prag wird beispielsweise berichtet, dass im 17. und 18. Jahrhundert der Schabbat mit einer Orgel und anderen Instrumenten empfangen wurde. Der

15 Will Straw: Music as Commodity and Material Culture, in: Repercussions, vol. 7–8 (Spring–Fall, 1999–2000), 2002, S. 147–172, hier S. 147. Straw folgt damit der These Arjun Appadurais, dass Dinge ein soziales Leben haben. Vgl. Arjun Appadurai: The Social Life of Things. Commodities in Cultural Perspective, New York 1986.

16 Das Wissen darum, welche Instrumente in Altisrael und im Zweiten Tempel in Jerusalem gespielt wurden, beruht im Wesentlichen auf Hinweisen im *Tanakh* (der hebräischen Bibel) und auf nachbiblischen Quellen, etwa der Mischna und den Schriften von Philo von Alexandria und Flavius Josephus. Archäologische Funde ergänzen das Bild. Zur Musikpraxis und Musikinstrumenten im Judentum der Antike s. Joachim Braun: Die Musikkultur Altisraels/Palästinas. Studien zu archäologischen, schriftlichen und vergleichenden Quellen, (=Orbis Biblicus et Orientalis, Bd. 164), Freiburg (Schweiz), Göttingen 1999; John Arthur Smith: Music in Ancient Judaism and Early Christianity, Farnham 2011.

17 Abgesehen von den Instrumenten wurden mit der Zerstörung des Tempels auch andere Rituale mit materiellen Bestandteilen abgeschafft – die wichtigste Änderung betraf das Opfer im Tempel, an dessen Stelle nun in der Synagoge das Gebet trat.

18 Eine umfangreiche Studie zur Orgel im deutschsprachigen Judentum bietet Tina Frühauf: Orgel und Orgelmusik in deutsch-jüdischer Kultur, Hildesheim, Zürich 2005. Argumente gegen die Orgel versammelt z. B. folgende Streitschrift: A. Berliner: Zur Lehr' und zur Wehr über und gegen die kirchliche Orgel im jüdischen Gottesdienste, Berlin 1904.

Abb. 2: Shofare.

lutherische Theologe Johann Jacob Schudt vermerkte darüber in seiner Schrift „Jüdische Merckwürdigkeiten“:

> „Jedoch gar viele glaubhafftige Juden / die lang in Böhmen gewesen / haben mich für gewiß versichert / daß zu Prag in der Alt-Neuen Synagog eine Orgel seye / die man aber weiter nicht brauche / als zu dem Gesang dieses Liedes / zu Bewillkommung des instehenden Sabbaths / in der Neuen Synagog aber / wie auch an theils andern Orten habe man zu denen Stimmen der Sänger auch allerhand musicalische Instrumenten [...]“[19]

Dieser und weiteren Quellen[20] zufolge wurde in mehreren Synagogen Prags Instrumentalmusik vor Schabbatbeginn am Freitagabend praktiziert.[21] Ähnliche Zeugnisse gibt es aus dem Venedig des 17. Jahrhunderts. Diese Materialität muss Auswirkungen auf die Musik und die Aufführungspraxis gehabt haben. Melodien müssen dafür arrangiert

19 Johann Jacob Schudt: Jüdische Merckwürdigkeiten vorstellende was sich Curieuses und Denckwürdiges in den neuern Zeiten bey einigen Jahrhunderten mit denen in alle IV Theile der Welt, sonderlich durch Teutschland zerstreuten Juden zugetragen / mit historischer Feder in drey Theilen beschrieben, Frankfurt und Leipzig, 1714–1718, 6. Buch, Kap. 34, § 22, S. 284–285.

20 Vgl. Israel Adler: La pratique musicale savante dans quelques communautés juives en Europe aux XVIIe et XVIIIe siècles, Paris 1966, S. 28–30 und Frühauf, Orgel und Orgelmusik, S. 35–37.

21 Diese frühen Orgeln in Prager Synagogen wurden im 19. Jahrhundert als Argument sowohl von Gegnern als auch von Befürwortern des Orgelspiels in der Synagoge angewendet. S. dazu David Ellenson: A Disputed Precedent, S. 251–264.

Abb. 3: Toraschrein und Orgel der Synagoge am Quai Kléber in Straßburg, ca. 1898. Aus: Die neue Synagoge zu Straßburg, Straßburg 1902.

worden sein, möglicherweise wurden auch Stücke extra komponiert. Doch verrät die Quellenlage dazu nicht viel. Aus anderen, insbesondere italienischen Gemeinden wie z. B. Ferrara und Mantua ab Mitte des 16. Jahrhunderts und Amsterdam im 18. Jahrhundert ist jedoch bekannt, dass Kompositionen für Chor und instrumentale Begleitung für besondere Anlässe entstanden, deren Musik im Stil der damaligen Zeit gehalten war und sich, abgesehen vom Text, kaum von der Musik der nichtjüdischen Umgebung unterschied. Im Gottesdienst etablierte Salomone Rossi (ca. 1570–1630) in Mantua den polyphonen Gesang, für den er drei- bis achtstimmige Gesänge komponierte. Einige der Melodien gingen sogar dauerhaft in das Repertoire der Gemeinden ein.[22]

22 Vgl. Adler, La pratique musicale savante, S. 189–236.

Doch selbst ohne Instrumente gab es in der Barockzeit Musik mit instrumentalem Charakter in Synagogen. Im 17. und 18. Jahrhundert war es üblich, dass die *Meshorerim* mit ihren Stimmen Instrumentenensembles nachahmten. Darauf weisen auch die Bezeichnungen für die Sänger hin, die z. B. Fistel-Sänger oder Seit-Bass genannt wurden. Sowohl der Klang der Stimmen, als auch der Aufbau und Verlauf der Stücke waren im instrumentalen Stil gestaltet. Auf diese Weise konnte der Wunsch nach instrumentaler Musik auf nichtmaterielle Weise und damit unter Respektierung des Musikinstrumenten-Tabus erfüllt werden.

Ein anderer Umgang mit dem Instrumentenverbot, begleitet von großen Debatten, begann sich im 19. Jahrhundert in Bezug auf die Orgel zu formen.[23] Trotz der früheren Verwendung von Orgeln in einigen Gemeinden erfuhren sie erst seit Mitte des 19. Jahrhunderts eine weite Verbreitung in den Synagogen Europas und Nordamerikas. Die Orgel spielte eine wesentliche Rolle auch für die Repräsentation der neuen großen Reformsynagogen, denn große Räume erforderten mehr und volleren Klang. Als der Vorstand der Berliner Jüdischen Gemeinde den Bau einer neuen Synagoge in der Oranienburger Straße plante, wurde 1861 beschlossen, dass es in der Neuen Synagoge eine Orgel geben sollte. Dazu wurden sieben rabbinische Gutachten, ein Gutachten des Musikdirektors Stern und eines vom Chordirigenten Lewandowski sowie die Meinung der Gemeinde eingeholt. Louis Lewandowski (1821–1894), der heute als einer der berühmtesten Komponisten von Synagogengesängen gilt, befand in seiner Stellungnahme eine Orgel als unverzichtbar, da ein Chor allein nicht ausreiche, um den Gemeindegesang zu führen:

> „Es war nun an der Zeit, eine geeignete feste und sichere Stütze für den Gemeindegesang aufzufinden, um so mehr, als die Gemeinde nicht nur die Verpflichtung, sondern auch das naturgemäße Bedürfniß fühlt, an dem Gottesdienste selbstthätig theilnehmend mitzuwirken, und wo konnte [sic] wohl eine solche bessere Vertretung, als in der Orgel finden? Die Orgel, das Instrument der Instrumente, ist vermöge ihrer weit ausgebenden Tonfülle allein im Stande, große Massen in großen Räumen zu beherrschen und zu leiten. […] Die Nothwendigkeit, in den fast unabsehbaren Räumen der neuen Synagoge eine instrumentale Leitung für den Chor sowohl als besonders für die Gemeinde einzuführen, drängt sich mir so gebieterisch auf, daß mir ein zeitgemäß geordneter Gottesdienst ohne Leitung in diesen Räumen beinahe unmöglich erscheint.“[24]

Lewandowski argumentiert hier für die Orgel als eine zeitgemäße Entwicklung, die dem Bedürfnis der Gemeinde entgegen komme und gleichzeitig für die Ordnung des Gottesdienstes und das Anleiten der großen Massen an Gläubigen notwendig sei. Das Missachten des Instrumentenverbots rechtfertigt Lewandowski also letztlich mit einer Stärkung der jüdischen Gemeinschaft durch das gemeinsame Singen, das an die neuen

---

23 Vgl. Frühauf, Orgel und Orgelmusik.

24 Stellungnahme von Louis Lewandowski vom 13.1.1862. Central Archives for the History of the Jewish People, Nachlass Moritz Stern, P 1/585. Zitiert nach Hermann Simon: „Liebe macht das Lied unsterblich!“ Der Komponist Louis Lewandowski, in: Stiftung „Neue Synagoge Berlin – Centrum Judaicum“ (Hrsg.): „Tuet auf die Pforten“. Die Neue Synagoge 1866 · 1995 , Berlin 1995, S. 129–136, hier S. 130–132.

Abb. 4: Eintragung in einem Notenbuch. Europäisches Zentrum für Jüdische Musik.

Bedingungen der großen Räumlichkeiten angepasst wird, indem es durch eine sichere Führung ergänzt wird. In dieser Argumentation bildet die Orgel somit keinen Bruch der Tradition, sondern im Gegenteil die zeitgemäße Fortführung der Musik in der jüdischen Gemeinschaft.

Hinsichtlich der Orgel gab es unterschiedliche Lösungen und Ansichten in einzelnen Regionen und Gemeinden. Auch wenn aus der Entscheidung für oder gegen die Verwendung einer Orgel im Gottesdienst oft geschlossen wird, wie orthodox oder liberal eine Gemeinde war, ist dies kein eindeutiges Kriterium. So war beispielsweise Orgelbegleitung am Schabbat und an Feiertagen in der Pariser Synagoge in der Rue de la Victoire, dem Sitz des französischen Oberrabbiners, bis in die 1970er-Jahre selbstverständlich.

3.2 Noten

Eine Weise, Musik zu speichern und sie wieder hörbar zu machen, ist die schriftliche Notation. Die Notenschrift kann dabei als Anweisung zur Handlung verstanden werden, die natürlich die Kenntnis des Notenlesens voraussetzt. Vielstimmige Musik, an deren Aufführung viele Menschen beteiligt sind und deren Darbietung der Idee des Komponisten möglichst nahe kommen soll, z. B. eine Orchestersinfonie, ist ohne Noten kaum denkbar. Auch der Umfang eines Repertoires ist ohne Möglichkeit der Speicherung begrenzt. Notationen können dabei unterschiedliche Zwecke erfüllen: sie können als Gedächtnisstütze, als Dokumentation (z. B. in der ethnographischen Forschung) oder Lernhilfe (z. B. eine Klavierschule) dienen.

Abb. 5: Maier Kohn: Vollständiger Jahrgang von Terzett- und Chorgesängen, München 1839. Europäisches Zentrum für Jüdische Musik.

Abb. 6: Abraham Zvi Idelsohn: Sefer HaSchirim. Sammlung hebräischer Lieder für Kindergärten, Volks- und höhere Schulen, Berlin u. a. 1912. Europäisches Zentrum für Jüdische Musik.

Über die eigentliche Materialisierung von Musik hinaus können Noten Träger von weiteren Informationen sein und Auskunft über den Kontext und die musikalische Praxis geben, in der sie zum Klingen gebracht wurden. Noten können individuell „aufgeladen" werden durch deren Gebrauch, Besitzstempel und durch Eintragungen. Solcherlei Korrekturen oder Randbemerkungen können in manchen Fällen Hinweise auf den Besitz oder die Verwendung der Noten geben. So gibt beispielsweise die Korrektur in Abb. 4 die Oktavierung einiger Töne an, die offenbar für den entsprechenden Sänger zu tief lagen.[25]

Ein grundsätzliches formales Problem bringt die Notation hebräischer Gesänge in der europäischen Notenschrift aufgrund der Gegenläufigkeit der beiden Schriften mit

25 Detail aus Louis Lewandowski: Todah W'simrah. Vierstimmige Chöre und Soli für den israelitischen Gottesdienst, mit und ohne Begleitung der Orgel (ad libitum), Bd. 2: Festgesänge, Berlin 1882, S. 190. Dieses Exemplar wurde wahrscheinlich bis 1938 in der Frankfurter Hauptsynagoge verwendet. Sammlung Oberkantor Nathan Saretzki, Europäisches Zentrum für Jüdische Musik, Hochschule für Musik, Theater und Medien Hannover (im Folgenden EZJM).

sich. Während hebräisch von rechts nach links geschrieben wird, läuft die Notenschrift von links nach rechts. Im Wesentlichen fanden drei Möglichkeiten der Auflösung dieses Problems in der jüdischen Musikgeschichte Verwendung. In vielen Ländern Europas und Amerikas ist es üblich, hebräische Gesänge in lateinischer Schrift zu transkribieren (s. Abb. 5). Eine weitere Schreibweise, die einige Notationen aufweisen, ist die Anpassung des Verlaufs der Noten von rechts nach links, parallel zum hebräischen Text (s. Abb. 6). Diese Schreibweise setzte sich jedoch nicht durch. Heute ist es in Israel üblich, die Noten zwar von links nach rechts zu schreiben, genauso wie den Lauf des Textes, wobei die einzelnen Silben in hebräischen Lettern aber unter den Noten jeweils von rechts nach links gelesen werden (s. Abb. 5). Generell kann mit der europäischen Liniennotation jedoch nur begrenzt die Musik, die klingt, wiedergegeben werden. Denn diese Notenschrift hat sich insbesondere in Verbindung mit der christlichen geistlichen Musik und der westlichen Kunstmusik entwickelt. Mikrointervalle oder individuelle Besonderheiten des Gesangsstils können damit nur bis zu einem gewissen Maß festgehalten werden.

Als eine Art „jüdischer Notation" sind die *Ta'amei Hamikra* oder *Te'amim* zu betrachten, die Akzentzeichen für die Rezitation in biblischen Texten, die einerseits Aussprache, Betonung und Syntax angeben, andererseits eine melodische Funktion haben. Die *Te'amim* wurden etwa im 6. bis 9. Jahrhundert entwickelt. Es gibt unterschiedliche Ansichten dazu, warum sie eingeführt wurden. Möglicherweise wurde zu dem Zeitpunkt die mündliche Überlieferung als gefährdet angesehen, und die Praxis sollte auf diese Weise festgehalten werden. Oder das System sollte als Gedächtnisstütze das Lernen und Vermitteln vereinfachen.[26] Wie ihre jeweilige graphische Darstellung nahelegt, gehen die Akzentzeichen vermutlich auf die antike Cheironomie zurück, bei der Melodieverläufe durch Handzeichen dargestellt wurden. Wie die *Te'amim* jedoch genau melodisch umgesetzt werden, ist regional unterschiedlich, ähnlich wie die Aussprache des Hebräischen, die regional variiert, obwohl die Schriftsprache dieselbe ist. So schreiben die Akzente zwar ein gemeinsames Verständnis des Textes vor, lassen jedoch den Gemeinden gleichzeitig Spielraum in der konkreten melodischen Interpretation.[27] Vergleichende Forschung zu *Te'amim* unternahm Abraham Zvi Idelsohn (1882–1938), der die melodische Umsetzung der *Te'amim* in unterschiedlichen Riten gegenüberstellte (s. Abb. 7)[28].

Die Rezitationszeichen sind jedoch nur in gedruckten Texten des *Tanakh* enthalten, nicht in den handgeschriebenen Torarollen. Der *Baal Kore* (wörtl. Herr des Lesens), der aus der Tora liest, muss also den Text sehr gut kennen und sich vorbereiten, um die entsprechenden Zeichen auswendig umzusetzen. Jüdische Jugendliche werden meist spätestens mit den *Te'amim* konfrontiert, wenn sie sich auf die *Bar Mitzvah* oder *Bat Mitzvah* vorbereiten.

26 Heidy Zimmermann: Tora und Shira. Untersuchungen zur Musikauffassung des rabbinischen Judentums, Bern 2000, S. 37–38.

27 Philip V. Bohlman: Jewish Music and Modernity, New York 2008, S. xxiv.

28 Abraham Zvi Idelsohn: Hebräisch-Orientalischer Melodienschatz. Gesänge der babylonischen Juden, Jerusalem u.a. 1922, S. 44. UB Frankfurt/DSJ/http://sammlungen.ub.uni-frankfurt.de/freimann/content/pageview/1356204

Abb. 7: Vergleichende Tabelle der *Te'amim* von Abraham Zvi Idelsohn. UB Frankfurt/DSJ.

Die früheste bekannte Transkription von *Te'amim* in die europäische Liniennotation stammt aus dem aschkenasischen Raum und wurde im 16. Jahrhundert im Werk „De accentibus et orthographia linguae Hebraicae" des christlichen Hebraisten Johannes Reuchlin veröffentlicht.[29] Insgesamt sind im Vergleich zu christlich-sakraler Musik nur wenige Notationen jüdischer Musik vor 1800 bekannt.[30] Obwohl im Hinblick auf

29 Johannes Reuchlin: De accentibus et orthographia linguae Hebraicae, Hagenau 1518. Für eine Übersicht aschkenasischer Transkriptionen von *Te'amim* s. Hanoch Avenary: The Ashkenazi Tradition of Biblical Chant between 1500 and 1900. Documentation and Musical Analysis, (*Documentation & Studies*, Publications of the Department of Musicology & the Chaim Rosenberg School of Jewish Studies, Tel-Aviv University, No. 2) Tel-Aviv 1978.

30 Die bisher umfassendste Bibliographie von alten Handschriften mit hebräischen Texten vor allem aus dem aschkenasischen Raum ist der Katalog von Israel Adler: Hebrew Notated Manuscript Sources up to circa 1840, RISM, 2 Bde., München 1989.

die Texte das jüdische religiöse Leben stark auf Schriftlichkeit ausgerichtet ist, beruht die Weitergabe von Melodien wiederum weitgehend auf der mündlichen Überlieferung. Offenbar bestand in älterer Zeit kein Bedarf an der Materialisierung der Melodien, um deren Weitergabe zu sichern.

Die ältesten bekannten schriftlichen Aufzeichnungen jüdischer Musik in europäischer Notation sind Fragmente von zwei *Piyyutim* (Hymnen) aus dem 12. Jahrhundert, die von Obadjah-haGer, einem normannischen Konvertiten, stammen. Erst ab dem 17. und 18. Jahrhundert sind weit mehr handschriftliche Notationen erhalten, und insbesondere im Laufe des 19. Jahrhunderts nehmen die Notationen und Drucke von überlieferten Melodien, aber auch von Neukompositionen stark zu. Ebenso kam der Wunsch nach dem Sammeln und Erhalten von jüdischer Musik auf. Neben Kantoren oder Chorleitern, die Melodien ihrer Gemeinde niederschrieben und veröffentlichten, wurden im Rahmen ethnographischer Exkursionen und Forschungen jüdische religiöse und weltliche Melodien festgehalten.

Der Sprachwissenschaftler und Religionsphilosoph Chajim Heimann Steinthal[31] plädierte in einem Artikel in der „Allgemeinen Zeitung des Judenthums" 1895 für das Sammeln und für eine umfassende Dokumentation von synagogalen Melodien über die liturgische Praxis hinaus:

> „Was wir mit den jüdischen Melodien wollen? Was sie uns sollen? – Gar nichts! Ist hierauf meine nächste Antwort. Wir wollen sie haben, wir müssen sie sammeln – gerade so, wie wir die Volkslieder der Deutschen, Serben, Klein- und Groß-Russen u.s.w. gesammelt haben, in rein wissenschaftlichem, in rein humanem Interesse. Dies betone ich vor Allem, weil bisher, soviel ich weiß, dieselben immer nur von jüdischen Chor-Dirigenten für Vorsänger und Chöre der Synagogen überarbeitet worden sind. [...] Ich wünsche die möglichst reichste Sammlung der Lieder und ihrer Varianten in der möglich vollsten Treue. Die bisherigen Sammlungen sollten nur das Bedürfniß des Gottesdienstes befriedigen."[32]

Wie das Zitat andeutet, war ein Ziel der wissenschaftlichen Beschäftigung mit jüdischer Musik, die Steinthal hier mit Volksliedern von Deutschen oder Russen in eine Reihe stellt, eine nationale jüdische Identität auf Grundlage der Musik zu stiften.

3.3 Aufnahmen und Tonträger

Zur schriftlichen Notation kam Ende des 19. Jahrhunderts die Möglichkeit der akustischen Speicherung von Musik hinzu. Seit der Erfindung des Phonographen im Jahr 1877 konnten Klänge auf Wachswalzen aufgenommen werden. Diese Technik fand ab den 1890er-Jahren zunehmend in der wissenschaftlichen Forschung Verwendung. Nur kurze Zeit nach der Speichermöglichkeit auf Wachswalzen wurde das Grammophon entwickelt, bei dem Schellackplatten als Trägermaterial dienten. In den 1960er-Jahren trat die elektromagnetische Aufzeichnung auf der Tonbandkassette hinzu, in den

31 Chajim Heimann Steinthal (1823–1899) war 1872 Mitbegründer der „Lehranstalt der Wissenschaft des Judenthums" in Berlin.

32 Chajim Steinthal: Was wollen wir mit den jüdischen Melodien?, in: Allgemeine Zeitung des Judenthums, Nr. 52 vom 27.12.1895, S. 618.

1980er-Jahren die optische Speicherung auf Compact Discs und schließlich die digitale Schallspeicherung.

Einige der ersten umfangreichen Forschungen und Aufnahmen jüdischer Musik aus aller Welt unternahm Abraham Zvi Idelsohn, der seine gesammelten Gesänge im zehnbändigen „Hebräisch-Orientalischen Melodienschatz"[33] veröffentlichte. Im Bereich der jiddischen Musik verdanken wir Moshe Beregovski eine der größten Sammlungen an ethnographischen Feldaufnahmen, die er in den 1930er- und 1940er-Jahren in der Ukraine unternahm.[34] Zu den ersten Archiven für Tonaufnahmen gehörten die Phonogrammarchive in Wien und Berlin[35] sowie das Lautarchiv der Humboldt-Universität zu Berlin, dessen Grundstock Sprach- und Musikaufnahmen aus deutschen Kriegsgefangenenlagern im Ersten Weltkrieg bilden. Alle diese Institutionen haben in ihren Sammlungen auch Aufnahmen jüdischer Musiken aus dem sakralen oder weltlichen Bereich.[36]

Eine Schwierigkeit bei der Forschung zu jüdischer sakraler Musik ist, dass Tonaufnahmen im jüdischen Gottesdienst aufgrund des Arbeitsverbots zu Schabbat und Feiertagen in der Regel nicht möglich sind. Aufnahmen können daher meist nur außerhalb des liturgischen Kontextes realisiert werden.[37] Diese Tatsache ist auch bei der Recherche nach Tonaufnahmen zu berücksichtigen, so wird beispielsweise die Schabbatliturgie einer orthodoxen Kommunität als authentische Feldaufnahme kaum zu finden sein. Kommerziell veröffentlichte Aufnahmen geben in der Regel konzertante Situationen wieder und keine kompletten Liturgien, sondern ausgewählte, als besonders hörenswert betrachtete Gesänge.

Dass mit der Entwicklung der Schallaufnahmetechnik die Flüchtigkeit von Klängen und Musik aufgehoben wurde, ist eine fundamentale Wende in der Musikgeschichte. Im Unterschied zu Musikaufführungen, die in völlig identischer Weise nicht wiederholbar sind, wurde Musik nun wiederabspielbar – zumindest ihr Klang, denn die Atmosphäre, der räumliche, zeitliche und soziale Kontext lassen sich selbst in audiovisuellen Aufnahmen nur begrenzt speichern und reproduzieren. Die Einführung der Aufnahmetechnik war für die ethnologische Forschung und für die schriftliche Notation von Musik von einschneidender Bedeutung. Denn die Wiederabspielbarkeit von Klängen erlaubte überhaupt erst eine exakte Transkription von Musik, da vorher Niederschriften nicht nochmals geprüft werden konnten.

33 Abraham Zvi Idelsohn: Hebräisch-Orientalischer Melodienschatz, 10 Bde., Leipzig, Berlin 1914–1932.

34 Beregovskis Sammlung von Melodien ist erschienen in: Mark Slobin (Hrsg.): Jewish Instrumental Folk Music, Syracuse, New York 2001.

35 Das Berliner Phonogrammarchiv gehört heute zum Ethnologischen Museum in Berlin.

36 Einen umfangreichen Überblick über historische Schallplattenaufnahmen jüdischer Musik mit biographischen Angaben zu den Interpreten der Katalog: Rainer E. Lotz / Axel Weggen: Die deutsche National-Discographie. Discographie der Judaica-Aufnahmen, Bd. 6, Bonn 2006.

37 Ein Gegenbeispiel sind die Aufnahmen des Kantors Ladislav Moše Blum (1911–1994), der seinen Gesang in den 1970er- und 1980er-Jahren teilweise während der Gottesdienste aufnahm. Die Aufnahmen befinden sich im Phonogramm-Archiv Wien. Einige ausgewählte sind veröffentlicht auf der CD: Jüdisches Museum Prag (Hrsg.): The Forgotten Voice of the Jeruzalémská Street Synagogue in Prague. Cantor Ladislav Moshe Blum, Personal Recordings 1978–1983.

Aber auch über das Speichern hinaus kann die Möglichkeit der Aufnahme und des Abspielens von Musik Einfluss auf die soziale und religiöse Gemeinschaft haben. Durch Tonaufnahmen, die das Überbrücken zeitlicher und räumlicher Distanzen erlauben, kann beispielsweise die Teilhabe an einer jüdischen Gemeinschaft ohne körperliche Anwesenheit in der Gemeinde ermöglicht werden. So überträgt etwa die Gemeinde des Temple Emanu-El an der 5th Avenue in New York die Gottesdienste per Live-Stream im Internet.

4. Schlussbemerkung

Die Existenz und Ausprägung von Materialisierungen von Musik ist nicht dem Zufall überlassen. Ob und in welcher Weise Musik materialisiert wird, hängt vom jeweiligen Gebrauch der Musik und ihren erwünschten Effekten ab. Obwohl insbesondere die historische Forschung zu jüdischer sakraler Musik zu einem großen Teil auf materielle Formen der Musik angewiesen ist, spielen diese für die religiöse Praxis oft eine untergeordnete Rolle. Denn hier werden Melodien auch heute in der Regel mündlich weitergegeben. Nahezu sämtliche Gebete werden zwar gesungen, dennoch sind im Gebetbuch keine Melodien oder Noten verzeichnet. So werden Gemeindegesänge im Gottesdienst auch heute meist nicht mit Noten einstudiert und gesungen, sondern von den Gottesdienstbesuchern durch wiederholtes Hören und Praktizieren gelernt. Die mündliche Weitergabe hat einen sekundären Effekt – die Nähe und Emotionalität des gemeinsamen Singens stärkt die Gemeinschaft und damit die religiöse Identität. Die Verwendung bestimmter Melodien als lokale Eigenheit unterstützt außerdem die lokale Gemeindeidentität.

Zu den Archiven, die Materialisierungen jüdischer Musiken sammeln, erforschen und zugänglich machen, zählen unter anderem das Europäische Zentrum für Jüdische Musik (Hannover), das Institut Européen des Musiques Juives (Paris), das Jewish Music Research Center (Hebrew University Jerusalem), das Judaica Sound Archive (Florida Atlantic University), das Jewish Sound Archive (Dartmouth College) und das YIVO (New York).[38] Viele der Archive und Institutionen, die Dinge der jüdischen Musik sammeln, befinden sich in den USA oder in Israel. Denn durch Emigration im 20. Jahrhundert und die Shoah sind Dinge der jüdischen Musik meist nicht mehr an dem Ort, von dem sie stammen. Dinge, die an den neuen Lebensort mitgenommen wurden, können für die Emigrierten und ihre Angehörigen zunächst Erinnerungsträger sein und als Brückenobjekte zur Verbindung mit der alten Heimat dienen.[39] Oft genug ist jedoch ihr Kontext verloren gegangen, und sie lassen sich nicht mehr einem Besitzer zuordnen. Das Aufbewahren und Zugänglichmachen in Archiven eröffnet jedoch auch die Möglichkeit einer erneuten Handlung und Praxis mit diesen Dingen.

---

38 Die meisten dieser Institutionen bieten online Zugriff auf Kataloge und teilweise auch auf ihre Bestände.

39 Vgl. Joachim Schlör: Mesussot entfernen – Türschilder entfernen. Die Emigration der Gegenstände von Deutschland nach Palästina, in: Wolfgang Schmale/Martina Steer (Hrsg.): Kulturtransfer in der jüdischen Geschichte, Frankfurt, New York 2006, S. 153–172.

„Die allerletzten Dinge" – Jüdische Friedhöfe in Deutschland

Nathanja Hüttenmeister

1. Einführung

Beschäftigt man sich mit den „Dingen", den materiellen Zeugnissen jüdischen Lebens hierzulande, dann gehören zu den „allerletzten Dingen" neben den Gegenständen, die für die Beisetzung eines Verstorbenen vonnöten waren, auch der Friedhof und die Grabsteine. Sie zählen zu den ältesten materiellen Zeugnissen jüdischen Lebens in Deutschland.[1] So stehen auf dem Heiligen Sand in Worms noch heute Grabsteine aus dem 11. Jahrhundert auf ihren Grabstätten.

Für die Ewigkeit errichtet, zur Wahrung des Gedächtnisses an ein einzelnes Individuum bis zur einstigen erhofften Wiederbelebung am Ende der Tage, zeugen die Grabmale vom Leben und Sterben Einzelner, vom kleinen Kind bis zum hochgeachteten Greis. Dabei dienten und dienen Grabmale nicht nur zur Kennzeichnung der Gräber und als Träger von Inschriften, sondern sie repräsentieren in ihrer Gestaltung sowie in der Relation eines einzelnen Grabsteins zum Ensemble seines Friedhofs das Selbstverständnis des Einzelnen wie auch der hervorbringenden Gemeinschaft. Zusammen mit den Inschriften können die Grabmale uns weit über biografische Daten hinaus einen Einblick geben in diese Gemeinschaft, von ihrer Organisation bis hin zu ihren Werten und Idealen und deren Wandel im Laufe der Jahrhunderte.

Dieses zu Stein gewordene Archiv gilt es in seiner Gesamtheit zu betrachten, vom Friedhofsgelände selbst über das Ensemble seiner (erhaltenen) Grabmale bis hin zu den Inschriften.[2] Dabei kann im Folgenden die vielschichtige Bedeutung des Friedhofs im täglichen Gemeindeleben nur am Rande gestreift werden, vom Ort des Gedenkens an die Vorfahren und damit dem Sichtbarwerden von eigener Geschichte, Bräuchen und Traditionen über den Ort für kultische Handlungen (wie z. B. das „Kewer-Messen" in Frankfurt zur Abwendung einer Seuche) bis hin zum Lebensraum für die erstgeborenen Tiere, die nicht geschlachtet werden durften.

1 Einen ausführlichen Einblick in die Thematik bietet Michael Brocke / Christiane E. Müller: Haus des Lebens. Jüdische Friedhöfe in Deutschland, Leipzig 2001.

2 Ein Teil der folgenden Ausführungen basiert auf einem für den Tagungsband „Juden auf dem Lande" verfassten Beitrag zu jüdischen Friedhöfen in der Frühen Neuzeit, der 2015 in der Reihe „Forschungen zur Geschichte der Juden" erscheinen wird.

2. Der Friedhof

Ein jüdisches Grab wird für die Ewigkeit angelegt, die Totenruhe muss gewahrt bleiben bis zur einstigen Wiederbelebung der Toten am Jüngsten Tag.[3] Die Auflassung und Neubelegung eines Grabes ist halachisch – religionsgesetzlich – nicht erlaubt. Daher musste es im Mittelalter und der Frühen Neuzeit im Bestreben eines Einzelnen wie auch seiner Gemeinde liegen, entsprechenden obrigkeitlichen Schutz zu erwirken und – wenn auch lange Zeit nicht möglich – das Gelände für einen Friedhof auf Dauer zu erwerben.

Auch musste den halachischen Bestimmungen nach ein Friedhof außerhalb einer Siedlung liegen. Im Mittelalter lagen die jüdischen Friedhöfe meist unmittelbar vor den Toren der Städte, sie hatten also eine prominente Lage und waren gut erreichbar. In jener Zeit spricht man von der sogenannten „Friedhofsgemeinde": Der Friedhof einer städtischen Gemeinde diente auch den in der Umgebung lebenden Juden, wobei der Einzugsbereich eines Friedhofs oft dem Einflussbereich des jeweiligen jüdischen Gerichts entsprach. Im Zuge der Vertreibung der Juden aus den mittelalterlichen Städten wurden häufig auch die Friedhöfe zerstört.[4]

Nur in Worms und Frankfurt stehen hierzulande heute noch mittelalterliche Steine auf ihren Gräbern, die meisten Grabmale haben sich nur deshalb erhalten, weil sie geraubt und als Spolien verbaut wurden. Meist dienten sie als billig verfügbares Baumaterial, wie zum Beispiel beim Bau des Markusklosters in Würzburg, bei dessen Abriss im Jahr 1987 mit über 1.500 Grabmalen und Grabmalfragmenten das bisher größte Corpus mittelalterlicher jüdischer Grabsteine wieder aufgefunden wurde.[5] Sie konnten aber auch als sichtbares Zeichen des Triumphes der Ecclesia über die Synagoga eingesetzt werden. So war zum Beispiel der Weihestein zur Grundsteinlegung des Ulmer Münsters ein jüdischer Grabstein von 1377, und in Parchim betritt man die St. Marien-Kirche über Stufen, die aus jüdischen Grabsteinen zusammengesetzt sind. Die Grabsteine des mittelalterlichen jüdischen Friedhofs in Regensburg wurden in der Altstadt selbst und im ganzen weiteren Umkreis deutlich sichtbar verbaut und teilweise sogar mit deutschen Inschriften versehen und dienten so als Siegestrophäen, die an die Vertreibung der Juden aus der Stadt erinnern sollten.[6]

Mit der sogenannten Atomisierung jüdischen Lebens in der Frühen Neuzeit, der Zerstreuung in den ländlichen Gebieten nach der Vertreibung aus den mittelalterlichen

3 Zu den religionsgesetzlichen Bestimmungen siehe Ernst Roth: Zur Halacha des jüdischen Friedhofs, in: Udim. Zeitschrift der Rabbinerkonferenz in der Bundesrepublik Deutschland, IV (1974), S. 97–119, Fortsetzung V (1974/75), S. 89–124; und Andreas Gotzmann: Die religionsrechtlichen Grundlagen des jüdischen Friedhofs, in: Deutsche Kunst- und Denkmalpflege, 48. Jg. (1990), Heft 1, S. 61–72.

4 Vgl. Alfred Haverkamp: Jüdische Friedhöfe in Aschkenas, in: Johannes Fried / Olaf B. Rader (Hrsg.): Die Welt des Mittelalters. Erinnerungsorte eines Jahrtausends, München 2011, S. 70–82.

5 Karlheinz Müller / Simon Schwarzfuchs / Avraham (Rami) Reiner (Hrsg.): Die Grabsteine vom jüdischen Friedhof in Würzburg aus der Zeit vor dem Schwarzen Tod (1147–1346), (Veröffentlichungen der Gesellschaft für fränkische Geschichte, Reihe IX, Band 58), Stegaurach 2012 (3 Bände).

6 Siehe z. B. Patrick Stoffels: Die Wiederverwertung jüdischer Grabsteine im spätmittelalterlichen Reich, (Arye Maimon-Institut für Geschichte der Juden: Studien und Texte 5), Trier 2012.

Städten,[7] galt es zunächst, für ein – wie auch immer beschränktes – Ansiedlungsrecht und den täglichen Lebensunterhalt zu sorgen, doch gehörte die Sorge für eine Begräbnisstätte stets zu den ersten Anliegen einer neuen Gemeinschaft. Dies war jedoch in dieser unsicheren Zeit, in der der Erwerb von Grundbesitz für Juden oft nicht möglich war, von der Willkür der Obrigkeit abhängig, äußerst schwierig und mit hohen Kosten verbunden. Und so war es vielerorts notwendig, lange Wege auf sich zu nehmen, um den Verstorbenen eine würdige und sichere ewige Ruhe zu gewähren.

Da gab es zum einen die wenigen städtischen Friedhöfe, die nicht völlig zerstört worden waren, wie in Frankfurt und Worms. Mancherorts versuchten die in der Umgebung lebenden Juden, einen Friedhof auch nach der Vertreibung der Gemeinden aus einer Stadt weiter zu benutzen und die alten Gräber zu erhalten,[8] sofern der Friedhof nicht völlig zerstört worden war. So diente der Kölner „Judenbüchel“ vor dem Severinstor auch nach der Vertreibung der Juden aus Köln 1424 den kurkölnischen Juden als Bestattungsort,[9] bis schließlich 1695 ein neuer Friedhof im rechtsrheinischen Deutz angelegt werden konnte. Die Mainzer Juden waren 1470 aus ihrer Stadt vertrieben worden, der altehrwürdige Judensand diente den Juden im Rheingau jedoch auch weiterhin als Begräbnisstätte.[10] Ähnliche Hinweise gibt es unter anderem auch für die Friedhöfe in Speyer und Zürich.[11] Auch der zu Beginn des 15. Jahrhunderts angelegte Friedhof in Wertheim, auf dem sich heute noch Grabsteine aus jener Zeit erhalten haben, diente den Juden der weiteren Umgebung: Die Wertheimer Juden ließen sich damals ausdrücklich festschreiben, dass es ihnen erlaubt sei, auch „Juden von andern Steten hier auf dem obgenannten Friedhof begraben“ zu dürfen.[12]

7 Siehe z. B. Stefan Rohrbacher: Die jüdischen Gemeinden in den Medinot Aschkenas zwischen Spätmittelalter und Dreißigjährigem Krieg, in: Christoph Cluse / Alfred Haverkamp / Israel J. Juval (Hrsg.): Jüdische Gemeinden und ihr christlicher Kontext in kulturräumlich vergleichender Betrachtung von der Spätantike bis zum 18. Jahrhundert, Hannover 2003, S. 451–463; sowie Christoph Cluse: Köln – Eine Stadt ohne Juden als zentraler Ort des rheinischen Judentums, in: Dieter Geuenich (Hrsg.): Köln und die Niederrheinlande in ihren historischen Raumbeziehungen (15.–20. Jahrhundert), Pulheim 2000, S. 99–115, hier S. 107 f.

8 So haben zum Beispiel schon im Mittelalter die Mainzer Juden, als sie nach den Verfolgungen im Zuge des Ersten Kreuzzugs in die Stadt zurückkehrten, einige der verlorenen Grabsteine ihrer berühmten Vorfahren durch undatierte Gedenksteine ersetzt.

9 Carl Brisch: Geschichte der Juden in Cöln und Umgebung aus ältester Zeit bis auf die Gegenwart, Bd. 1, Mülheim/Rhein 1879 (Ndr. Vaduz/Liechtenstein 1987), S. 52.

10 Im Jahr 1515 bestellte Erzbischof Albert mit Samuel Juden einen „Judentodtengräber, damit er alle Todten Juden, woher sie gebracht werden, nach judischer Gewonheit auf den Judensandt um sein gewönlich Belonung begraben“ solle; zitiert nach Karl Anton Schaab: Diplomatische Geschichte der Juden zu Mainz und dessen Umgebung, Mainz 1855, S. 147.

11 Arye Maimon / Mordechai Breuer / Yacov Guggenheim (Hrsg.): Germania Judaica, Bd. 3: 1350–1519, 3. Teilband: Gebietsartikel, Einleitungsartikel und Indices, Tübingen 2003, S. 2089, Anm. 60.

12 Wertheim, Gemeinschaftliches Archiv, G-Rep. 57/1, Privilegien Nr. 2 („Freyung Graven Jörgen den Juden ain platz die alt Jud[en] schul genant“, 1445); vgl. auch die Eingabe der Wertheimer Judenschaft vom 7. Mai 1626, von Otto Langguth 1934 abgeschrieben für Bernhard Rosenthal: Leo Baeck Institute New York, Guide to the Papers of Berthold Rosenthal (1875–1957), 1706–1959 (bulk: 1927–1952), AR 637/MF 484, Box 1, Folder 108 (http://www.archive.org/stream/lbi_brc_mf484_reel02#page/n950/mode/1up; Stand: 30.06.2015).

Im 16. Jahrhundert begannen die weit über das Land zerstreuten jüdischen Familien und kleinen Gemeinden, sich in den Landjudenschaften wieder territorial zu organisieren. Dies führte, vor allem in Süddeutschland, zur Gründung von großen Verbandsfriedhöfen. So diente beispielsweise der 1574 angelegte Friedhof in Kleinbardorf 28 Gemeinden und Niederlassungen als Begräbnisstätte, der Friedhof im pfälzischen Essingen wurde Anfang des 17. Jahrhunderts für 26 Gemeinden angelegt, und der auf das Jahr 1665 zurückgehende Friedhof im unterfränkischen Allersheim diente vorübergehend 23 Gemeinden. Einige dieser Orte, wie Fürth und Rödelsee, entwickelten sich zu religiösen Zentren von regionaler und überregionaler Bedeutung. An anderen Orten hat es nie eine jüdische Gemeinde gegeben, wie zum Beispiel im mittelfränkischen Zeckern, im unterfränkischen Ebern oder in Oberöwisheim, wo der Friedhof für die Juden im ganzen Kraichgau als Bestattungsort diente.[13] Solche Verbandsfriedhöfe mussten also nicht zwingend dort liegen, wo es auch eine jüdische Gemeinde gab; oft lagen sie mehrere Tagesreisen – über mehrere Zollgrenzen hinweg – von den beerdigenden Gemeinden entfernt.[14]

Günstiger war die Situation dort, wo sich ein Hofjude für die Anlage eines Friedhofs einsetzen konnte. So ließ zum Beispiel den Friedhof in Georgensgmünd der markgräfliche Hofbankier Jakob aus Roth am Wohnort seines Bruders anlegen,[15] und auch in neuen städtischen Gemeinden konnte durch die Fürsprache eines Hofjuden ein Begräbnisort entstehen, wie dann Ende des 17. Jahrhunderts zum Beispiel in Berlin[16] und Celle[17] und später auch Lippstadt.[18]

Die großen Verbandsfriedhöfe wurden oft bis in die 1940er Jahre belegt, doch nahm die Zahl der beteiligten Gemeinden im Laufe der Zeit ab, denn seit dem 18. Jahrhundert gelang es immer mehr Gemeinden, einen eigenen Friedhof anzulegen, vor allem aus dem Bestreben heraus, besser dem religiösen Gebot nachzukommen, einen Toten möglichst schnell beizusetzen.

Bei den meisten älteren Friedhöfen ist unbekannt, wann und unter welchen Umständen sie angelegt wurden. Manchmal wird ein Friedhof in den Quellen erwähnt, lange vor dem ältesten erhaltenen Grabstein, und nicht immer ist sicher, ob es sich um den später existierenden Friedhof handelt oder um ein anderes Gelände. So sind zum Beispiel die

13 Joachim Hahn: Erinnerungen und Zeugnisse jüdischer Geschichte in Baden-Württemberg, Stuttgart 1988, S. 291.

14 So konnten zum Beispiel auch kleinere Territorien, die für sich das Recht „de non tolerandis judaeis" erwirkt hatten, auf diese Weise versuchen, sich ihren Anteil an den Einnahmen durch die in den angrenzenden Territorien lebenden Juden zu sichern.

15 Peter Kuhn: Jüdischer Friedhof Georgensgmünd, (Die Kunstdenkmäler von Bayern, NF 6), München/Berlin 2006, S. 75 f.

16 Nathanja Hüttenmeister/Christiane Müller: Umstrittene Räume. Jüdische Friedhöfe in Berlin – Große Hamburger Straße und Schönhauser Allee, (minima judaica 5), Berlin 2005, S. 22 f.

17 Brigitte Streich: Einführung – Zur Geschichte der Juden in Celle, in: Stadt Celle (Hrsg.): Juden in Celle. Biographische Skizzen aus drei Jahrhunderten, (Celler Beiträge zur Landes- und Kulturgeschichte 26), Celle 1996, S. 11–32, hier S. 23.

18 Hans Christoph Fennenkötter: Die jüdischen Friedhöfe in Lippstadt, (Lippstädter Spuren 4), Lippstadt 1989, S. 15.

ersten Nachrichten über Juden im westfälischen Werl und im kurkölnischen Herzogtum Westfalen überhaupt Eintragungen im Werler Haushaltsbuch aus den Jahren 1565 bis 1567 über Zahlungen für Begräbnisse,[19] wohingegen die Existenz des heute noch bestehenden (jedoch stark zerstörten) jüdischen Friedhofs dort nicht weiter als bis ins erste Drittel des 19. Jahrhunderts zurückverfolgt werden kann.[20] Andernorts existieren Grabsteine aus einer Zeit lange vor der ersten Erwähnung des Friedhofs. Viele Friedhöfe dieser frühen Zeit nach der Vertreibung aus den mittelalterlichen Städten sind vermutlich wieder verschwunden, manchmal deuten Flurnamen wie „Judenkirchhof“ darauf hin, dass es an einem Ort einstmals einen solchen gegeben haben könnte.[21]

Häufig wurden den Juden in jener Zeit für ihre Friedhöfe in erster Linie Gelände zur Verfügung gestellt, die anderweitig kaum mehr nutzbar waren: abgelegene Steilhänge, Nordhänge, steiniges oder sumpfiges Gebiet, auch Überschwemmungsgebiete, und oft nur mühsam zu erreichen. Damit waren sie auch für das Begraben von Toten denkbar schlecht geeignet. Ein Beispiel dafür ist der Friedhof der Bonner Juden,[22] der Anfang des 17. Jahrhunderts am anderen Rheinufer in Schwarzrheindorf angelegt wurde und regelmäßig von Überschwemmungen betroffen war, ganz abgesehen davon, dass bei widrigen Witterungsverhältnissen eine Übersetzung über den Rhein für eine Beerdigung sehr gefährlich oder sogar unmöglich war,[23] so dass immer wieder Personen im weiter entfernten Godesberg begraben werden mussten, wie dem Bonner Memorbuch[24] zu entnehmen ist.

Der Friedhof in Schwarzrheindorf teilt noch eine andere Gemeinsamkeit mit vielen mittelalterlichen und frühneuzeitlichen Friedhöfen: Er wurde auf oder in unmittelbarer Nähe des Richtplatzes von Rheindorf eingerichtet.[25] Schon der Kölner Judenbüchel war als Hinrichtungsstätte genutzt worden,[26] und ähnliche Hinweise finden sich auch für viele andere Friedhöfe. Gerne hat man also solcherart verunreinigten Grund und Boden, der anderweitig kaum zu verwenden gewesen wäre, den Juden als Gelände für ihren Friedhof zur Verfügung gestellt, und diese wiederum konnten es sich nicht erlauben, wählerisch zu sein.

Im 19. Jahrhundert ermöglichte die nach und nach erfolgte bürgerliche Gleichstellung den Juden nun endlich, Grundbesitz zu erwerben und Friedhöfe (vermeintlich) auf

19 Werl, Städtischen Einnahmeregister, Stadtarchiv Werl, Akten C II,1, Bd. II, fol. 259a (1565 II 18?), fol. 275b (1566), fol. 276b (1567 II 9).

20 Elfi Pracht-Jörns: Jüdisches Kulturerbe in Nordrhein-Westfalen. Teil 5: Regierungsbezirk Arnsberg (Beiträge zu den Bau- und Kunstdenkmälern im Rheinland, Band 1.3), Köln 2005, S. 589.

21 Eine Zusammenstellung der Orte mit entsprechenden Flurnamen in Baden-Württemberg siehe Hahn, Erinnerungen und Zeugnisse, S. 63.

22 Michael Brocke / Dan Bondy: Der alte jüdische Friedhof in Bonn-Schwarzrheindorf (Arbeitshefte der rheinischen Denkmalpflege 50), Köln / Bonn 1998, S. 11–13.

23 Dies beschreibt zum Beispiel eindrücklich ein Eintrag im Bonner Memorbuch aus dem Jahr 1789, in Übersetzung wiedergegeben in Brocke / Bondy, Bonn-Schwarzrheindorf, S. 16.

24 British Library London, Ms. Or 11 696. Eine bislang unveröffentlichte Übersetzung wurde im Steinheim-Institut, Essen, erstellt.

25 Brocke / Bondy, Bonn-Schwarzrheindorf, S. 15.

26 Siehe z. B. Brisch, Cöln, S. 124; Adolf Kober: Cologne, Philadelphia 1940, S. 102.

Abb. 1: Der jüdische Friedhof in Fürth. Kupferstich von Johann Alexander Boener, 1705. Sammlung Superikonoskop, Wikimedia Commons.

Dauer anzulegen. Die Mehrzahl der heute noch über 2.000 erhaltenen jüdischen Friedhöfe geht in diese Zeit zurück. Darüber hinaus sahen es die Kommunen vielerorts seit Ende des 19. Jahrhunderts als ihre Pflicht an, auch den jüdischen Bürgern Begräbnisplätze auf den neuen städtischen Friedhöfen anzubieten. So entstanden manchmal jüdische Abteilungen innerhalb von städtischen Friedhöfen.[27] Von den meisten Gemeinden wurden diese jedoch nicht in Anspruch genommen, da auf solchen städtischen Friedhöfen das dauerhafte Ruherecht nicht gewährleistet war. Stattdessen bemühten sie sich um die Anlage eigener Friedhöfe, die aber vielerorts unmittelbar an die städtischen Friedhöfe grenzten. Während ältere Friedhöfe mit der Zeit gewachsen und häufig auch mehrfach erweitert worden waren, flossen in die Gestaltung dieser jungen städtischen Friedhöfe - entsprechend den neuen Zielen der Friedhofskunst - landschaftsgestalterische und architektonische Überlegungen mit ein. So wurde zum Beispiel der 1880 angelegte Friedhof in Berlin-Weißensee, mit seinen über 115.000 Beisetzungen bis heute einer der größten jüdischen Friedhöfe Europas, in Form eines Renaissance-Gartens mit

27 So zum Beispiel auf dem Friedhof am Sternbuschweg und dem Waldfriedhof in Duisburg. Eine Auflassung von Gräbern nach Ablauf einer bestimmten Ruhefrist wurde für die jüdischen Begräbnisfelder ausgesetzt, ansonsten unterstehen sie dem allgemeinen Friedhofsreglement. Da die entsprechenden Grundstücke jedoch im Besitz der Stadt blieben und eine Ruhefrist nur für die Dauer der Existenz der beiden Friedhöfe gewährt wurde, handelt es sich nicht mehr um jüdische Friedhöfe im eigentlichen Sinne, weswegen sie von der heutigen jüdischen Gemeinde auch nicht mehr genutzt werden.

Abb. 2: Der Waschtisch im Tahara-Häuschen auf dem Verbandsfriedhof in Kleinbardorf. Foto: Dietrich Krieger, Wikimedia Commons.

streng geometrisch angelegtem Wegenetz und mit Gebäuden in Formen der italienischen Frührenaissance gestaltet.[28]

Ein Kupferstich aus dem Jahr 1705 des jüdischen Friedhofs in Fürth (Abb. 1) zeigt die wichtigsten Einrichtungen auf dem Friedhof. Um den halachischen Vorschriften bezüglich der rituellen Reinheit Genüge zu tun, musste es auf oder in der Nähe eines Friedhofs eine Wasserquelle für das vorgeschriebene Händewaschen beim Verlassen des Friedhofs geben, wie in Fürth der große Ziehbrunnen in der Nähe des Eingangs. Die Reinigung der Toten, die Tahara, konnte im Trauerhause geschehen, mancherorts wurden zu diesem Zweck auch kleine schlichte Häuschen auf den Friedhöfen errichtet,[29] vor allem auf Verbandsfriedhöfen, bei denen aufgrund der langen Wege die Wahrung der rituellen Reinheit eines Toten während des oft langen Transports nicht immer gewährleistet werden konnte.

In ihnen stand ein steinerner Waschtisch, oft mit einer umlaufenden Rinne und leicht zum Fußende geneigt, damit das Wasser ablaufen konnte, sowie ein Ofen zum Erwärmen des Waschwassers. Das älteste bekannte Gebäude ist das 1625 gestiftete Tahara-Häuschen auf dem Friedhof in Worms. Auch auf dem Kupferstich vom Fürther

28 Siehe zum Beispiel Michael Brocke: Berlin-Weißensee, Herbert-Baum-Straße, in: Michael Brocke / E. Ruthenberg / K. U. Schulenburg, Stein und Name. Die jüdischen Friedhöfe in Ostdeutschland. Neue Bundesländer/DDR und Berlin, Berlin 1994, S. 157–193.

29 Siehe zum Beispiel Ulrich Knufinke: Bauwerke jüdischer Friedhöfe in Deutschland, (Schriftenreihe der Bet-Tfila-Forschungsstelle für Jüdische Architektur in Europa 3), Petersberg 2007.

Abb. 3: Die Abdankungshalle auf dem jüdischen Friedhof in Hamburg-Ohlsdorf. Foto: Oxfordian Kissuth, Wikimedia Commons.

Friedhof ist ein zweistöckiges Gebäude mit separatem Eingang zu sehen, das sicherlich auch aufgrund seiner Größe aber nicht nur für die Leichenwaschung genutzt wurde. Auf dem Frankfurter Friedhof wurde während der großen Pestwelle 1632–35 ein erster Leichenwaschschuppen errichtet; ein eigenes Gebäude für das Waschen von Frauenleichen wird 1689 erstmals erwähnt. Das Tahara-Häuschen auf dem Verbandsfriedhof in Kleinbardorf stammt laut Stifterinschrift aus dem Jahr 1696/97. (Abb. 2)

Hier existierten im 16. Jahrhundert innerhalb des Friedhofsgeländes, im Gräbervorfeld (*Chazer*, Hof), noch weitere Gebäude, wie es sie auch auf anderen großen Friedhöfen gegeben haben mag: Neben dem Totenhaus gab es einen Raum für die Beerdigungsbruderschaft, Platz zur Sargherstellung und Sarglegung, ein „Fremdenhospital" als Notspital zusätzlich zum eigentlichen Hekdesch, dem Asyl- und Krankenhaus der Gemeinde, sowie einen „Bechorimstall", einen Stall für die erstgeborenen Tiere, die gemäß der Halacha nicht geschlachtet werden durften, sondern in Frankfurt ihr Leben auf dem Friedhof fristeten. Auch in Fürth war dies offensichtlich der Fall – auf dem Kupferstich ist im Hintergrund ein Rind zu erkennen. Außerdem gab es in Frankfurt ein Backhaus, wahrscheinlich weil ein solches wegen der von ihm ausgehenden Brandgefahr nicht in der engen Frankfurter Judengasse arbeiten konnte.[30] Hier und dort sind auch Schuppen für den Leichenwagen belegt.

30 Heidrun Hermann: Zur Geschichte des alten jüdischen Friedhofs in Frankfurt am Main, in: Michael Brocke, Der alte jüdische Friedhof zu Frankfurt am Main, hrsg. von der Kommission zur Erforschung der Geschichte der Frankfurter Juden, Sigmaringen 1996, S. 18–30, hier S. 20.

Die Bauweise der Tahara-Häuschen richtete sich nach dem am jeweiligen Ort und zur jeweiligen Zeit üblichen Baustil. Seit der Mitte des 19. Jahrhunderts wurden anstelle von kleinen Tahara-Häuschen vielerorts große repräsentative, häufig von namhaften Architekten entworfene Trauerhallen errichtet, die neben der eigentlichen Trauerhalle nicht nur Einrichtungen für die Tahara, sondern auch Räume für die Gerätschaften der Totengräber und Friedhofsgärtner und manchmal auch eine Wohnung für einen Friedhofswärter umfassen konnten. Beispiele sind die vom Mainzer Stadtbaumeister Eduard Kreyßig 1879–1881 im maurischen Stil errichtete Trauerhalle auf dem neuen Mainzer Friedhof, die 1884 eingeweihte, von August Pieper im romanischen Stil gestaltete Abdankungshalle auf dem jüdischen Friedhof in Hamburg-Ohlsdorf (Abb. 3) oder die von Robert Stern im neo-klassizistischen Stil 1930 erbaute Trauerhalle mit Friedhofsverwaltung und Leichenhaus auf dem Friedhof in Köln-Bocklemünd.

3. Die Belegung des Friedhofs

Eine Grabstelle wurde meist von der Chewra Kadischa bestimmt, der ehrenamtlichen und spendenfinanzierten Beerdigungsgesellschaft, die sich seit der Frühen Neuzeit allerorten um Krankenbesuch und die Begleitung Sterbender, die rituelle Bestattung und den Friedhof kümmerte. Die Wahl einer Grabstelle war je nach Zeit und Gemeinde wechselnden Kriterien unterworfen, wie Alter und Geschlecht, gesellschaftliche und wirtschaftliche Stellung, Familienzugehörigkeit und Herkunft, religiöse Vorstellungen, der Lebenswandel sowie die Umstände des Todes einer oder eines Verstorbenen. Und so kann die Lage eines Grabes auf einem jüdischen Friedhof im Verhältnis zu den anderen Gräbern heute Aufschlüsse geben über den religiösen, sozialen und gesellschaftlichen Stand einer Person.

Da bis auf Worms und Frankfurt alle jüdischen Friedhöfe des Mittelalters zerstört wurden, lässt sich nur sehr wenig darüber sagen, wie die Aufstellung der Grabsteine in dieser Epoche erfolgte. In Worms begrub man wahrscheinlich in Familiengruppen. Auch lässt sich hier mit dem sogenannten „Rabbinertal" schon früh ein eigener Bereich für hochgestellte Persönlichkeiten erkennen. In Frankfurt begrub man Verstorbene lange in Familiengruppen, wobei aus Frankfurt stammende Frauen jeweils bei ihren Vätern (und nicht bei ihren Ehemännern, sofern diese aus Frankfurt stammten) beigesetzt wurden. Darüber hinaus gab es (spätestens seit dem 18. Jahrhundert) eigene Bereiche für Rabbiner („Rabbanimplatz"), Märtyrer („Kedoschimplatz") und die besonderen Reinheitsvorschriften unterliegenden Kohanim („Kohanimplatz"), für nicht gekennzeichnete Kindergräber („Kinderplatz"), Auswärtige, Arme und Dienstboten („Hekdeschplatz") und unverheiratete Ortsfremde („Bachurimplatz").[31] Dagegen ist auf keinem dieser beiden Friedhöfe für die ältere Zeit eine deutliche chronologische Abfolge der Gräber zu erkennen, ebenso wenig eine – aus der Synagoge bekannte – Trennung der Geschlechter, anders als zum Beispiel auf dem Ende des 16. Jahrhunderts angelegten

31 Hermann, Zur Geschichte, S. 21–23.

Verbandsfriedhof in Georgensgmünd.[32] Hier erfolgte die Belegung ebenfalls vor allem nach Familiengruppen, mit eigenen Bereichen für bestimmte Personengruppen wie hochgestellte Persönlichkeiten (Rabbiner, Gelehrte), Wöchnerinnen, Kinder und Märtyrer. Zu Beginn werden Frauen und Männer nicht getrennt voneinander begraben, doch bilden sich schon früh deutlich einzelne Reihen bzw. Felder heraus, in denen vorzugsweise Frauen bzw. vorzugsweise Männer begraben wurden. Mit der ersten Erweiterung des Friedhofs ab 1700 und der damit einhergehenden Anlage regelmäßiger Grabreihen wird diese Trennung deutlicher; mit einer weiteren Erweiterung des Friedhofs ab circa 1820 wird die Beisetzung in Familiengruppen ganz aufgegeben und in strikt nach den Geschlechtern getrennten Reihen in chronologischer Reihenfolge beerdigt. Eine solche Trennung der Geschlechter findet man auch auf anderen Friedhöfen, wie zum Beispiel auf dem um 1730 angelegten Friedhof im schwäbischen Laupheim mit einem Feld für Frauen und einem für Männer, oder auf dem zweiten, 1840 eröffneten Friedhof Am Berge in Halberstadt, auf denen Frauen und Männer jeweils in eigenen Reihen beigesetzt wurden.

Auf dem auf den Anfang des 17. Jahrhunderts zurückgehenden großen Verbandsfriedhof im pfälzischen Essingen lassen sich ebenso wenig wie in Georgensgmünd eigene Felder für die insgesamt 26 beteiligten Gemeinden ausmachen, und auch für andere Personengruppen sind im alten Friedhofsteil keine eigenen Felder erkennbar, während im neuen Teil nach Geschlechtern getrennt begraben wurde.[33] Dagegen findet man auf dem Verbandsfriedhof in Kleinbardorf gleich rechts vom Eingang ein eigenes Feld mit Grabsteinen für Wöchnerinnen. In Hamburg-Altona an der Königstraße wurden seit der Anlage des Friedhofs in den 1620er Jahren Ehegatten nebeneinander beigesetzt; es gab also die Möglichkeit, Grabstellen zu reservieren, auch gab es hier eigene Felder für Kinder, Wöchnerinnen und Ledige (die nach Geschlechtern getrennt begraben wurden), zudem wurden später eigene Reihen für die hochgestellten Persönlichkeiten der Gemeinde, vor allem die Rabbiner, angelegt.

Die Reihenfolge der Beisetzung war also von Ort zu Ort recht unterschiedlich und in erster Linie von lokalen Traditionen bestimmt. Eine ursprüngliche Beisetzung nach Familiengruppen wird – spätestens seit dem 19. Jahrhundert – zunehmend von einer Beisetzung in chronologischer Reihenfolge abgelöst, wobei mancherorts eine Trennung der Geschlechter zu beobachten ist. Eigene Felder für bestimmte Personengruppen sind fast überall nachzuweisen.

Gelegentlich findet man, wie zum Beispiel in Frankfurt (s. o.), auch separate Grabreihen für Kohanim, in der Nähe des Eingangs, entlang der Außenmauern oder Wege,

32 Kuhn, Georgensgmünd, beiliegende Friedhofspläne. Den Friedhof teilten sich die Gemeinden Roth, Georgensgmünd, Thalmässing (Gemeindegründung Anfang 17. Jhd., bis zur Anlage eines eigenen Friedhofs 1832), Hilpoltstein (Gemeindegründung um 1700 bis zur ihrer Auslöschung 1741), Schwabach (Gemeindegründung Ende 17. Jhd.) und Windsbach (Gemeindegründung Ende 17. Jhd.). Der älteste erhaltene Grabstein stammt aus dem Jahr 1594.

33 Frowald G. Hüttenmeister: Jüdischer Friedhof Essingen, in: Landesamt für Denkmalpflege Rheinland Pfalz (Hrsg.): Ein edler Stein sei sein Baldachin. Jüdische Friedhöfe in Rheinland-Pfalz, Speyer 1996, S. 155–161, hier S. 157.

Abb. 4: Urnenfeld auf dem Friedhof Berlin-Weißensee.
Foto: Nathanja Hüttenmeister, 2015

um den Angehörigen dieses bis heute besonderen rituellen Reinheitsvorschriften unterliegenden Priestergeschlechts den Besuch der Gräber ihrer Vorfahren zu ermöglichen.

Wie in Frankfurt findet man auch andernorts manchmal eigene Bereiche für Märtyrer. In Hamburg stand der Grabstein des 1683 ermordeten Abraham Metz abseits der anderen Steine.[34] Auf dem auf das Ende des 16. Jahrhunderts zurückgehenden mittelfränkischen Verbandsfriedhof in Bechhofen stehen in der vordersten Reihe, in einigem Abstand zu den anderen Grabsteinen, einzelne alte Grabmale für Menschen, die ermordet wurden. Ähnliches lässt sich auch in Georgensgmünd beobachten. An prominenter Stelle künden diese Steine dem Besucher des Friedhofs vom Schicksal der hier Ruhenden.

Oft auf den ersten Blick erkennbar sind fast überall vorhandene eigene Kinderfelder, denen in erster Linie praktische Erwägungen zugrunde liegen – ging man doch immer sehr sparsam mit dem zur Verfügung stehenden Raum um und nahm ein Kindergrab weit weniger Platz ein als ein Erwachsenengrab. Auf den Friedhöfen großer Gemeinden kann man manchmal auch eigene Felder für die gefallenen Soldaten des Ersten Weltkriegs finden, wie zum Beispiel auf dem Friedhof in Köln-Deutz.

In der zweiten Hälfte des 19. Jahrhunderts legten die neo-orthodoxen Austrittsgemeinden eigene Felder auf bestehenden Friedhöfen an, wie in Chemnitz oder Bingen, wenn sie nicht eigene Friedhöfe gründeten, wie in Berlin, Frankfurt, Karlsruhe oder

34 Nathanja Hüttenmeister: Formel und Freiheit. Inschriftentypen am Beispiel der Verwandtschaft der Kauffrau Glückel und einiger außergewöhnlicher Todesfälle, in: Michael Brocke (Hrsg.): Verborgene Pracht. Der jüdische Friedhof Hamburg-Altona – Aschkenasische Grabmale, Dresden 2009, S. 213–251, hier S. 230 f.

Köln. Hier suchten sie die alten Traditionen zu wahren; die meist schlicht und einheitlich gestalteten Grabsteine tragen bis zuletzt vornehmlich hebräische Inschriften, auf Ornamentik und Prunk wurde verzichtet, ebenso auf Neuerungen wie die umstrittenen Urnenbeisetzungen.

Feuerbestattungen widersprachen den religiösen Vorstellungen und blieben vielerorts heftig umstritten. Gleichwohl nahm die Zahl derer, die sich kremieren lassen wollten, seit Anfang des 20. Jahrhunderts deutlich zu, und so wurden auf vielen Friedhöfen eigene Reihen oder Felder für Urnenbeisetzungen eingerichtet, in deutlichem Abstand von den anderen Gräbern des Friedhofs. Diese waren sichtbar als Urnenfelder gestaltet wie zum Beispiel auf dem Friedhof Berlin-Weißensee (Abb. 4), auf dem neuen jüdischen Friedhof in Erfurt oder auf dem Friedhof in der Humboldtstraße in Halle oder nicht von anderen Grabstätten zu unterscheiden.[35]

Laut Talmud soll kein „Gerechter" neben einem „Frevler" begraben werden.[36] Damit erklären sich eigene Felder für Personen, deren Sterben nicht den Vorstellungen der Gemeinschaft oder zumindest der Rabbiner entsprochen hatte, wie zum Beispiel Selbstmörder oder Personen mit ungeklärter Todesursache; und Personen, die aufgrund ihres Lebenswandels nicht neben den anderen begraben werden sollten. So gab es zum Beispiel auf dem Frankfurter Friedhof schon in der Frühen Neuzeit einen solchen „Schandplatz", auf dem Selbstmörder, Taufschwindler und Gebannte, weltliche Verbrecher, Bankrotteure, uneheliche Kinder und „sittlose" Frauen begraben wurden.[37] Da solche Gräber früher in der Regel nicht gekennzeichnet wurden, lassen sich solche „Schandecken" heute nur selten erfassen und meist nur dann, wenn es andere Aufzeichnungen wie zum Beispiel hebräische Begräbnisregister gibt. Ein solches hat sich z. B. für den 1810 angelegten Friedhof in Heidingsfeld erhalten, der auch der neuen jüdischen Gemeinde Würzburgs als Begräbnisort diente. Aus diesem Begräbnisregister lässt sich schließen, dass auf dem Kinderfeld auch eine ganze Reihe von Personen begraben wurden, die Selbstmord begangen hatten oder die tot aus dem Main gezogen wurden. Für manche von ihnen existiert heute noch ein Grabstein, andere haben vermutlich nie einen erhalten.

Auf diesem Feld ruht seit 1854 auch Ignatz Crailsheim[38] unter einem schlichten, mit nur knapper Inschrift beschrifteten Grabstein.[39] (Abb. 5) Der Buchhalter und Prokurist des Bankiers Joel Jakob von Hirsch, als dessen Stellvertreter er auch mit eigenen

35 Siehe zum Beispiel Nathanja Hüttenmeister: Der jüdische Friedhof Ansbach, (Franconia Judaica 2), Ansbach 2008, S. 15 f.

36 Babylonischer Talmud, Traktate Baba Bathra 112a und Sanhedrin 47a.

37 Hermann, Zur Geschichte, S. 22.

38 Ignatz Crailsheim stammte aus dem Königreich Württemberg und erhielt 1841 als einziger ausländischer Jude von König Ludwig I das bayrische Indigenat verliehen, womit es ihm auch erlaubt war, sich für die Dauer seiner Anstellung in Würzburg niederzulassen. Er war unter anderem Mitglied im landwirtschaftlichen Verein und saß im Verwaltungsausschuss des Polytechnischen Zentralvereins.

39 Digitale Edition – Jüdischer Friedhof Würzburg-Heidingsfeld (1810–1927 / 156 Einträge): Inv.-Nr. hdf-2009 (URL: http://www.steinheim-institut.de/cgi-bin/epidat?id= hdf-2009 [Version 23.10.2014]).

Abb. 5: Friedhof Würzburg-Heidingsfeld, Grabmal von Ignatz Crailsheim. Foto: Bert Sommer, 2009.

Vollmachten ausgestattet war, hatte als erster Direktor der „Casino-Gesellschaft", einem Treffpunkt der assimilierten jüdischen Familien Würzburgs, durch sein Benehmen den Unmut des orthodoxen Würzburger Rabbiners Seligman Bär Bamberger erregt. Und so wurde er auf Anweisung Bambergers

> „ohne Geleit begraben und ohne [rituelle] Waschung und Ankleidung mit dem Totenkleid und ohne [das Gebet] ‚Ziduq Hadin' [d.h. ohne Zeremonie], auf unbrauchbarer Fläche, d.h. auf der rechten Seite des Friedhofs, weit entfernt von den anderen Gräbern unseres Volkes, ihr Andenken zum Segen, denn er war ein Ketzer nach Aussage aller, und er verfügte vor seinem Tod in seinem Testament, dass er begraben werden wolle auf dem

> Friedhof derer, die die Sterne und Sternbilder anbeten [d. h. die Christen], doch sie wiesen ihn mit Hohn und Spott ab. Aber seine Witwe und seine Verwandten schrien und weinten, dass man ihnen gestatten möge, ihn auf dem Friedhof unseres Volkes beizusetzen".[40]

Auch auf dem Ende des 17. Jahrhunderts angelegten Friedhof der jungen Berliner Gemeinde in der Großen Hamburger Straße gab es eine solche „Schandecke": Hier galt ein Begräbnis entlang der Friedhofsmauer, am äußeren Rande also, als „unehrenwert", bestimmt für Personen, deren Lebenswandel Anstoß erregt hatte. So hieß es, allerdings aus nicht sehr verlässlicher Quelle, über den bekannten Aufklärer Isaak Satanow (1732–1804): „... das eine ist Satanow's Stein, dieser war ein intimer Freund Mendelssohn's, aber ein bekannter Freigeist, deshalb mußte er in die Ecke des Kirchhofs wandern."[41]

Dieser alte Brauch scheint in Berlin jedoch spätestens um die Wende zum 19. Jahrhundert umstritten gewesen zu sein, wie ein interessanter Streitfall von Anfang jenes Jahrhunderts zeigt: Im Dezember 1805 war im jüdischen Hospital in Berlin ein gewisser Aron Salomon gestorben, der „bey seinem Leben durch Verachtung der religieusen Gebräuche Aergerniß gegeben und unter gleichen Aeußerungen verschieden" war.[42] Da es aber „den jüdischen Gebräuchen und religeusen Grundsätzen zuwider [sei], daß ein Jude, der bis zum Tode in der Verachtung der Religionsgebräuche beharrte, unter den Leichnamen der Juden liegen sollte, die dergleichen Aergerniß nicht gegeben haben", wurde Aron Salomon „in einiger Entfernung von denen Gliedern der jüdischen Gemeinde, die kein öffentliches Aergerniß durch Religionsverachtung gegeben hatten" bestattet.[43] Dagegen protestierte die Familie des Verstorbenen und zog über mehrere Instanzen vor Gericht. Der Prozess zog sich über einige Jahre, bis er schließlich wegen eines Formfehlers eingestellt wurde.[44]

Der Mindestabstand zwischen den einzelnen Gräbern ist halachisch festgelegt. Die Grabsteine stehen am Kopfende des Grabes, wie auch den Formulierungen der ältesten Inschriften zu entnehmen ist.[45] Die Gräber selbst waren hierzulande oft, altem Brauch entsprechend, nach (Süd-)Osten ausgerichtet, so dass der Tote in Richtung Jerusalem

40 Heidingsfelder Begräbnisregister, Staatsarchiv Würzburg, Jüdische Standesregister 42, S. 62, Nr. 551 (Hebräisch, eigene Übersetzung).

41 Julius Beer: Ein altberlinischer Friedhof I, in: Die Gegenwart – Berliner Wochenschrift für Jüdische Angelegenheiten, Nr. 14 (5.4.1867), S. 109–111, hier S. 111. Siehe dazu und dem folgenden auch: Hüttenmeister / Müller, Umstrittene Räume, S. 96–98.

42 Immediatschreiben Bankiers Isaac Moses Geber vom 27. Juli 1807. Acta in Sachen des Isaac Salomon wider den Vorsteher der jüdischen Sterbegesellschaft Isaac Moses Geber. Geheimes Staatsarchiv – Preußischer Kulturbesitz – Berlin-Dahlem. Bestand Justizministerium. 2.5.1., Nr. 7416. Hier zitiert nach Lieselotte Jelowik: Der Streit um ein Judenbegräbnis und die preußische Justiz, in: Aschkenas – Zeitschrift für Geschichte und Kultur der Juden, 5 (1995), S. 131–140, hier S. 131.

43 Jelowik, Judenbegräbnis, S. 131.

44 Jelowik, Judenbegräbnis, S. 134.

45 Hier ein paar Beispiele aus Mainz: „Dieser Stein zu Häupten des Rabbiners..." (1094/95), „Das Steinmal wurde errichtet zu Häupten der Frau..." (1119); „Dieses Zeichen zu Häupten ..." (1141) (Hebräisch, jeweils eigene Übersetzung); siehe Digitale Edition – Jüdischer Friedhof Mainz, Mittelalterliche Grabsteine (1049–1322 / 108 Einträge) (URL: http://www.steinheim-institut.de/cgi-bin/epidat?id=mz2–0 [Version 02.02.2015]).

Abb. 6: Das Rabbinertal mit dem Grabmal des Maharil auf dem Heiligen Sand in Worms. Foto: Michael Brocke, 2013.

blickte, dem Ort der erhofften Wiederbelebung am Ende der Tage. Selten lässt sich jedoch Genaueres über die Lage der Gräber sagen. In Worms weisen die beschrifteten Seiten der Grabsteine nach Nord(west)en, und so ist zu vermuten, dass die jeweiligen Gräber auf den von den Grabsteinen abgewandten Seiten, also sozusagen hinter den Grabsteinen liegen. Nur ein Grabmal wurde in Worms anders ausgerichtet: Der Stein des berühmten Maharil, R. Jaakow ben Mosche Halevi Mölln (1375–1427), der mit seiner Schrift ungefähr nach Westen zeigt. (Abb. 6) Der Maharil stammte aus Mainz, und auch bei einem mittelalterlichen Grab, das mitsamt zugehörigem Grabstein 2007 auf dem Mainzer Judensand gefunden wurde,[46] weist die beschriftete Seite des Grabsteins in etwa nach Westen[47] und war vom Grab abgewandt, das Grab lag also hinter dem Grabstein, der Tote schaute vermutlich nach Osten.

46 Nathanja Hüttenmeister / Andreas Lehnardt: Newly found Medieval Gravestones from Magenza, in: Stefan Reif / Andreas Lehnardt / Avriel Bar-Levav (Hrsg.): Death in Jewish Life. Burial and Mourning Customs Among the Jews of Europe and Nearby Communities, Turnhout 2014, S. 220–225. Und siehe auch Nathanja Hüttenmeister / Andreas Lehnardt: Neu aufgefundene mittelalterliche jüdische Grabsteine aus Mainz, in: Pia Heberer / Ursula Reuter (Hrsg.): Die SchUM-Gemeinden Speyer – Worms – Mainz. Auf dem Weg zum Welterbe, Regensburg 2013, S. 197–206.

47 Der Wormser Heilige Sand wird zurzeit im Auftrag der Generaldirektion Kulturelles Erbe Rheinland-Pfalz vom Steinheim-Institut und Leitung von Prof. Dr. Michael Brocke erforscht, siehe Digitale Edition – Jüdischer Friedhof Worms (1040–1830 / 1143 Einträge) (URL: http://www.steinheim-institut.de/cgi-bin/epidat?id=wrm-0 [Version 26.03.2015]). Michael Brocke vermutet, dass der Maharil, der bei seinem Tod noch nicht lange in Worms gelebt hatte, darauf Wert gelegt

Erst als im 19. Jahrhundert vielerorts Grabeinfassungen üblich werden, wird die Lage des Grabes deutlich: Es liegt in der Regel nun vor dem Grabstein, dessen Schriftseite dem Grab zugewandt ist.

Dem Brauch, die Gräber bzw. Grabsteine auf Jerusalem auszurichten, wurde jedoch nicht überall gefolgt, ihre Ausrichtung konnte auch von den örtlichen Gegebenheiten bzw. Traditionen bestimmt werden. Zum Beispiel wurde der Friedhof im niederrheinischen Xanten, der mindestens ins 18. Jahrhundert zurückreicht, vermutlich aber älter ist, auf einer uralten kreisförmigen heidnischen Kultstätte angelegt und entsprechend stehen die Grabsteine dort im Kreis.[48] Auf dem auf der anderen Rheinseite gegenüber von Bonn gelegenen Friedhof der Bonner Juden in Schwarzrheindorf blicken die Grabmale nach Westen über den Rhein ins heimatliche Bonn, während die Beueler Juden, die den Friedhof mitbenutzten, ihre Grabmale traditionell nach Osten ausrichteten.[49] Es konnten also auch auf einem Friedhof unterschiedliche Traditionen aufeinandertreffen.

Auch auf den neuen städtischen Anlagen wurden Familienerbbegräbnisstätten meist entlang der Außenmauern und Wege angelegt, während Reihengräber einheitlich ausgerichtet blieben. Allerdings muss die (sichtbare) Ausrichtung der Grabsteine nicht unbedingt mit der (unsichtbaren) Ausrichtung der Gräber übereinstimmen. Als zum Beispiel entsprechende Pläne zur Gestaltung des neuen jüdischen Feldes auf dem Kommunalfriedhof am Duisburger Sternbuschweg diskutiert wurden, empfahl der Duisburger Rabbiner Menasse Neumark, dass „die traditionelle Orientierung der Gräber auf dem jüdischen Friedhofe mit dem Angesicht der Toten nach Osten tunlichst beibehalten werden möchte“ und Schwierigkeiten überwunden werden könnten, indem „man in den Reihen, die westlich von Wegen begrenzt werden, die Grabsteine an das Fußende setzt, wogegen kein Bedenken vorliegt“.[50] Möglicherweise verfuhr man andernorts ähnlich, das heißt die Gräber waren weiterhin nach Osten ausgerichtet, die Grabsteine über den Gräbern aber entsprechend der jeweiligen Friedhofsanlage aufgestellt.

Manchmal gab es auch rituelle Gründe, einzelne Grabsteine anders auszurichten als die übrigen. So wurden zum Beispiel auf dem Friedhof in Hamburg-Altona die Grabsteine derjenigen, die im 17. Jahrhundert an der Pest gestorben waren,[51] anders herum aufgestellt. Auf dem Friedhof in Bayreuth stehen die Grabsteine der Wöchnerinnen Ende des 18. Jahrhunderts anders herum als alle anderen Grabsteine – also jeweils die Grabsteine von Personengruppen, die ohne eigenes Verschulden im Zustand der rituellen Unreinheit gestorben waren und deren Gräber dadurch als eine Mahnung an die Lebenden und als eine Würdigung der Toten aus der Masse der übrigen Grabsteine herausgehoben wurden.

---

hatte, nach seinem heimatlichen – Mainzer – Brauch beigesetzt zu werden, sich die Ausrichtung seines Grabsteins daher nach den in Mainz üblichen Gepflogenheiten richtet.

48 Elfi Pracht-Jörns: Jüdisches Kulturerbe in Nordrhein-Westfalen, Teil II: Regierungsbezirk Düsseldorf (Beiträge zu den Bau- und Kunstdenkmälern im Rheinland, Band 34.2), Köln 2000, S. 617.

49 Brocke / Bondy, Bonn-Schwarzrheindorf, S. 21.

50 Stadtarchiv Duisburg, Bestand 607, Nr. 230, 1914 Juni 14.

51 Hüttenmeister, Formel und Freiheit, S. 226 f.

Abb. 7: Friedhof Hamburg-Altona, Königstraße: Im Vordergrund die liegenden Grabplatten der Sefarden, im Hintergrund die stehenden Grabmale der Aschkenasen. Foto: Nathanja Hüttenmeister, 2011.

4. Die Grabmale

Nicht nur die Position und Ausrichtung eines Grabmals, auch seine Gestaltung und sein Material geben vielfältige Auskünfte über den Status der oder des Verstorbenen, wobei jede Gemeinde ihre eigenen Vorstellungen und Bräuche entwickelte, die im Laufe der Jahrzehnte und Jahrhunderte einem ständigen Wandlungsprozess unterworfen waren.

Die Grabmale der aschkenasischen Juden, also der mittel- und osteuropäischen Juden, stehen in der Regel aufrecht, im Gegensatz zu den Grabmalen der sefardischen Juden, der Nachfahren der Ende des 15. Jahrhunderts aus Spanien und Portugal vertriebenen oder zwangschristianisierten und später zum Judentum zurückgekehrten Juden. Diese wurden in Form von liegenden Grabplatten, Scheinsarkophagen und Pyramidalgräbern gestaltet, wie in Deutschland vor allem auf den Friedhöfen in Hamburg-Altona[52] und Glückstadt zu sehen. (Abb. 7)

Bis weit ins 19. Jahrhundert waren die Grabsteine in der Regel aus Sandstein gefertigt, seltener auch aus Muschelkalk. Doch ist es keinesfalls selbstverständlich, dass ein jüdisches Grabmal immer aus Stein gefertigt war. So hatte zum Beispiel die Berliner Chewra Kadischa, die Beerdigungsbruderschaft, im Jahr 1727 eine Ergänzung in ihre

52 Michael Studemund-Halévy: Theatrum Sefardicum. Repräsentative Bilder und elaborierte Epitaphien, in: Michael Brocke (Hrsg.): Verborgene Pracht. Der jüdische Friedhof Hamburg-Altona – Aschkenasische Grabmale, Dresden 2009, S. 143–152.

Abb. 8: Friedhof Bayreuth, Alter Teil. Foto: Bert Sommer, 2009.

Statuten eingefügt, die besagte, dass Ledige keinen Grabstein, sondern „nur ein Brett aus Holz" bekommen sollten,[53] und vom 1671 angelegten Berliner Friedhof in der Großen Hamburger Straße weiß man aus Berichten, dass es dort auch eine große Zahl von Holzgrabmälern gegeben hat,[54] von denen einige in den 1860er Jahren, als der Privatgelehrte Elieser Leiser Landshuth (1817–1887) die Inschriften des Friedhofs aufnahm, noch erhalten waren.

Auf dem jüdischen Friedhof in Fischach bei Augsburg stehen noch heute die großen hölzernen Stelen des Abraham Levi von 1815 und seiner Frau Brendel von 1833, mit Rundbogenabschluss und eingravierter Inschrift, den steinernen Grabmalen nachempfunden.[55] Im oberschwäbischen Aulendorf begnügten sich die Juden der Überlieferung nach mit eichenen Stöcken oder Säulen mit eingeschnittenen Inschriften, sogenannte „Judenhölzle".[56] Und so kann man zumindest vermuten, dass es weit mehr und

53 „Einem Unverheirateten soll kein Stein gestellt werden, nur ein Brett aus Holz"; Central Archives for the History of the Jewish People, Jerusalem, Sammlung Moritz Stern, P 17/616: Protokollbuch der Chewra Kadischa Gemillus Chasodim, Statuten S. 17: Ergänzung aus dem Jahr 488, Punkt 6 (29.12.1727).

54 Hüttenmeister / Müller, Umstrittene Räume, S. 107.

55 Eine Abbildung siehe in Baruch Ophir: Pinkas Hakehillot. Encyclopaedia of Jewish Communities from their Foundation till after the Holocaust. Vol. Germany – Bavaria, Jerusalem 1972, S. 633. Und siehe auch Jüdisch Historischer Verein Augsburg: Der jüdische Friedhof im schwäbischen Fischach (http://jhva.wordpress.com/2010/01/28/der-judische-friedhof-im-schwabischen-fischach; Stand 30.06.2015), mit Abbildung der Holzgrabmale.

56 Hahn, Erinnerungen, S. 63.

auch andernorts solche Holzgrabmale gegeben hat, von denen sich nur noch wenige Beispiele erhalten haben.[57]

Dazu kommt, dass ein Grabstein nicht sofort nach der Beisetzung gesetzt wurde. Üblich war zumindest in jüngerer Zeit eine Steinsetzung nach einem Jahr, am ersten Todestag, der sogenannten „Jahrzeit". Doch wird es sicherlich vorher eine provisorische namentliche Kennzeichnung des Grabes gegeben haben, vermutlich in Form einer beschrifteten Tafel aus Holz, und nicht immer wird in den teilweise unruhigen und wirtschaftlich schwierigen Zeiten dieses Provisorium durch ein Grabmal aus Stein ersetzt worden sein.

Die auf den ersten Blick vielleicht gleichförmig erscheinende, aber doch so vielfältige und variationsreiche Gestaltung der Grabmale im Laufe der Jahrhunderte kann an dieser Stelle nur in groben Zügen umrissen werden.[58]

Die ältesten erhaltenen Grabsteine aus dem 11. und 12. Jahrhundert schließen oben meist gerade ab, doch spätesten im 13. Jahrhundert treten vereinzelt die ersten Rundbögen auf. Die Schriftfelder sind oft eingetieft und ihre Gestaltung wird im Laufe der Zeit vielfältiger. Seit dem 17. Jahrhundert nimmt die Zahl der rundbogigen Abschlüsse deutlich zu, sie werden immer mehr variiert und die geraden Abschlüsse werden fast ganz verdrängt. Ein typisches Bild für diese Zeit bietet ein Blick auf den älteren Teil des jüdischen Friedhofs in Bayreuth. (Abb. 8) Spätestens jetzt entwickelt jede Region, jeder einzelne Friedhof sein ganz eigenes Profil mit eigenen Formen und eigenem Stil.

Die oft relativ schlicht gestalteten Grabsteine mit der hebräischen Schrift als vorherrschendem Gestaltungsmerkmal waren teilweise bis weit ins 19. Jahrhundert hinein üblich. Dann jedoch kommt es – aufgrund neuer technischer Fertigungs- und Transportmöglichkeiten einerseits und den Bedürfnissen einer zunehmend bürgerlichen Gesellschaft andererseits – fast zu einer Explosion von Formen und Variationen. Deutlich wird nun eine zunehmende Orientierung an der Sepulkralkultur der Umgebungsgesellschaft, doch gab es auch eigenständige Entwicklungen, wie zum Beispiel im Zuge des Historismus mit neo-islamischen Stilelementen gestaltete Grabmale.[59]

Üblich werden nun Sockel und Grabeinfassungen, und viele Grabsteine sind nun größer und aufwändiger gestaltet. Auf städtischen Friedhöfen werden große Familienerbbegräbnisstätten mit repräsentativen Grabbauten immer beliebter. Zunehmend treten die Schrift und damit auch die Bedeutung der Inschrift insgesamt hinter die teilweise schon überbordend zu nennende Ornamentik zurück. Gleichzeitig werden neben dem traditionellen Sandstein oder Muschelkalk nun neue Materialien wie Hartgesteine und Kunststeine beliebt, vielerorts mit metallenen Ziergittern bis hin zu ganzen

57 Im Jüdischen Kulturmuseum Augsburg ist ein solches Holzgrabmal aus Kriegshaber ausgestellt, eine Eichenholzstele aus dem Jahr 1805 für den Sohn des Mordechai aus Kassel.

58 Eine allgemeine Einführung siehe Hannelore Künzl: Jüdische Grabkunst. Von der Antike bis heute, Darmstadt 1999.

59 Zum Beispiel auf dem Friedhof in Georgensgmünd, siehe Dagmar Dietrich: Kunsthistorische Einordnung und Würdigung der Grabsteine, in: Kuhn, Georgensgmünd, S. 147–205, vor allem S. 196–198.

Abb. 9: Von Leopold Fleischhacker entworfenes Grabmal, Friedhof Mülheim/Ruhr. Die aufgesetzten Metallbuchstaben wurden in der NS-Zeit entfernt.
Foto: Nathanja Hüttenmeister, 2014.

Gitterwänden, wie zum Beispiel auf dem jüdischen Friedhof in Berlin-Weißensee.[60] Erst nach dem Ersten Weltkrieg werden im Zuge des veränderten Zeitgeschmacks einerseits und durch eine Rückbesinnung auf die eigenen alten Traditionen andererseits die Grabsteine wieder schlichter, auch die Rundbögen werden wieder häufiger.

60 Tobias Rütenik / Tobias Horn / Elgin von Gaisberg / Isabelle Arnold: 115.628 Berliner: Der jüdische Friedhof Weißensee – Dokumentation der flächendeckenden Erfassung der Grabstätten, hrsg. vom Landesdenkmalamt Berlin und der Technischen Universität Berlin (Beiträge zur Denkmalpflege in Berlin, Bd. 40) (online verfügbar unter http://www.stadtentwicklung.berlin.de/denkmal/landesdenkmalamt/download/neuerscheinungen/band40_jued_friedhof_weissensee.pdf; Stand 30.06.2015).

Im 20. Jahrhundert haben sich auch jüdische Künstler mit der Gestaltung von Grabmalen befasst, wie zum Beispiel die Bildhauer Leopold Fleischhacker (1882–1946)[61] aus Düsseldorf und Benno Elkan (1877–1960, Abb. 9)[62] aus Dortmund, deren Werke sich auf vielen jüdischen Friedhöfen (nicht nur) im Rheinland und im Ruhrgebiet finden lassen. Der Hamburger Kunstprofessor Friedrich Adler (1878–1942)[63] gestaltete eine Reihe von Jugendstil- und Art Déco-Grabmalen auf dem Friedhof seines schwäbischen Heimatortes Laupheim.[64] Für den Friedhof in Berlin-Weißensee haben viele bekannte und weniger bekannte Architekten und Bildhauer, jüdische wie nicht jüdische, Grabsteine entworfen, wie Alexander Beer, Hans Dammann, Gustav Eberlein, Benno Elkan, Louis Fränkel, Paul Lewy oder Alfred Messel. Auch die Verknüpfung jüdischer Berliner mit der internationalen Avantgarde hat Spuren hinterlassen. So gestaltete zum Beispiel der spätere Leiter des Dessauer Bauhauses, der Architekt Ludwig Mies van der Rohe, das Erbbegräbnis für Laura Perls (1862–1919) in Form eines einfachen Muschelkalkquaders über einem breit gelagerten Sockel – sein erstes, konsequent in der Formensprache der frühen Moderne gestaltetes Werk und das erste moderne Erbbegräbnis auf diesem Friedhof.[65] Der Begründer des Bauhauses, Walter Gropius, gestaltete das Familiengrab Albert Mendel (1866–1922). Mies van der Rohe und Gropius hatten 1924 gemeinsam mit dem Architekten Erich Mendelsohn mit dem „Ring“ eine Vereinigung progressiver Architekten gegründet, und von Mendelsohn stammt der Entwurf für das Grabmal von Hugo Elkeles (1896–1937), ein Beispiel für die im 20. Jahrhundert immer seltener zu findende gelungene Kombination von hebräischer und deutscher Schrift.[66]

Während sich im 19. Jahrhundert die Beisetzung in strikter chronologischer Reihenfolge vielerorts durchgesetzt hatte, wird nun vor allem dort, wo Doppelgrabstellen oder Familienerbbegräbnisse nicht üblich waren, die Gestaltung der Grabmale oft ein Mittel, familiäre Verbundenheit auszudrücken: Häufig wurden die Grabmale von Ehepartnern, manchmal die ganzer Familien, identisch oder sehr ähnlich gestaltet. Zudem wurden seit Mitte des 19. Jahrhunderts auf vielen Friedhöfen nicht nur alte Grabsteine restauriert, sondern manchmal auch durch neue, dem Zeitgeschmack besser entsprechende Grabmale ersetzt.

61 Zu ihm siehe Michael Brocke: Leopold Fleischhacker im Kontext jüdischer Sepukralkunst, in: Augenblick. Berichte, Informationen und Dokumente der Mahn- und Gedenkstätte Düsseldorf 5 (1993), S. 7–13, und Stephanie Kluth: Leben und Werk des deutsch-jüdischen Künstlers Leopold Fleischhacker (1882–1946), in: Michael Brocke / Aubrey Pomerance, Andrea Schatz (Hrsg.): Neuer Anbruch. Zur deutsch-jüdischen Geschichte und Kultur, (minima judaica, Bd. 1), Berlin 2001, S. 311–326.

62 Fritz Hofmann / Peter Schmieder: Benno Elkan. Ein jüdischer Künstler aus Dortmund, Essen 1997.

63 Ernst Schäll: Friedrich Adler – Leben und Werk, Bad Buchau 2004.

64 Nathanja Hüttenmeister: Der Jüdische Friedhof Laupheim. Eine Dokumentation, hrsg. von der Stadt Laupheim und dem Verkehrs- und Verschönerungsverein Laupheim e. V., Laupheim 1998, S. 55–61.

65 Rütenik / Horn / Gaisberg / Arnold, 115.628 Berliner, S. 54 f.

66 Brocke, Berlin-Weißensee, S. 185 (mit Abbildung des Grabmals).

Aus Osteuropa ist bekannt, dass zur Verzierung von Grabsteinen auch Farbe eingesetzt werden konnte – hie und da kann man noch Reste von Farbe finden. Hierzulande dagegen sind bunt bemalte Grabmale unbekannt, nur die Inschriften sind manchmal mit meist schwarzer Farbe nachgezeichnet oder mit Gold ausgelegt. Eine historische Aufnahme Theodor Harburgers von einem Grabstein auf dem Friedhof in Würzburg-Heidingsfeld[67] zeigt allerdings ein farbig gestaltetes Grabmal, und zwar das der für ihre innere und äußere Schönheit gerühmten Sara, Tochter des Münchner Hofbankiers Raphael Kaulla und zweite Gattin des Würzburger Bankiers Joel Jakob von Hirsch, die 1829 im Alter von nur 26 Jahren gestorben war.[68] Spuren dieser Farbe sind inzwischen nicht mehr zu erkennen, aber vielleicht wurde Farbe häufiger eingesetzt als man heute ahnt.

Auch ist zumeist unbekannt, wer die Grabsteine herstellte. Steinmetzsignaturen finden sich erst seit Mitte des 19. Jahrhunderts, und dann sind es meist die örtlichen christlichen Steinmetze, die ihre Namen hinterließen. Nur selten gibt es seit Mitte des 19. Jahrhunderts hier und dort jüdische Steinmetze, wie Adam Wolff[69] in Krefeld, Simon Löwensohn in Fürth[70] oder Max Koppel[71] in Nördlingen.

Zunehmend werden im 19. Jahrhundert in Steinmetzbetrieben Mustergrabsteine und seriell gefertigte Ware ausgestellt. Dies führte dazu, dass man manchmal auf jüdischen Friedhöfen auch Grabsteine mit mehr oder weniger deutlichen christlichen Anklängen finden kann, wie zum Beispiel in Ahaus die Grabmale des Ehepaares Winkler in Form von stilisierten Kreuzen[72] oder die Abbildung von Alpha und Omega auf dem Grabmal der 1913 gestorbenen Amalia Kösters[73] auf dem neuen jüdischen Friedhof in Krefeld. Zudem finden sich vor allem seit den 1930er Jahren immer häufiger vor den Daten kleine Kreuze für „gestorben", ein Symbol, das man aufgrund seiner christlichen Konnotation lange vermieden hatte.

67 Theodor Harburger: Die Inventarisierung jüdischer Kunst- und Kulturdenkmäler in Bayern, hrsg. v. den Central Archives for the History of the Jewish People, Jerusalem, und dem Jüdischen Museum Franken – Fürth & Schnaittach, Fürth 1998, Bd. 2, S. 283. Die Aufnahme ist leider schwarz-weiß, so dass sich keine genaue Aussage über die Farbigkeit machen lässt.

68 Digitale Edition – Jüdischer Friedhof Würzburg- Heidingsfeld (1810–1927/156 Einträge): Inv.-Nr. hdf-316 (URL: http://www.steinheim-institut.de/cgi-bin/epidat?id=hdf-316 [Version 23.10.2014]).

69 Zu ihm siehe Michael Brocke/Aubrey Pomerance: Steine wie Seelen. Der alte jüdische Friedhof Krefeld, Grabmale und Inschriften, Textband, Krefeld 2003, S. 29–32; und: Digitale Edition – Jüdischer Friedhof Krefeld, Neuer Friedhof (1874–heute/834 Einträge): Inv.-Nr. e23-241 (URL: http://www.steinheim-institut.de/cgi-bin/epidat?id=e23-0241 [Version 11.05.2015]).

70 Sigmund Löwensohn wurde 1864 in Fürth geboren. Als Kaufmann, Steinmetz und Bildhauer betrieb er dort ein Friedhofskunst- und Steingeschäft in der Innenstadt von Fürth (Nach freundlicher Auskunft von Frau Gisela Blume, 25.01.2012).

71 Rolf Hofmann: Max Koppel & Söhne. Jüdisches Steinmetzunternehmen in Nördlingen, Friedberg 2013.

72 Johanna Winkler, gest. 1921 (Digitale Edition – Jüdischer Friedhof Ahaus (1844–1937/57 Einträge): Inv.-Nr. aha-40 (URL: http://www.steinheim-institut.de/cgi-bin/epidat?id=aha-40 [Version 19.05.2014]) und Moritz Winkler, gest. 1937 (ebd., Inv.-Nr. aha-56).

73 Digitale Edition – Jüdischer Friedhof Krefeld, Neuer Friedhof (1874–heute/834 Einträge): Inv.-Nr. e23-248 (URL: http://www.steinheim-institut.de/cgi-bin/epidat?id=e23-248 [Version 11.05.2015]).

Abb. 10: Segnende Priesterhände auf dem Grabmal des Mosche KaZ, gest. 1632, Friedhof Hamburg-Altona, Königstraße. Foto: Bert Sommer, 2001.

Abb. 11: Levitenkanne auf dem Grabmal des Uri Feiwesch ben Aharon SeGaL, gest. 1691, Friedhof Hamburg-Altona, Königstraße. Foto: Bert Sommer, 2001.

5. Symbolik

Grundsätzlich muss man die Ornamentik auf jüdischen Grabmalen unterscheiden von der Symbolik, also den reinen Schmuck einerseits, und den Darstellungen und Verzierungen mit tieferer Bedeutung andererseits.[74] Die Symbolik lässt sich wiederum trennen in jüdische Symbolik einerseits und allgemeine, von der Umgebungskultur übernommene Darstellungen, insbesondere Vanitassymbole, andererseits. Hier sollen vor allem die jüdischen Symbole in den Blick genommen werden.

Symbolik bleibt im Mittelalter selten, erst in der zweiten Hälfte des 16. Jahrhunderts finden sich zum Beispiel in Frankfurt die ersten Abstammungsymbole, die segnenden Priesterhände (Abb. 10) und die Levitenkanne (Abb. 11), die also die Abstammung des Verstorbenen vom aaronidischen Priestergeschlecht der Kohanim oder von den Leviten symbolisieren. Die Kohanim waren im Tempel für die Darbringung des Opfers zuständig und sprachen den Segen über das Volk. Bei diesem Segen, der bis heute im Synagogengottesdienst gesprochen wird, erhebt der Kohen die Hände in der typischen Fingerhaltung. Die Leviten waren für die kultische Reinheit zuständig und wuschen den Kohanim vor dem Segen die Hände. Dies wird auf Grabsteinen mit einer Kanne symbolisiert, die häufig in Form eines zeitgenössischen Waschgeräts gestaltet ist.

Andere Symbole stehen für verschiedene Funktionen innerhalb der jüdischen Gemeinschaft. Die Tätigkeit des Mohels, des Beschneiders, der die jüdischen Knaben

74 Eine Übersicht über häufig vorkommende Symbole mit vielfältigen Bildbeispielen siehe in der Online-Einführung von Nathanja Hüttenmeister, Steinheim-Institut: „Spurensuche – Jüdische Friedhöfe in Deutschland" (http://spurensuche.steinheim-institut.org/).

Abb. 12: Beschneidungsutensilien auf dem Grabmal des Philipp Wertheimber, gest. 1810, Friedhof Bayreuth. Foto: Bert Sommer, 2009.

Abb. 13: Schofar auf dem Grabmal von Aron Koppel Hechinger, gest. 1835, Friedhof Bayreuth. Foto: Bert Sommer, 2009.

am achten Lebenstag beschnitt, wird durch ein Messer symbolisiert (Abb. 12), manchmal flankiert von Salbenfläschchen. Ein Schofar steht für die hohe Ehre und große Kunst des Schofar-Blasens an den hohen Feiertagen Neujahr und Versöhnungstag, kann aber auch für die Auferstehungshoffnung stehen, denn auch am Jüngsten Tag wird das Schofar ertönen. (Abb. 13)

Eine schreibende Hand steht für den Sofer (Abb. 14), der in mühevoller Arbeit Torarollen und andere religiöse Texte herstellte, später aber auch die Funktion eines Gemeindesekretärs einnehmen konnte. Bücher können für Gelehrsamkeit stehen, Gebetsbücher für Frömmigkeit, oder sie symbolisieren die Werke des Verstorbenen, wie zum Beispiel auf dem Grabstein des 1749 gestorbenen Altonaer Oberrabbiners Jecheskel Katzenellenbogen auf dem Friedhof in Hamburg-Altona.[75] (Abb. 15)

Neben Zedaka-Büchsen als Symbol für das Gebot der Wohltätigkeit findet man vor allem in Süddeutschland auf Grabsteinen von Frauen, die am Freitagabend die Schabbat-Kerzen entzünden, manchmal die Darstellung von Schabbatlampen und -kerzen. Auf dem Grabmal der 1814 gestorbenen Vogel[76] auf dem Friedhof in Heidingsfeld bei

75 Digitale Edition – Jüdischer Friedhof Hamburg-Altona, Königstraße (1621–1871 / 6001 Einträge); Inv.-Nr. hha-1721 (URL: http://www.steinheim-institut.de/cgi-bin/epidat?id=hha-1721 [Version 11.02.2015]).

76 Digitale Edition – Jüdischer Friedhof Würzburg-Heidingsfeld (1810–1939 / 158 Einträge), Inv.-Nr. hdf-119 (URL: http://www.steinheim-institut.de/cgi-bin/epidat?id=hdf-119 [Version 23.10.2014]).

Abb. 14: Grabmal des Elkana ben Pessach, gest. 1712, mit schreibender Hand im Giebelfeld, Friedhof Hamburg-Altona, Königstraße. Foto: Bert Sommer, 2001.

Abb. 15: Grabmal von Jecheskel Katzenellenbogen, gest. 1749, Friedhof Hamburg-Altona, Königstraße. Foto: Bert Sommer, 2001.

Abb. 16: Grabmal der Vogel, Gattin des Josel SeGaL, gest. 1814, Friedhof Würzburg-Heidingsfeld. Foto: Bert Sommer, 2010.

Würzburg kündet ein großer Leuchter von ihrer jahrelangen ehrenvollen Aufgabe, die Lampen in der Synagoge mit Kerzen zu bestücken – hier ein neunarmiger Leuchter, eigentlich ein Chanukka-Leuchter, nicht zu verwechseln mit dem siebenarmigen Leuchter, der Menora. (Abb. 16)

Die Menora war schon in der Antike das Symbol für das Judentum und geht zurück auf die Leuchter, die im Tempel rechts und links des Altars standen und nach der Zerstörung des Tempels durch die Römer geraubt wurden, wie auch in Rom auf dem Titusbogen dargestellt. Schon in der Antike findet man die Darstellung der Menora auf jüdischen Grabsteinen, und hierzulande vor allem seit dem 20. Jahrhundert hier und dort, neben dem zweiten Symbol für das Judentum, dem Davidstern.

Der Davidstern, wörtlich Magen David, das Schild Davids, in der Antike eines von vielen Symbolen, entwickelte sich im 19. Jahrhundert zu dem Symbol des Judentums schlechthin, und spätestens seit dem Ersten Weltkrieges ist er auch sehr häufig auf Grabsteinen dargestellt. Auf älteren Grabsteinen kann er auch als Namenssymbol dienen, wie zum Beispiel auf dem Grabmal des 1686 gestorbenen David Hammerschlag auf dem Friedhof in Hamburg-Altona, das mit einem Davidstern für den Namen David und zwei Hämmern für den Beinamen Hammerschlag geschmückt ist.[77] (Abb. 17) Weitere

77 Digitale Edition – Jüdischer Friedhof Hamburg-Altona, Königstraße (1621–1871 / 6001 Einträge), Inv.-Nr. hha-2338 (URL: http://www.steinheim-institut.de/cgi-bin/epidat?id=hha-2338 [Version 11.02.2015]).

Abb. 17: Grabmal des David Hammerschlag, gest. 1686, Friedhof Hamburg-Altona, Königstraße.
Foto: Bert Sommer, 2001.

Abb. 18: Springender Hirsch, Grabmal des Zwi Hirsch, gest. 1807, Friedhof Hamburg-Altona, Königstraße.
Foto: Bert Sommer, 2001.

Abb. 19: Zwei Löwen mit Wappenschild, Grabmal von Jehuda Löb Rothschild Bacharach, gest. 1750, Friedhof Hamburg-Altona, Königstraße.
Foto: Bert Sommer, 2001.

Namenssymbole gehen auf den Jakobssegen (Genesis 49,1–28) zurück: der Hirsch für Naftali, der Löwe für Jehuda und ganz selten findet man auch mal einen Bären für Issachar.[78] (Abb. 18)

Ebenfalls beliebt war die Darstellung von Kronen (Abb. 19), als Kronen der Gelehrsamkeit, des Priestertums und vor allem als Krone des guten Namens nach den Sprüchen der Väter (Pirkei Avot 4,17, Abb. 20), für eine Frau als Krone ihres Gatten nach den Sprüchen 12,4 oder die von ihrem Podest fallende Krone aus den Klageliedern 5,16, die den Verlust eines Familienoberhauptes oder Gemeindevorstehers symbolisiert (Abb 21).

Neben diese jüdischen Symbole treten in Frankfurt seit Ende des 16. Jahrhunderts die Hauszeichen. Diese oft sehr kunstvoll gestalteten Zeichen gaben den Namen des Hauses in der Frankfurter Judengasse an, in dem der oder die Verstorbene gelebt hatte. In einer solch großen Gemeinde wie der Frankfurter und auf ihrem großen Friedhof mit Tausenden von Grabsteinen bedurfte es über die jüdischen Namen hinaus weiterer Identifizierungsmöglichkeiten für den Einzelnen im Leben, wie der Grabsteine im Tode, und so stehen hier die Hausnamen (anstelle der späteren Familiennamen, die sich in Frankfurt oft von Hauszeichen herleiteten) wie ein Wappen über den Inschriften.

78 Wie auf dem Grabmal des 1824 gestorbenen Bernhard Ullmann in Laupheim (Digitale Edition – Jüdischer Friedhof Laupheim (1761–1979 / 921 Einträge), Inv.-Nr. lau-822 (URL: http://www.steinheim institut.de/cgi-bin/epidat?id=lau-822 [Version 19.06.2015]).

Abb. 20: Die Krone des guten Namens, Grabmal des Abraham Isaac, gest. 1820, Friedhof Hamburg-Altona, Königstraße. Foto: Bert Sommer, 2001.

Abb. 21: Vom Podest fallende Krone, Grabmal des Reuwen Berlin, gest. 1731, Friedhof Hamburg-Altona, Königstraße. Bert Sommer, 2001.

Solche Hauszeichen wie hier zum Beispiel der Drache auf dem Grabmal des 1687 gestorbenen Frankfurters Awram Drach blieben jedoch auf Frankfurt, das nahe Hanau und seltener auch Worms beschränkt.

Während bei den Hauszeichen selten auch mal figürliche Darstellungen zu finden sind,[79] bleiben diese ansonsten bis ins 20. Jahrhundert hinein die Ausnahme. Entsprechend dem biblischen Bilderverbot wurden auch bei der Gestaltung der Grabsteine wie in der gesamten aschkenasisch-jüdischen Kunst figürliche Darstellungen meist vermieden. Doch mag auch hier im Laufe der Jahrhunderte mehr verschwunden sein, als heute zu ahnen ist. So gibt es zum Beispiel auf dem auf den Anfang des 17. Jahrhunderts zurückgehenden Friedhof im thüringischen Schmalkalden einen heute völlig verwitterten Grabstein, dessen Inschrift sich nicht erhalten hat. Doch auf einer Fotografie des Steins vom Anfang der 1960er Jahre lässt sich nicht nur das Sterbejahr noch lesen und so der Stein ins jüdische Jahr 5460 (1699/1700) datieren. Man sieht auch, dass das Grabmal mit der Gestalt eines fast in Lebensgröße abgebildeten kleinen Jungen geschmückt

79 Ein Beispiel ist das Zeichen für das Haus zum Paradies: Adam und Eva mit dem Apfel unter dem Baum mit der Schlange, abgebildet z. B. auf dem Grabstein des 1678 gestorbenen Jechiel Zunz (Digitale Edition – Jüdischer Friedhof Frankfurt am Main, Battonnstraße (1272–1828 / 3823 Einträge): Inv.-Nr. ffb-94 [URL: http://www.steinheim-institut.de/cgi-bin/epidat?id=ffb-94 (Version 29.04.2015)] und noch kunstvoller auf dem Stein seines 1697 gestorbenen Sohnes Mosche Zunz (ebd., Inv.-Nr. ffb-120).

Abb. 22: Historische Aufnahme eines Grabmals aus dem Jahr 1699/1700, Friedhof Schmalkalden. Foto: Angela Onasch, 1962.

Abb. 23: Grabmal der Hindle bat Meierl Schmalkalden, gest. 1750, Friedhof Schmalkalden. Foto: Bert Sommer, 2010.

ist, der einen nicht mehr identifizierbaren Gegenstand in der Hand hält.[80] (Abb. 22) Einen fünfzig Jahre jüngeren, wunderschön gestalteten Barockstein desselben Friedhofs ziert ein bekröntes Medaillon mit einer Brustbilddarstellung der verstorbenen Jungfrau Hindle.[81] (Abb. 23)

Doch bleiben diese frühen figürlichen Darstellungen die Ausnahme. Erst auf städtischen Friedhöfen des 20. Jahrhunderts kann man immer wieder mal Reliefs mit figürlichen Darstellungen, aber auch Vollplastiken finden, wie die Allegorie der Trauer.

Seit dem 19. Jahrhundert findet man verstärkt auch Symbolik nicht jüdischen Ursprungs auf den Grabsteinen, so Schmetterlinge als Symbole für die Metamorphose der Seele, vielfältige Vanitas-Symbole, wie Sanduhren, gesenkte Fackeln oder geknickte Blumen, aber auch Symbole für weltliche Berufe, den Äskulapstab, und vieles mehr.

Deutlich reicher als die beschriebene Symbolik auf aschkenasischen Grabmalen ist die Ausgestaltung der Grabmale der „Portugiesen", der sefardischen Juden, hierzulande nur auf den Friedhöfen in Hamburg-Altona und Glückstadt. Hier kann man über vielfältige Vanitas-Symbole (z. B. Schädel mit gekreuzten Knochen) hinaus insbesondere die Darstellung biblischer Szenen als Verbildlichung von Namen der Verstorbenen finden (wie zum Beispiel Daniel in der Löwengrube oder Jakob und die Himmelsleiter).[82]

80 Digitale Edition – Jüdischer Friedhof Schmalkalden (1629–1939 / 159 Einträge): Inv.-Nr. smk-61 [URL: http://www.steinheim-institut.de/cgi-bin/epidat?id=smk-61 (Version 14.07.2014)]. Und siehe zu diesem und dem folgenden Grabstein auch Nathanja Hüttenmeister: „Bund des Lebens" in Schmalkalden. Ein Beitrag über den jüdischen Friedhof in Schmalkalden, in: Schmalkaldische Geschichtsblätter, Bd. 4 (2014), S. 100–107.

81 Digitale Edition – Jüdischer Friedhof Schmalkalden (1629–1939 / 159 Einträge): Inv.-Nr. smk-29 (URL: http://www.steinheim-institut.de/cgi-bin/epidat?id=smk-29 [Version 14.07.2014]).

82 Studemund-Halévy, Theatrum Sefardicum, S. 143–152.

6. Die Inschriften

In der vorliegenden Betrachtung soll das Hauptaugenmerk auf den Grabsteinen liegen, daher muss die Darstellung der Entwicklung der Inschriften hier kursorisch bleiben.

Bis weit ins 19. Jahrhundert hinein waren jüdische Grabsteine nur Hebräisch beschriftet. Die ältesten hierzulande erhaltenen Grabsteine aus dem Mittelalter tragen meist relativ kurze Inschriften, beschränken sich auf die Angabe von Status („Mann“, „Frau“, „Kind“, „ledig“, „alt“ etc.), jüdischem Namen mit Vatersnamen und Sterbedatum nach dem jüdischen Kalender, gerahmt von einer Einleitungsformel und einem abschließenden Segen. Im Laufe der Zeit wurden die Inschriften ausführlicher, wurden erweitert durch eine Eulogie, eine Lobrede auf den oder die Verstorbene, die sich auf wenige lobende Attribute beschränkte oder aus vielfältigen Zitaten aus der Traditionsliteratur zusammengesetzt war, ausgeschmückt mit Reim, Wortspielen mit den Namen und Akrosticha und Chronogrammen. Genannt werden auch die Funktionen und Ehrentitel, die ein Verstorbener in seiner Gemeinde innehatte, und zu den jüdischen Namen treten vermehrt die Alltags- oder Rufnamen. Je gelehrter eine Gemeinde war, je wichtiger die verstorbene Person, desto länger, ausführlicher und kunstvoller konnten die Inschriften werden. Für den 1802 gestorbenen Hamburger Rabbiner Noach Berlin wurde zum Beispiel eine Inschrift verfasst, die nicht nur besonders lang und kunstvoll komponiert ist, sondern auch durch ihre klare optische Gliederung und der besonders schönen Ausführung der hebräischen Schrift den Grabstein in ganz auffallender Weise schmückt. (Abb. 24) Jede Gemeinde, jede Zeit, entwickelte ihren eigenen Stil, der manchmal auch von Einzelpersonen bestimmt werden konnte.[83]

Mit der Zeit bildete sich jedoch ein Standardformular von beliebten Wendungen, Formulierungen und Zitaten heraus, die die Inschriften zunehmend gleichförmiger erscheinen lassen. Doch je weniger individuell die Inschriften abgefasst waren, je weniger sie biografische Details oder die besonderen Tugenden eines Verstorbenen deutlich werden lassen, desto mehr spiegeln sie die in einer bestimmten Zeit vorherrschenden Ideale und Werte und – über einen großen Zeitraum betrachtet – den Wandel dieser Werte im Laufe der Jahrhunderte.

Aus dem Jahr 1800 in Berlin stammen die frühesten bekannten deutsch abgefassten jüdischen Grabinschriften,[84] zunächst noch in hebräischen, seit 1810 auch in lateinischen Buchstaben. Während des 19. Jahrhunderts breiten sich die deutschen Inschriften von Berlin aus langsam aus, seit Mitte des 19. Jahrhunderts tragen die Grabsteine vielerorts zunächst auf der Rückseite eine kurze deutsche Inschrift, die nur den bürgerlichen Namen und das Sterbejahr angibt. Im Laufe der Zeit werden die deutschen Inschriften

---

83 So zum Beispiel der Hamburger Gemeindeschreiber Elkana bar Pessach (gest. 1712), der auf dem Friedhof in Hamburg-Altona weit über hundert gereimte Namensgedichte hinterlassen hat, die nicht nur von hoher Kunstfertigkeit zeugen, sondern durch die „lebhafte soziale Charakteristik der dargestellten Personen“ ein gedichtetes Gemeindeporträt bilden: Carsten L. Wilke: Aus der Blütezeit der hebräischen Epitaphiendichtung in Altona. Das Werk des Gemeindeschreibers Elkana bar Pessach (1692–1712), in: Michael Brocke (Hrsg.): Verborgene Pracht. Der jüdische Friedhof Hamburg-Altona – Aschkenasische Grabmale, Dresden 2009, S. 100–112.

84 Auf dem jüdischen Friedhof in der Berliner Großen Hamburger Straße, siehe Hüttenmeister / Müller, Umstrittene Räume.

Abb. 24: Grabmal des Oberrabbiners Noach Chajim Hirsch Berlin, gest. 1802, Friedhof Hamburg-Altona, Königstraße. Foto: Bert Sommer, 2001.

ausführlicher, nennen Geburts- und Sterbedaten und werden von Einleitungsformel und Schlusssegen gerahmt, im Stil der Inschriften, wie sie auch in der jeweiligen Umgebung üblich waren. Dagegen bleiben Versuche, die Inhalte der hebräischen Inschriften auch in das neue Medium der deutschen Sprache zu übertragen, eine seltene Ausnahme.

Sukzessive verdrängt das Deutsche die hebräischen Inschriften, sie werden zunächst auf der Vorderseite unter den hebräischen Inschriften und dann auf die Rückseite platziert, bis schließlich beide Sprachen kombiniert werden oder das Hebräische ganz verschwindet. Gleichzeitig waren immer weniger Gemeindemitglieder fähig, eine individuelle hebräische Grabinschrift zu verfassen, und so griff man gerne auf Musterinschriften zurück, wie sie Kompendien jüdischer Totenliturgie und Trauergebräuche beigegeben waren. Solche Kompendien erfreuten sich seit Anfang des 18. Jahrhunderts wachsender Beliebtheit und fanden weite und nachhaltige Verbreitung.[85] Anfang des

85 Zum Beispiel Seligmann Baers „Tozeoth Chajim" (Erste Auflage Rödelheim 1852) oder Salomon Ephraim Bloggs „Sefer Hachajim", das 1905 seine 11. verbesserte Auflage erfuhr.

20. Jahrhunderts findet man längere hebräische Inschriften meist nur noch auf Grabsteinen von Mitgliedern der neo-orthodoxen Austrittsgemeinden oder Zuwanderern aus Osteuropa. Erst in der NS-Zeit ist mancherorts wieder ein Anstieg hebräischer Inschriften zu beobachten.

7. Die NS-Zeit

Die NS-Zeit hat deutliche Spuren auch auf den jüdischen Friedhöfen hinterlassen. Mancherorts mussten die Zwangsnamen „Sara“ und „Israel“ auch auf den Grabsteinen verzeichnet werden.[86] Überall findet man reservierte Grabstellen, die nicht mehr belegt, und Doppelgrabsteine, die nicht mehr beschriftet wurden, weil diejenigen, die hier begraben werden wollten, rechtzeitig emigriert waren oder deportiert und ermordet wurden. Die letzten Gräber wurden oft nicht mehr durch Grabsteine gekennzeichnet, weil keiner mehr da war, der einen Grabstein hätte setzten können oder wollen. Stattdessen wurden viele Grabsteine nach Kriegsende von überlebenden Angehörigen mit Gedenkinschriften für ermordete Familienmitglieder versehen.

Während der NS-Zeit wurden viele Friedhöfe systematisch zerstört, andere, die meist vorher von ihren jeweiligen Gemeinden zwangsverkauft werden mussten oder enteignet wurden, wurden abgeräumt, die Grabsteine an Steinmetze verkauft oder zum Bau verwendet.[87] Nur wenige Friedhöfe blieben von Vandalismus und Schändungen verschont, die es allerdings auch schon früher gegeben hatte und bis heute gibt.[88] Zudem wurde im Rahmen der „Metallspende des deutschen Volkes“ seit 1940 auch auf den allermeisten jüdischen Friedhöfen sämtliches Metall (in Form von aufgesetzten Metallbuchstaben, Ziergittern und Verzierungen) entfernt. Dazu kamen, insbesondere in den Großstädten, direkte Kriegsschäden, wie Bombentreffer und Schäden durch Granatensplitter und Geschosseinschläge.

Auf unbelegt gebliebenen Flächen wurden vielerorts (nicht jüdische) Kriegsgefangene und Zwangsarbeiter beigesetzt, manchmal erfolgten auch Umbettungen jüngerer Gräber von aufgelassenen jüdischen Friedhöfen der Umgebung.

Nach Kriegsende wurden die noch erhaltenen Friedhöfe nach und nach wieder instandgesetzt. Mancherorts wurden abgeräumte Grabsteine wieder aufgestellt oder ersetzt, manchmal auch noch vorhandene Grabsteine umgesetzt, so dass aufgrund der

86 Die von den Nationalsozialisten erlassene „Zweite Verordnung zur Durchführung des Gesetzes über die Änderung von Familiennamen und Vornamen“ vom 17. August 1938, mit der die Zwangsnamen „Sara“ und „Israel“ eingeführt wurden, trat zum 1. Januar 1939 in Kraft. Die Zwangsnamen findet man zum Beispiel auf dem Duisburger Waldfriedhof, dessen jüdisches Feld nicht als eigenständiger jüdischer Friedhof anzusehen ist und daher dem allgemeinen Friedhofsreglement unterworfen war.

87 Die Beispiele dafür sind vielfältig. Zu den bedeutendsten zerstörten Friedhöfen zählen der Friedhof in der Großen Hamburger Straße in Berlin (siehe Hüttenmeister / Müller, Umstrittene Räume) und große Teile des auf das Mittelalter zurückgehenden Friedhofs in der Frankfurter Battonnstraße (siehe Brocke, Der alte jüdische Friedhof), dessen Grabsteine vor Ort zu Schotter für den Straßenbau verarbeitet wurden.

88 Marion Neiss: Friedhofsschändungen in Deutschland. Ein Überblick, in: Jahrbuch für Antisemitismusforschung 10 (2001), S. 55–66.

Abb. 25: Jüdischer Friedhof Bayreuth: Neuer Teil. Foto: Bert Sommer, 2009.

heutigen Gestaltung und Aufstellung der Grabmale nicht immer auf das ursprüngliche Aussehen eines Friedhofs geschlossen werden kann. Heute gelten viele Friedhöfe als „geschlossen", stehen unter Denkmalschutz und werden dort, wo keine jüdische Gemeinde mehr besteht, von den Kommunen im Auftrag der jüdischen Landesverbände gepflegt. Häufig wurden Gedenksteine gesetzt, die der vernichteten jüdischen Gemeinden gedenken – anstelle des privaten und persönlichen Gedenkens tritt nun zunehmend das kollektive Gedenken. Wenige Friedhöfe werden von den neu entstandenen jüdischen Gemeinen heute weiter belegt, und in den letzten Jahren wurden auch neue jüdische Friedhöfe angelegt. Die Gestaltung der Grabmale heute lässt deutlich die Herkunft des überwiegenden Teils der heutigen Gemeindemitglieder aus den ehemaligen GUS-Staaten erkennen, mancherorts führen strenge Regularien auch zu einer sehr einheitlichen Gestaltung der Grabmale, wie zum Beispiel auf dem jüngsten Teil des Friedhofs in Bayreuth zu beobachten. (Abb. 25)

Mit der Zerstörung des deutschen Judentums wurde auch der jahrhundertelangen Entwicklung der deutsch-jüdischen Sepulkralkultur mit ihrem stetigen fruchtbaren Austausch zwischen alter Tradition und modernen Einflüssen, zwischen Bewahren und Erneuern, zwischen Gedenken und Repräsentieren ein jähes Ende gesetzt. Es bleibt abzuwarten, ob sich in Zukunft wieder eine eigene deutsch-jüdische Sepulkralkultur entwickeln wird.

8. Jüdische Friedhöfe in der Forschung

Leopold Zunz gab 1845 den Anstoß, auch den jüdischen Friedhöfen als einer Quelle des Geschichtswissens die entsprechende Aufmerksamkeit zu widmen:

> „Erst in neuester Zeit, nachdem unter den deutschen Juden die Wissenschaft erwachte, wurde der Blick wieder auf die alten Denkmäler gelenkt und an die Grabschriften gedacht. Aber auch die vorhandenen Grabstätten, selbst ohne die Erwartung sehr Altes zu finden, verdienen die Aufmerksamkeit der Geschichtsforscher."[89]

89 Das Gedächtnis der Gerechten, in: Leopold Zunz, Zur Geschichte und Litteratur, Bd. 1, Berlin 1845, S. 401 f. Und siehe auch: Nathanja Hüttenmeister: Anleitung zur praktischen Epigraphie,

Erste Sammlungen von Grabinschriften konzentrierten sich auf Rabbiner oder bekannte Familien. Doch entstand als direkte Reaktion auf den Aufruf von Zunz mit der Abschrift der Inschriften des alten Berliner Friedhofs in der Großen Hamburger Straße in den 1860er Jahren die erste vollständige Dokumentation eines jüdischen Friedhofs, die jedoch nicht veröffentlicht wurde.[90] Erste Publikationen, wie zu Frankfurt von Rabbiner Markus Horovitz[91] und vor allem die in ihrer Qualität bis heute vorbildhaften Werke des Gelehrten und langjährigen Bibliothekars der Israelitischen Kultusgemeinde Wien, Bernhard Wachstein,[92] setzten zu Anfang des 20. Jahrhunderts bis heute gültige Standards.

Seit den 1980er Jahren rückten in Westdeutschland die jüdischen Friedhöfe nach und nach wieder in das Bewusstsein der Bevölkerung und erste Friedhofsdokumentationen entstanden, die meist von hohem Engagement der jeweiligen Verfasser und Initiativen für die Sache, aber noch von sehr wenig Erfahrung im Entziffern und Verstehen der hebräischen Inschriften und der vielfältigen Gestaltung der Grabmale mit ihrer Symbolik und Ornamentik zeugen. Bis heute ist die Anzahl dieser Publikationen stark angestiegen, sie reichen von Schülerarbeiten über Bildbände mit malerischen Ansichten bis hin zu wissenschaftlich hochwertigen Volldokumentationen einzelner Friedhöfe.[93] Zunehmend werden diese Dokumentationen auch online zugänglich gemacht, wie zum Beispiel für die Friedhöfe in Buttenhausen,[94] Ebern[95] oder Münster[96].

Seit den 1990er Jahren gibt es auch verstärkt Initiativen, sich den Friedhöfen einer ganzen Region zu widmen. So wurden zum Beispiel sämtliche jüdischen Friedhöfe in Baden-Württemberg vom Landesdenkmalamt erfasst, die Grabsteine vom Zentralarchiv zur Erforschung der Geschichte der Juden in Deutschland fotografiert, sämtliche

---

in: Kalonymos. Beiträge zur deutsch-jüdischen Geschichte aus dem Salomon Ludwig Steinheim-Institut an der Universität Duisburg-Essen, 3. Jg. 2000 (Sonderausgabe zum 60. Geburtstag von Michael Brocke), S. 14–16 (URL: http://www.steinheim-institut.de/edocs/kalonymos/kalonymos_2000_x.pdf#page=14; Stand 30.06.2015).

90 Hüttenmeister / Müller, Umstrittene Räume.

91 Markus Horovitz: Awnei Sikaron. Die Inschriften des alten Friedhofs der israelitischen Gemeinde zu Frankfurt a.M., Frankfurt a.M. 1901.

92 Bernhard Wachstein: Die Inschriften des alten Judenfriedhofs in Wien, 2 Bände, Wien / Leipzig: I: 1912, II.: 1917; Bernhard Wachstein: Die Grabinschriften des alten Judenfriedhofs in Eisenstadt, in: Sandór Wolf (Hrsg.): Eisenstädter Forschungen, Bd. 1, Eisenstadt 1922.

93 Eine Übersicht über die bis 2004 erschienene Literatur zum Thema bietet Falk Wiesemann: Sepulcra judaica. Bibliographie zu jüdischen Friedhöfen und zu Sterben, Begräbnis und Trauer bei den Juden von der Zeit des Hellenismus bis zur Gegenwart, Essen 2005.

94 Die Dokumentation des Friedhofs in Buttenhausen wurde von Studenten des Historischen Seminars der Universität Heidelberg erstellt (http://www.zegk.uni-heidelberg.de/hist/ausstellungen/buttenhausen/datenbank.html; Stand 30.06.2015).

95 Dieser Friedhof wird seit 2010 von Studenten unter Leitung von Professor Dr. Stefan Rohrbacher von der Heinrich-Heine-Universität Düsseldorf erforscht, siehe „Die Steine auf dem Paradies“ (http://www.jewish-studies.com/ebern/index.html; Stand 30.06.2015).

96 Die Dokumentation des Münsteraner Friedhofs wurde am Seminar für Exegese des Alten Testaments der Katholisch-Theologischen Fakultät Münster dokumentiert und 2015 online gestellt (http://www.juedischer-friedhof-muenster.de; Stand 30.06.2015).

Namen und Daten aufgenommen und zu sogenannten „Grunddokumentationen“ zusammengefasst. Zu einigen Friedhöfen konnte in Zusammenarbeit mit den jeweiligen Kommunen auch eine Volldokumentation aller Grabsteine erarbeitet und veröffentlicht werden. Ein Projekt der Gesamtaufnahme aller Inschriften gibt es auch für die ältesten jüdischen Friedhöfe in Hessen durch die Kommission für die Geschichte der Juden in Hessen, und in anderen Bundesländern (wie z. B. Rheinland-Pfalz, Hamburg, Saarland) bestanden und bestehen ebenfalls vergleichbare Initiativen, weitere, wie zum Beispiel in Bayern, sind geplant.

Unter baugeschichtlichen, kunsthistorischen und denkmalpflegerischen Aspekten wurde kürzlich dem großen Friedhof in Berlin-Weißensee besondere Aufmerksamkeit geschenkt,[97] unter anderem im Zuge der Bestrebungen, den Rang eines UNESCO-Weltkulturerbes zu erlangen. Durch diese Bestrebungen sind auch andere jüdische Friedhöfe verstärkt ins öffentliche Bewusstsein gerückt, wie beispielsweise der Friedhof in Hamburg-Altona, die Friedhöfe und mittelalterlichen Grabmale der SchUM-Gemeinden Speyer, Worms und Mainz und die mittelalterlichen Grabsteine aus Erfurt.[98]

In den letzten Jahren wurden einige Datenbanken auch online zugänglich gemacht.[99] Die ältesten hessischen Friedhöfe werden nach und nach in LAGIS[100] eingegeben, das insbesondere eine Recherche nach Namen und Daten erlaubt. Eine ähnliche Initiative gibt es für die jüdischen Friedhöfe in Brandenburg.[101] Neben diesen regionalen Datenbanken gibt es zum Beispiel in den Niederlanden mit „Het stenen archief“[102] eine landesweite Initiative zur Dokumentation aller niederländischen Friedhöfe.

---

97 Rütenik / Horn / Gaisberg / Arnold, 115.628 Berliner.

98 Nathanja Hüttenmeister: „Wird jüdisches Erbe „Welterbe“?“, in: Kalonymos, Beiträge zur deutsch-jüdischen Geschichte aus dem Salomon Ludwig Steinheim-Institut an der Universität Duisburg-Essen, 14. Jg. (2011), Heft 4, S. 14 f. (http://www.steinheim-institut.de/edocs/kalonymos/kalonymos_2011_4.pdf#page=14; Stand 30.06.2015).

99 Nathanael Riemer stellt in „Jüdische Friedhöfe in Europa – Ein Plädoyer für Online-Dokumentationen“ (Pardes. Zeitschrift der Vereinigung für Jüdische Studien e. V., 15, S. 146–156) die wichtigsten Datenbanken vor. Zu Epidat siehe auch Thomas Kollatz: epidat – Datenbank zur jüdischen Grabsteinepigraphik. Inventarisierung und Dokumentation historischer jüdischer Friedhöfe, in: Eckhard Bolenz, Lina Franken, Dagmar Hänel (Hrsg.): „Wenn das Erbe in die Wolke kommt“. Digitalisierung und kulturelles Erbe, Essen 2015 (im Lektorat), sowie Thomas Kollatz / Harald Lordick / Beata Mache: Digitale Infrastruktur für die Judaistik. E-Humanities im Steinheim-Institut, in: Kalonymos, Beiträge zur deutsch-jüdischen Geschichte aus dem Salomon Ludwig Steinheim-Institut an der Universität Duisburg-Essen, 14. Jg. (2011), Heft 3, S. 9–11, und Nathanja Hüttenmeister: Jüdische Friedhöfe als historische und genealogische Quelle. Die epigrafische Datenbank „epidat“ des Salomon Ludwig Steinheim-Instituts“, in: Bettina Joergens (Hrsg.): Jüdische Genealogie im Archiv, in der Forschung und digital, (Veröffentlichungen des Landesarchivs Nordrhein-Westfalen 41), Essen 2011, S. 123–133.

100 Das Landesgeschichtliche Informationssystem Hessen (http://www.lagis-hessen.de; Stand 30.06.2015).

101 Universität Potsdam, Zentrum für Jüdische Studien: Jüdische Friedhöfe in Brandenburg (http://www.uni-potsdam.de/juedische-friedhoefe; Stand 30.06.2015).

102 Nederlands-Israelitisch Kerkgenootschap: Het Stenen Archief (http://www.stenenarchief.nl; Stand 30.06.2015).

Das Salomon Ludwig Steinheim-Institut für deutsch-jüdische Geschichte an der Universität Duisburg-Essen und seine Mitarbeiter engagieren sich schon seit Jahrzehnten in der Epigrafik, der Dokumentation von jüdischen Friedhöfen (nicht nur) in Deutschland. Um die Ergebnisse dieses langjährigen Forschungsschwerpunktes des Instituts einer breiten Öffentlichkeit zugänglich zu machen, wurde seit 2002 mit epidat ebenfalls eine epigrafische Datenbank entwickelt.[103] Dieses digitale Textarchiv präsentiert online zugänglich und durchsuchbar bereits über 150 digitale Editionen mit über 30.000 Grabinschriften.[104] Da diesen Dokumentationen keine gemeinsame Landesinitiative zugrunde liegt, beschränkt sich auch epidat nicht auf eine Region, sondern versteht sich als länderübergreifendes Instrument der Edition von jüdischen Friedhöfen.

Während in den Datenbanken die einzelnen Grabsteine und ihre Inschriften im Mittelpunkt stehen, wurde kürzlich in dem vom BMBF geförderten Verbundprojekt[105] „Relationen im Raum – Visualisierung topographischer Klein(st)strukturen" ein wichtiges Instrument zur Analyse und Visualisierung räumlicher Relationen zwischen Grabmalen jüdischer Friedhöfe entwickelt,[106] das die Erforschung der Belegung der Friedhöfe wie der kunsthistorischen Entwicklung der Grabmale deutlich erleichtern wird.

9. Zusammenfassung

Friedhöfe, ihre Grabmale und Inschriften bieten eine unschätzbare Quelle zur Erforschung des Jahrhunderte alten jüdischen Lebens in Deutschland. Während man bisher jedoch das Hauptaugenmerk auf die Inschriften richtete oder sich nur (oft in Ermangelung von ausreichenden Hebräisch-Kenntnissen) der kunsthistorischen Entwicklung der Grabmale oder der Geschichte eines Friedhofs widmete, wird nun zunehmend deutlich, dass ein Friedhof als Ganzes zu lesen und zu deuten ist. Die Gestaltung eines Grabmals, seine Position und Ausrichtung in Relation zu den anderen Grabmalen des Friedhofs sowie Aufbau, Inhalt und Sprache der Inschriften werden vom Status des Verstorbenen ebenso bestimmt wie von den Vorstellungen, Traditionen, Bräuchen und Möglichkeiten der jeweiligen Familie, der jeweiligen Gemeinde und der jeweiligen Zeit sowie den Bedingungen, die das Friedhofsgelände bot. Zudem haben sich keine anderen materiellen Zeugnisse jüdischen Lebens auch nur annähernd in einer solchen Zahl und von so hohem Alter erhalten wie die Grabsteine, denen damit weit über ihre Funktion als Inschriftenträger eine Bedeutung zukommt, die es in Zukunft stärker zu würdigen gilt.

---

103 Steinheim-Institut, Essen: Epidat (http://www.steinheim-institut.de/cgi-bin/epidat; Stand 30.06.2015).

104 Friedhöfe, die vor der Entwicklung von epidat von den Mitarbeitern des Steinheim-Instituts dokumentiert wurden, sind teilweise bereits und sollen auch weiterhin in epidat übernommen werden. Diese Möglichkeit besteht auch für die Arbeiten externer Forscher.

105 Eine Kooperation des Steinheim-Instituts, Essen, mit der Bau- und Stadtbaugeschichte der TU Berlin und dem Institut für Kultur und Ästhetik digitaler Medien der Leuphana Universität Lüneburg, unterstützt von den OpenSource-Spezialisten von DAASI International GmbH Tübingen.

106 Relationen im Raum – Visualisierung topographischer Klein(st)strukturen (https://dev2.dariah.eu/wiki/display/RIRPUB/RiR; Stand 30.06.2015).

Autorinnen und Autoren des Bandes

Felicitas Heimann-Jelinek, Dr., Studium der Judaistik und Kunstgeschichte in Jerusalem und Wien; seit 1984 im Ausstellungsbereich tätig; zahlreiche Ausstellungen und Publikationen zur materiellen jüdischen Gedächtniskultur. Schwerpunkte der Forschungstätigkeit: Materielle Kultur des europäischen Judentums, jüdische Museologie, Provenienzforschung an Judaica-Objekten. Ausgewählte Publikationen: Hrsg. (gemeinsam mit Cilly Kugelmann): Haut ab! Haltungen zur rituellen Beschneidung, Berlin 2014; (gemeinsam Michaela Feurstein-Prasser): Die ersten Europäer. Habsburger und andere Juden – eine Welt vor 1914, Wien 2014; Thoughts on the Role of a European Jewish Museum in the 21st Century, in: Richard Cohen / Laurie Fialkoff / Hannah Levinsky-Koevary (eds.): Studies in contemporary Jewry, Vol 26, Oxford 2013, pp. 243–258; Viennese Judaica Collections and More, in: Julie-Marthe Cohen / Felicitas Heimann-Jelinek (eds.): Neglected Witnesses. The fate of Judaica collections during World War II, Crickadarn 2011, pp. 63–80.

Nathanja Hüttenmeister, MA, Studium der Judaistik, Geschichte und Arabistik in Tübingen, Berlin und Jerusalem, 1998–2002 wissenschaftliche Mitarbeiterin am DFG-Projekt Germania Judaica IV, historisch-topographisches Handbuch zur Geschichte der Juden im Alten Reich, seit 2003 wissenschaftliche Mitarbeiterin am Salomon Ludwig Steinheim-Institut für deutsch-jüdische Geschichte e. V. an der Universität Duisburg-Essen mit dem Schwerpunkt Epigraphik, insbesondere Epidat. Vielfältige Publikationen zu jüdischen Friedhöfen, mit Monographien u. a. zu Ansbach, Berlin (Große Hamburger Straße), Laupheim und Sondershausen.

Katrin Keßler, Dr.-Ing., ist langjährige Mitarbeiterin der Bet Tfila – Forschungsstelle für jüdische Architektur in Europa, TU Braunschweig. In diesem Rahmen hat sie in Deutschland und Israel zahlreiche Forschungsprojekte, Ausstellungen und internationale Tagungen der Bet Tfila durchgeführt. Ihre Promotion zur Architektur der Synagoge erschien unter dem Titel „Ritus und Raum der Synagoge im Imhof Verlag (Petersberg 2007). Dieser Artikel ist hervorgegangen aus ihrem jüngsten Forschungsprojekt „Jüdische Ritualbäder in Deutschland", das sie gemeinsam mit Prof. Ronny Reich, Universität Haifa, von 2011 bis 2014 durchgeführt hat.

Ulrich Knufinke, PD Dr.-Ing. habil., studierte Germanistik und Architektur an der Technischen Universität Braunschweig, dort erfolgte 2005 seine Promotion zum Thema „Bauwerke jüdischer Friedhöfe" (publiziert Petersberg 2007). Seit der Habilitation im Jahr 2014 ist er Privatdozent an der Universität Stuttgart. Seit vielen Jahren arbeitet und publiziert er zu Themen jüdischer Architekturgeschichte u. a. an der

Bet Tfila – Forschungsstelle für jüdische Architektur in Europa (Technische Universität Braunschweig/ Center for Jewish Art der Hebrew University of Jerusalem). Dort gehört er zu den Initiatoren des „Netzwerks jüdische Sachkultur", das sich seit 2015 im Aufbau befindet. Außerdem ist er als freier Kurator und Autor tätig.

Andreas Lehnardt, Prof. Dr., studierte Evangelische Theologie und Judaistik in Münster, Bonn, Köln und Jerusalem. Im Jahre 1999 promovierte er an der Freien Universität Berlin. Seit 2004 ist er Professor für Judaistik an der Johannes Gutenberg-Universität in Mainz. Seine Forschungsschwerpunkte liegen auf dem Gebiet der rabbinischen Literatur, den mittelalterlichen jüdischen Literaturen und der jüdischen Aufklärung in Osteuropa (Haskala). Er leitet mehrere wissenschaftliche Projekte zu jüdischen Themen, unter anderem ein Projekt zur Erschließung hebräischer Einbandfragmente in Deutschland und eines zu mittelalterlichen Zitaten aus dem Talmud Yerushalmi – beide gefördert durch die Deutsche Forschungsgemeinschaft (DFG). Er ist Mitglied im Vorstand des Verbandes der Judaisten in Deutschland und Mitglied des Executive Committees der European Association for Jewish Studies (EAJS). Verfasst wurden von ihm u. a.: Qaddish. Studien Untersuchungen zur Entstehung und Rezeption eines rabbinischen Gebetes, Tübingen 2002. Er ist Herausgeber von ‚Genizat Germania'. Hebrew and Aramaic Binding Fragments from Germany in Context. Leiden / Boston 2011 sowie (gemeinsam mit Judith Olzsowy-Schlanger) Books within Books. New Discoveries in Old Book Bindings, Leiden 2014. Zuletzt erschienen ist (gemeinsam mit Annelen Ottermann) Fragmente jüdischer Kultur in der Stadtbibliothek Mainz. Entdeckungen und Deutungen, Mainz 2015.

Nathanael Riemer, Prof. Dr., studierte Judaistik/Jüdische Studien, Germanistik, Geschichte und Philosophie an den Universitäten Tübingen, Köln, Jerusalem, Potsdam und Tel Aviv. Seit 2013 ist er Juniorprofessor für Interreligiöse Begegnungen am Institut für Religionswissenschaft und Jüdische Studien der Universität Potsdam. Weitere Forschungsschwerpunkte von ihm sind Populäre Kulturen und Materielle Kulturen im religiösen Kontext von Vergangenheit und Gegenwart. Publikationen: Past is Future. Gadi Pollack`s Haredi Comics. In: European Journal of Jewish Studies, 10.1 (2016), pp. 108–147; Religiös inspirierte und religiöse Comics in islamischen Kulturen, in: Nathanael Riemer / Jörn Ahrens / Frank T. Brinkmann (Hrsg.): Graphic Novels und Comics als Medien religiöser Kulturen., Berlin 2015, S. 165–199; Zwischen Tradition und Häresie. ´Beer Sheva` – eine Enzyklopädie des jüdischen Wissens der Frühen Neuzeit, Wiesbaden 2010.

Michaela Schmölz-Häberlein, PD Dr., 1992 Promotion an der Universität Freiburg, 2011 Habilitation an der TU Chemnitz, seit 2013 PD an der Universität Bamberg. Arbeiten u. a. zur Geschlechter-, Stadt-, Historiographie- und Wissenschaftsgeschichte, zur jüdischen Geschichte sowie zur Geschichte Lateinamerikas und der Karibik (16.–20. Jhdt.). Zuletzt veröffentlicht: (zusammen mit Mark Häberlein) Adalbert Friedrich Marcus (1753–1816) – Ein Bamberger Arzt zwischen aufgeklärten Reformen und Romantischer Medizin, Würzburg 2016; Juden in Bamberg (1633–1802/03). Lebensverhältnisse und Handlungsspielräume einer städtischen Minderheit, Würzburg 2014; Kleinstadtgesellschaft(en). Weibliche und männliche Lebenswelten im Emmendingen des 18. Jahrhunderts, Stuttgart 2012.

Martha Stellmacher, Dr. des., studierte Musikwissenschaft, Jüdische Studien und Ost- und Südosteuropawissenschaften in Halle, Leipzig und Brno (Tschechische Republik). Von 2011 bis 2012 war sie am Institut Européen des Musiques Juives in Paris tätig, von 2012 bis 2014 als wissenschaftliche Mitarbeiterin am Europäischen Zentrum für Jüdische Musik der HMTM in Hannover. In ihrem Promotionsprojekt beschäftigte sie sich mit synagogaler Musik in Prag. Weitere Forschungsschwerpunkte sind tschechisch-deutsche Musikbeziehungen sowie Musik und Raum.

Annette Weber, Prof. Dr., seit 2004 Professorin für jüdische Kunst und Kultur an der Hochschule für Jüdische Studien Heidelberg. Studium der Kunstgeschichte, Archäologie, Alte Geschichte/ Judaistik in Freiburg, München, Paris. Promotion 1984, 1986–2004 wissenschaftliche Mitarbeiterin des Jüdischen Museums Frankfurt a. M. Ihre Schwerpunkte in der Forschung sind: Mittelalterliche Darstellungen des Judentums, Kultur der deutschen Landjuden, Chagall als jüdischer Maler der Moderne. Zusammen mit Frederek Musall gibt sie „Trumah. Zeitschrift der Hochschule für Jüdische Studien" heraus.

Linda Wiesner, Dr. des., Studium der Jüdischen Studien, Germanistik, Geschichte und Musikwissenschaft in Heidelberg, Dresden und Graz. In ihrer an der Hochschule für Jüdische Studien Heidelberg eingereichten Dissertation beschäftigte sie sich mit dem Textilbestand der Genisa in Niederzissen, Rheinland-Pfalz. Publikation: Der Textilfund, in: Falk Wiesemann (Hrsg.): Zeugnisse jüdischen Lebens in Niederzissen. Genisa-Funde in der ehemaligen Synagoge, Niederzissen 2012, S. 69–88.

English Summaries of the Contributions

Michaela Schmölz-Häberlein: Mediators between Urban and Rural Live – The Range of Commodities from the Provision with Basic Supplies to Innovative Products as Traded by Jewish Merchants

Jewish merchants provided urban and rural markets with diverse everyday goods. They traded second-hand as well as new and innovative commodities. Yet, they mainly distributed innovative products within the textile, accessory and luxury goods sector; goods, which satisfied the distinctive consumer needs of their customers. This article will analyse the Jewish retail trade in the upmarket sector, dealing with commodities such as textiles, jewellery, clocks, canes, porcelain, and meerschaum pipes. The focus here will be on Franconia, which became one of the most important Jewish settlements, economically and culturally, after the Thirty Year's War. Central to this is the question of the areas and contexts in which these new products emerged, as well as how they were acquired by their Christian and Jewish owners. Alongside the adaptation of contemporary fashion trends within Jewish everyday life, which implied a break with tradition, the transfer of commodities acquired by Jews into the Christian sacred realm will be addressed.

Nathanael Riemer: The Jewish House in its Materiality

The object of this study will be those physical properties and characteristics that turn a simple residential house into a "Jewish house." Is there a specific architecture or textual consistency, or are there other material aspects of the house in the Ashkenazic realm which could be called typically "Jewish"? The focus here is on the dwelling situation of the majority of the Jewish overall population within the German-speaking area, which between the 17th and 19th centuries made up 70 to 90 percent in the rural regions and did not belong to the economic elite. Until now, the "Jewish house" has been understood as a transferable immovable property without history; it has barely been discussed whether and to what extent it can be differentiated from "non-Jewish houses." The first step will be to examine whether there are halakhic instructions or customs, which prescribe specific designs, the construction of movable and immovable elements of the house, or the use of particular materials. Central to this observation are the visible as well as the hidden parts of the interior space of the individual house to which belong, for example, the Mezuzah, Jewish door inscriptions and pediments for Succot.

Katrin Kessler: The Objects Crucial to Jewish Ritual Baths

The ritual bath is an important part of Jewish ritual life, especially for Jewish family life. The ritual requires merely a certain amount of ritually pure water; there are no other objects or devices involved. Accordingly, apart from mostly walled or rock-hewn diving basins, frequently only a few other objects can be found: these can be objects, which are firmly attached to the actual construction (handrails, pumps, heating, boiler, etc.) and moveable objects, whose connection to the Mikvah can be verified only through archival documentation (candlesticks, chairs, changing rooms, etc.). These relicts give us – more than the architecture itself – a crucial indication of the development of the Mikvaot, the changing formal regulations, or the general understanding of the frequently refined hygienic conditions through the centuries.

Felicitas Heimann-Jelinek: Jewish Cult Objects in Homes and Synagogues
The article will provide an overview of how Judaism's ritual culture was shaped by its material influences. The text aims to interpret these objects not only as religious but also as transcultural and trans-social carriers of meaning. After introducing and defining Jewish cult objects, the text will proceed to give a historical outline of their development and creators. The next step will be to illustrate that a number of Jewish cult objects from the modern era were created through the involvement with, or were based on, objects commonly used among the majority population. Jewish ritual objects from the post-Enlightenment period reveal that the predominantly used form and symbolic language also have to be understood as an expression of social and political concerns. As a result, Jewish cult objects equally signal their Jewish and regional identities and display the intersections of Jewish tradition and non-Jewish culture.

Linda Wiesner/Annette Weber: Symbols of the Community and its Teachings: Torah Binders and their Meaning for the Individual and for the Community
The object of this essay will be a ritual object unique to German-speaking Judaism - Torah binders made out of the cloth used during a boy's circumcision – which emerged during the 15th and 16th centuries. The binder, referred to as Mappa or Wimpel, connected the boy spiritually with Judaism and his community. Furthermore, these Wimpels, as extraordinary testimonials of Jewish folk art, connected traditional and religious elements with elements typical of the time. This custom will be discussed with regards to its origin, development, and formation as well as to its historical, cultural and religious variations. The Wimpel functions as a case study of methodical approaches which correspond to Judaism's material culture in particular textiles.

Ulrich Knufinke: The Objects of Synagogues
Synagogues and their physical features belong to the core inventory of what is commonly referred to as the material culture of Judaism. The article will examine some of the elements typical of the furnishing of synagogues, from the perspective of the history of architecture. It will also look at their spatial-functional and symbolic connections and relationships. Based on the Torah scrolls and the Torah shrine, the latter as the place where the former are kept safe, as well as the Bima, the place where the readings take place during service, various relevant spatial-architectonic situations and their assigned objects will be introduced. The "synagogue" as a specific "space of objects" proves to be a multi-layered space in which liturgical activities, religious relations, and

the socio-cultural recollection of memories can take place; it is a space subjected to the historical processes of change.

Andreas Lehnardt: Genizah – The Material Culture of German Judaism in the Light of Newly Discovered Synagogical Storage Areas
The analysis of the findings of the Genizot of German rural synagogues from the 18th to 19th centuries is crucial to the overall knowledge of Judaism's material culture. The text will address the state of research in Germany after the Shoah and will outline some of the aspects that were crucial to the development of the regulations for ranking holy objects and books in a Genizah: regulations, which have been observed since antiquity. These regulations, which were initially applied only to Torah scrolls, Tefillin and Mezuzot, gradually expanded, covering all documents written and printed in Hebrew as well as traditional objects used for sacred purposes, until even documents written by non-Jews fell under these regulations. Some findings raise the question of how they correspond with older halakhic beliefs and whether they reflect a practical approach differing from what was recorded by official representatives. An appendix lists some of the finds (e. g. shoes) and points to unusual details of Jewish customs that they may have helped to preserve. Additionally, an overview is provided of the specifics and the statistical arrangement of the finds from the better-explored Genizot from Rhineland-Palatine.

Martha Stellmacher: Instruments, Music Sheets, Sound Storage Media. Objects of Jewish Music
First, this article will provide a general overview on music and materiality and will then proceed to examine the characteristics of music in comparison to other forms of artistic expression. With regard to music's material dimension, what will follow is an outline of Will Straw's analysis. He emphasised "mobility" and "agglomeration" as essential properties of the "material extensions" of music. The three material forms of music, i. e. instruments, music sheets, and various sound storage media will be analysed more closely, in relation to Jewish music and in the context of their usage and assigned roles within the community. Finally, the article will also addfress the reciprocal interaction between forms of materialisation and social praxis.

Nathanja Hüttenmeister: "The Very Last Things" – Jewish Cemeteries in Germany
Cemeteries, their gravestones, and inscriptions offer an invaluable source for the examination of the centuries-old Jewish life in Germany. It becomes increasingly obvious that a cemetery is to be read and understood as an entity. The design of a gravestone, its position and alignment in relation to the other gravestones as well as the setup, content, and language of the inscriptions become the deceased person's status, which is determined by the beliefs, traditions, customs, and options of the respective family, community, and era. Furthermore, there is no other material testimony of Jewish life that has been preserved in such great numbers and of such great age. As the carriers of inscriptions, the gravestones' significance thus moves beyond their initially ascribed function and calls therefore for a greater attention in the future.